ENQUÊTE SUR L'EXISTENCE DES ANGES REBELLES

DU MÊME AUTEUR

Essais et documents :

L'Effet Pivot, Ramsay, 1987.

Sorciers. Voyage chez les astrologues, envoûteurs, guérisseurs, mages et voyants, Ramsay, 1989.

Charlie Chaplin, Solar, 1989.

La République des jeux, Robert Laffont, 1992.

Stavisky était mon père (en collaboration avec Claude Stavisky), Édition° 1, 1995.

Romans :

Quand le ciel s'éclaircira, Plon, 1994.

Édouard Brasey

ENQUÊTE SUR L'EXISTENCE DES ANGES REBELLES

filipacchi

À **Véhuiah**, mon ange gardien,
et **Baël**, mon ange rebelle,
qui m'ont largement inspiré
dans la rédaction de ce livre.

« Là où je tombe
Dieu descend.
Il est descendu plus bas
que là où je suis tombé.
Là où je monte
Dieu attend.
Il est toujours plus haut
que là où je suis monté.
Il est plus fou que l'Absurde,
plus gracieux que la Grâce. »

Jean-Yves Leloup, ***L'Absurde et la grâce.***

« L'homme est un animal appelé à devenir Dieu. »

Saint Basile de Césarée.

« L'homme est un dieu tombé qui se souvient des cieux. »

Alphonse de Lamartine.

« L'homme n'est ni ange ni bête, et le malheur veut que qui veut faire l'ange fait la bête. »

Pascal, ***Pensées***. (Pensée n° 358).

« Tombé du ciel
Rebelle aux louanges
Chassé par les anges
Du paradis originel. »

Jacques Higelin, ***Tombé du ciel.***

INTRODUCTION

À l'ombre des anges rebelles

Nous sommes Lumière. Nous venons tous de la Lumière à notre naissance, et à notre mort nous retournons tous à la Lumière.

Nous sommes Lumière, et pourtant l'Ombre est là. Froide, effrayante, ténébreuse, elle est un gouffre noir où tout semble négation, mort et désespérance. L'Ombre est un pôle obscur opposé au pôle lumineux de la Lumière, et il est tentant de lire dans cette opposition un combat, une exclusion, une frontière à jamais tracée. D'un côté, un univers de Lumière, de chaleur, de paix et de vie. De l'autre, un monde d'Ombre et de mort, empli de frissons et de grincements de dents. Là-haut, le ciel. En bas, l'enfer. Ici, le bien, là-bas, le mal.

Pourtant, au plus sombre du plus sombre, une lueur soudain naît. Au plus profond de la nuit, un oiseau chante et salue l'arrivée de l'aurore. Et voici que le foyer des ténèbres n'est plus que l'ombre portée des formes qu'ici-bas éclaire l'astre lumineux. Voici que l'Ombre ne cherche plus à éclipser la Lumière, mais à la sculpter, la soutenir, la mettre en relief.

Evoquer l'Ombre, c'est tendre vers la Lumière. Suivre le chemin des enfers, c'est accéder au ciel. Considérer le bien et le mal, c'est jouer avec les deux faces d'une même pièce de monnaie. Nommer le diable, c'est encore nommer Dieu.

Car le diable, qu'il ait pour nom Lucifer, Satan ou qui sais-je encore, le diable est un ange. Ange noir, ange déchu, ange rebelle tant qu'on voudra. Mais ange, avant tout, à savoir Etre de Lumière — et même si cette Lumière est noire, c'est encore de la Lumière.

Cette appartenance du diable et des démons au règne angélique est attestée par les Pères de l'Eglise, dont les manuscrits remontent au IVe siècle après Jésus-Christ. Ainsi, dans sa *Vie de saint Antoine le Grand,* saint Athanase affirme-t-il avec vigueur : « Nous savons bien que les démons n'ont pas été créés démons : Dieu n'a rien fait de mauvais. Eux aussi furent créés bons. » Pour le théologien, c'est en s'éloignant volontairement de Dieu que ces créatures glorieuses et célestes ont déchu de leur empyrée jusque dans les ténèbres infernales. Le psychologue Graf Dürckheim, épris de spiritualité et de bouddhisme zen, ajoute que l'ombre n'est jamais qu'« une lumière contractée qui n'arrive pas à se donner, à se diffuser. »

Dans un recueil des *Etudes carmélitaines* consacré à Satan, Henri-Irénée Marrou écrit : « Satan, comme les autres démons, car il n'est que l'un d'eux, encore que le premier, est un ange. Ange rebelle, prévaricateur et déchu, soit ; un ange, pourtant, créé par Dieu avec et parmi les autres esprits célestes et à qui sa chute même, la déchéance qu'elle a entraînée, n'ont pu enlever cette nature angélique qui définit son être. » [1]

Dans le même texte, écrit en 1948, ce théologien déplorait : « Si, autour de nous, on a tant de peine à croire au démon, c'est qu'en fait on ne pense plus guère aux anges », avant de renchérir : « Comment ne pas constater l'effacement du rôle des anges dans la pensée et la vie chrétiennes de notre temps ? Seule la dévotion à l'ange gardien conserve peut-être quelque vitalité, mais elle apparaît comme à l'état isolé, coupée du reste de la théologie des anges. »

Près d'un demi-siècle après que ces lignes ont été écrites, nous pouvons rassurer M. Marrou : les anges sont de retour.

Et quel retour ! Ils font la une des magazines ; [2] on les voit au cinéma ; [3] ils inspirent des stars du rock ; [4] ils font concurrence à Madame Soleil en donnant les conseils de l'ange du jour sur les messageries téléphoniques ; [5] ils passent à la télévision ; [6] ils alimentent enfin une littérature copieuse, promise à des succès de

1. Henri-Irénée Marrou, « Un ange déchu, un ange pourtant », dans *Satan, Etudes carmélitaines,* Desclée de Brouwer, 1948.
2. « Les Anges gardiens existent-ils ? », *VSD* du 5 janvier 1995.
3. *Les Ailes du désir* (1987) et *Si loin, si proche* (1993) de Wim Wenders.
4. Eurythmics, *There Must Be An Angel.*
5. Par le 36 68.
6. Soirée Théma sur « Les Anges », Arte, 25 décembre 1994.

librairie sans précédent [1]. Nous vivons vraiment une époque angélique...

Pourquoi ce subit engouement pour les créatures célestes ? La (re)découverte des anges, dont les religions monothéistes officielles ont toujours souhaité minimiser l'importance, de crainte qu'ils ne réveillent les anciennes superstitions idolâtres ou panthéistes, semble pour nos contemporains remplir l'office d'un antidote aux malheurs et aux peurs dont ils sont généralement affublés : crise économique, guerres, chômage, épidémies. Face aux rigueurs de la vie et aux aléas de l'existence, remettons-nous-en aux bons soins des anges, sortes de grands frères célestes qui sauront nous guider dans cette vallée de larmes et écarter pour nous les pierres du chemin.

Mais cet angélisme ambiant — et quelque peu bêlant, il faut bien l'avouer, tout englué qu'il est de sucreries bondieusardes et d'angelots roses et blonds, fessus et joufflus, issus des imageries sulpiciennes les plus ringardes — méconnaît trop souvent la véritable nature des anges, et leur incroyable diversité.

Les anges ne sont pas tous des éphèbes androgynes et diaphanes, pourvus d'ailes de cygnes éployées et de regards enjôleurs. Les anges peuvent être des créatures terribles et monstrueuses, des géants recouverts d'yeux et de bouches, des éclairs de feu aveuglants. Lorsque Yahvé cherche à contacter Moïse, il lui adresse un ange qui prend « la forme d'une flamme de feu jaillissant du milieu d'un buisson » (*Ex.* 3, 2). Les anges ressemblent plus souvent à des démons effrayants qu'à des mannequins pour magazines de mode. A côté des anges gardiens et des anges fidèles, trépigne la cohorte innombrable des anges noirs, des anges déchus, des anges rebelles.

*

* *

Certaines lumières brûlent ceux qui s'en approchent de trop près. Si la confrontation avec l'ange rebelle peut être considérée comme une voie initiatique conduisant à la Lumière, combien de « Fous du diable » ont réveillé les divinités noires qui dormaient au fond de leur inconscient afin d'en être les esclaves ?

1. Pierre Jovanovic, *Enquête sur l'existence des anges gardiens*, Filipacchi, 1993.

Les « Fous du diable » ! Ils existent bel et bien, à défaut de leur cruel maître. Ils existent si bien que leurs agissements meurtriers inquiètent de plus en plus les services de police et les associations antisectaires. Notre époque connaît un inquiétant regain d'intérêt en faveur de la magie noire et des sciences occultes. Les crimes rituels perpétrés par les satanistes sont aujourd'hui monnaie courante aux Etats-Unis, mais également au Brésil, en Grande-Bretagne, en Italie, en Hollande, en Hongrie, en Grèce... et en France, bien entendu. A l'A.D.F.I. [1], on affirme : « Les sectes sataniques sont très puissantes en France. Mais leurs victimes ou leurs adeptes repentis n'osent pas porter plainte. Ils ont trop peur ! » Un conseiller du F.B.I., Patrick Metoyer, a confié au journaliste Dominique Cellura : « Les années 70 ont été celles du crime informatisé. Les années 80, celles du crime terroriste. Les années 90 seront placées sous le signe du crime rituel. » [2]

*

* *

Au cours de cette enquête, j'ai découvert plusieurs de ces « Fous du diable », et parmi eux quelques sages. Cela fait près de dix ans que je me passionne pour l'occultisme et l'ésotérisme. J'ai rencontré des mages, des voyants, des sorcières. Beaucoup de charlatans, mais quelques spécimens authentiques. J'ai assisté à des messes noires, à des évocations de Mammon, Satan ou Lucifer, à des séances de désenvoûtement et à des rituels de retour d'affection. J'ai fréquenté les membres de sectes sataniques ou lucifériennes. J'ai même accepté de servir quelque temps d'assistant à un sorcier [3] pour mieux comprendre la façon dont se pratiquaient les rituels de magie blanche, noire ou rouge.

Cette plongée dans le monde magique fut souvent difficile, parfois dangereuse. On ne pénètre pas impunément dans l'inframonde, et on n'en sort pas indemne. Je ne suis ni un sorcier ni un sataniste ni un idolâtre. Je ne suis pas sujet aux superstitions, et je ne me considère pas comme un gibier à sectes. Pourtant, je dois

1. Association de Défense des Familles et des Individus contre les Sectes, 10, rue du Père Julien-Dhuit, 75020 Paris. Tél. (1) 47 97 96 08.
2. Dominique Cellura, *Les Cultes de l'enfer*, Spengler, 1993.
3. Il s'agit du sorcier Patrick Guérin.

témoigner ici des bouleversements que mes centres d'intérêts occultes ont provoqué dans ma vie.

J'ai souvent ressenti des moments de grande lassitude, de doute intense, de dépression. J'ai déménagé plusieurs fois en très peu de temps, me sentant incapable de me fixer durablement. J'ai vécu deux années dans un sous-sol aménagé, qui me servait à la fois de chambre et de bureau. Je dormais et je travaillais dans ce local obscur, dans lequel la lumière du soleil ne filtrait jamais. Il m'arrivait de ne pas sortir durant plusieurs jours d'affilée, évoluant en permanence dans cet univers clos et gris qui ressemblait à un purgatoire. J'étais comme recouvert d'un voile noir qui me dissimulait la clarté lumineuse du soleil.

Au contact de certains praticiens de la magie, j'ai ressenti un malaise qui ne disparaissait pas toujours après que je les eus quittés. Des rêves étranges et obsédants ont hanté nombre de mes nuits. Il me semblait, en permanence, être poursuivi par une volonté mystérieuse et hostile. La fréquentation trop assidue des adeptes de la magie avait formé autour de moi un égrégore [1] négatif.

*

* *

Pourtant, je sais qu'aucun sorcier ne m'a envoûté, ni lancé le mauvais œil. Si l'ange rebelle est entré dans ma vie, ce n'est pas à la suite d'un quelconque rituel ou à cause de la malveillance d'un médium. Je crois que notre vie ici-bas est composée de morts et de renaissances successives, et que nous sommes tous amenés à traverser des phases au cours desquelles nous nous trouvons confrontés à nos enfers intérieurs. Avec la permission de Dieu, l'ange rebelle nous éprouve, nous malmène, provoque notre ruine, suscite en nous des maladies, des accidents, des pertes d'emploi ou des séparations. Soudain, comme Job, voici que tout nous est arraché, famille, amis, santé, travail, richesse, et à force de malheurs nous en venons presque à maudire Dieu. Mais si nous avons le courage de traverser ces enfers jusqu'au bout, nous en sommes

1. Un égrégore est une entité psychique collective créée par un grand nombre d'individus partageant la même croyance.

récompensés par un bonheur plus grand que notre confort d'antan. Ce bonheur se mérite, et a pour nom la joie.

Car aucun voile, si ténébreux soit-il, ne saurait étouffer la claire Lumière que nous portons en nous. Une légende hindoue affirme que les dieux, pour éviter que l'homme ne découvre trop vite la flamme divine qui l'anime, l'ont cachée dans le seul endroit où il n'aurait jamais l'idée d'aller la chercher : son cœur. Aucun voile, aucun diable, aucun sorcier, aucune peur n'éteindront jamais cette flamme du cœur. Il suffit de se relier à elle pour accéder à sa patrie véritable, et ne plus rien avoir à craindre du monde. Sans cette protection intime retrouvée, sans cette joie, jamais je n'aurais écrit ce livre.

*
* *

Les « Fous du diable » se réclament de chapelles fort variées, dont les dogmes, les croyances et les rituels se distinguent très nettement les uns des autres. Les satanistes n'ont rien à voir avec les lucifériens, tout comme les assassins psychopathes qui tuent au nom du démon ou pour la conquête des pouvoirs ne doivent pas être assimilés aux amateurs de sensations fortes et d'orgies collectives, aux esthètes versés dans le symbolisme ou aux théologiens s'intéressant à l'histoire des religions. On peut se passionner pour l'archétype de l'ange rebelle sans pour autant dépecer son prochain par amour pour Satan. On peut tenter de réhabiliter le mythe de Lucifer sans signer de son sang un pacte avec le démon. On peut chercher à comprendre les mystères d'ici-bas et de l'au-delà sans y perdre son âme.

Mais, à défaut de son âme, on peut y perdre la raison. Et la vie.

L'ange rebelle est un démon

Pour les chrétiens du Moyen Age, les Arabes, les Noirs et autres peuples « exotiques » n'étaient que des démons issus tout droit des enfers. Ainsi, en 946, saint Luc le Jeune, à Sotère (Grèce), vit le diable sous la forme d'un nègre de petite taille. En 1027, saint Romuald, fondateur de l'ordre des Camaldules, était également visité par des nègres démoniaques qui lui donnaient le bâton. Nègre aussi, le démon qui faisait tomber des vers des haillons de la Bienheureuse Christine de Stumbel, à Cologne (1312). Quant à Luther, champion de la Réforme protestante, il accusa le pape Léon X d'être l'Antéchrist, et justifia les guerres de religion au nom de la lutte contre le diable : « Si vous vous mettez en campagne, à présent, contre le Turc, soyez absolument certains, n'en doutez pas, que vous ne luttez pas contre des êtres de chair et de sang... Vous luttez contre une grande armée de diables... Aussi ne vous fiez pas à votre lance, à votre épée, à votre arquebuse, à votre force ou à votre nombre, car les diables n'en ont cure... »

De nos jours, les intégristes de tous bords, qu'ils soient juifs, chrétiens ou musulmans, appellent à la négation ou la destruction de l'autre au nom de la sauvegarde de leur Dieu privatif. C'est au nom de Dieu, toujours, que les hommes font le plus de mal.

*
* *

Les religions monothéistes ont toujours cherché à confiner les anges rebelles dans le rôle obscur d'âmes damnées. Ces anges, ou plutôt ces démons, ne sont que les créatures d'un « diable » censé provoquer l'effroi et le dégoût, tout droit sorti de l'imagerie simpliste du Moyen Age. Ainsi, le diable inventé par l'Eglise catholique romaine et apostolique n'est rien d'autre qu'un repoussoir, un objet de haine et de rejet, un épouvantail à moineaux. Pourquoi une religion, fondée sur le pardon et l'amour du prochain, a-t-elle eu besoin d'un tel subterfuge pour évacuer la violence et la haine qui secrètement couvent dans le cœur de ses ouailles ? Il ne faut pas oublier qu'au fil des siècles, cette Eglise a pourchassé, tué et brûlé le diable en pourchassant, tuant et brûlant des femmes jugées un peu trop libres — les sorcières — des simples d'esprit et des malades mentaux — les possédés — des savants et des chercheurs authentiques — les alchimistes, kabbalistes, astronomes, mathématiciens, physiciens et autres « sorciers » — et jusqu'à des chats réputés être des créatures du Malin ! Il faut se souvenir aussi qu'au nom de Dieu, l'Inquisition a espionné, torturé et envoyé au bûcher des milliers d'« hérétiques » — templiers, cathares, albigeois — soupçonnés d'être des « suppôts du diable », en usant de moyens de persuasion qui ont dû faire pâlir d'envie Satan et ses légions de démons. Après avoir subi la question des Inquisiteurs, les tourments qui attendaient les damnés au fin fond des enfers devaient sembler bien doux. Pourtant, le mal n'a nul besoin du diable pour s'incarner ; les hommes s'en chargent bien tout seuls.

*

* *

Les chrétiens, cependant, n'ont pas l'exclusivité du diable. L'islam intégriste, en effet, ne se prive pas de vitupérer à son tour le démon. Lorsque l'ayatollah Khomeiny qualifie les Etats-Unis de « Grand Satan » et l'U.R.S.S. de « Petit Satan », cela revient à accréditer l'existence d'un second dieu, d'un autre dieu, ou plus exactement d'un dieu « autre », étranger, ennemi, suspect, effrayant, porteur d'aliénation et de perdition. Le diable, c'est le dieu de l'autre, le dieu barbare et négateur. Ce que résume parfaitement l'un des responsables du FIS algérien, Ali Benhadj, lorsqu'il affirme : « Tout parti qui s'éloigne des préceptes de Dieu, du Coran et de la sunna représente le parti du diable... » [1]. Ali Benhadj sait de quoi il parle : il est exorciste de profession ! Et il puise sa croyance au diable dans la sourate XVI du Coran qui commande :

> *Lorsque tu lis le Coran,*
> *demande la protection de Dieu*
> *contre le démon maudit.*
> *Le démon n'a aucun pouvoir sur les*
> *croyants*
> *ni sur ceux qui se confient en leur Seigneur.*
> *Son pouvoir s'exerce seulement*
> *contre ceux qui le prennent pour maître*
> *et qui sont polythéistes.* [2]

1. Déclaration faite en 1992 par M. Ali Benhadj, principal adjoint de M. Abassi Madani, chef du Front islamique du Salut algérien.
2. *Le Coran,* trad. de D. Masson, Gallimard, La Pléiade, 1967.

Croire en un Dieu unique induit une non-croyance envers les autres dieux différents du sien. De l'incroyance à l'intolérance, le pas est aussi vite franchi qu'entre l'intolérance et le prosélytisme puis entre le prosélytisme et le fanatisme. Les guerres de religion forment la conclusion naturelle de ce cycle fatal.

L'ange rebelle est un rebelle

Lorsqu'on évoque le diable, on songe aussitôt au mal. Pourquoi ? Pourquoi le diable serait-il plus mauvais qu'un autre ? Qu'a-t-il fait pour encourir cette unanime réprobation ? L'ange déchu, précipité du plus haut des cieux jusque dans les ténèbres obscures, est-il aussi coupable qu'on veut bien nous le dire ? N'est-il pas victime d'une injustice divine ? N'attend-il pas, au fond de son enfer, qu'une voix s'élève pour prendre enfin sa défense ? Mais qui, face au tribunal divin et ses Eglises officielles, osera se faire l'« avocat du diable » ? Qui chantera le drame de l'ange rebelle ? Qui contera sa passion ?

J'appartiens à une génération pour laquelle la rébellion n'est pas un vain mot. Je me souviens des « étudiants contestataires » de l'après 68. J'ai appris, comme tous ceux de mon âge, à me méfier des discours officiels trop assurés, des chefs d'Etat en képis, et des gardiens de l'ordre à matraques. J'ai été nourri au lait des Rolling Stones aboyant leur *Sympathy For The Devil* et à celui de Léo Ferré chantant *Thank you, Satan* et *Amour, Anarchie.* J'ai vu des drapeaux noirs flotter dans le ciel vide. J'ai connu l'ivresse du refus. J'ai appris qu'il faut savoir dire « non » avant d'accepter de dire « oui ». J'ai compris que la rébellion n'est pas une simple révolte, ni forcément une révolution, mais un « non créatif », une résistance de l'âme, une quête absolue de justice et de vérité, une verticalité. Et lorsque je songe à Lucifer, l'ange porteur de Lumière, déchu de sa souveraineté céleste et précipité aux enfers, le Prométhée enchaîné après avoir dérobé le feu aux dieux et l'avoir donné aux hommes, il me vient cette image : celle de Nelson Mandela, enfermé durant des années dans une cellule d'Afrique du Sud pour avoir osé brandir la flamme de la rébellion et de la liberté au pays de l'apartheid. Mandela est, lui aussi, un ange rebelle. Un ange noir. Un damné détenteur d'espoir. Au fond de sa prison, il aimait à se rappeler ce vieux proverbe africain : « L'heure la plus noire précède l'aube. »

*
* *

Le diable ne serait-il, après tout, qu'une pure invention monothéiste, une sorte de tentation inconsciente de revenir à la dualité d'ombre et de lumière qui nous habite tous ? De fait, il est frappant de constater que les cultures qui ne sont pas régies par le dogme du Dieu unique ignorent totalement l'existence du diable ! Allez parler de Satan à un Chinois, et observez sa réaction. Soit il ne comprendra rien à ce que vous lui dites (même s'il maîtrise parfaitement votre langue), soit il rira aux éclats en vous traitant de farceur. A présent, parlez-lui de Dieu (en insistant sur la majuscule). Il risque fort d'avoir les mêmes réflexes. Renouvelez l'expérience avec un Japonais, un Indien, un Africain ou un aborigène d'Australie, et vous commencerez à comprendre que nous sommes bien peu de choses. Il est bon de rappeler ce constat : la moitié de l'humanité se passe fort bien du diable et du bon Dieu, tout comme elle se passe fort bien — est-ce un hasard ? — de la psychanalyse, des névroses, des complexes et autres tripatouillages de l'inconscient qui font les délices un tantinet masochistes de nos cultures occidentales sur le déclin.

*
* *

« La principale ruse du diable, c'est de nous faire croire qu'il n'existe pas », affirmait sottement Baudelaire entre une prise de haschich et un verre de vin. Cet aphorisme, cité sans cesse et mis à toutes les sauces, relève en réalité du pur sophisme, dont l'objet n'est que de nous égarer un peu plus dans les méandres romantiques de la superstition. Si le poète des *Fleurs du mal* avait été un peu moins névropathe et un peu plus orientaliste, il aurait pu aussi bien dire : « La principale ruse du diable, c'est de ne pas exister », ou encore : « La principale ruse de l'homme, c'est de croire à un diable pour se décharger de sa culpabilité. »

De fait, le diable — à savoir le Méchant, le Malin, le Satan occidental et moyen-oriental — n'est peut-être que l'expression collective — mais pas universelle — des forces de l'inconscient étouffées et réprimées. Le retour de Satan correspond au retour du refoulé, à l'extériorisation des pulsions noires surgies du plus profond de l'être. Mais ces pulsions — que l'on qualifie alors de « diaboliques » — sont-elles systématiquement mauvaises ? Forment-elles la racine-même du mal ? Ou bien ne sont-elles que la manifestation brutale et violente d'une énergie créatrice non encore maîtrisée ?

*

* *

Ces forces sont doubles, comme le diable, qui en est la représentation archétypale. L'étymologie de diable renvoie d'ailleurs à la dualité originelle, au *deux*. Le « diable » dérive du *diabolus* latin et du *diabolos* grec — « celui qui divise ». Contrairement au symbole, qui unifie, le « diabole » incarne le principe de dualité, de division, d'opposition. De sexualité et de fécondité, aussi, puisque c'est par le sexe que commence la dualité humaine, et par la reproduction qu'elle se perpétue.

Principe de dualité, le diable est double. Le réduire à un simple principe du mal — tentation des religions monothéistes — est à la fois trop facile et mensonger. On peut le considérer comme l'adversaire (le « Satan »), l'ennemi, le Malin, le père du Mensonge. Mais on peut aussi voir en lui un maître de la dialectique, un limier curieux de toutes les connaissances cachées, le principe de toute opposition dynamique, l'antithèse nécessaire pour parvenir à la synthèse. Il est tantôt du côté de l'obstacle et de la destruction, tantôt du côté de l'épreuve et de la transgression. Tentateur ou initiateur. Méchant ou rebelle.

*

* *

Poser la question de l'existence du diable, c'est déjà l'opposer à lui-même. L'ange méchant et l'ange rebelle incarnent les deux faces dont est frappée la monnaie du diable.

Le premier est associé au mal pur, gratuit, absurde — un mauvais démiurge qui s'est infiltré par effraction au sein de la création divine, par définition parfaite.

Le second représente moins un mal qu'une épreuve à surmonter, une étape à dépasser, un seuil à franchir. Il n'est pas le « singe de Dieu », encore moins son rival, mais son complice, son gardien de l'ordre, son avocat du Ministère public.

L'un est un mal inutile. L'autre un mal nécessaire.

L'ange mauvais, c'est-à-dire le « diable », Satan — au sens où l'entendent Jean-Paul II ou Khomeiny — est un pur négatif de la bonté divine. Il est la cause de tous les maux : la guerre, la torture, la violence, la haine, la douleur, l'ignorance, la peur. Il est l'agent du mal.

L'ange rebelle, au contraire, « l'ange porteur de Lumière », Lucifer [1], dont le nom en latin signifie également « celui qui met au monde », « le jour » et l'« étoile du matin », représente une étape nécessaire dans l'ascension de l'homme vers Dieu. Il est le gardien du seuil, le dragon fabuleux veillant sur un trésor caché. Il incarne l'entité noire et effrayante qu'il s'agit d'affronter, de vaincre et d'intégrer avant d'accéder à la pure Lumière. Il est l'œuvre au noir alchimique qui précède l'œuvre au blanc.

La fonction de l'ange rebelle est de nous forcer à l'éveil ; elle est de nature initiatique. L'ange rebelle est à la fois celui qui s'oppose et celui qui révèle, ou plus exactement celui qui révèle en s'opposant ; celui qui libère en contraignant. Si l'ange gardien est là pour veiller sur nous et nous protéger, l'ange rebelle nous oblige à nous mettre en danger, à prendre des risques, à nous remettre en question.

1. Du latin *Lux,* « Lumière », et *ferre,* « porter ».

L'ange rebelle est un ange

Si l'on croit aux anges gardiens, alors il faut croire aussi aux anges rebelles. Ces bons et mauvais génies ressemblent un peu à ces vieux couples qui n'arrêtent pas de se disputer, et qui, pourtant, ne sauraient vivre l'un sans l'autre. Nous avons chacun en nous un ange gardien et un ange rebelle qui s'affrontent en permanence, tirant à hue et à dia notre pauvre âme divisée. Sont-ils pour autant des ennemis jurés ? Une si ancienne rivalité ne peut se concevoir sans une certaine complicité, une sorte d'émulation et de respect réciproques.

Le spécialiste de la Kabbale Henri Sérouya affirme : « Ainsi, chaque individu et surtout chaque peuple a son ange. » [1] En fait, si l'on se réfère aux traditions issues de la Kabbale, à chaque être humain serait dévolu non pas un ange, mais deux. Un ange gardien et un ange rebelle. Un bon et un mauvais génie. Le premier nous garde, nous protège, nous conseille, nous guide vers l'accomplissement et la Lumière. Le second, en revanche, nous expose aux risques et aux échecs, nous fait trébucher, nous induit en tentation, nous conduit sur les sentiers de notre chute jusqu'au plus profond des ténèbres. Il est notre versant noir, notre part d'ombre, notre démon intérieur. « Les anges qui dépendent des hommes ou des mauvaises actions de l'homme, sont divisés en deux groupes bien distincts : les anges du bien et les anges du mal, les anges de lumière et les anges des ténèbres, les anges proprement dits et les démons », note encore Henri Sérouya [2].

*

* *

Le regain d'intérêt pour les anges, blancs ou noirs, gardiens ou rebelles, se situe à quelques encablures à peine de la grande écluse de l'an 2000, où bouillonnent déjà les peurs millénaristes liées à

1. Henri Sérouya, *La Kabbale,* Grasset, 1947.
2. Henri Sérouya, op. cit.

l'idée de la fin du monde. Ce regain répond sans doute à l'attente fiévreuse de la venue ou du retour du Messie, à cette différence près : les anges sont plus proches de nous, plus à l'écoute de nos besoins, de nos peines et de nos joies qu'une lointaine divinité. Le terme d'ange gardien est d'ailleurs presque toujours accompagné d'un possessif : lorsqu'on dit « mon ange gardien », on entend par là une entité personnelle, privative, que l'on ne partage avec personne d'autre. Chacun d'entre nous possède son propre ange gardien, à lui seul tout dévoué, nuit et jour, tel un fidèle serviteur. Mais nous avons aussi chacun notre ange rebelle, notre Ombre, notre négativité.

A défaut de connaître le versant « noir » de l'ange gardien, on risque d'être possédé par lui. « Le malheur veut que qui veut faire l'ange fait la bête », nous prévient Pascal. C'est le danger qui guette tous ceux qui, de bonne foi, croient se relier à l'« ange du bien » sans regarder en face leur part d'ombre. La vraie Lumière ne se gagne qu'au prix d'un effort et d'une souffrance : le passage par l'Ombre. Les anges gardiens existent, ils nous protègent et nous aiment, c'est vrai. Mais ils ne peuvent pas maîtriser notre ange rebelle à notre place. C'est à nous de nous confronter, honnêtement et courageusement, avec notre Ombre. Ce n'est qu'après avoir remporté cette victoire que les anges de Lumière pourront nous guider vraiment sur la voie de notre épanouissement. La joie est au bout du chemin des enfers.

*

* *

Si Dieu a créé les anges rebelles, c'est pour leur faire jouer un rôle éminent au sein de la Création divine. Les anges rebelles, les anges noirs, les anges déchus, les démons sont utiles, aussi utiles que les anges fidèles et les anges gardiens. Le tout est de savoir décrypter et comprendre leur message paradoxal.

L'utilité des entités noires pour l'accomplissement du plan divin est attestée dans la Bible. Dans l'Ancien Testament, Dieu n'hésite pas à utiliser ses mauvais anges pour exécuter sa volonté. Contre Sodome ou contre les Egyptiens, il envoie des anges exterminateurs (*Gen.* 19, 13 ; *Ex.* 12, 23 ; *Ps.* 78, 49). Les prophètes sont assaillis par des esprits tentateurs que leur dispense le Créateur :

esprit de jalousie (*Nb.* 5, 14), de mensonge (1 *R.* 22, 22), de discorde (*Jug.* 9, 23), de malveillance (1 *Sam.* 18, 10), de fornication (*Os.* 4, 12 ; 5, 4). Sans parler du *Livre de Job,* où Dieu accepte que Satan mette à l'épreuve son fidèle serviteur en lui faisant endurer les pires souffrances.

L'ange rebelle n'est pas un démon maléfique ; il est un être parfait et libre, créé par Dieu, voulu par Dieu, dont le rôle principal semble bien être, comme dans le *Livre de Job,* la « mise à l'épreuve ». Le diable, ce n'est que cela : une épreuve à affronter, une peur à dominer, une limite à transgresser. S'il incarne parfois le mal — et il ne s'en prive pas, sa fréquentation peut être redoutable — ce n'est jamais le mal pour le mal, mais un *mal nécessaire* — comme la souffrance est nécessaire pour connaître la joie, et l'ombre est nécessaire pour exalter la lumière.

En apparence, l'ange rebelle nous détourne de Dieu ; mais n'est-ce pas, à travers l'épreuve du doute et de la perdition, pour mieux tremper notre foi et, à travers les ténèbres, nous orienter vers la Lumière ? L'obstacle à Dieu peut être considéré comme une *étape* vers Dieu, un passage obligé.

Jean-Yves Leloup, prêtre dominicain reconverti à l'orthodoxie, explique : « Shâtan (Satan) en hébreu veut dire l'obstacle ; en même temps que s'éveille notre désir d'union avec le Christ ou avec Dieu se réveille ce qui fait obstacle, ce qui veut empêcher cette union. Dans la pensée judéo-chrétienne, le Satan n'est pas un dieu en face de Dieu, la puissance du mal et des ténèbres qui s'opposerait, comme dans les schémas dualistes, à la puissance du bien et de la lumière. Shâtan est une créature dont la fonction est de nous éprouver, de nous tenter, afin de nous rendre plus fort ou simplement pour nous permettre de prendre conscience de notre degré de foi et de confiance en Dieu. » [1] Et il cite les anciens Pères du désert : « Sans les démons et les embûches qu'ils mettent sur notre route, nous ne pourrions pas faire de progrès. » [2]

Dürckheim ajoute, au sujet du rôle que joue l'« ennemi » dans l'évolution spirituelle de l'Etre : « Curieusement, l'expérience de l'Etre ne manque jamais de faire apparaître son ennemi. Partout où se manifeste l'Etre essentiel surgit le monde antagoniste.

1. Jean-Yves Leloup, *L'Absurde et la grâce,* Albin Michel, 1991.
2. Jean-Yves Leloup, *Ecrits sur l'hésychasme,* Albin Michel, 1990.

L'ennemi est une puissance qui contrecarre ou détruit la vie voulue par Dieu. Plus l'orientation vers le surnaturel est nette, plus est déterminé l'engagement de l'homme à son service, plus sûrement il trouve devant lui l'ennemi acharné à l'écarter de la voie juste. Ce n'est pas une pieuse légende, mais une donnée d'expérience qui ne peut s'expliquer logiquement. Dès qu'un homme a reçu la grâce d'une expérience de l'Etre, quelque chose vient troubler, dans les heures qui suivent, l'état de béatitude où l'avait transporté l'expérience qui le libère et l'engage. » [1]

*

* *

Mais, pour l'homme libre, à savoir quiconque accepte de s'affranchir de toutes croyances préétablies, fussent-elles religieuses, et de lever le voile des apparences qui recouvre toutes formes ici-bas, le diable n'existe-t-il pas uniquement par la peur qu'on a de lui ? Si l'on vainc la peur du diable, alors le diable disparaît. Il n'est qu'une illusion. Même si cette illusion devient parfois tragiquement réelle.

En revanche, la confrontation avec l'ange rebelle — ou le dragon, ou l'Ombre, ou le gardien des enfers — peut représenter l'ultime étape avant la rencontre de Dieu — ou des dieux. L'être vraiment spirituel sait qu'il doit reconnaître sa part d'ombre avant de pouvoir jouir du bien. Vaincre le démon, maîtriser le dragon, subjuguer la bête, c'est non seulement ne plus en avoir peur, dépasser l'obstacle et le danger, mais c'est aussi intégrer sa puissance, sa fécondité, son magnétisme, son pouvoir.

Après avoir tué le dragon, dans les mythologies germaniques qui ont inspiré à Richard Wagner sa tétralogie musicale *L'Anneau des Nibelungen,* Siegfried goûte le sang de l'animal terrassé ; aussitôt, il comprend le langage des oiseaux et tout ce que lui dit la Nature. Vaincre l'ange rebelle, ce n'est pas l'annihiler ; c'est l'intégrer à soi, l'apprivoiser, le contrôler au lieu d'être son esclave. Le diable tout-puissant et effrayant se métamorphose alors en chien de garde fidèle. En terrassant le dragon, saint Georges accède enfin à son trésor : la princesse détenue prisonnière. En donnant un baiser au lépreux, saint François d'Assise ouvre son cœur à son trésor inté-

1. Cité par Jean-Yves Leloup, *l'Absurde et la grâce,* op. cit.

rieur : la sainteté. « Un homme entier, écrit Jean-Yves Leloup, c'est aussi un homme qui, après l'avoir fuie ou niée, finit par accepter son ombre et par l'aimer “comme soi-même”. » En embrassant le lépreux, François d'Assise embrasse ce qui « lui fait le plus peur, ce qui tient à la racine de ses plus profonds dégoûts, et là, au cœur de l'ombre incarnée, il reconnaît le Christ Vivant... Mais accepter l'ombre, ce n'est pas se complaire en elle : François revient de son baiser au lépreux avec des lèvres de lumière ». [1] Derrière le diable, c'est encore Dieu qui se cache. La figure de l'ange rebelle n'est souvent qu'un autre visage du Christ. Tout foyer d'ombre contient sa parcelle de lumière, sa pépite d'or fin, sa braise d'amour qui n'attend qu'un souffle pour devenir incendie.

De nombreuses traditions ésotériques font allusion à un démon qui n'est là que pour garder un trésor fabuleux qui ne doit pas être découvert par n'importe qui. L'être impur est foudroyé sur le seuil. Mais l'être spirituel, le héros, l'initié peut vaincre le dragon et accéder à ce trésor de Lumière. Ce héros, cet initié n'est pas un être mythique : il s'agit de chacun d'entre nous, si nous le voulons bien. Nous avons tous un démon en nous, un monstre, un dragon à affronter ; un trésor est caché derrière.

*

*   *

Anges gardiens et anges rebelles ne sont rien d'autre, en fin de compte, que des messagers. [2] Des messagers divins. Chacun nous parle à sa façon, et nous livre un message.

D'un côté, il y a la petite voix de l'ange gardien ; c'est une voix de grillon, chaude et monocorde, rassurante mais si faible qu'on ne peut l'entendre que dans la quiétude et le silence de l'âme.

De l'autre, il y a une autre voix ; c'est une voix beaucoup plus forte, parfois irrésistible, pleine de passion et de fureur, qui s'exprime à travers les cris et les bruits, les rires et les plaintes des êtres et du monde. Cette autre voix, c'est celle de l'ange rebelle.

L'un nous enseigne l'obéissance, l'autre la résistance. Le premier nous apprend à dire « oui », le second à dire « non ». L'ange gar-

1. Jean-Yves Leloup, *L'Absurde et la grâce,* op. cit.
2. Par son étymologie grecque, *angelos,* « ange » signifie « messager ».

dien nous protège ; l'ange rebelle nous éprouve. « Il a été mis une écharde dans ma chair, un ange de Satan chargé de me frapper, pour m'éviter tout orgueil, écrit encore Jean-Yves Leloup. A ce sujet, par trois fois, j'ai prié le Seigneur de l'écarter de moi. Mais il m'a déclaré : "Ma grâce te suffit ; ma puissance donne toute sa mesure dans la faiblesse..." (*II Cor.* 12, 1-9). » [1]

L'ange rebelle est un ange de l'Ombre. Mais l'Ombre n'est rien d'autre que le fusain qui court sur la feuille blanche et dessine un visage : le nôtre.

Les anges rebelles sont comme les sept anges de l'Apocalypse. Tour à tour, il embouchent leur trompette, déclenchant une pluie de malheurs sur le monde. Mais c'est pour mieux préparer l'âge d'or de la Jérusalem terrestre, et le triomphe final de la Lumière.

*

* *

Parfois l'on perçoit la voix de son ange gardien. Mais le plus souvent c'est celle de son ange rebelle que l'on entend. Les anges rebelles existent, oui, et chacun peut les rencontrer un jour ou l'autre dans sa vie. On peut être fasciné par eux, on peut les adorer, on peut même devenir leur esclave. On peut aussi leur résister — résister à la résistance, en quelque sorte — on peut les combattre et les maîtriser. On peut enfin les accepter, apprendre à coexister avec eux en bonne intelligence ; on peut même les aimer. On peut dépasser sa peur, comme on peut déchirer le voile noir qui nous entoure.

Au-delà luit la Lumière, qui ne nous a jamais quittés un seul instant.

La Lumière de l'amour absolu, de l'amour sans condition.

Telle est la réelle ambition de cette *Enquête :* initier le lecteur à sa propre confrontation avec l'ange rebelle. A chacun, ensuite, de découvrir son propre trésor...

1. Jean-Yves Leloup, *L'Absurde et la grâce,* op. cit.

Premier ange rebelle :

Présence des démons dans le monde

« Je vis ensuite les sept Anges qui se tiennent devant Dieu ; on leur remit sept trompettes. (...) Les sept Anges aux sept trompettes s'apprêtèrent à sonner. Et le premier sonna... Ce furent alors de la grêle et du feu mêlés de sang qui furent jetés sur la terre : et le tiers de la terre fut consumé, et le tiers des arbres fut consumé, et toute herbe verte fut consumée. »

(*Apocalypse*, 8, 2 et 6-7).

1

Sommes-nous tous envoûtés ?

Si nos contemporains doutent parfois de l'existence de Dieu, ils sont de plus en plus nombreux à croire aux manifestations démoniaques dans leur vie, notamment à travers les phénomènes d'envoûtement et de possession.

Les envoûtés sont partout. Sur trois personnes interrogées, deux au moins avouent avoir personnellement connu quelqu'un à qui il était arrivé des choses bizarres, à moins qu'elles n'aient elles-mêmes été les témoins ou les victimes d'exactions surnaturelles. Il suffit, à brûle-pourpoint, de prononcer tout haut le mot « envoûtement » ou le mot « sorcier » au cours d'un dîner pour que, soudain, les visages prennent un air absorbé et complice, pour que les bouches se ferment brusquement ou, qu'au contraire, les langues se délient comme par enchantement.

Les envoûtés sont partout. Notre famille, nos amis, nos relations de travail : tous, à un degré ou à un autre, sont atteints. Généralement, ils ne s'en vantent pas. L'état d'envoûté, peu enviable, implique en effet que l'on ait des ennemis malintentionnés qui nous envoient le mauvais œil par sorcier interposé. Mais où se nichent donc ces ennemis ? Comme dans les romans d'Agatha Christie, peut-être sont-ils des familiers de la maison ? Peut-être dînent-ils tous les soirs à notre table ? Comment savoir ? Dans le doute, mieux vaut donc rester discret.

Mais si, le premier, vous attaquez ce sujet délicat, évoquant les jeteurs de sorts, les rituels de libération et les recettes de magie noire, tous ces envoûtés honteux n'ont plus qu'un désir : se confesser à vous, vous narrer en détail leurs misères occultes, échanger des adresses de sorciers ou de désenvoûteurs particulièrement efficaces.

Les envoûtés sont partout. J'en ai rencontré des dizaines. Voici le portrait de quelques-uns d'entre eux.

*
* *

Belle villa sur les hauteurs de Cimiez, à Nice, avec vue sur la baie. Couple modèle, la quarantaine, un fils qui prépare son bac. Lui, est assureur ; elle, agent immobilier. Avec sa chevelure blond platine et son brushing, elle semble sortir tout droit d'un épisode de *Dallas.* Nous parlons voyance, magie, envoûtement. Lui n'y croit pas, se moque d'elle qui consulte sa voyante trois fois par an. Après le café, elle m'entraîne dans la cuisine, ouvre un placard et en extirpe une bouteille emplie au tiers d'une eau trouble dans laquelle est immergée une flottille de petits morceaux de papier. D'un air entendu, elle me confie :

— C'est infâme, mais je bois un verre de cette mixture tous les matins. C'est de l'eau mêlée à des fragments de parchemin sur lesquels j'ai recopié, à l'encre bleue, des inscriptions kabbalistiques que m'a dictées mon sorcier.

— Vous fréquentez un sorcier ?

— N'en parlez surtout pas à mon mari ! J'avais remarqué que depuis quelque temps je manquais systématiquement toutes les affaires immobilières intéressantes. Au dernier moment, il y avait toujours un élément imprévu qui faisait tout capoter. Dans le même mois, j'ai eu trois accidents avec ma voiture. J'ai attrapé une grippe qui m'a clouée dix jours au lit. En plein été ! Un contrôle fiscal m'est tombé dessus. Et surtout, il me semblait toujours être épiée par une présence étrangère. J'entendais des pas dans la maison et des bruits étranges dans les combles, alors que j'étais seule. Je sentais des courants d'air froid, alors que toutes les fenêtres étaient fermées. La nuit, des chats sautaient sur mon lit. J'éclairais : il n'y avait pas de chats. J'en ai parlé à ma voyante, qui m'a appris qu'il s'agissait d'une de mes voisines qui, par jalousie, avait commandé cet envoûtement. Ces pratiques sont beaucoup plus fréquentes qu'on ne l'imagine : il suffit d'aller voir un sorcier avec une photo, un vêtement ou quelques cheveux de la personne à envoûter, et le tour est joué ! Ma voyante m'a donc mise en relation avec un sorcier très puissant, qui m'a prescrit une véritable cure de désenvoûtement. Car, non seulement je bois cette potion ignoble, mais je dois également me rendre tous les jours à l'église, pour y brûler des bougies de neuvaines ! Quant à mon lit, venez voir...

Elle m'entraîne dans sa chambre, me commande de regarder sous le sommier : à ma stupéfaction, je découvre, sur la moquette, une sorte de pentacle en fils de cuivre sur lequel est posé une boîte contenant de l'ouate imbibée surmontée d'une paire de ciseaux. La jolie dame blonde renchérit :

— Ce dispositif magique est destiné à écarter les esprits mauvais. Avant, je passais des nuits d'insomnie entrecoupées de cauchemars atroces. Maintenant, je dors bien. Enfin, depuis peu, car au début, les esprits se sont révoltés contre le talisman de mon sorcier : les premières nuits, les portes claquèrent, les chats fantômes s'en donnèrent à qui mieux mieux, des voix me chuchotaient des horreurs à l'oreille, me traitant de tous les noms...

— Et votre mari, qu'en disait-il ?

— Oh ! lui, il dort comme une souche ; il ne s'est aperçu de rien. Et puis, c'est moi qui suis envoûtée, pas lui !

*

*   *

Olga est chef de publicité dans un groupe de presse économique. Trente-cinq ans, femme équilibrée, dynamique, compétente, de la race des « battantes ». Plus habituée à se battre pour décrocher un budget publicitaire qu'à lutter contre les démons. Et pourtant... Dès qu'elle aborde ce sujet, l'ombre d'une peur se dessine sur son visage. Tout en se servant un whisky bien tassé et en allumant une cigarette, elle explique :

— Il y a une dizaine d'années, j'ai vécu avec un garçon adepte de la magie noire. Nous habitions un studio au Quartier latin. La nuit, mon ami pratiquait des rituels sataniques. Une ou deux fois, nous avons organisé des messes noires : litanies à Satan, crucifix retourné la tête en bas et sur lequel on crachait, versets de la Bible lus en latin à l'envers, bougies noires, cagoules et robes noires sous lesquelles nous étions nus, attouchements sexuels rituels à la fin de la « cérémonie »...

J'acceptais ces situations, que je trouvais ridicules et humiliantes, pour faire plaisir à mon ami. Je l'aimais. Mais bien vite, j'ai pris peur : lorsque j'étais seule dans le studio, je sentais derrière ma nuque un regard qui m'épiait. Les portes s'ouvraient et se refermaient violemment, sans raison. Les tableaux se détachaient du mur. La vaisselle se brisait toute seule.

Au bout de quelques mois de ce manège, je me suis décidée à aller voir un prêtre exorciste ; j'ai consulté des voyantes et des désenvoûteurs. Même après que j'ai quitté mon ami magicien et son studio hanté, les phénomènes occultes ont continué de me poursuivre. J'ai mis sept ans à m'en sortir. Cela fait deux ou trois ans seulement que j'ai l'impression de vivre à nouveau une vie « normale ».

Jamais plus je ne toucherai à la magie noire. Car je sais que l'enfer et le diable existent, et que je suis passée très près de la damnation éternelle.

Olga a totalement perdu sa voix claire et dynamique de chef de pub performante. Elle semble vidée, épuisée, apeurée. Son regard est vague, lointain. Et je sais que les trois whiskies qu'elle s'est resservi et le demi-paquet de cigarettes qu'elle vient de fumer tout en me parlant n'y sont pour rien.

*

* *

Eléonore a vingt-sept ans, et est journaliste pigiste. Elle a signé plusieurs « papiers » consacrés à la sorcellerie et la voyance. Je lui demande si, au cours de ses enquêtes, elle s'est trouvée témoin ou victime d'événements inexplicables. La voici qui démarre au quart de tour :

— La veille du bouclage de mon article sur la sorcellerie, que j'étais en train de terminer chez moi, j'ai ressenti des ondes étranges, comme une présence invisible autour de moi. Pendant que je rédigeais, j'avais l'impression que quelqu'un lisait par-dessus mon épaule. Lorsque je voulais porter un jugement négatif ou simplement humoristique sur un sorcier, je sentais un grand froid me saisir, et mes doigts se paralysaient.

Et puis, les objets sont à leur tour entrés dans la ronde. Le téléphone sonnait sans raison dès que j'écrivais un mot : jamais personne au bout du fil. Au mur était accroché un chapelet que je tiens de mon arrière-grand-mère, et qui fut bénit par le pape. Tout d'un coup, le chapelet se décrocha du mur, et la croix se brisa à terre. J'ai terminé mon article du mieux que j'ai pu et j'ai couru le porter au journal : les phénomènes cessèrent brusquement.

Eléonore est bouleversée par son récit, comme si elle en frissonnait encore de peur. Pour détendre l'atmosphère, je lance une plaisanterie qu'elle prend très mal :

— Ne soyez pas ironique ; la magie noire existe, et cela n'est vraiment pas agréable de s'en apercevoir à ses dépens. Cette fameuse veille de bouclage, je suis certaine d'avoir été l'objet d'une tentative d'influence à distance, opérée par l'un des mages que j'avais interviewés, et qui tenait à contrôler ce que j'allais dire de lui.

Dans ma jeunesse, j'ai longtemps vécu à l'étranger, au Maroc, où ces phénomènes d'envoûtement font partie de la vie quotidienne. D'ailleurs, là-bas, lorsque j'avais seize ans, j'ai été envoûtée par un sorcier, puis désenvoûtée par un autre. Vous voyez bien, je sais de quoi je parle ! Aussi, à l'avenir, je compte laisser ces gens-là tranquilles, et je n'écrirai plus d'articles sur ce sujet. On vient de me proposer une chronique « Beauté et diététique » : c'est nettement moins dangereux !

*

*   *

Le docteur Charles X..., généraliste, me confirme :

— L'envoûtement ? Mais oui, cela existe, je peux vous l'affirmer. On emploie également le terme d'« obsession diabolique », stade intermédiaire avant celui de la « possession diabolique ». En qualité de médecin, je suis censé mépriser ce que la science considère comme de pures superstitions, pourtant je vous jure que j'ai eu des cas de patients qui, subitement et sans raison, attrapaient des maladies inconnues, subissaient ou provoquaient des accidents, attiraient le malheur et l'échec comme l'aimant attire le fer. Pour eux, ni la médecine traditionnelle, ni la psychiatrie ni même la psychanalyse ne pouvaient rien. Il m'est arrivé, en désespoir de cause, de conseiller à ces zombies d'aller voir un prêtre, un désenvoûteur ou un sorcier. Après tout, au point où ils en étaient... Eh bien ! j'ai assisté ainsi à des guérisons miraculeuses, aussi rapides que définitives. Je n'ai aucune explication rationnelle de ce qui a pu se passer, mais je m'incline devant les faits : la sorcellerie et l'envoûtement existent. D'ailleurs, aujourd'hui, envoûteurs et désenvoûteurs officient au grand jour et ont pignon sur rue. On les consulte aussi facilement que son médecin généraliste...

De l'envoûtement personnel à l'envoûtement de masse

J'ai rencontré un désenvoûteur qui faisait remplir à chacun de ses clients un questionnaire très complet destiné à déterminer dans quelle proportion exacte la personne était « sous influence ». En voici le contenu :

1 — Avez-vous l'impression de vous déplacer comme dans un rêve ?

2 — Avez-vous l'impression de perdre l'amour de vos proches ?

3 — Connaissez-vous des cas d'envoûtements autour de vous ?

4 — Avez-vous des difficultés à retrouver certains objets familiers ?

5 — Etes-vous fasciné(e) par les lumières, les spots, les flammes ?

6 — Avez-vous quelquefois des évanouissements inexplicables ?

7 — Ressentez-vous de l'amour ou de la haine pour certaines personnes qui devraient vous être indifférentes ?

8 — Etes-vous agressif (agressive) sans aucune raison valable ?

9 — Vous surprenez-vous à faire des gestes inconsidérés ?

10 — Etes-vous attiré(e) par quelqu'un sans savoir pourquoi ?

11 — Etes-vous sujet(te) aux maux de tête au réveil ?

12 — Sentez-vous une douleur entre les omoplates quand vous êtes dans un lieu public ?

13 — Croyez-vous que tout ce que vous allez entreprendre va forcément échouer ?

14 — Pensez-vous être observé(e) à votre insu dans la rue ?

15 — Prononcez-vous souvent des mots que vous regrettez aussitôt ?

16 — Avez-vous de la répulsion pour certaines personnes ?

17 — Le vent vous énerve-t-il ?

18 — Avez-vous remarqué un changement de comportement à votre égard dans votre entourage ?

19 — Certaines couleurs vous incommodent-elles ?

20 — Avez-vous des bouffées de chaleur ?

21 — Avez-vous des périodes de vide, des trous de mémoire ?

22 — A votre avis, vous disputez-vous trop souvent avec les membres de votre famille ?

23 — Avez-vous fréquemment l'impression d'avoir oublié quelque chose d'important ?

24 — Vous réveillez-vous souvent au milieu de la nuit ?

25 — Vous arrive-t-il de changer brusquement d'idée ou de projet ?

26 — Doutez-vous des sentiments de votre partenaire ?

27 — Croyez-vous à l'envoûtement ?

28 — Avez-vous des malaises au début des repas ?

29 — Agacez-vous malgré vous les gens que vous aimez ?

30 — Faites-vous fréquemment des cauchemars ?

31 — Avez-vous l'impression que vos gestes sont parfois freinés comme par un élastique ?

32 — Aimez-vous regarder des dessins bizarres, des cercles concentriques, des spirales ?

33 — Avez-vous anormalement mal aux yeux ?

34 — Vous reproche-t-on de n'avoir pas assez le sens de la famille ?

35 — Avez-vous l'impression d'avoir moins de chance que la moyenne des gens ?

36 — Avez-vous découvert récemment des objets insolites ou curieux à votre domicile ou sur votre lieu de travail ?

37 — Agissez-vous parfois contre votre gré, même si vous savez que vous allez contre vos propres intérêts ?

38 — Pensez-vous être actuellement en manque d'énergie ?

39 — Ressentez-vous des sensations anormales au niveau de la gorge, du cœur ou du ventre ?

40 — Vous sentez-vous de plus en plus rejeté(e) par votre entourage ?

41 — Avez-vous des colères rouges, qui tombent rapidement ?

42 — Avez-vous l'impression, en franchissant une porte, de traverser une barrière invisible ?

43 — Eprouvez-vous depuis peu du dégoût pour certains plats que vous aimiez auparavant ?

44 — Croyez-vous en l'efficacité des protections contre les envoûtements ?

Une majorité de réponses affirmatives à ces questions très simples, portant sur le détail de la vie quotidienne, seraient le signe d'un envoûtement caractérisé, voire d'une obsession démoniaque. Mais un épisode dépressif suffit à entraîner le même type de symptômes. Dans ce cas, comment différencier l'envoûtement de la dépression nerveuse ?

En pratique, c'est presque impossible. Une personne envoûtée offre en effet tous les signes de la dépression nerveuse. Et l'on peut dire, à l'inverse, que toute dépression trouve sa cause dans une forme d'envoûtement. En réalité, la distinction entre les deux sera établie par le praticien que l'on ira consulter : le médecin psychiatre ou le sorcier.

*

* *

Michel Leymarie, désenvoûteur réputé sur la place de Paris, avec qui nous ferons plus ample connaissance un peu plus loin, prétend que l'envoûtement est devenu aujourd'hui une pratique généralisée, non seulement au plan individuel, afin d'obtenir quelque chose de quelqu'un ou se venger de lui, mais aussi au plan collectif, à des fins publicitaires, commerciales ou politiques.

On parle alors d'« envoûtements de masse », véhiculés par ondes radio, télévision ou satellites, images subliminales, rituels religieux émanant de sectes ou de sociétés secrètes, choix de noms ou de symboles magiques pour identifier un parti politique, une entreprise, une voiture, etc. Michel Leymarie invoque aussi les « envoûtements alimentaires » pour accélérer la vente ou la consommation d'un produit, les « envoûtements vestimentaires », pour favoriser la réussite d'une vedette du spectacle ou d'un homme politique, ou pour soutenir la vente au consommateur d'une marque de vêtements ou de bijoux, les « envoûtements de lieux commerciaux » pour drainer la clientèle dans telle ou telle grande surface, enfin les « envoûtements par des services secrets » pour obliger un Etat ou une société à servir les intérêts d'un autre Etat.

Serions-nous tous envoûtés sans le savoir par les campagnes publicitaires, le matraquage des « tubes » sur les chaînes de radio, les sondages d'opinion, les informations télévisées, la musique lénifiante diffusée dans les grandes surfaces, les jeux vidéo, les programmes informatiques ou les CD-Rom ?

Un tel discours peut sembler outré, voire paranoïaque. Pourtant, on doit se rappeler que des peuples entiers ont pu être envoûtés et ensorcelés malgré eux. N'est-ce pas le cas de l'Allemagne nazie, placée sous l'influence hypnotique du « médium noir » Hitler et frappée du symbole ésotérique très puissant du svastika ? On se souvient également des images télévisées manipulées lors de la « découverte » des charniers de Timisoara en Roumanie, fin 1989, ou bien à l'occasion de la guerre du Golfe. L'opinion publique mondiale n'a-t-elle pas été placée littéralement sous envoûtement ?

L'écrivain et journaliste ésotérique Jean-Luc Chaumeil [1] m'a confirmé ceci, en me révélant notamment que des groupes d'influences occultes, aux mains des services secrets de certains pays, n'hésitaient pas à provoquer des hallucinations collectives au moyen de rayons laser lors de grands rassemblements populaires. Ainsi, lors de certaines manifestations d'islamistes intégristes, le nom d'Allah est miraculeusement apparu dans le ciel. Les fidèles se sont tous jetés face contre terre, persuadés d'avoir reçu un signe divin. Ils ignoraient que le nom sacré était tout simplement tracé au moyen d'un rayon laser.

Certaines manifestations récentes de la Vierge Marie doivent-elles être mises sur le compte des mêmes techniques d'envoûtement modernes ? Mais l'invention du laser est récente, et les

1. Auteur de *La Table d'Isis*, Trédaniel, 1994, Jean-Luc Chaumeil enquête en ce moment sur l'affaire de la secte du Temple solaire.

apparitions mariales, ou démoniaques, ont toujours existé. Les programmations humaines les plus sophistiquées ne remplaceront jamais l'immense énigme que nous propose l'au-delà.

2

Légions de démons

Ces croyances en un au-delà tour à tour bénéfique et dangereux ont existé de tout temps. Un traité kabbalistique affirme que : « La famille céleste est complète comme la famille terrestre, et le monde des esprits est encore plus innombrable que celui des corps. » [1] Et parmi ces esprits, les démons sont légion...

Il semble que certaines personnes soient victimes du « mauvais œil » en l'absence de tout sortilège perpétré à leur encontre par un ennemi ou un sorcier, et en dehors de tout « envoûtement de masse ». Ces victimes innocentes se trouvent alors obsédées par des démons surgis du « bas-astral », qui s'amusent à les humilier et à les torturer. Selon les occultistes, nous baignerions en permanence dans un monde d'esprits et de présences invisibles, d'anges et de démons, tout prêts à pénétrer notre corps et notre âme.

Ces esprits sont partout ; dans l'air que nous humons, dans l'eau que nous buvons, dans les torrents et dans les sources. Saint Athanase prétendait que l'air en est presque plein. Chaque fois que nous respirons, nous en aspirons sans le savoir quelques milliers qui demeurent ensuite dans notre corps, où ils génèrent des maladies et nous inspirent de mauvais rêves. Ils sont si nombreux qu'ils « usent les vêtements des docteurs par le frottement de leurs

1. Peskta Rabba(XXXV).

doigts » et « se hérissent autour de nous, comme une palissade autour d'un champ. » Chacun en a mille à sa gauche et deux mille à sa droite. « Quand nous nous sentons serrés dans une foule, ce sont eux qui nous pressent ; quand nos genoux et nos membres sont courbaturés, ce sont eux qui pèsent sur nous ». [1]

Parfois, ces démons se glissent dans les aliments. Ainsi, on raconte qu'une religieuse du temps de saint Grégoire oublia de faire le signe de la croix et de dire son *bénédicité* au moment de passer à table. Elle fut punie de sa négligence en avalant un diable dans une laitue.

Les Pères de l'Eglise insistent également sur la diversité et la proximité des anges et des démons. Saint Antoine, le Père des moines, s'exclame : « Nombreuse est leur troupe dans l'air qui nous entoure, ils ne sont pas loin de nous... » [2] Saint Paul, déjà, affirmait : « Nous n'avons pas à lutter contre la chair et le sang, mais contre les Princes, contre les Puissances, contre les Dominateurs de ce monde des ténèbres, contre les Esprits mauvais répandus dans l'air » (*Eph.* 6, 12). De même, l'abbé Isidore montre à son disciple Moïse de Pétra les légions de démons qui disposent leurs troupes guerrières à l'Occident, tandis que l'Orient est nimbé de l'armée plus nombreuse encore des saints anges, « glorieuse et plus resplendissante que la lumière du soleil. » [3]

*

*　　*

Mais d'où viennent donc ces esprits malins ? Jules Garinet, auteur en 1820 d'une étude consacrée à *La Sorcellerie en France* [4], déclarait en préliminaire de son livre : « D'abord il faut savoir qu'il y a des diables et des diablesses qui viennent tous d'Adam, et qui, par conséquent, sont nos frères et sœurs consanguins. » Un certain rabbin Elias a, en effet, raconté qu'Adam se serait abstenu du commerce de sa femme durant cent trente ans pour faire sa cour aux diablesses, engendrant ainsi tout un peuple de diables,

1. Henri Sérouya, *La Kabbale*, op. cit.
2. Saint Athanase, *Vit. Anton.*
3. Héraclide, *Parad.*
4. Jules Garinet, *La Sorcellerie en France —Histoire de la magie jusqu'au* XIXe *siècle*, 1820, réédition Saint-Clair, 1974.

d'esprits, de fantômes et de spectres, condamné à errer sans fin entre terre et ciel. Jules Garinet précise :

« Il convenait aux esprits d'être légers ; aussi assure-t-on qu'ils n'ont qu'une ombre de corps, qui passe à travers les pores de la pierre et les trous des serrures.

Ils n'ont point de demeures fixes, et sont ballottés continuellement dans l'étendue de la nature. Quand ils se voient rejetés de tous côtés, ils se mêlent aux tourbillons pour faire fracas, et se vengent des eaux en y excitant les tempêtes, de la terre en déracinant les arbres qu'elle produit.

Ils voudraient bien remonter jusqu'au ciel ; mais les étoiles sont placées tout exprès en sentinelles pour les arrêter au passage, et pour les empêcher de connaître les secrets de Dieu.

A ces malins esprits, se joignent les âmes qui se diabolisent. Ce sont d'abord celles des méchants, puis celles des enfants mort-nés, des femmes mortes en couches, et des hommes tués en duel. » [1]

*

* *

Si les démons ont été conçus à cause de l'infidélité d'Adam, ces esprits copulent à leur tour allégrement avec les humains. S'ils veulent séduire les hommes, ils se transforment en démons femelles, ou « succubes » ; s'ils désirent les femmes, ils prennent l'apparence de démons mâles, ou « incubes ». C'est ainsi que la gent diabolique, née des accouplements croisés entre hommes, diables et femmes, croît et se multiplie depuis des millénaires.

Jules Garinet indique la meilleure façon de reconnaître les enfants du diable : « Ils sont criards, épuisent cinq nourrices pour les allaiter, sont fort pesants et fort maigres. » Parfois, ces fils du diable se regroupent en peuplades entières : « C'est pour donner le change que quelques auteurs, enfants du diable, ont prétendu que sa semence est inféconde ; car il est historiquement démontré que les Huns qui ravagèrent l'Empire romain, et pillèrent les sacristies, ce qui est encore plus horrible, étaient nés de l'accouplement des diables avec des sorciers. Ces barbares étaient grands comme pères et mères quand ils quittèrent leurs pays ; ce qui prouverait

1. Jules Garinet, op. cit.

que Luther, en bornant l'existence des enfants du diable à sept ans, et ne leur permettant pas d'aller jusqu'à huit, s'est grossièrement trompé. »[1]

Les récits de copulations avec incubes et succubes et d'enfantements diaboliques font partie des chroniques locales et des contes et légendes issus des traditions populaires. C'est ainsi qu'on raconte qu'un certain Benedetto Berna fut l'amant d'un démon succube durant quarante années consécutives. Un Français, du nom de Pinet, entretint, quant à lui, un commerce galant avec une jolie démone nommée Fiorna durant près de trente ans. A Constance, ce fut un incube qui engrossa une servante de cabaret. Neuf mois plus tard, la pauvre fille accoucha d'une quantité considérable de tessons de bouteilles, de pots cassés, d'étoupes et de paquets de cheveux. Les démons manquent parfois de sérieux.

Révélation des hiérarchies démoniaques

Les esprits se comptent donc par légions. Dans sa traduction de la Bible, André Chouraqui recense cent douze noms, surnoms, titres et qualités liés au diable. Les démons, tout comme les anges, appartiennent à des hiérarchies extrêmement précises, avec leurs chefs, leurs sous-chefs et leurs soldats de seconde classe. Ainsi, dans la tradition hébraïque ou gnostique, les anges du bien sont placés sous la domination des archanges Métatron ou Mikaël. Les anges rebelles ont pour chefs Belzébuth, Samaël, Satan, ou encore Lucifer.

Selon la tradition kabbalistique, les anges gardiens, ou « génies », sont classés en neuf chœurs hiérarchisés. Ces neuf chœurs sont respectivement ceux des séraphins, des chérubins, des trônes, des dominations, des puissances, des vertus, des principautés, des archanges et des anges. Le nom de ces « bons génies », ou « anges du bien », est connu, et fait l'objet d'invocations ou de cultes. Face au succès grandissant des anges gardiens, de nombreux ouvrages ont paru récemment, qui donnent la liste précise de ces anges, avec

1. Jules Garinet, op. cit.

leurs noms, leurs caractéristiques, les prières afférentes à chacun ainsi que les dates de naissance des personnes placées sous leur protection, car ces anges gardiens, correspondant aux soixante-douze génies de la Kabbale, gouvernent successivement des périodes consécutives de cinq jours ainsi que les natifs qui y sont attachés.

Or, la Kabbale enseigne que chacun de ces génies possède un équivalent « noir », un « démon », un « ange rebelle » qui lui est directement associé. La liste complète des génies de la Kabbale devrait donc comporter non pas soixante-douze noms, mais cent quarante-quatre : les soixante-douze anges gardiens face aux soixante-douze anges rebelles.

A force de recherches dans des grimoires anciens, j'ai pu reconstituer cette liste enfin complétée. J'ai choisi de publier en annexe ce travail totalement inédit, afin que chaque lecteur puisse connaître les noms et les caractéristiques de son ange gardien *et* de son ange rebelle. Ainsi, il aura une conscience juste et complète de sa dualité, et il pourra mieux maîtriser et dominer les influences « négatives » de l'un pour mieux exalter les qualités « positives » de l'autre.

Cette liste comparée d'anges gardiens et d'anges rebelles n'a jamais été publiée, en dehors des ouvrages anciens pour initiés que j'ai pu consulter. Elle comble une lacune et rétablit un équilibre spirituel. En effet, le bien le plus précieux de l'être humain étant son libre arbitre, il ne peut avoir la conscience du bien qu'en ayant *en même temps* la conscience du mal qui lui est opposé. C'est pourquoi je soutiens qu'on ne peut pas durablement se mettre en contact avec son ange gardien sans *connaître, se mesurer* et *maîtriser* son jumeau de l'ombre, l'ange rebelle qui lui est en apparence contraire, et qui ne figure jamais que l'autre face de la même médaille.

*

* *

Le *Livre d'Abramelin le mage,* composé au XIVe siècle à Zagreb par un juif convers, présente lui aussi une hiérarchie démoniaque comportant quatre cent vingt-huit noms d'anges rebelles, organisés en princes et esprits supérieurs, sous-princes, esprits communs et esprits servants. Un autre auteur s'est amusé à dénombrer les diables un par un, et en a trouvé, sauf erreur ou omission, la somme faramineuse de sept millions quatre cent cinq mille neuf cent vingt-six, chapeautés par soixante-douze princes.

A l'issue de son énumération, Abramelin le mage prend soin de préciser que la liste qu'il propose n'est pas limitative : « Le nombre des Esprits que j'aurais pu indiquer ici est infini. Je me suis contenté de donner les Noms de ceux dont je me suis servi, et que j'ai trouvé bons et fidèles en toutes les Opérations. Mais si vous en avez besoin, vous en demanderez d'autres, et il vous en sera donné davantage. » [1]

Dans cette classification, les quatre princes et esprits supérieurs sont Lucifer, Léviathan, Satan et Bélial. Suivent les huit sous-princes : Astarot, Oriens, Magot, Paymon, Asmodée, Ariton, Belzébuth et Amaymon. Derrière eux, la légion des esprits rebelles, parmi lesquels on relève des noms très amusants, tels que Lagasuf, Romages, Asmiel, Kirik, Rigolen ou Mimosa ! Ces patronymes sont d'origine barbare, forgés sur des racines perses ou chaldéennes. Ils sont tout simplement la résurgence des « anciens dieux » combattus par le christianisme du Moyen Age, et ravalés au rang de « démons ». L'étymologie du diable Belzébuth est à ce titre significative : Belzébuth est le « dieu des mouches », le « faux dieu », ou encore le « vieux dieu ».

Abramelin le mage précise bien que cette hiérarchie démoniaque n'a rien à voir avec les démons de l'enfer : « Ce ne sont point des Esprits vils, bas et communs, mais des plus principaux, industrieux et prompts, et très propres à une infinité de choses. Leurs Noms ont été manifestés et découverts par les anges. Et comme leur nombre est infini, si vous en voulez davantage, votre Ange vous l'augmentera. »

L'occultiste Eliphas Lévi ajoute : « Le Lucifer de la Kabbale n'est pas un ange maudit et foudroyé, c'est l'ange qui éclaire et qui régénère en brûlant ; il est aux anges de paix ce que la comète est aux paisibles étoiles des constellations du printemps. » [2]

Lucifer est une comète, un astre errant, une étoile filante qui

1. *La Magie sacrée,* ou *Livre d'Abramelin le mage,* transcrit, présenté et annoté par Robert Ambelain, Bussière.
2. Eliphas Lévi, *Dogme et rituel de la haute magie,* Ed. Niclaus, Paris, 1960.

illumine le ciel un bref instant. Quiconque prononce un vœu à cet instant précis le verra automatiquement réalisé.

La monarchie infernale et le gouvernement de l'enfer

Mais la hiérarchie infernale la plus désopilante est celle que l'on trouve dans le *Dictionnaire infernal* de Collin de Plancy, en quatre volumes et un atlas, publié en 1825-1826 et conservé dans les archives de la Bibliothèque nationale. Se fondant sur les recherches de Johann Wier, alias Wierus, disciple d'Agrippa, Collin de Plancy révèle la constitution exacte du gouvernement de l'enfer, avec ses monarques, ses ministres et ses ordres honorifiques !

« Wierus et plusieurs autres démonomanes, versés dans l'intime connaissance des enfers, ont découvert que tout s'y gouvernait comme ici-bas, qu'il y avait des princes, des nobles, de la canaille, etc. Ils ont même eu l'avantage de pouvoir compter le nombre des démons, supputer leur âge, et distinguer leurs emplois, leurs dignités et leur puissance.

Suivant ce qu'ils ont écrit, Satan n'est plus le souverain de l'enfer ; Belzébuth règne à sa place, et doit y régner jusqu'à la fin des siècles. Voici l'état actuel du gouvernement infernal.

Princes et grands dignitaires :

— Belzébuth, chef suprême de l'empire infernal, fondateur de l'ordre de la Mouche.

— Satan, prince détrôné, chef du parti de l'opposition.

— Eurynome, prince de la mort, grand'croix de l'ordre de la Mouche.

— Moloch, prince du pays des larmes, grand'croix de l'ordre.

— Pluton, prince du feu, gouverneur général des pays enflammés, grand'croix de l'ordre.

— Pan, prince des incubes.

— Lilith, princesse des succubes.

— Léonard, grand maître des sabbats, chevalier de la Mouche.

— Baalberith, grand pontife, maître des alliances.

— Proserpine, archidiablesse, souveraine princesse des esprits malins.

Ministères :

— Adrameleck, grand chancelier, grand'croix de l'ordre de la Mouche.
— Astaroth, grand trésorier, chevalier de la Mouche.
— Nergal, chef de la police secrète.
— Baal, général en chef des armées infernales, grand'croix de l'ordre de la Mouche.
— Léviathan, grand amiral, chevalier de la Mouche.

Ambassadeurs :

— Belphégor, ambassadeur en France.
— Mammon, ambassadeur en Angleterre.
— Bélial, ambassadeur en Italie.
— Rimmon, ambassadeur en Russie.
— Thamuz, ambassadeur en Espagne.
— Hutgin, ambassadeur en Turquie.
— Martinet, ambassadeur en Suisse.

Justice :

— Lucifer, grand justicier, chevalier de la Mouche.
— Alastor, exécuteur des hautes œuvres.

Maison des princes :

— Verdelet, maître des cérémonies.
— Succor Benoth, chef des eunuques du sérail.
— Chamoos, grand chambellan, chevalier de la Mouche.
— Melchom, trésorier payeur.
— Nisroch, chef de la cuisine.
— Béhemoth, grand échanson.
— Dagon, grand panetier.
— Mullin, premier chevalier de chambre.

Menus plaisirs :

— Kobal, directeur des spectacles.
— Asmodée, surintendant des maisons de jeu.
— Nybbus, grand paradiste.

— Antéchrist, escamoteur et nécromancien. »

Cette cour infernale, réplique exacte d'un gouvernement politique humain, contribue à nous rendre ces démons proches, familiers, presque sympathiques. Imaginons aujourd'hui que le diable est devenu républicain, un ministère de l'enfer calqué sur le gouvernement actuel de la France !

Cette familiarité avec les diables a même poussé certains à reconnaître, sur terre, les représentants humains de ces hiérarchies infernales. Ainsi, en 1821, un certain Berguibier, qui se prétendait hanté par les démons, publia une liste comportant les noms de certains de ses voisins ou fournisseurs, qu'il affirmait être des créatures démoniaques dont la seule mission sur terre consistait à le tourmenter, lui, Berguibier ! Voici comment cet original s'y prend pour dénoncer ses ennemis :

« Cette cour a aussi ses représentants sur la terre, qui, en son nom, persécutent les malheureux humains. Ses mandataires sont innombrables ; mais chacun d'eux a la mission particulière de s'attacher aux pas de la victime qui lui est désignée. Je dois faire connaître à l'univers ceux qui me tourmentent sans pitié. J'en donne la nomenclature d'après le degré de leur puissance :

— Moreau, magicien et sorcier à Paris, représentant de Belzébuth.

— Pinel père, médecin à la Salpêtrière, représentant de Satan.

— Bonnet, employé à Versailles, représentant d'Eurynome.

— Bouge, associé de Nicolas, représentant de Pluton.

— Nicolas, médecin à Avignon, représentant de Moloch.

— Baptiste Prieur, de Moulins, représentant de Pan.

— Prieur aîné, son frère, marchand droguiste, représentant de Lilith.

— Etienne Prieur, de Moulins, représentant de Léonard.

— Papon Lominy, cousin de Prieur, représentant de Baalberith.

— Jeanneton Lavalette, la Mansotte et la Vaudeval, représentantes de l'archidiablesse Proserpine, qui a voulu mettre trois diablesses à mes trousses. » [1]

1. Cité dans Collin de Plancy, *Dictionnaire infernal,* en quatre volumes et un atlas, 1825-1826, archives de la Bibliothèque nationale.

Obsédés et possédés

L'envoûtement, tel que nous l'avons étudié plus haut, est un phénomène courant, qui peut intervenir en l'absence d'« esprits maléfiques ». La haine d'un ennemi suffit en effet à produire un égrégore négatif qui sera vécu comme un envoûtement. Ce n'est qu'avec les phénomènes de l'infestation, de l'obsession et de la possession que les démons et les anges rebelles font leur entrée en scène.

A quoi reconnaît-on qu'une personne est obsédée ou possédée ? Dans un ouvrage consacré au *Diable et à la possession démoniaque,* Hervé Masson rappelle la distinction théologique entre « obsession » et « possession » : « L'*obsession* se partage la très vaste gamme des états de contrainte psychologique, y compris les groupes particuliers d'états dans lesquels la contrainte est ressentie comme une véritable division intérieure (le démon *plus* le moi). En revanche, la *possession* serait caractérisée au moins par le somnambulisme démoniaque. En quelque sorte le démon semble incarné dans le possédé. Il voit par ses yeux, entend par ses oreilles et parle par sa bouche. Le possédé perd sa personnalité, celle qu'il se connaît et qu'on lui prête ; son moi s'efface, cédant la place à une autre entité psychique, celle du démon. » [1]

Dans ce dernier cas, le possédé change totalement de physionomie, jusqu'à incarner la « figure du diable ». Son visage devient excessivement mobile, avec des mimiques qui peuvent exprimer la moquerie, la haine ou la colère. La couleur même de la peau change : le teint vire au rouge, au gris, au vert, voire au noir violacé. La voix mue radicalement ; généralement elle se fait plus grave, railleuse, désagréable. Le possédé se met à proférer des blasphèmes ou des injures ; il tient des propos pornographiques et scatologiques (coprolalie) ; il peut également s'exprimer en des langues étrangères et inconnues de lui (glossolalie). Si on lui tend une plume, il est saisi d'écriture automatique, et rédige à une vitesse effrénée, sous la dictée du démon qui le possède.

1. Hervé Masson, *Le Diable et la possession démoniaque,* Belfond, 1975.

Les fonctions de l'organisme sont altérées et les viscères contractés, ce qui provoque chez le possédé des crises brusques de vomissements ou d'aérophagie accompagnées de borborygmes et d'exhalaisons fétides. On constate fréquemment une irritation de la peau et des muqueuses, voire des traces de coups portés par des objets invisibles. Fréquemment, le possédé souffre de douleurs aiguës à la nuque, comme si un violent coup lui avait été assené derrière la tête. Dans son ventre, il ressent la présence d'un animal ou d'un diable qui le pince, le mord ou le brûle.

Les femmes possédées sont souvent atteintes de grossesses fictives. Leur ventre peut tout à coup se distendre démesurément. Hommes et femmes sont victimes de boulimies, et d'étranges appétits les poussent à ingérer des ordures, des excréments ou de l'urine.

*

* *

Ces compulsions irrépressibles sont-elles dues à un « diable » venu de l'extérieur et ayant pris possession du corps et de l'âme de la personne, ou bien ne sont-elles que l'expression débridée des forces noires surgies de l'inconscient du sujet ? L'étude de la possession rejoint alors celle de l'hystérie, celle des états maniaques et des perversions en tous genres. Le « démon » à l'œuvre ne serait jamais que le démon intérieur du soi-disant possédé, sa part d'ombre non maîtrisée. Hervé Masson commente à ce sujet : « En termes simples, on dira que, dans la crise de possession, le sujet libère tous ses “mauvais instincts”, qu'il laisse se défouler librement tous les désirs illicites, les pulsions asociales jusque-là soigneusement enfouis dans l'inconscient. A ce titre, le démon du possédé, tout en étant une sorte d'“anti-moi”, n'en serait pas moins un autre “soi”. Il ne serait guère plus que l'envers de la médaille du moi. » [1]

A un exorciste qui lui demandait d'avouer son nom, le démon répondit un jour par la voix de sa victime : « Je suis Contraire. » C'est justement la fonction de l'ange rebelle d'être « contraire », révolté, provocateur, agressif. On peut dire que le possédé exprime

1. Hervé Masson, op. cit.

le mal en lui ; on peut aussi estimer qu'il laisse son inconscient réagir contre l'hypocrisie des convenances et des règles sociales. Il est comme un enfant qui prend du plaisir à dire des « gros mots » justement parce qu'ils lui sont défendus.

Parfois, cette contestation prend une valeur générale, sociale, voire politique. Le diable incarne alors sa fonction d'adversaire. « Ce n'est pas la seule et mince personnalité du possédé qu'il conteste et écarte rageusement, c'est la Société, la Religion, la Culture, l'Education, en d'autres mots des siècles d'Histoire et de civilisation. D'Histoire et de civilisation mais, qui en douterait, d'aliénation certaine aussi. S'exprimant à travers la personnalité du possédé, le démon s'oppose violemment non pas seulement au seul "sur-moi" du patient, mais à ce qui le conditionne et le détermine : au "sur-moi" collectif dans lequel nous puisons nos valeurs », écrit encore Hervé Masson, avant d'ajouter : « De là la fascination exercée par le diable. Il se dresse paradoxalement comme un aspect du Vrai faisant face à un aspect du Faux. De l'authenticité s'opposant à l'aliénation. L'homme vrai, sordide dans son animalité et dans ses besoins d'espèce, se révolte contre l'homme faussé par la vie en société qui l'oblige à rogner ses griffes et à rengainer ses instincts. Le recours au mythe démoniaque est ici libérateur. Il symbolise et actualise la revanche de ce que je suis au moins potentiellement sur ce que la société, autrui, m'oblige à faire semblant d'être. » [1]

Pour le psychologue transpersonnel Stanislav Grof, les états de possession démoniaque ne sont dus ni à l'influence du diable, ni à un problème psychopathologique grave, mais sont clairement associés à une évolution spirituelle, se manifestant par une crise brutale et douloureuse à laquelle il donne le beau nom de « nuit noire de l'âme » : « Les individus qui traversent cette situation pénible sont vraiment plongés dans la nuit noire de l'âme. Ils souffrent, se sentent odieux, coupés de la vie courante et abandonnés de Dieu. Les parents, les amis et souvent même les thérapeutes ont tendance à rejeter le « possédé », en partie parce qu'ils portent sur lui un jugement moral et en partie parce qu'ils éprouvent à son égard une profonde crainte métaphysique. » [2]

1. Hervé Masson, op. cit.
2. Christina et Stanislav Grof, *A la recherche de soi,* Editions du Rocher, 1993.

En réalité, l'état de possession représente une phase normale de l'évolution spirituelle, au cours de laquelle l'âme humaine est confrontée aux « archétypes diaboliques » qui ne sont jamais qu'une image inversée de la divinité, une sorte de « négatif photographique ». La possession peut exposer celui qui en est victime à la folie ou à la mort, mais s'il est suffisamment solide et fort pour la dépasser, il atteint alors un état de grâce et de sagesse inégalé. Ce phénomène est particulièrement sensible dans les récits des vies de saints, qui tous ont été, à un moment ou à un autre, « possédés » du diable, voire battus et torturés si violemment qu'ils en portaient les traces sur le corps.

*

* *

Dans son *Traité de théologie mystique,* rédigé au début du siècle, le théologien Poulain explique : « Nous dirons qu'une personne est obsédée lorsque le démon ne lui fait jamais perdre connaissance, mais que cependant il la tourmente de manière qu'on puisse constater son action ; par exemple en la battant. » De fait, des marques physiques apparaissent souvent sur le corps des personnes atteintes d'obsessions, à l'exemple des stigmates chez les grands mystiques.

A proportion de leur élévation spirituelle, les saints sont tentés, tourmentés, voire torturés par le diable. Le fameux tableau de Jérôme Bosch, *La Tentation de saint Antoine,* offre une image saisissante du délire hallucinatoire qui s'empare du saint et l'empêche de se relier à Dieu : Satan a des yeux de feu, une queue et des pattes de rat ; il se nourrit des âmes des damnés arrosés de plomb fondu...

Autre exemple célèbre de saint « possédé » du diable : Jean-Marie Vianney, le célèbre curé d'Ars, qui, de 1823 jusqu'à sa mort en 1859, fut presque chaque nuit en butte aux attaques d'un démon qu'il avait surnommé le « grappin ». Le saint homme a décrit avec force détails les misères que lui fit subir ce démon familier : « Le grappin a une bien vilaine voix. Il est bien méchant, mais il est bien bête... Moi, il me tourmente comme ça, quelquefois il me prend par les pieds et me traîne dans ma chambre, c'est parce que je convertis des âmes au bon Dieu... Je m'y habitue, il ne peut rien sans la permission de Dieu... Depuis le temps que nous avons affaire ensemble, nous sommes quasi-camarades ! »

*

* *

Les mystiques, les saints, les moines, les religieux forment la cible favorite de l'ange rebelle. Parfois, des couvents et des monastères entiers deviennent la proie du diable. Est-ce un hasard si Satan sème de préférence son ivraie dans les terres labourées par Dieu ? S'agit-il de pure provocation de sa part, ou bien répondit-il à sa fonction divine, qui consiste justement à *mettre à l'épreuve* ceux qui se dirigent vers Dieu ? L'obsession et la possession diaboliques, loin d'être l'apanage des êtres faibles et peu évolués, semblent bien former l'une des conditions nécessaires à l'accès à la sainteté. Avant de se baigner dans la claire Lumière, le saint doit traverser le royaume des Ombres. Avant de se fondre en Dieu, il doit se confronter au diable, ou plus exactement à l'ange rebelle.

3

La sainte et les diables de Loudun

1 — Les saints de l'Ombre : *Sœur Jeanne des Anges* (France, XVIIe siècle).

C'est au XVIIe siècle que sont apparus les cas les plus frappants de possessions diaboliques dans les communautés religieuses, notamment avec l'affaire des diables de Loudun.

En 1631, la prieure d'un petit couvent d'ursulines à Loudun, répondant au nom prédestiné de Jeanne des Anges, confia à Urbain Grandier, curé de Saint-Pierre-du-Marché et chanoine prébendier de Sainte-Croix de Loudun, la direction de conscience des sœurs du monastère. Bon orateur, ce prêtre était toutefois davantage porté sur la galanterie que sur la méditation, ce qui lui avait valu quelques ennuis avec la hiérarchie de l'Eglise et la justice. Il refusa donc cette charge, trop éloignée de ses préoccupations érotiques. Jeanne des Anges insista, employant des arguments peu conformes à son état de religieuse, mais Grandier demeura stoïque. La prieure, dépitée, fit alors appel au chanoine Mignon, ennemi personnel de Grandier, qui, dans le courant de l'année 1632, pratiqua plusieurs exorcismes sur la personne même de Jeanne des Anges, puis sur la plupart des nonnes du couvent. En quelques mois, les démons avaient en effet envahi le lieu saint, et s'amusaient à torturer la libido et la psyché des pauvres ursulines. Pour Mignon, la cause de cette infestation démoniaque était claire : Jeanne des Anges et ses nonnes avaient tout bonnement été envoûtées par Urbain Grandier.

L'accusation de sorcellerie fut lancée sans retard contre Grandier, qui fut emprisonné au château d'Angers, puis transféré à Loudun en 1634, dans un cachot aménagé tout spécialement chez le chanoine Mignon, son pire ennemi. Interrogatoires et exorcismes se multiplièrent alors, aussi bien dans la cellule de Grandier qu'au couvent des Ursulines. Les « confessions » des sœurs envoûtées par Grandier avaient lieu en public, ce qui était l'occasion de rassemblements de foules énormes. Ainsi, l'exorcisme public du 20 mai 1634 attira deux mille personnes, dont plusieurs centaines de seigneurs, évêques, abbés, magistrats et médecins.

Pendant ce temps, dans le secret de sa cellule, Urbain Grandier se trouvait exposé aux tortures des exorcistes qui lui arrachèrent de force l'aveu d'un pacte qu'il aurait signé avec Léviathan, en lui consacrant le cœur d'un enfant sacrifié lors d'un sabbat, mélangé à la cendre d'une hostie calcinée et malaxée avec son propre sperme. Un autre pacte fut mis à jour, avec Lucifer, celui-là, et dont voici la teneur :

« Monsieur et maître Lucifer, je vous reconnais pour mon Dieu, et vous promets de vous servir pendant que je vivrai. Je renonce à un autre Dieu et à Jésus-Christ, et autres saints et saintes, et à l'Eglise apostolique et romaine, et à tous les sacrements d'icelle, et à toutes les prières et oraisons qu'on pourrait faire pour moi, et vous promets de faire tout le mal que je pourrai, et d'attirer à faire du mal le plus de personnes que je pourrai, et renonce à chrême et à baptême, et à tous les mérites de Jésus-Christ et de ses saints ; et au cas que je manque à vous servir et adorer, et faire hommage trois fois le jour, je vous donne ma vie comme étant à vous. (La minute est aux enfers, en un coin de la terre, au cabinet de Lucifer, signée du sang du magicien). »

Urbain Grandier fut jugé et condamné le 19 août 1634, et brûlé vif le jour même devant six mille personnes.

Une sœur infestée de démons

Les comptes rendus de procès et d'exorcismes de l'époque étaient tenus avec beaucoup de précisions. Ces documents sont parvenus jusqu'à nous, notamment une *Liste authentique des religieuses et séculières possédées, obsédées, maléficiées, le nom de leurs démons, le lieu de leur résidence, avec les signes de leurs sorties* [1], publiée en 1634, l'année même de la mort de Grandier. Voici ce qui concerne Jeanne des Anges :

« La sœur Jeanne des Anges a été possédée par sept diables, dont trois furent chassés le samedi 20 mai 1634 et firent, pour signe de leur sortie, trois ouvertures en son côté droit ; savoir : Asmodée, des Trônes ; Amon, des Puissances ; Grézil, des Trônes ; les quatre autres sont Léviathan, des Séraphins, qui a sa résidence au milieu du front, et a promis pour signe d'y faire une croix de sang ; Béhemoth, des Trônes, qui a sa résidence à l'estomac, et a promis pour signe d'élever la fille à deux pieds de haut ; Balam, des Dominations, qui a sa résidence à la seconde côte du côté droit, et pour signe doit écrire sur la main gauche de la fille son nom qui doit y demeurer toute sa vie ; Isaacaron, des Puissances, a sa résidence sous la dernière côte du côté droit et pour signe a promis de fendre le gros doigt de la main gauche, autant qu'en emporte l'ongle des deux côtés. »

Un témoin de la séance, un certain abbé Dupont, rapporte ce qu'il a vu dans son *Rapport sur un exorcisme* daté de la même année. Le spectacle qu'offraient les possédées à leur public friand de diableries était parfois horrible à voir, car avant de quitter leurs victimes, les diables les torturaient à qui mieux mieux. Voici comment ce témoin raconte la possession de Jeanne des Anges par le démon Asmodée :

« Asmodée lui enfla en un instant le visage si effroyablement que, sans exagération, elle l'avait trois fois aussi gros qu'à l'ordinaire, et surtout les yeux qui étaient gros comme ceux du plus gros cheval. Le démon la tint un quart d'heure dans cette posture, puis la remit tout d'un coup en son état naturel qui est d'être une très belle fille. Tandis qu'elle était si défigurée, un docteur de Sorbonne lui tâta le pouls qu'il trouva fort tranquille ; pénétré de douleur, il fit un discours des plus touchants sur ce que l'on voyait, et ne le put faire que les larmes aux yeux. Les juges, l'exempt des gardes, ses archers et plus de cinq cents personnes des spectateurs pleurèrent de même... »

1. Cité par Romi, *Les Métamorphoses du diable.*

Jeanne des Anges a elle-même rapporté les sensations que lui faisaient endurer les diables. Voici comment elle décrit le combat intérieur qui se livrait en elle lors des crises de possession qui s'emparaient d'elle : « Quoique je fusse à l'extérieur dans un grand trouble, je sentais dans mon intérieur un calme et une lumière qui étaient l'effet de ce que le père disait au démon. (...) J'eus une furieuse contorsion qui me plia en arrière ; mon visage devint effroyable... » La sœur confesse même le plaisir qu'elle prend parfois à être martyrisée par le diable : « Le diable me trompait souvent par un petit agrément que j'avais aux agitations et autres choses extraordinaires qu'il faisait dans mon cœur. Je prenais un plaisir extrême d'en entendre parler et j'étais bien aise de paraître plus travaillée que les autres. Ce qui donnait de grandes forces à ces esprits maudits. »

En état de possession, la mère supérieure du couvent des Ursulines injuriait et insultait Dieu, déchirait et mangeait son voile, crachait l'hostie au visage du prêtre qui la lui offrait.

Même après l'exécution d'Urbain Grandier, sœur Jeanne des Anges demeura la proie des démons. En 1635, des stigmates apparurent sur sa main gauche. On pouvait lire clairement, inscrits en rouge, les noms de Jésus, Marie et François de Sales. Mais les démons étaient toujours là. Trois ans plus tard, en 1638, Jeanne des Anges eut la révélation que les démons la quitteraient si elle accomplissait un pèlerinage sur le tombeau de François de Sales, en Savoie.

Ce pèlerinage dura plusieurs mois. Sur son chemin, les gens se prosternaient ou cherchaient à toucher le bas de sa robe ou à baiser ses sandales. Des miracles avaient lieu sur son passage. A Paris, la religieuse possédée et stigmatisée fut reçue par Richelieu et présentée à la reine d'Autriche qui venait de mettre au monde... le futur Louis XIV ! Sur la demande de la mère, Jeanne des Anges bénit le nouveau-né qui allait devenir l'un des plus grands rois de France, le *Roi-Soleil...*

Enfin parvenue en Savoie, Jeanne des Anges se contenta de poser la main sur la tombe de François de Sales. Aussitôt, elle fut libérée à tout jamais des démons qui l'habitaient depuis sept ans. Mais les stigmates divins, eux, demeurèrent. Son retour à Loudun fut encore plus triomphal que son départ. Les foules à genoux se prosternaient et se signaient sur son passage. Le couvent des Ursulines retrouva son calme de jadis, car la guérison spirituelle de Jeanne des Anges avait également gagné les autres sœurs.

Madeleine Bavent, la sorcière au couvent

L'affaire des diables de Loudun trouva un écho presque identique, à la même époque, au couvent de Louviers. Le rôle de Jeanne des Anges était tenu par Madeleine Bavent, sœur tourière, et celui d'Urbain Grandier par Mathurin Picard, curé du Mesnil-Jourdain, qui, à la différence du précédent, fut directeur spirituel des nonnes de 1634 à 1642, année de sa mort. Dès l'année suivante, en 1643, Madeleine Bavent et six autres sœurs, dont sœur Barbe de Saint-Michel et sœur Marie du Saint-Esprit, se dirent possédées et accusèrent feu le curé Picard d'avoir été un suppôt de Satan.

Une enquête fut aussitôt lancée par les ecclésiastiques d'Evreux, qui soumirent les nonnes au feu roulant des exorcismes. Ainsi, sœur Barbe de Saint-Michel se révéla possédée par un démon du nom d'Ausitif. Les exorcistes rapportèrent que la sœur, « fille puissante, ramassée, bien colorée, de bonne habitude, grosse et grasse, tomba dans de violentes convulsions, faisant de tout son corps un arc, ayant les doigts des pieds et des mains recourbés en dedans et en dehors. Elle se roula sur le plancher, se mit à péter, et rendit par les parties inférieures toutes sortes d'excréments, tant inutiles que nécessaires. »

Quant à sœur Marie du Saint-Esprit, elle « se prit à parler de sa petite Madeleine, sa bonne amie, sa mignonne, sa première maîtresse. » Madeleine Bavent fut alors soumise à un interrogatoire serré, au cours duquel elle avoua avoir été mariée, lors d'un sabbat, avec le diable Dagon, « non sans beaucoup souffrir dans la copulation. » Elle précisa que Mathurin Picard l'éleva à la dignité de princesse de sabbat et perpétra avec elle le péché de sodomie sur l'autel. Elle décrivit les accouchements de quatre sorcières au sabbat, et confessa qu'elle avait contribué à égorger les enfants nouveau-nés. Elle « confessa encore, qu'étant un jour dans la chapelle du monastère de Louviers, Picard la connut charnellement dans ladite chapelle, commettant cette sale action avec des abominations qu'on a horreur d'expliquer ; pendant laquelle exécrable action, un diable, en forme de chat, se présenta à elle ; et le magicien Picard fut souillé honteusement par lui, en même temps qu'il avait sa compagnie charnelle. »[1]

Au terme de cette enquête, l'évêque d'Evreux condamna à la prison perpétuelle Madeleine Bavent, « convaincue d'apostasie, sacrilège et magie, d'avoir été aux sabbats et assemblées de sorciers et magiciens par plusieurs et diverses fois, d'avoir obéi aux diables, d'avoir honteusement prostitué son corps aux diables, aux sorciers et autres personnes, de la copulation desquelles étant devenue grosse par plusieurs fois, ils lui auraient procuré plusieurs décharges par elle portées au sabbat, dont une partie aurait servi à faire des charmes, d'avoir voulu séduire plusieurs religieuses du monastère, les attirer par ses charmes à son affection démesurée à mauvaise fin, d'avoir conspiré avec sorciers et magiciens dans leurs assemblées et dans le sabbat, au désordre et ruine générale de tout ledit monastère, perdition des religieuses et de leurs âmes. »

Feu Mathurin Picard ayant été nommément désigné comme sorcier par les sœurs ensorcelées, l'évêque ordonna l'ouverture de la sépulture du prêtre sur laquelle les sœurs s'adonnaient à des rituels orgiaques. Les restes du magicien supposé furent transférés dans un cimetière de la ville.

Ce fut alors au tour du vicaire de Mathurin Picard, un certain Thomas Boullé, d'être accusé de s'être livré à des attouchements impudiques sur la personne de Madeleine Bavent, qu'il aurait engrossé à plusieurs reprises afin de crucifier leurs enfants, et d'utiliser leurs cendres pour fabriquer des charmes.

Au cours d'un exorcisme public pratiqué le vendredi saint 25 mars 1644, l'une des compagnes de Madeleine Bavent, sœur Marie du Saint-Sacrement, exhiba devant la foule ahurie sa poitrine nue sur laquelle venait d'apparaître l'inscription suivante : « Vive Jésus », encadrée d'un cœur et d'une croix. La possédée affirma alors que ce stigmate était l'œuvre de la diablesse Putiphar, sortie de son corps « à l'heure où Jésus rendit l'âme sur la croix. »

Le 21 août 1647, la cour de justice de Rouen condamna au bûcher Thomas Boullé ainsi que les restes de Mathurin Picard...

1. *Histoire de Madeleine Bavent, religieuse de Louviers, avec son interrogatoire*, in-4°, Rouen, 1652.

On exhuma donc une nouvelle fois les ossements du prêtre décédé, et on les brûla en même temps que le jeune vicaire qui, lui, était bien vivant ! Quant à Madeleine Bavent, on l'oublia dans sa cellule, où elle périt de maladie, d'inanition et de chagrin.

4

Comment se faire désensorceler

Les cas de possession et les rituels de désenvoûtement et d'exorcisme ne sont pas l'apanage des siècles passés. Aujourd'hui même, ces pratiques sont fréquentes et ont lieu un peu partout. Devant la recrudescence de la magie noire et du satanisme, les désenvoûteurs n'ont pas le temps de chômer, et livrent sans relâche leur lutte occulte contre les démons déchaînés.

Dans ce domaine, les critères de jugement sont forcément subjectifs et sujets à caution. Le contact, le sens du dialogue, la finesse de jugement sont des éléments essentiels dans le choix d'un désenvoûteur. L'expérience, les connaissances et l'ancienneté dans cette étrange profession sont également à prendre en compte. Ensuite, tout est question de chance, de rencontre, de *feeling*...

Grand rituel de désensorcellement

Mèches rebelles et grisonnantes, visage poupin de moine rusé, regard perçant et magnétique, incisives mordant sur la lèvre inférieure, voix sonore, qui part du grave pour éclater dans l'aigu, ponctuée par d'étranges gloussements de gorge, Jean-Luc Caradeau ressemble à un Merlin l'Enchanteur mi-inquiétant, mi-farceur. Passionné de magie et de Kabbale, il est l'auteur de très nombreux ouvrages consacrés à l'occultisme ou à la magie pratique, notamment un *Manuel du désenvoûteur* [1] qui, à condition d'être convenablement utilisé, a la prétention d'aider tout un chacun à se libérer des influences néfastes.

Pour ceux qui préfèrent s'en remettre directement au spécialiste, Jean-Luc Caradeau pratique lui-même le désenvoûtement, même s'il n'est pas dupe du rôle d'illusionniste qu'il joue le plus souvent :

— Sur dix personnes qui se croient envoûtées, neuf d'entre elles ne sont en réalité que des névrosés, ou des « drogués de l'envoûtement » qui, quoi que vous leur disiez, vont consulter tous les exorcistes du coin. Si vous les renvoyez en leur disant : « Vous n'avez rien du tout », ils vous traitent de charlatan. Si vous leur prenez 1 000 F pour simuler quelques passes magnétiques bidons, ils repartent ravis et reviennent vous revoir chaque année.

Pourtant, l'envoûtement, le vrai, existe, et nécessite un vrai rituel, qui peut être long, difficile et dangereux. Dans ces cas-là — assez rares, il faut bien l'avouer — je préviens le « patient » des risques qu'il doit assumer, comme un chirurgien qui propose une opération délicate à un malade. Car, si l'on pratique un vrai rituel de désenvoûtement sur une personne qui n'a rien, cela reviendrait à l'envoûter pour de bon !

Pour déterminer si quelqu'un est réellement envoûté, Jean-Luc Caradeau utilise le test de l'huile :

— Ce test est très ancien, il remonte à l'époque de Sumer. Il se pratique avec de l'huile, de l'eau et du sel consacrés par mes soins, au moyen de paroles et invocations magiques.

Je lance une poignée de sel consacré en croix dans l'eau. Le patient trempe son index dans l'huile et laisse tomber une goutte dans l'eau. Si la goutte demeure intacte, tout va bien ; si elle s'étale et se brouille, il y a un problème.

Je fais renouveler l'opération trois fois, pour juger de l'importance du maléfice : en effet, si la première goutte, qui représente le corps physique, s'écrase dans l'eau, mais que les deux autres restent intactes, ce n'est pas trop grave : une fatigue passagère, un rhume suffisent à provoquer cela. Si la deuxième goutte s'écrase, le plan mental est atteint : je sais que j'ai devant moi une personne très angoissée, avec des problèmes psychologiques graves, mais pas

1. Jean-Luc Caradeau, *Manuel du désenvoûteur,* Librairie de l'inconnu Editions, 1992.

insolubles. La troisième goutte, elle, représente les plans occulte et spirituel : si elle s'écrase à son tour dans l'eaù, c'est que j'ai affaire à un envoûtement caractérisé, qu'il faut traiter d'urgence.

Parfois, lorsque le maléfice porte sur un organe précis, la première goutte d'huile s'étale dans l'eau jusqu'à dessiner l'organe en question, avec la netteté d'une planche anatomique ! C'est ainsi qu'un jour j'ai reçu une femme dont la première goutte d'huile représentait un cerveau en coupe. Je lui ai conseillé d'aller se faire faire un fond de l'œil. Elle m'a téléphoné quelques jours après : on lui avait diagnostiqué une tumeur au cerveau !

Jean-Luc Caradeau a également recours à la radiesthésie. Il possède plusieurs pendules, baptisés « Magie », « Satan » ou « Nécromancie », qui lui permettent de connaître l'origine de l'envoûtement. Ainsi, si le pendule « Satan » réagit, cela signifie que le consultant est victime d'un maléfice de mort, d'une imprégnation par une secte satanique ou d'une possession ou une obsession diaboliques. Le pendule « Nécromancie » désigne les personnes vampirisées ou vivant dans un lieu hanté par les esprits des morts.

— J'ai sauvé des gens qui, sans le savoir, étaient envoûtés depuis des années ! On reconnaît quelqu'un d'envoûté à ce que la chance est toujours contre lui. Lorsqu'il a le choix entre deux décisions, il prend systématiquement la mauvaise. Tout ce qu'il entreprend, il le rate. Il ne peut ni réussir professionnellement, ni être heureux en amour. Il ne meurt pas forcément d'un grave accident ou d'une maladie incurable, mais, en tout cas, il vit très mal !

La difficulté essentielle, pour le désenvoûteur, est de retrouver l'origine de l'envoûtement. Il s'agit en effet d'une pratique magique manigancée par un individu qui cherche à nuire à un autre individu. La cause d'une telle hostilité peut être une simple rivalité : un employé qui dissimule une statuette vaudoue dans le bureau de son supérieur hiérarchique ; une épouse qui lance un sort à la maîtresse de son mari.

Découvrir l'objet rituel qui concrétise le sort jeté (œuf, animal sacrifié, dagyde [1] enfouis sous le seuil de la maison ou cachés dans la chambre) peut aider à dénouer le problème. Sinon, une ou deux

1. Une dagyde est une statuette de cire, représentant la personne à maléficier, et dans laquelle le sorcier pique des aiguilles pour tourmenter sa victime.

séances de prières et d'onction d'huile consacrée en viendront à bout.

Les choses se compliquent lorsque l'origine de l'envoûtement n'est pas humaine, mais matérielle ou divine. Caradeau reprend :

— Il est fréquent que des Européens attirent sur eux des maléfices lorsqu'ils manquent de respect pour les religions traditionnelles auxquelles ils sont confrontés à l'occasion de voyages et de séjours à l'étranger. Ainsi, dans les anciennes colonies françaises, en Asie ou en Afrique, la fonction de domestique, de « boy », était très enviée par les populations indigènes. C'est pourquoi le « boy » pouvait parfaitement être une notabilité, reconnue uniquement par les membres de sa société traditionnelle : le fils du chef du village, ou le fils du sorcier, ou le sorcier lui-même ! A la moindre réprimande ou injustice émanant de ses patrons, le « boy » avait donc tout naturellement recours à la magie noire pour se venger !

Parfois, ce sont les dieux eux-mêmes qui se vengent. J'ai connu un homme qui s'était attiré les foudres de la divinité hindoue Shiva uniquement parce que, à l'âge de treize ans, alors qu'il vivait en Inde avec ses parents, il avait, pour s'amuser, profané un autel voué à ce dieu tout-puissant.

A partir de ce jour, les malheurs n'ont cessé de s'abattre sur lui. Son père, diplomate, a été rétrogradé ; sa mère est tombée gravement malade ; le singe domestique qui vivait dans la maison est mort brusquement ; les domestiques ne voulaient plus rester au service de cette famille maudite.

Revenu en France, l'homme dont je vous parle n'a eu que des problèmes. Il se mariait pour divorcer aussitôt. S'il montait une affaire, la faillite était assurée. S'il briguait une fonction, on lui préférait toujours, au dernier moment, quelqu'un d'autre, pourtant moins compétent que lui.

Quand il est venu me voir, il était âgé de quarante ans, et avait accumulé vingt-sept ans de malheur. J'ai eu du mal à dénouer l'envoûtement, car on ne se mesure pas impunément à la divinité Shiva ! Mais, à force de rituels et d'offrandes sincères, la colère du dieu s'est enfin apaisée. Vous auriez vu mon client : il lui semblait qu'il renaissait à la vie ! A présent, il est heureux en ménage, a des enfants charmants et dirige plusieurs sociétés en pleine expansion.

La clientèle de Jean-Luc Caradeau est triée sur le volet. Cadres moyens et supérieurs, hommes d'affaires, artistes, hommes politiques étrangers. Tous ne sont pas envoûtés, mais beaucoup préfèrent prendre les devants en effectuant de temps à autre une petite visite de contrôle :

— Les gens puissants, influents, riches, connus, sont forcément jalousés ou haïs. Il est normal qu'ils soient davantage la cible des envoûteurs que le *vulgum pecus.* Aussi viennent-ils me voir pour savoir s'ils ont des ennemis, et lesquels. Ceci est vrai pour les hommes politiques, surtout lorsqu'ils sont issus de sociétés traditionnelles, et les hommes d'affaires. Les autres — les artistes, les comédiens, les gens du spectacle ou de la publicité — me commandent des talismans.

Un talisman est un objet magique, purement personnel, qui demande de longues heures de préparation, des rituels très précis, effectués toutes les nuits, durant un mois, à des heures particulières. Acquérir un talisman exige un engagement très fort de l'individu : il doit y croire, le porter toujours sur lui, au niveau du plexus solaire, ne le montrer à personne...

J'interrompts Caradeau : est-il lui-même porteur d'un tel objet ? D'un air complice, il extirpe de sa chemise une sorte de blague en cuir attachée à un lacet :

— Mon talisman personnel est là-dedans. Je ne m'en sépare jamais.

Mais à quoi cela sert-il, au juste ?

— A vous apporter la protection, vous procurer la richesse, vous assurer la gloire et le succès. Tout le monde devrait en avoir un dès sa naissance. Comme le roi Louis XIV, qui reçut au berceau un talisman régi par le soleil, fabriqué par les astrologues royaux. Grâce à cette protection, Louis XIV a élevé la France au rang de première puissance culturelle du XVIIe siècle !

Dans ma clientèle, beaucoup de musiciens classiques ou de variétés m'ont commandé un talisman pour les aider à séduire leur public. Certains sont aujourd'hui très connus. Mais on ne doit pas tricher : si vous demandez un talisman en vue du succès et de la réussite professionnelle, et que vous vous retirez à la campagne pour élever des chèvres, attention au boomerang ! L'effet du talisman est tellement fort que vous serez forcé, au risque d'attirer sur vous les foudres du malheur, de la maladie et de la mort, de quitter votre tranquille cambrousse et réintégrer au plus vite les cercles du pouvoir et de l'influence. Pour porter un objet consacré, il faut s'en montrer digne, et être très ambitieux.

Mais le grand titre de gloire de Caradeau, c'est le « Grand rituel de désensorcellement », qui selon ses propres termes n'est à mettre en œuvre que dans les cas désespérés. Pour ce rituel lourd et impressionnant, le magiste doit revêtir une aube ceinte par une cordelière rouge et surmontée d'un pentacle de Salomon ; il doit se munir d'une baguette, une épée, un encensoir à chaîne, un encensoir d'autel, un aspersoir, une coupe et... une tête de mort !

Le jour du rituel, l'opérateur se rend, à jeun et au lever du soleil, au sein de l'*occultum* où le rituel doit avoir lieu. Il revêt l'aube, allume les cierges de l'autel, fait brûler de l'encens et recouvre sa tête d'une pincée de cendres. Puis il récite les sept psaumes de pénitence, à savoir les numéros 6, 31, 37, 50, 101, 129, 142, en ajoutant une pincée d'encens en offrande entre chaque psaume.

L'heure venue, il ceint la cordelière rouge, va chercher le patient et le conduit dans l'*occultum,* où il le fait allonger au centre d'un cercle magique et consacré. L'opérateur récite alors en entier la litanie des saints tout en balançant à bout de bras l'encensoir à chaîne qui dispense une fumée odoriférante. Suit toute une série de conjurations et d'invocations, au terme desquelles l'opérateur pointe l'épée vers le centre du cercle magique et prononce ces paroles :

« Qui que vous soyez, vous qui êtes cause de ce mal, créature humaine ou démon, que vous soyez seul, ou que vous répondiez au nom de Légion comme les démons que chassa notre Seigneur Ieshouah, que vous soyez effectivement présents dans le corps ou dans l'âme de X..., ou que seules vos œuvres l'atteignent, que celles-ci soient d'ordre naturel ou surnaturel, voici que je vous ordonne d'abandonner votre œuvre destructrice. »

Pour chasser le démon, l'opérateur doit alors invoquer les forces divines :

« Je vous conjure d'abandonner et de détruire vos propres œuvres maléfiques par le saint nom du Seigneur. (...) Je vous conjure par les douze étoiles errantes, et par les anges qui en règlent les mouvements. Je vous conjure par le saint nom d'Eloha. Je vous conjure par le saint nom de Shadaï. Je vous conjure par le saint nom d'El Elion Ya Ya Adonaï Iezeriel. Je vous conjure par les soixante-douze noms divins qui traduisent les plus beaux attributs de Dieu. Et si vous refusez d'obéir à ces injonctions, ou que vos œuvres leur résistent, je supplie Eloïm Tsebaoth de vous faire sentir en ce monde le poids de sa colère. » [1]

Une librairie interdite aux démons

Le quartier du quai Saint-Michel et de la rue Saint-Jacques, dans le Ve arrondissement de Paris, est depuis toujours, avec l'île de la Cité et l'île Saint-Louis, un repère d'occultistes et de mages. Les librairies spécialisées foisonnent, et tout aspirant sorcier se doit de les connaître.

En remontant la rue Saint-Jacques du côté droit, on parvient à la librairie Leymarie, sise au numéro 42. Gaëtan Leymarie (1817-1901), inhumé au Père-Lachaise sous un dolmen de pierre, fut le disciple et le continuateur de l'école spirite d'Allan Kardec. Pour perpétuer l'œuvre de ce dernier, Leymarie fonda cette librairie en 1858.

Sur la porte d'entrée fut longtemps affichée cette mise en garde menaçante :

« J'écarte de mon magasin, inexorablement, tous les attachés d'ambassade, tous les parvenus, tous les employés zélés qui viennent pour triturer, espionner, marcher sur des plates-bandes qui ne sont pas les leurs. Je suis le maître, après Dieu, de l'administration du spiritisme, et je n'entends pas qu'on vienne dans mon fief me trahir. »

Il s'agissait d'un message spirite, dicté de l'au-delà par l'esprit d'Allan Kardec soi-même, et reçu en écriture automatique.

L'intérieur de la librairie est à la mesure de ces propos d'outre-tombe. Sur les murs de droite et de gauche, le long d'antiques rayonnages de bois, des livres d'ésotérisme sont serrés avec soin. Au fond, derrière un bureau, une cloison tapissée de portraits géants avantageusement encadrés. Pêle-mêle, on reconnaît le Christ, Gurdjieff, Gaëtan Leymarie, et bien entendu Allan Kardec, dont une reproduction du buste en bronze du Père-Lachaise trône

1. *Manuel du désenvoûteur,* op. cit.

également sur une console. Des vitrines abritent des objets et ustensiles divinatoires : boules de cristal de Bohême, pendules, encens des Rois mages, jeux de tarot, éphémérides astrologiques.

Une pancarte propose, sur rendez-vous, une liste de travaux occultes :

— Voyance sur rendez-vous... 400 F.
— Recherche d'influences diverses... 150 F.
— Désenvoûtement... 900F.
— Bilan karmique... 300 F.
— Recherche de vies antérieures... 1000 F.
— Médaille de Saint Benoît chargée... 300 F.
— Prière sur parchemin... 400 F.
— Talisman... 650 F.

Ces travaux ont lieu sur place, dans une arrière-salle sombre tapissée du sol jusqu'au plafond de grimoires anciens, et décorée de statues en bronze de la déesse Kali. C'est Michel Leymarie, descendant de Gaëtan Leymarie et actuel propriétaire de la librairie, qui pratique lui-même, sur rendez-vous, tandis que son fils se charge de la vente des livres. Son agenda est complet plusieurs semaines à l'avance, et ses clients viennent le consulter depuis la France entière et parfois de l'étranger. Lui-même se déplace une fois par mois pour donner des conférences et des consultations à Marseille et Manosque. Michel Leymarie est devenu un personnage recherché et constamment sollicité.

La librairie Leymarie ressemble davantage à la salle d'attente d'un médecin qu'à un lieu réservé au commerce des livres. Il s'agit d'une sorte de salon mondain de l'occultisme où chacun peut venir parler de ses problèmes ou échanger des idées. Parfois, entre deux consultations, Michel Leymarie sort de son antre à sortilèges et se mêle aux clients.

*

* *

Un après-midi d'avril 1988. Ce jour-là, plusieurs personnes attendent à l'intérieur de la librairie, en regardant distraitement les rayonnages. Des ouvrages rares et anciens, ou édités par les soins de la librairie Leymarie, dont les auteurs sont triés sur le volet puisque l'un d'entre eux n'est autre que le Christ lui-même ! Le catalogue général de la librairie annonce en effet :

« Jésus-Christ : *Jésus-Christ dévoile la vérité sur lui-même.* C'est une mise au point lumineuse, réalisée par le Christ lui-même, qui s'adresse aux chercheurs de la vérité. Format 12x18-broché, 240 pages, 120 F. »

Parmi les autres livres exposés, je repère des reproductions des ouvrages rédigés au siècle dernier par Stanislas de Guaita, fondateur avec Oswald Wirth d'un ordre de la Rose-Croix kabbalistique : *Le Temple de Satan* et *La Clé de la magie noire.*

Michel Leymarie raccompagne une cliente jusqu'à la porte. Petites lunettes cerclées de métal, chemise jaune et cravate marron, éternel cigarillo fiché entre ses lèvres, le ton bourru et l'air pas commode, Michel Leymarie est pris d'assaut par les clients arrivés avant moi, qui sont venus le consulter « en urgence », entre deux rendez-vous. Il les rudoie un peu :

— Alors, qu'est-ce qu'il leur arrive, encore ?

Ici, pas de chichis ni de messes basses. On est entre soi, et on parle tout haut de ses problèmes devant les autres.

Le premier client est un homme d'une trentaine d'années, timide, s'exprimant à voix basse, par monosyllabes, tout en regardant le bout de ses souliers. Michel Leymarie lui répond d'une voix forte, avec sa manière si particulière de s'adresser à ses interlocuteurs à la troisième personne du singulier tout en ponctuant chacune de ses phrases de son expression favorite : « Faut pas péter les plombs ! » :

— Sa femme n'est toujours pas revenue ? Faut pas péter les plombs ! Il a bien suivi le rituel que je lui ai recommandé, en respectant les heures de la Lune ? Cela fait combien de temps qu'elle est partie déjà ? Quinze jours seulement ? Faut pas péter les plombs ! Je lui parie qu'elle reviendra avant la fin de la semaine. Et puis, même si elle ne rentrait pas : « Une de perdue, dix de retrouvées ! » Allez, il va retourner chez lui bien sagement.

L'homme s'esquive en s'excusant, l'air penaud. Au suivant : un monsieur distingué, d'une quarantaine d'années, costume-cravate et attaché-case. Cadre, ou profession libérale : expert-comptable, par exemple. Il habite Reims, mais il est venu spécialement à Paris pour cette consultation. Il s'explique :

— Depuis trois mois, je n'ai plus un seul client. Mon téléphone s'est brutalement arrêté de sonner. Mon bureau a été inondé. J'entends des bruits étranges. J'ai perdu l'appétit et je ne dors plus. Si cela continue encore un mois, je suis obligé de déposer le bilan. Mon cas est clair : je suis envoûté...

— Attention ! Faut pas péter les plombs ! Il se connaît des ennemis ?

— Je sais très bien qui m'a lancé ce sort : mon ex-femme ! Nous sommes séparés depuis un peu plus de trois mois, et elle désire récupérer l'appartement pour elle seule. Pour l'instant, c'est moi qui l'occupe, puisque j'y exerce mon activité, mais si j'arrête, elle pourra m'en chasser. D'ailleurs, les « phénomènes » ont commencé le lendemain même de l'échec de la tentative de conciliation.

Le libraire-désenvoûteur se masse le menton, l'air absorbé. Il demande :

— Il a apporté des photos de son bureau ?

L'homme ouvre précipitamment son attaché-case :

— Je vous ai tout apporté : l'adresse, des photos de mon bureau et de l'appartement, une photo de ma femme et une de moi...

— Pour le moment, la photo du bureau suffira. Je ne lui promets rien, mais je vais essayer de l'aider. Faut pas péter les plombs ! Qu'il me téléphone dans trois jours : je saurai alors s'il est envoûté et qui a fait le coup. Après, on verra...

L'expert-comptable exulte :

— Merci ! Vous me sauvez la vie !... Et, pour le règlement ?

— Plus tard... Plus tard...

L'envoûté s'enfuit, visiblement plus léger. Le libraire se retourne vers moi :

— Et c'est comme ça toute la journée ! Les désenvoûtements, les retours d'affection, les voyances... Les sorciers noirs sont de plus en plus puissants, et nous autres, exorcistes et désenvoûteurs, avons de plus en plus de pain sur la planche ! Il y a de quoi péter les plombs ! Parfois, je suis écœuré par ce que j'entends. Pourtant, je devrais être blasé : cela fait quarante ans que je pratique l'occultisme, Monsieur ! J'ai commencé à l'âge de huit ans, et j'ai fait ma première opération magique à douze ans ! Mais il y a de plus en plus de salauds, et, hélas ! la magie noire s'est démocratisée. Les gens croient qu'il suffit d'acheter quelques recueils de recettes magiques pour envoûter le monde entier. Résultat : ils libèrent des forces qu'ils ne maîtrisent pas et cela se retourne contre eux ! Alors ils viennent me voir, suppliants : « Sauvez-moi ! Libérez-moi des forces du mal qui me poursuivent ». Moi, je les fous dehors avec un coup de pied où je pense. Ils ont joué les apprentis sorciers ? Qu'ils ne viennent pas se plaindre ensuite ! Ce serait trop facile ! Et s'ils brûlent éternellement en enfer, ils l'auront bien cherché !

Furieux, Michel Leymarie fait de grands moulinets avec les bras, comme s'il se battait contre une légion de démons. Pour tenter de le radoucir, je lui parle de Stanislas de Guaita. Il enchaîne aussitôt :

— Grand occultiste ! Immense érudit ! Une splendide bibliothèque d'ouvrages ésotériques, dont j'ai racheté une grande partie. Mais fin tragique : à trente-sept ans, on l'a découvert dans son château près de Nancy, inanimé. On l'a cru mort d'un excès de drogue et on l'a enterré. En réalité, il était parvenu à dédoubler son corps physique et son corps astral. Lorsque son esprit a voulu réintégrer son corps, ce dernier était déjà dans la tombe ! Stanislas de Guaita a été enterré vivant, Monsieur ! N'est-ce pas épouvantable ?

En effet. J'attire son attention sur *Le Temple de Satan* et *La Clé de la magie noire,* lui demande conseil : puis-je aborder ces livres sans initiation ? D'un air patelin, il me répond :

— Ce n'est pas très facile à lire, mais c'est très complet. S'il suit scrupuleusement ce qui est enseigné dans ces livres, il saura vraiment ce qu'est la magie noire. Mais attention ! Faut pas péter les plombs ! S'il pratique des rituels sans précaution et que cela se retourne contre lui, qu'il ne revienne pas me trouver en pleurant ! S'il fait des saloperies, je ne pourrai plus rien pour lui ! Car les démons existent, et lorsqu'on les évoque, ils se matérialisent. Un jour, je me suis retrouvé en face d'une entité noire qui devait bien faire trois mètres de haut ! Dans ces cas-là, faut pas péter les plombs ! Il faut dominer, sinon, on est cuit !

Prudemment, j'écarte les recueils compromettants, et demande un manuel d'abord plus facile. Il me tend un ouvrage à couverture jaune, édité également par ses soins : *Cours pratique de magie,* par le professeur Donato (140 F). J'ouvre le petit livre jaune, lis les têtes de chapitres : « Le Laboratoire du mage », « L'Envoûtement », « Le Choc en retour », « Les Talismans ». Le libraire reprend :

— Qu'il lise et médite les enseignements de base de ce livre, sans brûler les étapes. Puis il reviendra me voir, et je lui conseillerai d'autres ouvrages. S'il est sérieux, patient et entreprenant, je peux l'aider à devenir un mage acceptable. A bientôt, Monsieur.

Hébété, je retrouve le tohu-bohu de la rue Saint-Jacques, les voitures, les passants, au loin les quais de la Seine. La transition est brutale : il me semble avoir franchi dix siècles d'un coup et sortir tout droit du Moyen Age.

La bague de Ré de Danièle Gilbert

Il existe plusieurs centaines de librairies ésotériques, en France, dont une bonne trentaine à Paris. A côté de la littérature spécialisée, toutes offrent aux amateurs des talismans, pentacles, bougies de neuvaine, veilleuses de dévotion, parchemins, pierres et bijoux magnétisés, médailles saintes, amulettes, bagues solaires, pendules et pendentifs magiques. Le client n'a que l'embarras du choix.

Voici quelques années, l'ancienne présentatrice de télévision Danièle Gilbert a eu maille à partir avec la justice parce qu'elle avait vanté, à grand renfort de publicité, les bienfaits d'une miraculeuse « Bague de Ré », ou « Bague Atlante ». L'égérie de Guy Lux affirmait notamment :

« Le rôle de la bague de Ré est de protéger de toute attaque — d'où qu'elle vienne — celui qui la porte (voisinage malveillant chez soi ou au travail), mais aussi de certaines ondes dites "subtiles" qui peuvent être générées par un amalgame d'objets (statuettes, médailles diverses, etc.) ou plus simplement du milieu dans lequel vous vivez journellement. La bague de Ré vous protège efficacement contre tous ces méfaits qui vous atteignent souvent sans que vous en soyez conscient. C'est l'arme numéro un pour vaincre le mauvais sort ou l'envoûtement. »

Cette « Bague de Ré », diffusée par correspondance et aussi à travers le réseau des librairies ésotériques, créa un véritable engouement durant plusieurs années. Il s'agissait, en théorie, de la reproduction d'une bague égyptienne trouvée dans la pyramide de Louksor, et dotée de pouvoirs surnaturels. J'en avais acquis un exemplaire, pour me rendre compte. Personnellement, ma vie n'en fut pas bouleversée. Le seul pouvoir réel que manifesta cette bague fut celui d'attirer l'attention de tous ceux qui la portaient aussi ! Comme une sorte de signe de ralliement, un symbole de reconnaissance.

C'est ainsi que j'ai rencontré un cadre supérieur de société, amateur d'occultisme à ses moments perdus. A peine eut-il reconnu la bague de Ré à mon doigt qu'il me prit à partie :

— Vous n'avez rien remarqué d'étrange, depuis que vous portez cette bague ? Il ne vous est pas arrivé des incidents inaccoutumés ? Je connais une personne qui a acheté une bague comme celle-là : il s'agit d'une de mes amies qui souhaitait obtenir une « protection ». Eh bien, ce fut réussi : en un mois, elle a provoqué le malheur de tous ses proches ! Elle a été effectivement protégée, mais son mari a perdu son emploi, ses deux fils ont eu un accident de voiture, sa femme de ménage s'est cassé une jambe, etc. Au bout d'un mois, elle a retiré la bague : son doigt était noir ! Elle s'en est débarrassé et tout est rentré dans l'ordre... Vous comprenez, les radiations de la bague de Ré sont tellement fortes que, à la façon des paratonnerres, elles attirent la foudre. Celui qui porte la bague ne risque rien, mais autour de lui, c'est l'hécatombe !

Je commençais à regarder ma bague d'un air soupçonneux. Par acquis de conscience, j'allai consulter le libraire-occultiste de la librairie Leymarie, pour lui demander conseil. Dès qu'il vit mon annulaire, il s'emporta :

— Il a pété les plombs ! Il faut qu'il se débarrasse tout de suite de ça ! Cette bague a été conçue pour protéger le sommeil des pharaons enterrés dans les pyramides. C'est un talisman pour les morts, pas pour les vivants ! Ceux qui commercialisent ce type d'objets sont totalement inconscients ! Quant aux gens suffisamment bêtes pour se laisser embobiner et porter n'importe quoi, tant pis pour eux s'ils s'attirent la poisse... S'il vient dîner chez moi avec une pareille bague au doigt, je le foutrai dehors ! J'ai toujours refusé d'en vendre : cela ferait péricliter mes affaires. Un bon conseil : qu'il détruise sa bague à coups de masse, ou qu'il la balance dans la Seine...

J'avoue avoir suivi son conseil, et jeté ma bague du haut du Pont-Neuf. Aujourd'hui, plus personne ne porte la bague de Ré. Le retentissant procès de Danièle Gilbert en a échaudé plus d'un, et le principal fournisseur de la bague maudite a fait faillite. Les pouvoirs de la bague de Ré se sont retournés contre elle-même...

5

Le retour des exorcistes

Le père Jean Vernette, vicaire général de Montauban et grand spécialiste des sectes, s'exclamait voici quelques années [1] :

« Il y a un retour en force de l'occultisme et des sectes sataniques. Chaque diocèse a son exorciste. Le nôtre est débordé par les appels désespérés de gens qui s'imaginent qu'on leur a jeté un sort ou qu'ils sont possédés par le démon. Je reçois moi-même en moyenne un appel par jour de gens se disant possédés. La plupart souffrent de troubles psychologiques. »

Entre attirance et horreur, le diable a toujours fasciné, et il fascine de plus en plus. Encore faut-il savoir de quel diable on parle. En affirmant le dogme d'un Dieu unique, les trois religions monothéistes, judaïsme, christianisme et islam, en ont un peu trop facilement déduit que le diable représentait une incarnation unilatérale du mal. Cette tendance, renforcée aujourd'hui par le durcissement des positions religieuses — tant du côté de l'Eglise romaine que de celui des intégristes musulmans — expose ses défenseurs à un paradoxe de taille : comment concilier l'existence d'un seul Dieu, Etre suprême de bonté et créateur de toutes choses, avec l'existence de son contraire, à savoir un diable méchant et destructeur, principe du mal absolu ?

L'apparition du diable dans les religions monothéistes correspond en fait à une dérive dualiste et manichéenne. Même le concile Vatican II, au début des années 60, qui visait à moderniser la pratique religieuse de l'Eglise catholique romaine, n'a pas su éradi-

1. Interview dans *Télé 7 Jours.*

quer la personnalité encombrante du diable. Si Jean XXIII n'a jamais fait référence au diable que de manière allusive, son successeur Paul VI a déclaré en 1972, lors d'une audience générale : « J'ai la sensation que, par quelque fissure, la fumée de Satan est entrée dans le Temple de Dieu. » Le Saint-Père considérait en effet le mal comme « un être vivant, spirituel, perverti et pervertisseur. » Une telle déclaration fit scandale à l'époque, car elle donnait vie et visage au principe du mal absolu qui pourtant n'avait ni réalité ni substance aux yeux des Pères de l'Eglise primitive. Le pape du xxe siècle rejoignait par ses propos diabolisants l'hérésie cathare.

En 1977, peu avant sa mort, usé physiquement et mentalement, le pape récidiva dans ses propos alarmistes : « Qu'on ne s'étonne pas si notre société se dégrade et si l'Ecriture nous avertit sévèrement que le monde entier gît sous le pouvoir du Malin, celui que l'Ecriture elle-même appelle le prince de ce monde... »

Jean-Paul II, le pape venu du froid, emboîta allégrement le pas à Paul VI, en évoquant à plusieurs reprises les basses œuvres de l'ange rebelle. Dans un discours à Rome à l'occasion du carême, en avril 1981, il déclara : « Le combat entre le règne de l'esprit malin et le royaume de Dieu se développe. Il continue en chacun de nous. » En 1986, au cours de ses audiences générales du mercredi, il consacra deux causeries à l'existence des anges, et deux à celle des démons, rappelant à ce propos la présence parmi nous de Satan, « une présence qui s'accentue à mesure que l'homme et la société s'éloignent de Dieu ». Le 13 août de la même année, il précisa : « Il n'est pas exclu qu'en certains cas l'esprit du mal aille jusqu'à exercer son influence, non seulement sur les choses matérielles, mais aussi sur le corps de l'homme, ce qui est appelé possession diabolique. Il n'est pas toujours facile de discerner ce qu'il y a d'extra-naturel dans ce qui arrive dans ces cas-là, et l'Eglise ne cède pas facilement à la tendance à attribuer de nombreux faits à des interventions directes du démon. Elle ne la favorise pas ; mais en règle générale, on ne peut nier que, dans sa volonté de nuire et de conduire au mal, Satan puisse en arriver à cette manifestation extrême de sa supériorité. » [1]

Il existe aujourd'hui cinq exorcistes permanents à Rome, et le pape polonais aurait lui-même pratiqué deux exorcismes au Vati-

1. Cité par François Dunois Canette, *Les Prêtres exorcistes,* Robert Laffont, 1993.

can en 1984. [1] L'un de ses interlocuteurs préférés, le journaliste et écrivain André Frossard, n'a-t-il pas lui-même publié, voici près de vingt ans, *Les Trente-six preuves de l'existence du diable* [2] ?

*

* *

Cette ferveur démonologique de l'Eglise catholique a eu des répercussions notables sur l'une de ses missions les plus secrètes : celle des prêtres exorcistes. Cette institution, que l'on croyait tombée dans l'oubli depuis la fin du Moyen Age et le règne de l'Inquisition, revient en force depuis quelques années. Rappelons quelques chiffres, afin de montrer l'ampleur du phénomène.

Le nombre des prêtres exorcistes de l'Eglise catholique avait chuté à moins de dix en France au début des années 50. En 1977, après les déclarations de Paul VI, leur nombre était monté à seize. En 1992, sous Jean-Paul II, ils étaient quatre-vingt-deux, soit près d'un par diocèse. En 1995, ils sont cent dix. Depuis dix-huit ans, ils se réunissent une fois par an à l'occasion de rencontres nationales afin d'échanger leurs expériences et leurs méthodes. Les demandes d'exorcisme se multiplient, et les prêtres exorcistes « officiels » ne suffisent plus à la tâche. D'autres s'en chargent à leur place. Ainsi, en 1984, le « messie cosmoplanétaire » et gourou de la secte Mandarom, à Castellane, répondant auprès de ses adeptes au nom de Mahacharya Shri Hamsananda Sarasvati Adinath, et à l'état civil à celui de Georges Bourdin, aurait exterminé pas moins de cinq cent cinquante milliards deux cent sept millions de démons surgis des sept plans de l'univers !

*

* *

Depuis vingt ans, les cas d'envoûtements et de possessions diaboliques, ou présumés tels, sont en progression constante. S'agit-il de l'œuvre du diable, ou bien d'un phénomène de psychose col-

1. Selon *L'Actualité religieuse dans le monde.*
2. André Frossard, *Les Trente-six preuves de l'existence du diable,* Albin Michel, 1978.

lective ? Toujours est-il que nos contemporains croient plus que jamais aux forces du mal. Ainsi, un sondage Sofres, publié en 1991 dans l'hebdomadaire religieux *Pèlerin Magazine,* rapporte que 29% des Français et 50% des catholiques pratiquants réguliers considèrent l'existence du diable comme certaine ou probable. Un sondage CSA, publié par *La Vie* et l'*Actualité religieuse dans le monde* en mai 1994 enregistre une augmentation, puisque 34% de l'ensemble des Français affirment croire à l'existence du diable, soit un Français sur trois [1]. Le 10 mars 1995, au cours de l'émission de TF1 *J'y crois, j'y crois pas,* animée par Tina Kieffer et consacrée au « mauvais sort », les téléspectateurs furent priés de manifester leur croyances par Minitel et téléphone. A la fin du programme, 3 000 personnes s'étaient prononcées. 72% d'entre elles affirmaient croire au diable et aux forces occultes, soit trois personnes sur quatre !

Un seul exorciste par diocèse, c'est peu pour faire face aux innombrables besoins de secours spirituels qui émanent des individus qui sont ou se croient possédés par le diable. Pour décourager les demandes intempestives ou les simples curieux, l'Eglise catholique tient ce service « spécial » dans une ombre prudente, et lui fait le moins de publicité possible. Ainsi, pour obtenir un rendez-vous à l'accueil Saint-Irénée du diocèse de Paris, rue Gît-le-Cœur, il faut souvent patienter plusieurs mois, et l'exorciste refuse d'accorder des entretiens à la presse.

Un cas de possession entre le grand magasin du « Printemps » et la gare Saint-Lazare

Pour subvenir aux attentes des fidèles désemparés, certaines paroisses ont pris l'initiative de créer des services d'écoute qui, sans être nommément désignés comme des « bureaux d'exorcismes », accueillent bon nombre de demandes ayant trait à la question.

1. Le même sondage révèle que 56% des Français croient en Jésus-Christ fils de Dieu.

C'est le cas notamment de la paroisse Saint-Louis-d'Antin, coincée entre le grand magasin du « Printemps » et la gare Saint-Lazare, dans l'un des quartiers les plus commerçants et les plus fréquentés de la capitale. Dans cet environnement matérialiste, voué au culte effréné de la consommation, l'église Saint-Louis-d'Antin offre une oasis de spiritualité à tous ceux qui pensent que l'homme « ne vit pas que de pain », *a fortiori* de hot-dogs ou de hamburgers. Un bureau d'accueil, situé au fond de l'église à gauche, permet à ceux qui le désirent de s'entretenir avec un laïc ou un prêtre. Les questions abordées sont multiples, mais les thèmes de l'envoûtement et de la possession reviennent très souvent, de l'avis même des prêtres que j'ai rencontrés, et qui ont bien voulu me faire part de leurs expériences. L'un d'entre eux, doyen du groupe, m'a confié :

— Cela fait quarante ans que je suis ici, et croyez-moi, j'en ai vu défiler, des gens possédés par le démon ! Personnellement, je crois à l'existence du diable, et je peux vous affirmer que j'ai souvent senti sa présence chez ceux qui viennent me voir. Mon ancienneté et mon expérience semblent m'avoir conféré une certaine autorité en la matière, car sur ces questions-là, les gens préfèrent me consulter plutôt qu'un prêtre plus jeune. Pourtant, je ne suis pas exorciste, et je n'ai jamais pratiqué de « désenvoûtements ». Je me contente d'écouter ces malheureux et de prier avec eux. Généralement, cela suffit à leur apporter un réconfort. Lorsque le cas est plus grave, je les oriente vers l'exorciste de Paris.

J'ai passé plusieurs après-midi assis sur un banc de l'église Saint-Louis-d'Antin, à proximité du bureau d'accueil, et j'ai ainsi pu vérifier de mes yeux les assertions du bon père. Entre autres personnes manifestement troublées, je me souviens tout particulièrement de ce vieil homme qui affirmait qu'un démon avait pris possession de son corps et lui interdisait d'assister à la messe. Il me raconta :

« Toute ma vie, Monsieur, je suis venu à la messe en bon chrétien. C'est depuis la mort de ma femme, voici trois ans, que ces "choses" ont commencé à se produire en moi. Dès le début de l'office, le démon se réveille et me commande de partir. J'entends sa voix à l'intérieur de ma tête, forte et méchante. Si je ne lui obéis pas, il se venge en me torturant à sa façon et je deviens comme fou. Cela me brûle à l'intérieur du ventre et dans ma nuque. C'est une sensation horrible, une souffrance intolérable... Le pire, c'est que je ne peux plus prier. Dès que je veux réciter le Notre Père, le démon me fait bégayer et trébucher sur les mots. “Notre Père qui êtes osseux... au ceux... ciel... ciel... Notre ciel qui êtes... Non... Notre poire...” C'est affreux, il me fait dire n'importe quoi, et si j'insiste, je prononce des insanités, des injures... »

Tout à son discours, le vieil homme qui me narrait ses malheurs ne s'était pas rendu compte qu'un office venait justement de commencer. Mais je voyais très bien son front se couvrir de sueur et ses mains se mettre à trembler. Ses yeux ne me regardaient plus en face, mais papillonnaient à droite et à gauche, à toute vitesse, sans pouvoir s'accrocher à rien. Je l'entraînai avec moi en dehors de l'enceinte de l'église, dans un couloir conduisant à la crypte et protégé par une porte de verre. De là où nous étions, nous n'entendions plus les paroles du prêtre, et le vieil homme parut aller un peu mieux. Il continua à me parler, mais soudain il s'arrêta au milieu d'une phrase et se mit à vibrer de tout son corps. Puis il ouvrit la bouche et se mit à hurler tout en se donnant des coups de poing dans le ventre. Il tomba à terre, tétanisé, une écume blanche aux lèvres, en proie à une crise d'épilepsie. Je me ruai aussitôt vers le chœur de l'église afin de demander du secours, et je remarquai que le prêtre officiant en était à l'Elévation. La crise de possession du vieil homme correspondait très exactement à l'instant où le prêtre montrait aux fidèles l'hostie habitée de la présence du Christ. Trois jeunes prêtres vinrent m'aider à maîtriser le pauvre homme écumant. L'un d'entre eux me dit :

« Ce n'est pas la première fois que cela lui arrive. Il lui est impossible d'assister à une messe en entier. Généralement, il s'enfuit dès l'apparition des premiers symptômes de la crise. Mais aujourd'hui, il était tout occupé à parler avec vous et il ne s'est rendu compte de rien. A présent, il n'y a rien d'autre à faire qu'à attendre la fin de l'office. On ne peut tout de même pas interrompre la messe... »

Effectivement, dès que la messe fut terminée, le vieil homme revint à lui. Il semblait se demander ce qu'il faisait là, et avoir tout oublié de sa crise d'épilepsie. Il demandait :

« Qu'est-ce qu'il m'est arrivé ?... Qu'est-ce qu'il m'est arrivé ?... »

Je ne peux affirmer que cet homme était possédé du diable. Mais, ce dont je peux témoigner, c'est qu'il était tout sauf un simulateur.

Ce pauvre homme souffrait d'un mal spirituel dont la médecine traditionnelle, fût-elle psychiatrique, n'aurait pu venir à bout facilement. Le seul remède dont son âme avait besoin, c'était la prière. Et, justement, pour je ne sais quelle obscure raison, le vieil homme ne savait plus prier.

Exorcismes en tous genres et bénédictions de voitures

L'église Sainte-Rita, rue François-Bonvin, dans le XVe arrondissement de Paris, affiche très nettement ses ambitions exorcistes. Il faut préciser qu'il ne s'agit pas d'une paroisse comme les autres, mais d'un lieu de culte se rattachant à l'« Eglise catholique gallicane », créée en 1870, et présidée jusqu'à sa mort, voici huit ans, par Sa Béatitude Mgr Patrick Truchemotte, archevêque-primat d'Aquitaine, patriarche de l'Eglise catholique gallicane au Saint-Siège de Saint-Louis du Gazinet (Gironde), fondé en 1928. L'Eglise compte près de 30 000 fidèles et possède des églises en France et en Belgique. L'Eglise gallicane se réclame de Bossuet et prétend être l'héritière de l'Eglise de France avant la Révolution. Elle rejette la juridiction universelle du pape ainsi que le dogme de l'infaillibilité, édicté en 1870, année de la fondation de l'Eglise. [1] A Paris, c'est Mgr Dominique Philippe, né en 1954, qui préside aux destinées de la paroisse Sainte-Rita, déclarée comme association régie par la loi de 1901.

La première fois que j'ai eu connaissance de cette Eglise, c'était lors du 3e Salon des Arts divinatoires « Parapsy », qui eut lieu du 13 au 21 février 1988 à la Porte de Versailles. Entre les stands de voyantes et les vendeurs de gris-gris, j'avais aperçu, derrière un rideau noir abritant un simulacre de chapelle agrémenté d'une statue en plâtre de la Vierge, un prêtre vêtu d'une chasuble et d'un surplis blanc. Devant le rideau, un panneau annonçait :

« Révérend Père Langlois,

Prêtre exorciste de l'Eglise catholique gallicane.

1. Cf. Christian Plume et Xavier Pasquini, *Encyclopédie des sectes dans le monde*, Henri Veyrier, 1984 et *Le Monde*, 12 mai 1988.

. Onction d'huile, prières et imposition des mains pour aider à la guérison de toutes les maladies physiques, psychiques et morales.

. Difficultés scolaires, professionnelles, familiales ou conjugales.

. Réussite dans le domaine artistique, sportif.

. Bénédiction des objets religieux, des maisons et des animaux (ils ont aussi une âme).

. Protection des cheptels, commerces, habitations.

. Purification des maisons hantées, désenvoûtements, exorcismes. »

*
* *

Quelques mois plus tard, je me suis rendu à l'église Sainte-Rita, tapie à l'ombre des buildings de verre de l'UNESCO. J'eus la surprise de découvrir, à l'entrée de la nef, une châsse abritant une statue de cire de Sainte-Rita en gisante, mains croisées sur la poitrine, et protégée de l'air ambiant par un couvercle transparent. La sainte reposant dans son cercueil de verre ressemblait à la Belle au bois dormant. Elle en avait les joues pâles et les lèvres incarnates. A côté du tronc prévu pour les offrandes était affichée la prière à sainte Rita, « l'avocate des causes désespérées ».

Au bureau d'accueil de l'église, on pouvait se procurer des médailles saintes, des prières sur parchemin, de l'eau de Lourdes, une reproduction en couleur de l'effigie de Mgr Dominique, etc. Mais l'exorcisme ? L'un des prêtres de la paroisse, l'abbé Le Bourvellec, m'expliqua :

— L'Eglise de Rome a peur de parler du diable. Pourtant, les papes y ont toujours fait allusion, mais les évêques redoutent d'être accusés d'entretenir les superstitions. Nous, à l'Eglise gallicane, nous osons nommer le démon ! Dans mes sermons, j'interpelle très souvent Satan, pour mieux dénoncer ses agissements. Venez à la messe ce soir, vous verrez !

Je fus fidèle au rendez-vous, et le bon père tint parole. Avec force effets de manches, il vitupéra le diable durant de longues minutes, sous le regard craintif de l'assistance. Je revins très souvent suivre ses offices, fidèles à la liturgie en latin, avant de l'interroger sur l'efficacité que pouvaient avoir les bénédictions et les médailles de protection contre les agissements du diable. Il me répondit avec son enthousiasme habituel :

— Les aspersions d'eau bénite sont le meilleur remède contre les influences démoniaques. Le curé de campagne, jusqu'à Vatican II, a d'ailleurs toujours assumé ce rôle de « désenvoûteur ». Nous, nous continuons la tradition. Nous bénissons des médailles, des maisons, des animaux familiers... Tenez, la semaine prochaine, l'une de mes fidèles m'amène sa nouvelle voiture pour que je la bénisse ! Vous voulez assister à la cérémonie ?

Pour rien au monde je n'aurais voulu manquer pareil spectacle. Je me présentai au jour dit, pour m'apercevoir qu'il ne s'agissait pas d'un canular. Une jeune femme gara devant l'église une Clio rouge flambant neuve. L'abbé, après avoir revêtu une aube blanche, sortit sur le parvis, accompagné d'un enfant de chœur, en brandissant un encensoir. Il encensa plusieurs fois le véhicule en tournant autour, tout en récitant des prières en latin. Puis il déclara d'une voix forte :

— Je bénis cette voiture, afin de la protéger de toutes les manœuvres du Malin !

La jeune femme, habillée de façon élégante et moderne, assistait à la bénédiction de sa Clio avec la même ferveur que si elle était venue chez le garagiste pour la vidange des 5 000 kilomètres. A la fin de la cérémonie, je l'interrogeai sur ses motivations. D'un air blasé, elle me répondit :

— Ma foi, ça ne peut pas faire de mal, n'est-ce pas ? Je ne crois pas spécialement au diable, pas plus qu'en Dieu, d'ailleurs, mais dans le doute, j'aime mieux parer à toutes les éventualités. Faire bénir ma voiture, c'est comme prendre une assurance supplémentaire contre les pannes et les accidents. Ce n'est pas plus bête que de placer une médaille de saint Christophe sur le tableau de bord. Même si je n'y crois pas, ça me rassure...

Deuxième ange rebelle :

La religion des sorcières

« Et le deuxième Ange sonna... Alors une énorme masse embrasée, comme une montagne, fut projetée dans la mer, et le tiers de la mer devint du sang : il périt ainsi le tiers des créatures vivant dans la mer, et le tiers des navires furent détruits. »

(*Apocalypse,* 8, 8-9).

1

Au séjour des morts

Il y a ceux qui craignent le démon et ses basses œuvres, et qui cherchent à s'en protéger par tous les moyens. Mais il y a également ceux qui, loin de redouter la présence du diable, la recherchent. Pour ces adorateurs du prince des Ténèbres, il est des lieux singuliers où soufflent de préférence les esprits démoniaques : les nécropoles, les souterrains, les ossuaires, les catacombes, certaines chapelles désaffectées...

Pour rencontrer et honorer l'ange rebelle, il faut franchir certaines rives de la raison, passer de l'autre côté du miroir. La mort est l'un de ces miroirs qui nous séparent de l'au-delà. Le sexe en est un autre. C'est pourquoi la mort et le sexe — en ce qu'ils réalisent un passage d'un état à un autre, une modification de la conscience et une transcendance de l'être — sont omniprésents dans les rituels de l'Ombre. Et parmi les lieux obscurs où se perpètrent ces rituels, les cimetières occupent depuis toujours une place privilégiée.

A Paris, le cimetière du Père-Lachaise est l'un des lieux de passage obligés pour quiconque aspire à se mettre en contact avec les entités obscures.

*

* *

Le cimetière de l'est parisien, dit « cimetière du Père-Lachaise », ferme ses portes à 17 heures 30 l'hiver et à 18 heures l'été. Un quart d'heure avant, les gardiens actionnent leurs sifflets à roulette pour signaler aux derniers visiteurs qu'il est grand temps de refluer vers la sortie. Mais le cimetière est grand (43 hectares), et il arrive souvent, surtout aux beaux jours, que des retardataires s'y égarent et trouvent fermées les hautes grilles qui clôturent l'entrée principale, porte de la Dhuys. Il leur faut alors retraverser l'immense nécropole pour gagner le bâtiment de la conservation où il trouveront encore quelque âme vivante qui les libérera de leur villégiature forcée. Si la nuit s'annonce belle et qu'ils préfèrent prendre leur mal en patience en arpentant, au clair de lune, les sépultures désertées, ils risquent fort de faire d'étranges rencontres.

Car le cimetière du Père-Lachaise, la nuit, vit une seconde existence, peuplée de fantômes bien réels, en chair et en os. Notre promeneur égaré ne va pas rester longtemps solitaire, car d'autres visiteurs nocturnes se sont laissés enfermer dans ce séjour des morts. Volontairement. Par curiosité. Pour se faire peur. Mais aussi pour célébrer d'étranges rituels et commémorer des fêtes païennes. Le Père-Lachaise n'est pas qu'une ville fantôme abritant deux à trois mille sépultures où reposent morts anonymes et personnages célèbres. C'est aussi un haut lieu de culte de l'ange rebelle.

*

* *

Vincent de Langlade n'ignore rien du Père-Lachaise. Depuis des années, il y organise des visites guidées, et a publié un certain nombre de livres dans lesquels il commente ses trajets préférés. [1] Les habitués connaissent bien sa silhouette massive, son ventre avantageux, sa barbe de Zeus moderne et sa voix légèrement chantante.

Vincent de Langlade s'est vite aperçu que ses visiteurs se passionnaient tout particulièrement pour les tombeaux des spirites, voyants et médiums des siècles passés, aussi a-t-il organisé un parcours voué uniquement à l'ésotérisme. Papus, Mademoiselle Lenormand, le Père Enfantin ou Rufina Noeggerath, dit « Bonne maman », ont toujours un certain succès. Mais, rien n'est comparable à l'engouement que suscite le dolmen en granit et le buste en bronze du père du spiritisme, Allan Kardec (1804-1869). Crou-

1. Notamment Vincent de Langlade, *Esotérisme, médiums, spirites du Père-Lachaise*, Editions Vermet, 1982.

lant sous des montagnes de fleurs fraîches renouvelées trois fois par semaine par les disciples du célèbre occultiste, cette sépulture attire chaque jour un nombre impressionnant de fidèles — des femmes, essentiellement — qui viennent plaquer leurs mains sur le buste en bronze de Kardec, afin de recueillir un peu de magnétisme d'outre-tombe. Certains déposent un bouquet sur la tombe fétiche, accompagné d'une prière rédigée sur un morceau de papier. D'autres choisissent une fleur parmi la multitude de bouquets en offrande, l'emportent chez eux et prient devant elle chaque matin et chaque soir durant sept jours. Après quoi, ils reviennent fleurir la tombe, en remerciement des bienfaits espérés.

Religion ? Superstition ? Rituel magique ? A première vue, les admirateurs d'Allan Kardec ne semblent guère dangereux. Pourtant, tous ne viennent pas avec le cœur pur. Se tenant volontairement à quelque distance du mausolée fleuri, Vincent de Langlade considère ces rites avec un peu d'aversion, et c'est en baissant la voix qu'il commente certains agissements :

— Un jour, dissimulé dans un bouquet de fleurs, j'ai découvert un cœur d'agneau, planté de treize queues de cerises, et accompagné de ce petit mot : « Allan Kardec, fais-moi gagner au loto ». Une autre fois, la prière était moins innocente : « Allan Kardec, débarrasse-moi de mon chef de service, et je viendrai fleurir ta tombe chaque dimanche. »

*

*   *

Si la tombe d'Allan Kardec suscite des prières plus ou moins intéressées, la sépulture de Berthe Courrière attire, quant à elle, les amateurs de messes noires. Modèle du sculpteur Clésinger pour ses effigies de la République, maîtresse des écrivains Remy de Gourmont et Joris-Karl Huysmans, qui l'immortalisèrent dans leurs romans respectifs, *Lettres à Sixtine* et *Là-bas,* cette « muse des messes noires », toujours vêtue de rouge, incarna au XIXe siècle le prototype de Lilith, la femme fatale et luciférienne. Sur la simple dalle, légèrement inclinée, qui abrite le dernier refuge de l'égérie scandaleuse, on trouve parfois, encore aujourd'hui, les traces d'un rituel satanique : bougies noires, cadavres d'oiseaux ou de rats.

*

* *

La tombe de Fabre d'Olivet (1768-1825), fondateur d'un culte secret issu des mystères de l'Egypte ancienne et ardent praticien de la haute magie, est elle aussi un lieu de passage obligé. Il s'agit d'une simple dalle rongée par l'humidité et envahie de lierre, que surmonte une colonne brisée. Antoine Fabre d'Olivet avait mis en scène sa propre mort lors d'un rituel destiné à le libérer de son enveloppe de chair. Son biographe, Johanny Bricaud, rapporte : « Un jour, Fabre d'Olivet fut trouvé revêtu de la grande robe de lin, étendu au pied de son autel, un poignard enfoncé dans la poitrine. Il s'était immolé lui-même au cours de la célébration de son culte. » Depuis, la colonne brisée de Fabre d'Olivet, symbole de la chute de Lucifer, représente pour les adorateurs de l'ange rebelle un lieu exceptionnellement « chargé ». Des femmes viennent frotter leur ventre nu sur la dalle moisie afin que le « Grand Mage » vienne les féconder d'outre-tombe.

*

* *

L'un des cultes nocturnes célébrés au Père-Lachaise remonte au XVIIIe siècle. En 1727, le diacre Pâris fut enterré, à sa demande, dans la fosse commune qui jouxtait l'église de Saint-Médard, rue Mouffetard. Les disciples du diacre prirent l'habitude de se retrouver sur la dalle de marbre noir qui recouvrait le charnier, où ils se mettaient en transe et éprouvaient des extases mystiques collectives. On les nomma les « Convulsionnaires de Saint-Médard ».

Inspirés davantage par le diable que par Dieu, les Convulsionnaires se livrèrent aux pires extrémités : les femmes dévoraient la terre, tordaient leurs seins et de jeunes gens surnommés « secouristes » les piétinaient et les frappaient à coups de bûches ; les hommes avalaient des charbons ardents, se faisaient percer la langue, ratisser la poitrine avec des peignes de fer ou laissaient tomber sur leur corps étendu des poids de plusieurs kilos.

Une véritable secte se forma, avec ses grades : outre les « secouristes », il y avait des « vaillantistes », des « augustiniens », des

« figuristes », des « sauteuses », des « aboyeuses » et des « miauleuses ». Pour mettre bon ordre à la violence de ces orgies infernales, Louis XV fit fermer le cimetière de Saint-Médard en 1732 et dispersa les Convulsionnaires, qui poursuivirent leurs exactions hallucinées au cours de cérémonies secrètes.

Certains ont survécu de nos jours. Ils se réunissent au Père-Lachaise, autour de la tombe de François Bonjour (1751-1846), curé de Fareins, dans les Dombes, janséniste, disciple du diacre Pâris et ardent prosélyte de la secte des Convulsionnaires. Certaines nuits de pleine Lune, on peut entendre des miaulements qui n'ont aucun rapport avec des miaulements de chats : il s'agit d'une réunion secrète de « miauleuses », dernières descendantes des Convulsionnaires...

Ces derniers se rassemblent encore de nos jours dans le square minuscule qui entoure l'église Saint-Médard. Avec une pelle et un seau, ils recueillent en cachette un peu de terre dans laquelle fut enterré le diacre Pâris, puis l'apportent près de la tombe de François Bonjour. A proximité se trouve une tombe ressemblant à une sorte de baignoire rectangulaire. Les Convulsionnaires de notre époque placent dans cette fosse curieuse des draps dans lesquels ils se font flageller avant de s'accoupler...

Une fortune en échange d'une année en enfer

Le gigantesque et somptueux mausolée de la baronne Demitov, dans la 19e division, auquel on parvient par de larges escaliers de pierre, serait paraît-il un lieu d'accès direct aux enfers. C'est en tout cas ce que m'a affirmé le sorcier luciférien Octave Sieber, qui aimait à venir détailler les étranges symboles sculptés dans la pierre : serpents, têtes de loups, griffons. Il passait son long bras à travers les meurtrières sombres qui trouaient les parois du mausolée et s'écriait, ravi :

— Par Lucifer, c'est froid comme la mort, là-dedans !

Un jour, il m'affirma qu'il avait senti une poigne glacée se saisir de sa main pour l'entraîner au fond du tombeau noir. Mais je ne puis confirmer la véracité de ce point. Car Octave était avant tout un sacré comédien.

En revanche, je peux témoigner d'une anecdote troublante concernant l'étrange mausolée de la baronne russe. Un article du *Temps,* daté du 2 novembre 1896, après avoir décrit le monument, sa colonne surmontée d'un dôme polychrome, sa chapelle dallée de marbre précieux et son cercueil en cristal de roche, rapportait l'étrange défi lancé par la baronne au monde des vivants : elle avait déposé chez son notaire de Paris un testament par lequel elle léguait la totalité de sa fortune, soit deux millions de roubles-or, « à la personne de bonne volonté qui consentirait, pendant trois cent soixante-six nuits, à s'enfermer auprès de son corps, dans la solitude du caveau, et à ne s'en éloigner sous aucun prétexte. La princesse désirait être veillée sans interruption ; elle ne s'opposait pas à ce que l'on fît à côté d'elle plantureuse chère, à ce qu'on lût des livres amusants... »

Des milliers de candidats se portèrent volontaires pour tenter l'expérience. La conservation du cimetière et l'étude du notaire furent submergées par les demandes incessantes des candidats au tombeau, qui se voyaient déjà hériter de la fortune laissée par la baronne macabre.

Parmi eux, quelques dizaines descendirent effectivement dans l'ombre froide du caveau, aux côtés des restes de la baronne enfermée dans son cercueil de Belle au bois dormant... et en ressortirent en hurlant après quelques heures à peine. Hallucinés, tremblants, yeux révulsés, ces rescapés affirmaient avoir senti des présences terribles, entendu des voix mugissantes, vu des visages diaboliques se matérialiser dans l'ombre. Bien loin de demeurer un an et un jour dans le caveau, aucun candidat ne put y rester ne fût-ce qu'une seule nuit !

Certains n'eurent même pas la force de remonter seuls, et il fallut aller les chercher. Prostrés, bavants, tétanisés d'angoisse, ils ânonnaient des phrases insensées. Ils furent d'urgence conduits vers l'asile psychiatrique le plus proche et y demeurèrent le restant de leur vie.

Ces déboires eurent pour conséquence de refroidir l'appétit de lucre des candidats à l'héritage maléfique. De son côté, la mairie de Paris demanda à ce que l'accès au caveau fût condamné, pour éviter à l'avenir ce type d'accidents. Et c'est ainsi que les deux millions de roubles-or sommeillent toujours dans l'étude du notaire.

Toutefois, les amateurs de trésors n'ont jamais désarmé, et depuis un siècle les demandes ont continué d'affluer, en moins grand nombre qu'au début, cependant. J'ai moi-même failli me prêter à cette expédition risquée au pays des fantômes.

C'était en 1989. A l'issue d'un dîner voué à l'ésotérisme, auquel j'assistais en compagnie de l'écrivain Jean-Michel Thibaux, auteur de *L'Or du diable,* un roman consacré à l'énigme de Rennes-le-Château, et de la sorcière luciférienne Hécate, quelqu'un rappela l'étrange histoire du mausolée de la baronne Demitov. Qui eut le premier l'idée de relever le défi ? Hécate ? Jean-Michel ? Moi-même ? Nous avions ce soir-là quelque peu sacrifié à Bacchus, ce qui explique sans doute notre témérité. Toujours est-il que nous prîmes tous trois l'engagement solennel de nous porter à notre tour volontaires pour veiller le cercueil de la baronne défunte.

Il n'était pas question, toutefois, d'y demeurer un an et un jour. Nos activités professionnelles et notre vie privée nous l'interdisaient. Une nuit suffirait. Une nuit pour affronter la peur, et nous prouver que nous étions plus forts que les diables enfouis dans les entrailles du Père-Lachaise. S'il était vrai que le mausolée était l'une des portes de l'enfer, nous étions prêts à en faire l'expérience.

Ceci aurait pu n'être qu'un serment d'après-boire. Mais une semaine plus tard, nous décidâmes d'honorer notre parole. Hécate, je dois le préciser, était la plus motivée de nous trois, et c'est elle qui prit contact avec l'administration du cimetière. Elle reçut une fin de non-recevoir. L'accès au mausolée était condamné sur ordre de la mairie de Paris, et il n'était pas question d'en ouvrir les portes aux explorateurs de l'étrange. Hécate s'adressa donc à la mairie, où on lui répondit que le mausolée menaçait ruine et nécessitait des travaux de réfection. C'était la raison « officielle » pour laquelle son accès était interdit.

En attendant, notre escapade en enfer était à l'eau. Car il ne fallait pas songer à pénétrer à l'intérieur du monument par nos propres moyens. Outre le délit de violation de sépulture dont nous nous serions rendus coupables, il nous aurait fallu une bonne charge de plastic pour venir à bout de l'imposante porte dont on nous refusait la clé. Le projet fut abandonné à regret.

Le calendrier démoniaque

Le Père-Lachaise connaît-il chaque nuit d'infernales bacchanales et de démoniaques sabbats ? Assurément pas. Les amateurs de cultes sataniques observent un calendrier précis, rythmé par les équinoxes, les solstices, les lunaisons et les saisons.

Les dates les plus importantes sont le 21 mars, équinoxe de printemps et jour de l'an de l'ancien calendrier, le 21 juin, solstice d'été, le 2 août, fête des moissons, le 23 septembre, équinoxe d'automne, le 31 octobre, fête de la mort, le 21 décembre, solstice d'hiver et « Noël » païen. A ces dates classiques, il faut ajouter la nuit de Walpurgis (1er mai) et Halloween (1er novembre). Les nuits de pleine Lune — surtout l'été — sont également des rendez-vous de sabbats traditionnels.

Que se passe-t-il exactement lors de ces cérémonies occultes ? Moins que ce qu'on pourrait imaginer. Les sorcières nues chevauchant leur balais, les orgies sexuelles et les sacrifices humains ont déserté les allées des cimetières parisiens. Trop risqué. Des policiers sont de garde la nuit, et mettraient bien vite le holà à des mises en scène trop complexes.

Les fidèles du diable se contentent donc de rituels plus discrets : quelques bougies allumées sur les tombes, des bribes d'évocations kabbalistiques, au mieux un animal vite égorgé sous l'œil fasciné et vaguement inquiet d'une poignée de spectateurs transis de froid. Puis, on se sépare bien vite et on saute le mur du cimetière à l'endroit où il est le plus bas. Ces possédés d'un soir rentrent chez eux par le premier métro.

*

* *

Dans les cafés situés à proximité de l'entrée principale du cimetière du Père-Lachaise se traitent d'étranges marchés. Il faut y aller tôt le matin, ou en fin d'après-midi, à l'heure où les gardiens ont fini leur service, et sont tout prêts à se laisser offrir un verre. Les amateurs d'émotions fortes ou de mises en scènes macabres sont au courant, et cherchent par tous les moyens à circonvenir les vigiles funèbres. Les collectionneurs de frissons nocturnes savent que la route de leurs enfers délicieux peut être barrée par des cerbères en uniforme, et qu'il faut payer son obole à Charon avant de franchir l'Achéron.

J'ai rencontré l'un de ces touristes de nécropoles, en quête de sabbats du samedi soir. Pâle jeune homme de vingt-cinq ans, tout de noir vêtu, la mèche romantique et les ongles impeccablement manucurés, il attendait depuis des mois d'assister à sa première messe noire. D'une voix douce et détimbrée, il me raconta son parcours d'obstacle d'aspirant endiablé :

— Les gardiens sont au courant de tout, et connaissent fort bien les lieux et les dates des messes noires. Mais ils se méfient des simples curieux ou des journalistes en quête de sensationnel, et il faut un certain temps pour gagner leur confiance. Le plus sûr, c'est de sympathiser avec un gardien et de le rencontrer de temps en temps, sans être trop pressé. Petit à petit, il laissera percer des bribes d'information : « Tiens, il se prépare quelque chose pour la prochaine pleine Lune... Berthe Courrière va recevoir de la visite... ». Puis, il vous présentera un « amateur » déjà initié, par lequel vous pourrez enfin connaître l'un des organisateurs de messes illicites, qui après avoir testé vos convictions métaphysiques, vous invitera à l'une de ces cérémonies nocturnes. Moi, j'ai mis six mois à établir le contact, mais j'arrive bientôt au bout de mes peines. J'espère pouvoir assister à la prochaine messe de printemps...

En disant ces mots, ses yeux brillaient comme ceux d'une jeune fille rêvant à son premier bal.

2

Messes rouges et messes noires

La messe rouge du Père-Lachaise

Par une froide nuit de janvier 1980, le cimetière du Père-Lachaise servit de décor à une authentique « messe rouge », rituel sanglant impliquant un sacrifice animal. Il y en eut sans doute bien d'autres, mais celle-ci eut l'honneur d'être filmée par les caméras d'Antenne 2 grâce aux soins du réalisateur Allain Bougrain-Dubourg, pour les besoins de l'émission « Mi-fugue mi-raison » consacrée à la parapsychologie. Toutefois, les télespectateurs avides de sensations fortes regrettèrent une fois de plus le paiement de leur redevance. En effet, la mairie de Paris interdit au dernier moment la diffusion de ce reportage, aux motifs qu'il aurait pu choquer les âmes sensibles et encourager les autres à commettre des sacrilèges et des violations de sépultures.

La presse de l'époque en fit des gorges chaudes : « J'irai tourner sur vos tombes » ; « La Messe Rouge ! », titrait *France-Soir.* « Les téléspectateurs ne verront pas la Messe Rouge filmée par Antenne 2 au cimetière du Père-Lachaise — Une exclusivité censurée — Les folles nuits du Père-Lachaise ! », renchérissait le *Quotidien de Paris.* Dans *Paris Match,* Jean Cau, qui avait assisté à la cérémonie, s'exclamait : « C'était fou, mais la beauté, violée par la folie, était heureuse et j'en témoigne... »

A défaut d'images télévisées, de nombreuses photos furent publiées dans les journaux. Sur l'une d'entre elles, on voyait des conjurés, enveloppés dans de larges capes noires et le visage dissimulé sous une cagoule, agglutinés autour d'une tombe sur laquelle avaient été disposés des cierges et un drap noir couvert d'inscriptions kabbalistiques : *Ausoï, Uliro, Orilu, Sisis.* Sur une autre, le Grand Prêtre, barbu, aux longs cheveux bruns et au regard voilé d'un loup de velours, buvait le sang d'un coq fraîchement égorgé en lui suçant la carotide !

Ce Grand Prêtre était Jean-Paul Bourre, écrivain luciférien et apôtre du « Romantisme noir ». Il rapporte son aventure au Père-Lachaise dans certains des nombreux ouvrages qu'il a consacrés au vampirisme et au luciférisme [1]. Il raconte ainsi comment il est allé prélever de la terre dans les ruines du tombeau de Dracula, dans l'île de Snagov, en Roumanie, pour la disperser au fond d'une crypte du Père-Lachaise afin d'y pratiquer des opérations de nécromancie, notamment cette fameuse « messe rouge ».

*

* *

Sur le catafalque de pierre est posé le drap de soie noire, le calice d'or rempli d'ossements humains, le poignard du sacrifice, le pentagramme d'invocation et le grimoire servant à l'appel des divinités noires. Tout est prêt pour le sacrifice. Bourre savoure déjà « l'appel aux puissances, la réconciliation de l'homme avec la peur, la fascination des Ténèbres dont la beauté a été oubliée par l'homme de la multitude. »

Il s'écrie :

— Seigneur de la Mort et de la Résurrection, Seigneur dispensateur de vie, toi dont le nom est le mystère des mystères... descends dans ton serviteur qui célèbre ton culte ! Lucifer, Léviathan, Satan, Bélial... recevez ce sacrifice !

Bourre lève son poignard magique, tandis que, dans le calice d'or, les os broyés en poudre se consument avec des pastilles d'encens, répandant une puanteur insoutenable. Il exhorte à nouveau le prince des Ténèbres :

— Lucifer, sors-tu du gouffre noir ou descends-tu des astres ? "Celui qui mange ma chair et boit mon sang a la vie éternelle",

1. Jean-Paul Bourre, *Messes rouges et romantisme noir,* Editions Alain Lefeuvre, 1980 et *Le Sang, la mort et le diable,* Henri Veyrier, 1985.

as-tu dit. “Je lui donnerai pouvoir sur les vivants et les morts.” Comme tu me l’as promis, je viens réclamer ce pouvoir, pour celui qui siège sur la montagne du Plus-Lointain Minuit et dont l’esprit demeure dans cette terre consacrée, par celui qui commande aux loups et aux chauves-souris. Fais que son esprit pénètre dans ce lieu et l’arrache à la mort.

D’une main puissante, gantée de cuir noir, Bourre maintient le coq sur le catafalque, tandis que l’autre, armée du poignard, est toujours levée. Le coq, hypnotisé par la flamme du cierge qui brûle devant lui, cesse de se débattre. Bourre continue à évoquer l’esprit de Dracula. A travers ce sacrifice sanglant, il cherche en effet à rejoindre la chaîne vampirique : quiconque en fait partie accède à la vie éternelle. Il hurle :

— Seigneur ! Tu désires le sang et tu apportes aux mortels l’épouvante. Reçois à nouveau ce sang qui donne la vie !

Le poignard s’abat. La bête est décapitée du premier coup. Sa tête roule sur la pierre et le sang coule. Bourre brandit la dépouille au-dessus de la tombe ouverte :

— Ange plein de Ténèbres ! Je bois le sang de tes treize plaies !

Le voici qui aspire goulûment le sang noir qui lui tombe sur la barbe, sur les mains, sur la cape, avant de se mêler à la terre du vampire, importée du tombeau du prince Dracula. Le sacrificateur laisse retomber l’animal au fond de la tombe sur laquelle il se penche pour poursuivre ses évocations diaboliques :

— Esprit de l’Ombre, toi qui reposes dans cette terre, viens à nous avec ton amour, ta souffrance et ton sacrifice. Que ton ancienne douleur entre en nous et parle par ma bouche. Montre-nous ta réalité, afin que nous puissions croire à la puissance de la volonté sur la mort.

La cérémonie s’achève. Les conjurés en cagoule noire n’ont plus qu’à plier bagage, tandis que les journalistes d’Antenne 2 se hâtent d’aller monter ce reportage exclusif qui ne verra jamais le jour.

Si elle ne fut jamais diffusée, la messe rouge du Père-Lachaise fit pourtant un joli scandale chez les bonnes gens qui se crurent revenus brusquement aux temps de l’obscurantisme. Et Jean-Paul Bourre de conclure :

« Rares furent ceux qui comprirent du regard le luxe d’un cimetière à minuit, le privilège d’être seul, au fond d’une crypte où dort la poussière des siècles, à l’heure où l’homme ronfle au rythme d'un réveille-matin. Rares furent ceux qui comprirent les noces de l'homme et de la nuit dans ces chambres de pierre, belles comme les temples des cités mortes que l'homme découvre derrière la fièvre. Folie ! Fièvre ! Splendeur d'une solitude imprenable, plus haute que les murs les plus hauts d'un cimetière ! » [1]

Jean Cau, dans *Paris Match,* faisait écho à ce lyrisme de l'ombre. Après avoir suivi toute une nuit Jean-Paul Bourre et ses Témoins de Lucifer dans leurs rituels sanglants, il exprimait à ses lecteurs son enthousiasme : « Et alors, figurez-vous, ce fut extraordinairement beau. Brusquement, surgie je ne sais d'où, une beauté sacrée avait surgi de terre, une beauté était au rendez-vous de la malédiction et de la folie et doucement m'étreignait. J'étais figé. Je regardais. Tout, soudain — la nuit, les tombes, les silhouettes raides des officiants, les flammes affolées des bougies, cette bête pantelante entre les mains noires sur les dalles, cette tache rouge de l'hostie, ce long hululement de chien, là-bas — tout était complice d'une beauté perdue et d'une grandeur damnée. Et un ange aux ailes lourdes volait au-dessus des tombes oubliées... Et les visages tremblent, éclairés en contre-plongée par la flamme des cierges ; les croix, on dirait qu'elles se tordent et flambent sur toutes les tombes ; la terre, on dirait qu'elle est chaude sous les pieds ; le chien, là-bas, on dirait qu'il écoute et qu'il est dompté. Une fille encagoulée vacille et gémit. Un acolyte la soutient et l'enveloppe dans sa cape d'enterrement, comme dans une aile noire. » [2]

Congrès luciférien et réunion de vampires

Deux ans après sa messe rouge, Jean-Paul Bourre organisa, en compagnie du sorcier Octave Sieber, le premier Congrès européen des lucifériens à Paris, qui fut interrompu le deuxième jour... par plusieurs dizaines de représentants de la SPA et de la Ligue contre

1. Jean-Paul Bourre, *Messes rouges et romantisme noir,* op. cit.
2. Jean Cau, « Ma nuit avec les Témoins de Lucifer », *Paris Match* du 25 janvier 1980.

la vivisection qui accusèrent les lucifériens de sacrifier des animaux et pillèrent la salle aux cris de « Suppôts de Satan, assassins ! ». [1]

Parmi les amateurs de sorcellerie ou de mascarades diaboliques, ce Congrès avait attiré quelques sommités du luciférisme, notamment la sorcière et médium Catherine Lysa, que nous rencontrerons plus loin, et le « vampire » anglais David Farrant, inculpé plusieurs fois pour viol et profanation de sépulture, célébration de rites sataniques et détention d'armes.

Se trouvait là également la future sorcière luciférienne Hécate, accompagnée d'un ami, Jean-Marie. Tous deux cherchaient à intégrer la « chaîne vampirique », en multipliant les rituels destinés à les relier à leur « maître vampire », à savoir un être ayant dépassé la mort et vivant éternellement grâce aux rites de sang. Leur modèle était le prince Vlad de Valachie (1431-1476), dit Vlad Tepes, dit l'Empaleur, dit le Diable, dit Dracula, membre de l'Ordre du Dragon renversé, grand pourfendeur de Turcs, et modèle historique du célèbre *Dracula* de Bram Stocker.

Quelques mois plus tard, cette quête vampirique a conduit Jean-Marie à la mort volontaire. Hécate, elle, a préféré demeurer sur cette rive de la vie. En dix ans, elle s'est imposée comme l'une des sorcières lucifériennes les plus recherchées. Après avoir longtemps consulté à Neuilly, elle accueille aujourd'hui ses clients dans un vaste cabinet situé dans le XVIe arrondissement parisien, entièrement décoré de diables et de symboles rituels. Mais, elle n'a pas abandonné le projet de renouer avec la « chaîne vampirique ». Avec Jacques, son mari, elle s'est rendue à Venise en septembre 1994, sur les traces d'un antiquaire « vampire » qui y aurait vécu jusqu'à ces dernières années avant de s'évanouir en fumée. Mais le voyage n'a rien donné. A son retour, elle m'a confié :

— Cela fait quinze ans que je cherche mon « maître-vampire », et je ne l'ai toujours pas trouvé. Avec Jacques, nous avons suivi toutes les filières vampiriques révélées par Jean-Paul Bourre dans ses livres. En France, en Roumanie, à Venise. Mais il y a toujours un moment où le fil s'interrompt...

*

*   *

1. Cf. *Le Matin de Paris Magazine*, 6 mars 1982.

Aujourd'hui, quinze ans après la messe rouge du Père-Lachaise, treize ans après le Congrès luciférien, Jean-Paul Bourre a totalement abandonné ses références lucifériennes et s'est débarrassé de sa panoplie de sorcier, à l'exclusion d'un poignard magique, au manche orné d'un bouc satanique aux yeux de sang et à la lame couverte de runes sacrées, qui appartenait à Jean-Marie, son ami suicidé, et qu'il conserve en souvenir. Chez l'ex-Grand Prêtre des Témoins de Lucifer, parmi les multiples rayonnages de livres, les objets les plus inquiétants sont des soldats de plomb qui simulent un combat. Le sol n'est pas jonché de crânes humains ou de dépouilles de coqs noirs, mais de ballons et de peluches avec lesquels jouent ses deux jeunes enfants. Sur une étagère, un Christ en croix. L'apôtre de Lucifer est-il revenu dans le giron de l'Eglise ?

— Je n'ai jamais cessé d'être chrétien, me répond-il avec conviction. Avant d'égorger des poulets dans les cimetières, j'avais passé cinq mois chez les Trappistes. Je souhaitais devenir moine. Mais mon esprit frondeur me poussait à cacher des ouvrages de magie noire sous l'autel où se disait la messe... J'ai toujours aimé dynamiter les conventions, les idées reçues, les dogmes, la bigoterie. A travers les rituels de sang, je voulais sans doute provoquer le bourgeois, mais je cherchais surtout à me confronter à ma propre mort, et à exorciser ma peur. Aujourd'hui, je le fais d'une autre manière, par exemple en allant observer de près ce qu'est la guerre dans l'ex-Yougoslavie. La seule chose qui m'intéresse, c'est de traquer le sentiment du sacré qui se cache derrière les rituels liés à la mort : la guerre, les sacrifices, les funérailles, les expériences aux frontières de la mort... [1]

1. Jean-Paul Bourre s'est posé récemment la question de l'« après-mort » dans *Voyage au centre de la vie,* Robert Laffont, collection « Les Enigmes de l'univers », 1993.

Messes noires

Le blasphème, le sang, la mort et le sexe ont toujours été au centre de ce que l'on appelle la « messe noire », et qui correspond en réalité à une forme de culte satanique dévoyé en orgie. Car, la majorité des amateurs de telles « messes » cherche moins à insulter Dieu et le Christ qu'à se livrer sans retenue à des débauches sexuelles. Satan lui-même n'est qu'un prétexte, un piment érotique de plus.

La marquise de Montespan, favorite du roi Louis XIV durant douze ans, et compromise dans l'affaire des Poisons en 1680, aimait à livrer son corps superbe aux assauts de l'abbé Guibourg, prêtre renégat qui pratiquait en sa compagnie des messes noires au cours desquelles, aux dires du chroniqueur Alphonse Gallais, l'abbé sataniste égorgeait des nouveau-nés au-dessus du corps de Madame de Montespan avant de s'accoupler à elle. L'écrivain Joris-Karl Huysmans donne de la « messe de Guibourg » une version différente, mais tout aussi horrible, dans son livre consacré au satanisme, *Là-bas :*

« Un certain abbé Guibourg s'était fait une spécialité de ces ordures ; sur une table servant d'autel, une femme s'étendait, nue, ou retroussée jusqu'au menton et, de ses bras allongés, elle tenait des cierges allumés, pendant toute la durée de l'office.

Guibourg a ainsi célébré des messes sur le ventre de Mme de Montespan, de Mme d'Argenson, de Mme de Saint-Pont ; au reste, ces messes étaient, sous le grand Roi, très fréquentes ; nombre de femmes s'y rendaient de même que, de notre temps, nombre de femmes vont se faire tirer la bonne aventure chez les cartomanciennes.

Le rituel de ces cérémonies était suffisamment atroce ; généralement, on avait enlevé un enfant qu'on brûlait, à la campagne, dans un four ; puis de sa poudre que l'on gardait, l'on préparait avec le sang d'un autre enfant qu'on égorgeait, une pâte (...). L'abbé Guibourg officiait, consacrait l'hostie, la coupait en petits morceaux et la mêlait à ce sang obscurci de cendre ; c'était là la matière du Sacrement. »[1]

L'abbé Guibourg fut plus tard supplicié et brûlé, à l'instar d'un autre prêtre noir, l'abbé Guignard, curé de Bourges.

1. J.-K. Huysmans, *Là-bas,* Paris 1891, rééd. Garnier-Flammarion, 1978.

3

Dans l'antre du sorcier

Chez les marchands d'animaux vivants du quai de la Mégisserie, à Paris, de fidèles clients viennent souvent acheter des poules et des coqs au plumage exclusivement noir. Dans certains quartiers, les bouchers vendent des cœurs entiers d'agneau ou de bœuf à de jolies jeunes femmes qu'on ne soupçonnerait pas d'entretenir de pareils appétits. Près de l'église Saint-Sulpice, les boutiques spécialisées dans les objets liturgiques fournissent parfois d'étranges pèlerins qui s'approvisionnent en hosties, cierges, calices, soutanes ou crucifix. A Paris, sorciers et sorcières n'ont qu'à descendre au coin de leur rue pour faire leur marché magique. D'ailleurs, Paris a la réputation d'être, avec New York, Los Angeles et Turin, l'une des capitales mondiales de la sorcellerie.

Le sorcier contemporain ressemble beaucoup à son ancêtre du Moyen Age. Contrairement aux satanistes convaincus, qui ne cherchent dans le culte du diable qu'un moyen de donner libre cours à leurs passions perverses, qu'elles soient érotiques ou criminelles, les praticiens de la sorcellerie se définissent plutôt comme des chamans, des médecins, des psychologues, des confesseurs, voire des redresseurs de torts. Ils sont là pour aider, soigner, guérir ceux qui sont sans espoir. Et, même si leurs moyens ne sont pas orthodoxes, leurs résultats sont souvent efficaces.

En vérité, les sorciers ne sont jamais que des intermédiaires, des médiateurs entre le plan terrestre et l'au-delà. Ils n'offrent que des guérisons ou des protections d'ordre occulte. La magie consiste à s'en remettre aux forces surnaturelles pour traiter nos problèmes ici-bas. Selon le conflit à résoudre, le sorcier convoquera les forces de Lumière ou celles des Ténèbres ; l'assistance des saints et des anges gardiens ou celle des dieux noirs et des anges rebelles. Selon qu'il s'adresse à Dieu, au Christ, à Lucifer ou à Satan, le sorcier pratique la magie blanche ou la magie noire. Mais quels que soient les moyens employés, son objectif est le même : aider son prochain.

Conseiller conjugal, médecin de l'âme et du corps, confesseur, exécuteur des basses œuvres : le sorcier contemporain est tout cela, et bien d'autres choses encore. L'importance de sa fonction est en proportion des carences et faiblesses des institutions officielles. Le sorcier s'enrichit aux dépens du médecin, empiète sur les plates-bandes du psychologue, rafle les honoraires de l'avocat. Parfois il va même jusqu'à détourner les fidèles de leur Eglise.

A quoi sert la religion ? Qu'est-ce que la foi ? Pourquoi se rend-on encore dans la fraîcheur austère des églises ? Posez ces quelques questions à des pratiquants, sincères ou d'occasion, et jugez de l'enthousiasme et de la clarté de leurs réponses. Combien de catholiques fréquentent l'office du dimanche matin par ferveur profonde ? Et combien par habitude ? Ne nous étonnons pas trop, dans ces conditions, si le sorcier se glisse également dans la robe du prêtre, et non content de jouer au confesseur, s'il célèbre lui-même la messe et donne la communion !

*
* *

Le marché des travaux occultes est en plein essor. C'est grâce à ces travaux que les sorciers gagnent leur vie. La consultation de base, entre 200 et 500 F, n'est qu'une entrée en matière, et sert à la détermination du diagnostic. Le rituel magique, lui, coûte en moyenne de cinq à cent fois plus que le prix de la consultation ordinaire.

Jouant sur la crédulité de leurs clients, la plupart des soi-disant « sorciers » sont en réalité des charlatans sans scrupules, qui se font payer outrageusement cher pour pratiquer des rituels approximatifs assaisonnés de poudre de perlimpinpin.

Les vrais sorciers, eux, sont rares, mais ils existent. On les trouve souvent au fin fond des villages, où ils font office de rebouteux et de guérisseurs. Mais certains d'entre eux exercent leur art en pleine ville, notamment à Paris. C'est le cas du sorcier Patrick Guérin.

*

* *

Patrick Guérin fait partie de cette nouvelle génération de sorciers, qui mêlent les recettes issues des grimoires du Moyen Age aux rituels vaudou ou africains ou aux technologies modernes.

Patrick reçoit aujourd'hui ses « patients » dans son cabinet de l'avenue Niel, dans le XVIIe arrondissement parisien, qui ne se distingue en rien du cabinet d'un médecin de quartier. Mais, lorsque j'ai fait sa connaissance, en 1988, il tenait encore sa librairie ésotérique dans le sud du XIVe arrondissement. Une librairie dans laquelle se déroulaient de bien étranges scènes.

Au premier abord, on ne pouvait se douter de ce qui se tramait derrière cette vitrine claire ouvrant sur la rue. En poussant la porte, on se trouvait dans un magasin dont l'ambiance sonore baignait dans les rythmes disco de la radio N.R.J. Livres, brochures, jeux de tarot, amulettes et gris-gris. Rien de très méchant, sauf peut-être cette vaste dalle, posée dans un coin, couverte d'une nappe noire parsemée d'inscriptions étranges et sur laquelle trônaient une paire de chandeliers, un poignard, un grimoire de magie noire et... une bouteille étiquetée « vin de messe », provenant de chez Nicolas !

Au fond du magasin, un long comptoir derrière lequel se tenaient les deux secrétaires de Patrick Guérin : leur rôle était d'accueillir les clients, bien sûr, mais surtout d'enregistrer les commandes, de dépouiller le nombreux courrier adressé au mage, de noter ses rendez-vous, de mettre à jour le fichier tenu scrupuleusement sur un micro-ordinateur.

A côté du comptoir, une porte capitonnée : c'est derrière cette porte que se trouvait le cabinet de consultation du mage.

Taille moyenne, la trentaine dépassée, rouquin, le visage très pâle constellé de taches de rousseur, le ventre rondouillard, jeans et polo Lacoste, la démarche lente et la voix douce : Patrick Guérin n'avait rien d'un sorcier noir. Il ressemblait à un Petit Prince légèrement empâté par l'âge.

Son cabinet dégageait un parfum de mystère. Au mur, un vaste drap noir sur lequel des pentagrammes étaient dessinés, accompagnés d'inscriptions kabbalistiques : *Jesirah, Briah, Aziluth, Kether...* En face, un bas-relief représentant une femme nue jaillie à mi-corps du mur. Devant la fenêtre trônait le bureau du mage, et, sur le mur opposé, un petit autel sur lequel reposaient un candélabre, une tête de mort, un poignard et un recueil de rituels magiques.

*
* *

Cela fait quinze ans que Patrick Guérin s'est lancé dans la sorcellerie. Avant, durant neuf ans, il a été cascadeur, après une enfance partagée entre Paris, dans la boulangerie-pâtisserie de ses parents, et son Calvados natal. Au cours de ses tournées, il s'arrangeait toujours pour rencontrer le rebouteux ou le « j'teur de sorts » du village, et échanger avec lui des recettes de magie.

Un grave accident de moto, au cours d'une cascade, et quelques mois d'hospitalisation donnèrent à Guérin l'occasion de se recycler entièrement dans la magie.

Au début, il pratiquait surtout le magnétisme, guérissant ou soulageant sa clientèle par imposition des mains, ou en maniant des statuettes, moulées en cire d'abeille, sur lesquelles il accrochait les cheveux de ses patients.

Pendant quelque temps, il entreprit des essais de musicothérapie, en association avec le musicien Jean Renard (qui fut notamment le directeur artistique de Sylvie Vartan, Johnny Hallyday et Jane Manson). Dans une maison de Provins, le mage et le musicien du « show-business » accueillaient des gens stressés, névrosés, déprimés, mal dans leur peau. Dans une gigantesque cave voûtée du XIIe siècle, percée d'un puits profond de quarante mètres, Patrick Guérin se mettait en transe et « voyageait dans l'astral », tandis que Jean Renard diffusait sa dernière composition, *Voyage à travers les planètes.* Assis dans des transats, les patients se sentaient mieux.

Mais Provins est loin de Paris, et Guérin avait d'autres ambitions. Il lança une maison d'édition avec un idéaliste qui souhaitait se spécialiser dans la poésie et dans l'étrange. La poésie ne trouva guère preneurs, en revanche les recueils de magie pratique se vendirent comme des petits pains. Patrick Guérin reprit à son seul compte la maison d'édition, rédigea et publia toute une série de rituels pratiques à la portée de tous : *Rituel de provocation senti-*

mentale, Rituel de retour d'affection, Rituel de désenvoûtement mineur ou majeur, Rituel de protection occulte...

Au début des années 80, Guérin inventa le « Do it yourself » de la magie noire, la « Fast-sorcery » : pour des prix (relativement) modérés, il fournissait en kit, avec mode d'emploi, tout le nécessaire du parfait petit apprenti sorcier. Tous ces produits étaient fabriqués artisanalement, par ses propres soins, à certaines heures très précises, accompagnés d'invocations magiques et de passes magnétiques.

Depuis vingt ans, le « magic-business » du mage Guérin tourne bien. Mais la sorcellerie, dans tout ça ? Les rituels, les cérémonies, les invocations démoniaques : tout cela ne se résume-t-il pas à un gigantesque attrape-nigaud ? Afin de pouvoir m'en rendre compte par moi-même, j'avais demandé à Patrick Guérin d'assister à certains de ses rituels. Il avait accepté, à la condition de ne pas révéler l'identité de ses « patients », auxquels il me présenta comme son assistant. J'ignorais totalement ce à quoi je risquais de m'exposer, en devenant à mon tour un apprenti sorcier ! Dans un précédent livre [1], j'ai longuement raconté les étapes de mon initiation magique dans le cabinet du sorcier. Je me contenterai ici de revenir sur les moments qui m'ont le plus impressionné, en m'inspirant des notes prises à l'époque. Je dois préciser que tout ce que je rapporte est vrai, dans les moindres détails.

Lundi, rituel de retour d'affection

Guérin et moi entrons les premiers dans son cabinet, pour préparer la salle. Sur la moquette, il étend le grand drap noir frappé d'un cercle magique blanc entouré d'inscriptions tirées des *sephiroths* de la Kabbale. Le mage m'explique :

— Ceci est un cercle d'invocation à l'intérieur duquel les esprits se matérialisent. Voici un calice contenant un vin spécial mêlé à de la poudre d'os humains, une baguette de noisetier servant à équilibrer les forces, une épée, une barre conductrice et un poi-

1. Edouard Brasey, *Sorciers,* Ramsay, 1989 (épuisé).

gnard de sacrifice, à lame triangulaire. Au mur, j'accroche ce pentagramme, dessin géométrique qui évoque Dieu ou Lucifer, selon sa position...

Je n'ose pas demander quelle est l'entité évoquée aujourd'hui. Le mage allume deux bougies, posées sur le drap, et éteint la lumière. Il me commande de rester debout, au fond de la pièce, sans bouger :

— Surtout, ne dites rien, et ne vous étonnez pas trop de ce qui va se passer ici...

Le mage ouvre la porte, fait entrer son assistante. Sans un mot, celle-ci se déshabille entièrement et s'allonge, nue, au milieu du drap noir, entourée des deux bougies. Guérin lui demande de se détendre. Elle ferme les yeux. Il lui impose brièvement les mains sur le front, lui masse les tempes. Puis il se relève et sort du cabinet.

Je reste debout dans mon coin, un peu gêné par la situation, prenant bien garde de ne pas remuer les pieds ni respirer trop fort.

Guérin revient, accompagné de sa patiente. Il lui demande de se mettre torse nu. La femme obtempère sans discuter et demeure ainsi, seins nus, dans un coin du cabinet.

Le mage s'agenouille devant son assistante, plonge ses doigts dans un flacon et enduit le front et le plexus solaire de la jeune fille d'une sorte d'onguent qui dégage une odeur puissante. Il masse longuement la peau, entre les sourcils et entre les seins, pour faire pénétrer la matière à l'odeur capiteuse. Puis, il soulève un bras et le lâche. Le bras retombe lourdement. Guérin prend le pouls de son assistante, teste ses réflexes : elle est sous hypnose. A mi-voix, il lui enjoint alors de visualiser le visage de l'homme dont il s'agit de reconquérir l'affection.

Puis, il ordonne à la femme torse nu de prendre sa place, d'empoigner l'épée magique de la main droite, la barre conductrice de la main gauche, et de les placer sur le plexus solaire de l'assistante endormie. Il lui tend alors un livre, dont elle doit lire intérieurement les évocations. A chaque fin de page, elle fait un signe et Patrick tourne la feuille. Je remarque, de là où je suis, que certains feuillets sont constellés de taches brunâtres qui ressemblent à du sang séché.

Dès lors, tout va très vite. Patrick Guérin pose le livre, et me fait signe de m'agenouiller à côté de lui. Il attrape un carton qu'il tenait dissimulé derrière lui et en extirpe une poule noire vivante !

Sans me laisser le temps de prendre conscience de la situation, il me somme de tenir fermement le cou du volatile qui se débat avec rage, tandis que lui, armé du couteau à sacrifice, lui tranche la gorge. Le sang s'écoule dans une coupe placée juste en dessous. Guérin sépare alors la tête du corps de l'animal et m'ordonne de poser le brimborion à crête que je tiens dans la main sur la gorge de son assistante, bariolée du sang noir de l'oiseau, tandis qu'il lui plaque le reste du cadavre de la poule sur la poitrine. Puis il empoigne la coupe pleine de sang chaud, et la tend à sa cliente pour qu'elle la boive. Elle y trempe ses lèvres, fait une horrible grimace. Guérin insiste :

— Buvez, il le faut ! Jusqu'à la dernière goutte !

En plissant les narines, la femme s'exécute douloureusement. Sa glotte claque bizarrement chaque fois qu'elle déglutit. Quelques gouttes de sang coulent de ses lèvres, tombent sur sa poitrine. Je comprends l'origine des taches brunâtres qui constellaient le livre aux évocations : il y a du sang de poule partout.

Enfin, la femme a fini d'ingurgiter l'infâme potion. D'une voix sans réplique, le mage Guérin lui dicte la phrase qu'elle doit prononcer à présent :

— Je fais ce sacrifice afin que Gérard me revienne, et quitte définitivement sa maîtresse.

Elle a la gorge nouée, n'arrive plus à parler correctement. Guérin la brusque :

— Plus fort !

Elle répète la phrase :

— Je fais ce sacrifice afin que Gérard me revienne, et quitte définitivement sa maîtresse.

— Encore !

Par trois fois, cette même phrase est martelée. Puis, la femme doit s'armer à nouveau de l'épée et de la barre, les replacer sur le plexus solaire de l'assistante, désormais recouvert du cadavre de la poule, et réitérer trois fois encore sa prière. A la fin, elle est tellement bouleversée qu'elle n'a littéralement plus de voix.

Guérin replace alors les morceaux de poule dans le carton, puis le tend à la cliente qui vient de se rhabiller :

— A présent, allez jeter ce carton dans une eau courante : dans la Seine, par exemple. Puis rentrez chez vous. D'ici quelques jours, votre mari quittera sa maîtresse et vous reviendra.

Nous sortons tous, sauf l'assistante qui va se nettoyer tant bien que mal et enfile sa robe. Dans le magasin brillamment éclairé, N.R.J. égrène toujours ses rythmes disco. J'observe la femme : elle doit avoir quarante-cinq ans, mais pour l'heure elle est tellement pâle qu'elle en fait dix de plus. Sans un mot, elle sort une liasse de billets de 100 F et les remet à la secrétaire : le prix du rituel + la participation de l'assistante + l'achat de la poule. Puis, serrant son carton sur son cœur comme s'il s'agissait d'un enfant qu'elle voulait protéger à tout prix, elle sort à pas pressés, se hâtant vers la Seine.

Je regarde Guérin : il a l'air claqué. Il empoigne son blouson et me lance :

— On va boire un coup ?

*

* *

Bar du coin, à l'heure de l'apéro. Ici, tout le monde se connaît et on ne peut échapper au cérémonial des « tournées ». Patrick s'envoie quelques bières sans prononcer un mot. Un peu écœuré par le rituel auquel je viens de participer, je lui demande si tout cela est bien sérieux. Il s'emporte :

— Vous avez vu mon bureau ? Si les murs pouvaient parler, imaginez tout ce qu'ils auraient à raconter : les misères, les souffrances, les douleurs, les gens malades, mal dans leur peau, doutant de tout... En France, nous sommes cinq à six vrais sorciers, pas plus, bien qu'il y ait 3 000 publicités dans la presse spécialisée. Il peut paraître facile de faire de l'argent sur le malheur d'autrui. Mais quand vous avez passé dix à douze heures par jour à écouter les problèmes des autres, à les vivre avec eux, vous ne pouvez plus raisonner de la même façon... La magie, c'est la dernière arme qui reste aux pauvres gens, aux exploités du système. Et je vous assure que, bien employée, c'est une arme très efficace...

Le sacrifice de la poule vous a choqué ? Le rituel vous a semblé barbare ? Pour moi, c'est comme ça tous les jours. Parfois, j'en ai marre, j'ai envie de tout arrêter et de me lancer dans autre chose. Mais vous avez vu mes clients : ils ont besoin de moi. Je ne peux pas les laisser tomber. Si je ne suis plus là pour écouter leurs malheurs, leurs misères, qui s'en chargera ? Le docteur ? Le curé ? L'assistante sociale ? Le fonctionnaire de l'A.N.P.E. ? Le flic de service au commissariat du coin ? S.O.S. Amitié ? Le serveur du bistrot ? Ou bien personne ? A votre avis ?

Je ne sais quoi répondre. Mon sens des valeurs vacille légèrement, je l'avoue. Plutôt que de contrer Guérin, je préfère me taire, et recommander une tournée.

Mardi, billets qui brûlent et envoûtement de mort

Ce matin, je suis arrivé très tôt, pour interroger Patrick avant qu'il reçoive ses clients de la journée. Il me répond avec moins de méfiance que les premiers jours :

— La sorcellerie n'a rien à voir avec une croyance religieuse. Les lucifériens ou les satanistes adorent le diable comme les chrétiens adorent le Christ. Le sorcier, lui, n'adore aucune entité en particulier : il utilise l'entité la plus efficace pour un problème donné, que ce soit Dieu ou Satan. Pour savoir si je dois accepter ou non un travail occulte, je n'ai à en référer qu'à ma propre morale. C'est moi qui juge, seul, de ce qu'il faut faire ou ne pas faire. Ce n'est ni Dieu, ni le diable, ni la société. Un sorcier est un homme libre.

Vous comprenez, il existe deux catégories de gens : les faibles et les intouchables. Les premiers, c'est mon devoir de les aider, même si je ne leur demande pas beaucoup d'argent : 1 000 F pour un désenvoûtement, par exemple, alors que mes confrères exigent parfois dix fois plus. Les seconds, c'est une autre histoire : si un client veut se payer une bonne femme grâce à un envoûtement sexuel, j'estime que c'est un luxe : je taxe ! Il couchera avec l'élue de son cœur, mais cela lui coûtera cher, très cher !

Cela dit, je n'accepte pas n'importe quel travail. Surtout lorsqu'il y a atteinte à la liberté d'une tierce personne. Dans le cadre d'un retour d'affection, par exemple, je recherche tout d'abord s'il existe des atomes crochus entre les deux personnes, par le biais de l'astrologie notamment. Sinon, ce n'est pas la peine : malgré tous les rituels de la terre, l'autre ne restera pas.

Un domaine qui marche très bien également concerne les rituels destinés à l'accroissement du chiffre d'affaires d'une société. Je m'engage à provoquer une hausse des ventes de n'importe quelle société de l'ordre de 30 à 40%, dans un intervalle de quinze jours !

Guérin me cite alors quelques noms de très grosses entreprises de distribution, de type hypermarché, qui lui auraient commandé de tels rituels. Intrigué, je lui demande de me décrire la cérémonie :

— Pour préserver l'anonymat de chacun, je loue une cave, un hangar ou un terrain isolé. Rendez-vous est pris un certain jour, à une certaine heure, favorables aux entités qu'il s'agit d'invoquer : généralement, cela se passe la nuit. Il n'y a que trois personnes présentes : moi, mon assistante, et le directeur de l'entreprise en personne. Il doit venir avec une somme d'argent en liquide qu'il va sacrifier lui-même à l'entité à qui il veut solliciter des gains supérieurs...

— Sacrifier de l'argent ? Mais comment ?

— En brûlant les billets ! Le client se place dans le cercle d'invocation ; j'allume un brasier, et c'est lui-même qui, un à un, fait brûler les billets...

— Mais quelle somme cela représente-t-il ?

— Cela dépend de l'entreprise et de l'augmentation de chiffre d'affaires qu'elle souhaite avoir. Pour un restaurant, il faut brûler 30 000 F et verser une somme équivalente aux bonnes œuvres, pour équilibrer les forces négatives et positives... Mais lorsqu'il s'agit d'un trust, cela peut être beaucoup plus onéreux. Un jour, j'ai vu ainsi le directeur d'une très grosse société, de taille internationale, brûler sous mes yeux 400 000 F !

— Quoi ? 400 000 F envolés en fumée ?

— En réalité, il s'agit moins d'une « perte » que d'un investissement, puisque les bénéfices réalisés dans les deux semaines qui ont suivi la cérémonie ont largement renfloué les caisses de la société, bien au-delà de la somme qui avait été brûlée...

— Et combien prenez-vous pour réaliser de pareils tours ?

— Je ne suis pas trop gourmand : mes honoraires s'élèvent à 10 000 F. Avouez que c'est donné !

*

*   *

En effet. Puisqu'il en est aux confidences, j'en profite pour poser à Patrick Guérin la question piège, à laquelle ses collègues évitent généralement de répondre. A-t-il déjà pratiqué des envoûtements de mort ?

Il hésite un peu, louvoie :

— On m'en propose au moins un par semaine, avec l'argent sur la table. Une belle-mère qui n'aime pas son gendre. Un employé qui veut se débarrasser d'un chef de service. Un voisin haineux. Des fous. Dans tous les cas, je refuse, quel que soit l'argent qu'on m'offre. Quand la demande me semble justifiée, j'attaque, mais je m'arrête avant la mort.

Ainsi, une cliente belge est venue me voir un jour : elle avait la mâchoire cassée, les ongles arrachés. C'était son mari alcoolique qui lui avait fait ça. Elle s'était retrouvée à l'hôpital, puis avait porté plainte auprès de la police. Mais les flics n'ont pas réagi. Alors elle s'est adressée à moi, et j'ai accepté de m'occuper de son mari. Je l'ai vraiment soigné, je vous assure ! Il n'est pas mort, mais je vous prie de croire qu'il ne la battra plus ! Il ne boira plus non plus, d'ailleurs : à l'heure actuelle, il est à l'hôpital, paralysé. Voilà jusqu'où je vais. Mais la mort, non.

— Vous refusez toujours ? Dans tous les cas ?

Guérin m'observe du coin de l'œil, hésite encore. Enfin, il se lance :

— Une fois. Une seule fois, j'ai accepté. Mais il s'agissait d'un cas très spécial.

Un groupe d'anciens combattants est venu me voir en délégation. Ils voulaient avoir la peau d'un ancien collabo, qui avait trafiqué avec les nazis durant la guerre et avait dénoncé des juifs et des résistants. A la Libération, grâce à des appuis politiques, il n'a pas été inquiété. Malgré tous les dossiers qui ont été montés contre lui depuis, cet individu est toujours parvenu à passer à travers les mailles du filet. Au moment des faits, il vivait bien tranquillement en Suisse, hors d'atteinte, coulant une paisible retraite. Pour ces anciens résistants, la vie de cet homme était un affront permanent qu'il fallait laver. A cours de solutions, ils ont songé à la magie noire, à l'envoûtement de mort. Et c'est ainsi qu'ils se sont adressés à moi, avec un paquet contenant l'argent qu'ils me destinaient : il y avait une très grosse somme, bien supérieure à ce que je leur aurais demandé.

La facilité aurait été de refuser tout de suite. Pourtant, le cas méritait réflexion. Si ces gens-là disaient vrai, l'individu en question était véritablement un immonde salaud. Je leur ai demandé de me laisser les dossiers, et un temps de réflexion.

Je me suis plongé dans ces dossiers, j'ai étudié en détail la vie de l'ex-collabo. Je vous assure que cela m'a donné envie de vomir. Ce type était réellement une ordure, un criminel et un lâche. Tout en lisant ces preuves accablantes, je m'imaginais que ma femme et mes filles avaient été dénoncées par ce monstre et avaient péri en camp de concentration. Je me suis mis à le haïr physiquement, d'une haine personnelle. A mon tour, je voulais la peau de ce sinistre sire.

Un mois plus tard, j'ai revu les anciens résistants. Je leur ai dit que j'acceptais leur offre.

J'ai commencé le travail un 14 août, avec une statuette qui représentait l'ex-collabo. Tous les jours, pendant des heures, j'enfonçais des épingles dans le cerveau de la statuette, en mobilisant tout ce qu'il y avait de violence et de haine en moi. Je m'imaginais être à l'intérieur de son cerveau. Je visualisais les artères en train de se rompre, les chairs se déchirer, les cellules grises se détruire les unes après les autres. Je sortais exténué de ces séances de torture à distance.

Au bout de trois mois, nous avons su que notre « client » venait d'être atteint d'une hémorragie cérébrale, à la suite de laquelle il avait été interné dans un asile psychiatrique.

Alors, je me suis attaqué au cœur, toujours par l'intermédiaire des épingles et de la statuette. Cela m'a demandé encore quelques mois d'un combat au corps à corps. Je visais le cœur, le cœur, toujours le cœur.

Quand j'ai senti que la résistance de l'individu faiblissait, j'ai recouvert la statuette d'une pâte à modeler noire, en guise de linceul.

Le 12 juillet de l'année suivante, je suis tombé malade. Durant onze mois, j'avais tellement concentré de haine et d'énergie destructrice sur l'effigie de l'« autre », que toute cette force me revenait en pleine figure, prête à m'anéantir à mon tour. Le fameux « choc en retour », si vous voulez... Alors, j'ai tout arrêté, et je suis parti en vacances. Il me semblait avoir vieilli de dix ans. Début août, j'ai eu des nouvelles de mes commanditaires : l'ex-collabo était mort le 26 juillet.

Samedi, messe rouge dans un grand hôtel

Un grand hôtel aux portes de Paris, un samedi de juin. Comme tous les ans, Patrick Guérin y loue une salle pour y célébrer sa « cérémonie de printemps ». A mes questions, Guérin a simplement répondu :

— Je me mets en transe. Je triple de volume et je catalyse les énergies célestes. Mais vous verrez par vous-même...

La cérémonie est prévue à 15 heures, dans le salon « Orly ». De part et d'autre de cette salle, d'autres salons sont réservés à des entreprises qui y organisent leurs séminaires ou y convoquent leurs assemblées générales. Les cadres en costume-cravate croisent les apprentis sorciers dans les couloirs moquettés de cet hôtel de luxe, bien loin de s'imaginer les scènes rituelles qui vont se dérouler à deux pas de leurs programmes de marketing et de leurs bilans annuels. Curieuse rencontre du monde de l'entreprise et de celui de la magie.

Le vaste salon « Orly » a été transformé en un bizarre lieu de culte, avec un décorum extraordinaire, digne de la plus échevelée mise en scène du *Parsifal* de Richard Wagner.

Aux murs sont accrochés de larges draps noirs imprimés de motifs pentaculaires. Sur le sol, reflet inversé, les mêmes pentacles s'étalent sur des draps blancs sur lesquels deux petites filles de douze à treize ans viennent s'asseoir, vêtues d'une robe rouge lacée d'une ceinture verte, une épée dans le prolongement de leur bras.

Derrière elles s'élève une estrade, sur laquelle gît un vaste autel rond, à connotation celtique, qu'entourent huit bougies allumées. Au fond, des cloisons amovibles dissimulent techniciens et participants, s'affairant pour les derniers préparatifs.

15 heures 30 : les « fidèles » entrent enfin, après avoir échangé, dans l'antichambre du salon, leur carton d'invitation contre un « talisman » en quartz et une petite pochette en velours plantée d'une épingle. Ces objets joueront un rôle important dans le déroulement de la cérémonie.

Les fidèles pénètrent un à un dans le salon, et s'installent sur les chaises. Une forte proportion de Noirs. Beaucoup de familles au grand complet, parents et enfants. Il y a même un nourrisson. Une bonne centaine de personnes défilent ainsi, et prennent place paisiblement dans cette église improvisée.

Un Noir, vêtu d'habits sacerdotaux, s'approche d'un micro, tandis que la puissante sono livre les échos synthétiques du *Voyage à travers les planètes :*

— Relaxez-vous, détendez-vous afin de vous préparer à cette cérémonie de printemps que vous offre le mage Guérin.

Voici justement le mage qui fait son apparition, dans la lumière tamisée des bougies. Torse nu, vêtu d'un pantalon noir, il guide devant lui sa fidèle assistante, seins nus également, et les yeux bandés. Il l'aide à s'allonger sur l'estrade, lui masse longuement la poitrine avec le baume miracle, puis dépose une dagyde de cire sur son plexus solaire. La respiration de l'assistante se calme, il contrôle son pouls : elle est en état d'hypnose.

Sur les instructions de l'officiant noir, les fidèles saisissent leur talisman de quartz dans la main gauche et le serrent pieusement.

Patrick Guérin s'allonge alors sur le vaste autel de pierre, entouré des bougies, situé juste au-dessus de son assistante endormie.

Tandis que la musique continue de s'étirer en vagues apaisantes et répétitives, l'officiant noir lit des invocations consacrées aux vingt-huit jours lunaires. Une femme vêtue de rouge se tient à ses côtés, bras tendus en hauteur, yeux révulsés, tandis qu'un homme, tout en blanc, maintient une corde qui relie l'autel au sol : cette précaution permet d'éviter qu'un mauvais démon pénètre le corps physique de Patrick Guérin lorsque celui-ci, en état de médiumnité, flottera dans les astres.

Les yeux de l'assistance sont rivés sur l'autel où repose Guérin, qui, peu à peu, entre en transe. Voici que son corps est secoué de soubresauts, de tremblements. Soudain, son ventre se met à enfler démesurément, jusqu'à tripler de volume. On dirait un œuf en train de pousser, qui gonfle, gonfle, comme un ballon de baudruche, tendant jusqu'à craquer l'épiderme de la paroi abdominale du mage endormi. L'œuf se hausse encore, semble tirer avec lui tout le corps du mage, dont le dos se décolle du sol.

Puis, au bout de quelques secondes, tout cet échafaudage s'écroule, le ventre se dégonfle d'un coup et le corps de Patrick Guérin retombe lourdement sur l'autel.

Les fidèles écarquillent les yeux, bouche bée, tout en se cramponnant désespérément à leur talisman. Fascinés, ils contemplent ce ventre magique, qui à nouveau se gonfle exagérément, comme un crapaud qui enfle ses bajoues. Durant vingt bonnes minutes ils assistent, médusés, à ce phénomène inexplicable.

Puis, vient l'instant du sacrifice. Les officiants se placent autour du corps de Guérin, dans un silence religieux. L'un d'eux tient un coq noir vivant dans les bras, tandis que le sacrificateur, vêtu de blanc, l'égorge proprement au-dessus d'une timbale. Il rcpose ensuite le coq sur le ventre distendu du mage Guérin. Le moment est solennel, bouleversant de force païenne et archaïque. C'est alors, suprême ironie, que nous parvient, d'une salle à côté, le discours d'un conférencier s'adressant à l'équipe des ventes d'une entreprise de distribution...

Mais la musique reprend, tandis que le cadavre du coq tressaute sur le ventre ballonné du sorcier, et que les officiants se passent la timbale de main en main, la portent à leurs lèvres et s'abreuvent du sang noir et fumant de l'animal sacrifié.

Sur les instructions de l'officiant noir, les fidèles se lèvent alors un à un, et vont rituellement planter leur sachet de velours dans le corps du coq, tout en se concentrant sur les problèmes qu'ils souhaitent résoudre. Le talisman de quartz, agissant comme catalyseur, doit également être placé sur le pourtour de l'autel. Chacun se lève et se dirige alors, en un long cortège, vers le lieu propitiatoire, planter sa banderille dans l'amas de chair emplumé, avant de réintégrer paisiblement sa chaise.

L'officiant noir prend à nouveau la parole :

— Le mage Guérin, actuellement dédoublé dans l'astral, a bien reçu vos prières et a pris note de vos angoisses et de vos problèmes. La cérémonie va à présent s'achever. Mais auparavant, nous allons faire la quête.

Les deux gamines en rouge abandonnent leur épée rituelle pour un petit panier d'osier et passent à travers les rangs de fidèles. Le panier se remplit de pièces et de billets de 100 et même de 500 F.

Durant la quête, les officiants se sont approchés de l'autel et décrochent un à un les sachets de velours plantés dans le plumage du coq. Ils glissent dans chacun d'entre eux un « talisman-catalyseur ». Avant de sortir, chaque fidèle récupère son précieux porte-bonheur : un morceau de quartz dans un sachet noir où quelques plumes ensanglantées sont restées accrochées.

Tandis que la salle se vide peu à peu, les assistants se pressent autour de Guérin, lui tapotent les joues afin de l'aider à revenir à lui. Le mage refait surface très lentement, se lève, titube. Il est plus pâle que jamais, blanc comme un linge, les yeux cernés. Il grelotte. On lui tend une veste en laine. On éveille à son tour son assistante, on lui couvre la poitrine et lui débande les yeux.

Un bouchon de champagne saute : la pièce est finie, les spectateurs sont partis, les comédiens ont le droit de s'amuser.

On me tend une coupe. Je trinque avec un Patrick Guérin frissonnant et claquant des dents. Il vient de se sortir une nouvelle fois vivant d'une cascade risquée. Avec l'inquiétude du saltimbanque qui se demande s'il a été à la hauteur, il m'interroge :

— Alors ? Qu'est-ce que vous en pensez ?

— Chapeau ! Je n'ai jamais vu ça... On aurait dit que vous étiez « enceint »... Est-ce que c'est cela, votre prochain miracle de sorcier : accoucher vous-même d'un enfant ? Donner naissance à un petit diablotin, ou bien à un surhomme ?

Il rit, et boit d'un trait son verre de champagne, les yeux à nouveau pétillants de malice, rêvant déjà à de nouveaux tours de funambule sur la piste aux étoiles de la sorcellerie contemporaine.

Dimanche, mariage magique avec l'ange gardien

Sept ans ont passé. Patrick Guérin pratique toujours ses invocations et ses évocations, même s'il a changé de quartier. Mais l'âge et l'expérience lui ont apporté une forme de sagesse et de recul vis-à-vis de sa profession de sorcier. Depuis cinq ans, il a totalement arrêté de boire et de fumer. En dehors de ses consultations, il éprouve de plus en plus le besoin de se « ressourcer » physiquement et spirituellement, au contact de la nature ou dans des lieux de retraite. Plusieurs fois par an, ils se rend aux Etats-Unis. Là-bas, il est considéré comme un authentique *chaman.*

Son discours, naguère facilement provocateur, s'est également assagi. Sans renier ses rituels « noirs », pour lesquels une certaine clientèle vient toujours le consulter, il essaie aujourd'hui de développer davantage les rituels de théurgie, de « magie blanche », en aidant notamment les gens à prendre contact avec leur ange gardien.

— Il s'agit d'une très belle cérémonie, m'explique-t-il, au cours de laquelle la personne se trouve en liaison directe avec son ange gardien et scelle avec lui un pacte d'alliance. Une sorte de « mariage magique », si vous voulez. Grâce au succès actuel des anges, mes clients me demandent de plus en plus souvent ce rituel que je pratiquais déjà voici dix ans, bien avant que ce soit la mode ! Vous voulez voir comment cela se passe ? Venez dimanche soir...

*
* *

Un dimanche soir de mai 1995, avenue Niel, dans *l'occultum* de Patrick Guérin. Il me présente à la jeune femme blonde, vêtue de lin blanc, qui souhaite se « marier » à son ange gardien, Mikaël. Elle est émue comme une fiancée, et a apporté une magnifique gerbe de fleurs en l'honneur de son « époux » céleste.

Revêtu d'une aube noire, Patrick me guide dans *l'occultum* éclairé par des bougies rouges, et me fait asseoir dans un coin, en dehors du cercle magique entouré d'offrandes et de fleurs. L'air est saturé de vapeurs d'encens parfumé au santal rouge et à la myrrhe, correspondant aux senteurs du dimanche.

Patrick demande à la jeune femme de se déchausser, puis il l'accompagne à l'intérieur du cercle magique. Il se livre alors à différents rituels de protection, accompagnés de paroles précises. Tout d'abord, il asperge le cercle magique d'eau bénite, en récitant :

« Je fais le cercle pour tenir en bride et restreindre l'esprit malin, au nom du Père, et du Fils, et du Saint-Esprit. »

Puis, il prononce l'exorcisme du feu, tout en jetant une pincée de myrrhe dans l'encensoir :

« Je t'exorcise, créature du feu, par celui qui a fait et créé toutes choses, afin que tous les fantômes qui pourraient me nuire s'éloignent de toi. »

Enfin, il invoque les quatre grands rois qui président aux quatre points cardinaux, tandis que la jeune femme empoigne la baguette de pouvoir et la pointe aux quatre coins de la pièce :

« Je te conjure et t'invoque, ô puissant Magoa, roi de l'Orient, dans mon saint travail, de tous les noms de la Divinité, au nom du Tout-Puissant, je te fais commandement de venir sans retardement, présentement, et sans aucun délai pour satisfaire à ma volonté ; et si tu ne le fais pas, je t'y contraindrai par toute la puissance de Dieu.

Ô Egym, grand roi du Midi, je te conjure et invoque par les très hauts et saints noms de Dieu, d'agir, revêtu de tout ton pouvoir, de venir devant ce cercle, ou envoie-moi présentement Fadal, Nastraché, pour répondre à mes questions et exécuter toutes mes volontés. Si tu ne le fais, je t'y contraindrai par Dieu même.

Ô Roi Bayemon très fort, qui règne aux parties occidentales, je t'appelle et t'invoque au nom de la Divinité. Je te commande, en vertu du Très-Haut, de m'envoyer présentement devant ce cercle, Passiel Rosrus, avec tous les autres esprits qui te sont sujets, pour répondre à tout ce que je leur demanderai. Si tu ne le fais, je t'y contraindrai par Dieu même.

Ô toi, Amaymon, roi et empereur des parties septentrionales, je t'appelle, je t'invoque par la vertu et puissance du Créateur, par la vertu des vertus, de m'envoyer maintenant et sans délai, Madael, Laaval, Bamulhac avec tous les autres esprits qui te sont soumis. En quelque lieu que tu sois, viens rendre l'honneur que tu dois au Dieu vivant, véritable, et qui est ton Créateur. Au nom du Père, du Fils et du Saint-Esprit, viens donc et sois obéissant devant ce cercle. Si tu ne le fais, je t'y contraindrai par toute la vertu et la puissance de Dieu. »

Le lieu est à présent purifié et protégé. Guérin commande à la jeune femme de diriger sa baguette de pouvoir en direction du ciel, puis de l'abaisser lentement vers la terre, afin de faire descendre Mikaël, l'ange du dimanche. Il prononce les paroles d'invocation qu'elle répète après lui :

« Par le nom de l'astre qui est le Soleil, par son signe, par l'adorable et terrible nom du Dieu vivant, je vous invoque, saint ange Mikaël, vous qui présidez au jour du dimanche par le nom adorable Adonay, Dieu d'Israël, qui a créé l'univers entier et tout ce qu'il renferme, afin que vous me portiez secours, et que vous m'accordiez l'effet de toutes mes demandes, selon mon vœu et mon désir, soit dans mes affaires, soit dans ma fortune, et généralement dans toutes choses qui me seront utiles et nécessaires. »

Ça y est. L'ange est là. La jeune femme, agenouillée, ferme les yeux pour mieux savourer le contact. Puis elle brûle rituellement un parchemin sur lequel elle a au préalable écrit le nom de l'ange à l'encre rouge. Ce geste est destiné à sceller de façon magique l'union entre Mikaël et elle. Guérin lui enjoint alors de demander à son ange de lui indiquer mentalement un code, par lequel il répondra « oui » ou « non » à ses questions futures. Elle se recueille un instant, puis chuchote :

« Mikaël m'a répondu. »

Le contact est définitivement établi entre elle et son ange gardien. Il ne reste plus au mage qu'à prononcer les prières de renvoi. La cérémonie est terminée.

*
* *

Après le départ de la cliente, Patrick m'emmène dîner dans une pizzeria encore ouverte à cette heure tardive. Je l'interroge alors sur cette forme d'« union mystique ». Est-elle vraiment efficace ? En sirotant son verre de Vittel, il me répond :

— Tous ceux qui ont accompli ce rituel ont développé une plus grand confiance en eux, un goût nouveau pour la nature, les choses simples. Ils deviennent moins matérialistes, plus équilibrés, en harmonie avec les autres, le monde et eux-mêmes. C'est sympa, non ? Vous voyez bien qu'un sorcier ne sert pas qu'à faire le mal...

4

Magie sexuelle et pendaison sacrée

2 — Les saints de l'Ombre :
Raspoutine (Russie, 1872-1916).

Les sorciers pratiquent indifféremment le bien et le mal. Les notions de la morale classique n'ont pas cours chez eux. Qu'ils invoquent Dieu, Satan ou Lucifer, ils ne poursuivent jamais qu'un seul but : la maîtrise des pouvoirs et l'illumination. L'Histoire est jalonnée de ces êtres à part, moitié anges, moitié démons, dont notre mémoire collective parvient rarement à percer le mystère. Ils sont des saints à leur façon, mais des saints de l'Ombre.

*

* *

La sainteté par la débauche : tel fut le credo prôné toute sa vie par Grigori Iefimovitch Raspoutine, humble paysan russe promu en quelques années au rang de devin et thaumaturge officiel du tsar. Tout à la fois mystique et dépravé, Raspoutine fut honoré comme un saint et craint comme un démon. Sa vie fut tissée d'énigmes et de scandales, et son rôle à la Cour eut pour effet de précipiter la chute du tsar et l'avènement de la Révolution de 1917.

Né autour de 1872 dans une humble famille de paysans, Raspoutine vécut jusqu'à plus de trente ans dans un petit village de Sibérie répondant au nom de Pokrovskoïe. Marié et père de famille, il consacrait le plus clair de son temps à se saouler dans les gargotes et à tromper sa femme avec ses très nombreuses maîtresses qui n'étaient point rebutées par sa barbe noire et touffue, ses cheveux longs et son haleine empestant la vodka. Un parfait pécheur, menant l'existence la plus dissolue possible.

Pourtant, Raspoutine était plus qu'un simple moujik ivrogne et infidèle. Ce buveur invétéré ne parvenait pas à étancher sa soif la plus ardente : la soif de Dieu. Tout à ses excès et ses turpitudes, il aspirait secrètement à la pureté. Son fort tempérament de jouisseur n'était-il pas le signe d'une nature fervente et passionnée, qui n'attendait qu'une révélation pour sublimer ses bas instincts et les placer au service du Christ ? En 1904, lorsqu'un jeune étudiant en théologie lui proposa de l'accompagner jusqu'au couvent de Verkhotourié, Grigori Iefimovitch sentit que c'était Dieu lui-même qui l'invitait à le rejoindre.

La secte des khlystis

Parvenu au couvent, où il résolut de demeurer quelque temps, Raspoutine eut une confirmation de ce signal divin. Il fut reçu par un vieil ascète, le père Makari, qui lui tint les propos suivants :

— Une voix intérieure t'a conduit jusqu'ici. C'est Dieu qui t'a guidé ! Mon fils, quitte ta femme et tes enfants, fais-toi pèlerin de Dieu et va prêcher par les chemins. Tu es un élu du Seigneur, et tu feras de grandes choses !

Ce discours répondait si bien à l'attente de Raspoutine qu'il n'hésita pas une seconde à abandonner les siens pour se faire *starets,* c'est-à-dire moine vagabond, errant à pied à travers la grande Russie. Ces starets étaient nombreux, à cette époque, mi-ermites, mi-illuminés, s'épuisant en marches et en jeûnes, l'âme remplie de l'amour de Dieu et les lèvres murmurant la prière perpétuelle, la prière du cœur. Il faut lire les *Récits d'un pèlerin russe* [1] pour savoir ce qu'était la vie de ces saints itinérants.

Raspoutine, toutefois, ne ressemblait guère à ce modèle exem-

1. *Récits d'un pèlerin russe,* trad. du russe par Jean Laloy, Points Seuil.

plaire. Sa nature expansive n'aurait su s'accommoder de prières et de jeûnes incessants. Mais, il eut la chance, au couvent de Verkhotourié, d'être initié aux rites étranges et délirants de la secte des *khlystis,* à savoir les « Vieux Croyants », qui trouvèrent en Raspoutine leur apôtre le plus fervent. Et pour cause ! Les membres de cette secte, prônant la « transformation merveilleuse » et le « grand miracle », avaient l'habitude de se réunir en groupe, hommes et femmes confondus, pour atteindre un état de transe en tournoyant sur eux-mêmes à la façon des derviches tourneurs. Puis ils scandaient en chœur : « Le Saint-Esprit est en nous ! » jusqu'à ce que leur langue se paralysât dans leur bouche. Les fidèles se dévêtaient alors, pris de convulsions, l'air hagard, les cheveux défaits, et se fouettaient mutuellement pour se débarrasser du « vieil homme ». Certains s'évanouissaient, tandis que d'autres continuaient à danser ou grimacer frénétiquement. A l'aube, après une nuit entière de délire, les femmes échauffées se jetaient sur les hommes, et les couples se formaient sans considération d'âge ni de parenté. C'était la « mêlée du péché », dont devaient naître les « enfants de Dieu », dépositaires du Saint-Esprit, qui seraient élevés par toute la communauté des khlystis.

Le tempérament excessif et la vigueur sexuelle de Raspoutine ne pouvaient que le prédisposer à entrer dans ce type de « religion » et y donner le meilleur de lui-même. N'était-ce pas une façon de réconcilier les deux aspects opposés de sa nature : le jouisseur et l'ascète ? Les orgies des khlystis, dont on peut trouver l'origine dans les bacchanales attribuées à Dionysos et ses sectateurs dans la Grèce antique, ainsi que dans certaines formes de magie sexuelle prônées par le tantrisme « de la main gauche » ou dans les extases vertigineuses des soufis, illustrent bien la façon dont l'ancien paganisme (voire la sorcellerie) s'était fondu dans les pratiques religieuses des campagnes au temps de la Russie des tsars. Pour les gens simples qui s'adonnaient à ces rituels orgiaques, le « péché » était tout aussi sanctifié que la chasteté, et la communion dans le plaisir valait bien la communion dans la prière. Point de culpabilité chez eux, et donc point de provocation dans leurs outrances. Simplement la pratique d'une « magie » religieuse et naturelle, qui nous rappelle les sabbats du Moyen Age voués au culte de Satan ou du Grand Dieu Pan. Qu'ils fussent possédés par le « Saint-Esprit » ou par le « démon », les membres de la secte des khlystis aboutissaient à la même extase du corps, des sens et de l'âme.

Raspoutine avait parfaitement retenu la théorie et la pratique de cette « théologie du péché ». Pour lui, le développement de la vie intérieure et de la spiritualité ne pouvait pas se concevoir sans un épuisement total des sens et de la sexualité.

Après une année consacrée à assister et à participer aux « débauches mystiques » des khlystis, Raspoutine rentra chez lui, à Pokrovskoïe. Son père, sa femme et ses enfants eurent du mal à le reconnaître. Amaigri, la barbe tombant sur la poitrine, le regard illuminé et fixe, la parole rare et embarrassée, il ressemblait davantage à un fantôme ou à une apparition démoniaque qu'à un pieux starets après une année de retraite. Dédaignant le lit qu'on lui avait apprêté dans la chambre conjugale, Raspoutine exigea de coucher à la cave, à même le sol. Dans la nuit, il se mit à pousser des hurlements entrecoupés de cantiques. Alerté par le tapage, la famille et les voisins descendirent voir se qui se passait. Ils trouvèrent Grigori Iefimovitch à genoux, torse nu, occupé à se fouetter le dos avec des verges tout en hurlant : « Seigneur, aie pitié de moi ! ». Aussitôt, le bruit se répandit dans tout Pokrovskoïe : la maison des Raspoutine abritait un nouveau saint.

La purification par le péché

Raspoutine était-il un saint ou un possédé ? Ce qui est sûr, c'est qu'il émanait de lui un magnétisme et un charisme tels qu'à chacune de ses apparitions publiques les gens se prosternaient sur son passage et lui baisaient les doigts et les pieds en implorant : « Père Grigori ! Notre saint, notre sauveur, donne-nous ta bénédiction ! » Raspoutine, un sourire énigmatique aux lèvres, bénissait avec complaisance les paysans en adoration, avec une préférence particulière pour les femmes et les très jeunes filles qui se pressaient à sa suite. Il choisit même les plus accortes d'entre elles pour en faire ses disciples, ses « sœurs », comme il disait. Durant plusieurs mois, il les initia aux rites sexuels des khlystis au cœur de la grande forêt sibérienne où ils avaient élu domicile pour y perpétrer leurs ébats, lui le grand faune barbu et priapique et sa cour de sorcières à peine pubères. Un beau jour, estimant sans doute qu'il avait épuisé les charmes de ces jeunes beautés, il les renvoya chez elles et prit tout seul la route de la capitale, Saint-Pétersbourg, où l'attendait sa destinée véritable.

*

* *

« Saint » Raspoutine fut reçu avec tous les égards qu'il était en droit d'attendre, puisqu'il fut admis à l'Académie de théologie et à la Société des Vieux Russes. Dès 1906, ses talents supposés de guérisseur furent mis à l'épreuve en haut lieu. Sa présence fut en effet souhaitée au plus vite auprès de la famille impériale, car le jeune prince héritier Alexis se mourait d'une crise d'hémophilie à laquelle aucun médecin ni aucun guérisseur n'avaient pu porter remède.

Ses parents, le tsar Nicolas II et son épouse Alexandra, vivaient dans le palais de Tsarskoïe Selo, entourés d'une cour de devins, thaumaturges et rebouteux en tous genres. Les Romanov, en effet, croyaient en la magie, dont ils encourageaient la pratique comme d'autres souverains encouragent les arts ou les sciences. Durant plusieurs années, ils avaient accordé leur confiance au célèbre maître Philippe, de Lyon, dont les rituels occultes avaient contribué, paraît-il, à rendre la tsarine féconde, lui permettant de donner un héritier au trône. Las ! L'héritier était hémophile et maître Philippe, incapable de le guérir de cette affection indésirable, fut renvoyé à ses foyers lyonnais. Sa place était à prendre. Raspoutine s'en empara.

Il suffit d'une seule séance de magnétisme pour que, ô miracle ! la crise d'hémophilie fût endiguée et que le jeune Alexis se sentît mieux. S'agissait-il d'un coup de chance ou d'un authentique pouvoir de guérison émanant du starets ? Pour Nicolas II et Alexandra, Raspoutine était un saint authentique, un homme de Dieu versé dans les mystères de la vie et de la mort, et ils l'attachèrent aussitôt à leur service comme thaumaturge officiel de la Cour. En deux ans à peine, le moujik aviné et obsédé d'un petit village de Sibérie était devenu le devin des tsars. Raspoutine était désormais l'homme le plus adoré et le plus redouté de toute la Sainte Russie, celui qu'on surnomma bientôt le « tsar au-dessus des tsars », tant il avait d'influence sur les actes et les décisions du couple impérial.

Nicolas sollicitait à tout propos l'avis de son cher Grigori, tandis qu'Alexandra, prise d'une sainte dévotion, cousait ses chemises de ses propres mains. Mais, cette exceptionnelle promotion ne semblait avoir aucune influence sur le caractère et les manières de l'ancien moujik. Il traversait les appartements royaux en hurlant, chantant ou riant aux éclats, maculant les tapis coûteux de ses bottes crottées. Quant à ses légendaires orgies de sexe et d'alcool, elles trouvèrent à la Cour un singulier champ d'expression.

La plupart de ces dames, en effet, avaient pour plus cher désir d'être « initiées » à la magie des khlystis par ce diable de Raspoutine. Pour contenter leurs appétits, la princesse Dolgorouki ou la baronne Rosen organisaient des réunions exclusivement féminines où le seul représentant du sexe masculin était le bienheureux starets, qui, pour commencer, ingurgitait des quantités phénoménales d'alcool sous le regard ému des dames de la bonne société. Lorsque Raspoutine offrait tous les signes d'une ivresse avancée, la princesse ou la baronne lui demandaient candidement de leur expliquer en quoi consistait la « purification par le péché ». Les yeux fous, la barbe en bataille et l'haleine parfumée à la vodka, le « saint » éructait : « Le péché est la seule voie du salut ! Il faut pécher, s'avilir, devenir des bêtes. C'est alors seulement que Dieu nous prendra en pitié ! » Raspoutine se mettait alors à hurler, à trépigner, à danser, intimant aux femmes l'ordre de se joindre à lui. Comme chez les khlystis, il les faisait tourner, tourner, tourner jusqu'à la transe. Puis il se déshabillait, arrachait les vêtements des belles aristocrates et partageait avec elles, des heures durant, ses extases mystiques et érotiques. Lorsqu'il rentrait chez lui à l'aube, ivre d'alcool et de stupre, Raspoutine n'en avait pourtant pas encore son content, et il réveillait à grand bruit ses servantes afin de les honorer à leur tour de ses faveurs. Elles recevaient ces hommages comme s'ils émanaient du dieu Pan ou de Satan lui-même.

Folie ? Hystérie collective ? Possession diabolique identique à celle des ursulines de Loudun ? On a du mal aujourd'hui à comprendre quel charme puissant avait subitement envoûté, non seulement ces dames de la Cour, mais toute la Russie, car chaque matin, après avoir assité à la messe, le starets recevait une foule de solliciteurs, issus aussi bien du peuple que de l'aristocratie, venant implorer qui une guérison miraculeuse, qui un conseil, qui un service. Le tsar lui-même lui répétait : « Grigori ! Grigori ! Tu es le Christ ! »

Les quatre morts d'un diable d'homme

Christ ou diable, Raspoutine avait des visions assez claires de l'avenir qui se profilait. Quelques mois avant le début de la Première Guerre mondiale, en 1914, il prophétisa : « Je vois des hommes mourir par milliers. Je vois des cadavres de princes et d'aristocrates ! Des morts, des tortures épouvantables ! La Néva sera transformée en fleuve de sang ! La Néva sera rouge, rouge ! ». Anticipait-il les seuls morts de la guerre, ou bien aussi les nombreux crimes liés à la Révolution d'octobre 1917 ? Il n'eut pas l'occasion de vérifier jusqu'au bout le bien-fondé de ses voyances, puisqu'il périt assassiné le 30 décembre 1916 des mains du prince Félix Ioussoupov qui, contrairement à Nicolas II et aux dames de la Cour, voyait en Raspoutine une incarnation d'un démon dont il fallait libérer la Russie.

Saint ou démon, en tout cas Raspoutine était doté d'une telle énergie de vie qu'il semblait invincible. Ioussoupov avait décidé de l'empoisonner en lui faisant avaler des gâteaux farcis au cyanure et du madère assaisonné de la même façon. Une seule bouchée, une seule gorgée auraient suffi à terrasser n'importe quel homme normalement constitué. Or, Raspoutine dévora dix gâteaux et but quatre verres pleins sans paraître aucunement indisposé ! Persuadé qu'il avait affaire au diable en personne, Ioussoupov sortit alors un pistolet qu'il déchargea à bout portant dans la poitrine du saint démoniaque qui s'effondra en poussant un hurlement de bête. Le prince alla aussitôt chercher du renfort, mais à son retour, la pièce était vide ! Seule une flaque de sang témoignait de ce qu'il s'était passé quelques instants plus tôt. Raspoutine était-il réellement immortel ? Etait-il l'un de ces morts-vivants, l'un de ces vampires qui hantaient encore les légendes d'Europe de l'Est ? Le prince Ioussoupov et ses sbires se précipitèrent dans la cour, où ils trouvèrent Raspoutine bien vivant ! Ils tirèrent à nouveau quatre balles sur lui et, lorsque le corps de leur ennemi se fut affalé dans la neige, ils lui défoncèrent le crâne à coups de talons, ligotèrent le cadavre, l'enveloppèrent d'une couverture et allèrent le jeter dans la Néva.

Pourtant, lorsqu'on découvrit la dépouille du « saint », deux jours plus tard, on s'aperçut que Raspoutine n'était pas mort tout de suite. Plongé dans l'eau, le crâne fracassé et plusieurs balles dans le corps, il avait tout de même trouvé l'énergie nécessaire pour dégager à moitié l'une de ses mains emprisonnées... Seule l'eau glacée de la Néva avait eu raison de lui. Empoisonné, le corps perforé de balles, le crâne ouvert, Raspoutine mourut finalement noyé...

3 — Les saints de l'Ombre :
Maria de Naglowska (Russie, France, fin XIXe siècle-v. 1940).

La magie sexuelle de Raspoutine fit de nombreux émules en Russie. Après la Révolution d'octobre, beaucoup de « Vieux Croyants » émigrèrent à l'étranger, exportant par la même occasion leurs étranges pratiques.

Ce fut le cas d'une certaine Maria de Naglowska, issue d'une famille princière du Caucase et mariée très jeune à un gentilhomme polonais. Après avoir fui la Russie en 1917, elle passa de nombreuses années en Egypte, où elle fut professeur de français, avant d'arriver en France, en compagnie de son fils, aux alentours de 1935. Maria de Naglowska avait été initiée aux rites des khlystis. On a même prétendu qu'elle tenait ses pouvoirs directement de Raspoutine. Toujours est-il qu'elle entendait bien perpétuer l'œuvre magique des « Vieux Croyants ». Pour cela, elle s'installa à Montparnasse, qui alors représentait le centre culturel et mondain de la capitale. Elle publia quelques brochures consacrées à la magie sexuelle dont les titres sont suffisamment évocateurs : *Le Rite sacré de l'amour magique, La Lumière du sexe.* Puis, elle entreprit de recruter activement des adeptes dans les bars à la mode : le Dôme et la Coupole, boulevard du Montparnasse, et la Palette, rue de Seine.

Ces sectateurs étaient de riches étrangers et des artistes fauchés, des drogués, des pervers et des bourgeois blasés qui, dans l'expression « Magie sexuelle », ne retenaient que l'épithète. Elle entraînait ces curieux en mal de polissonneries dans son *templum* aménagé au fond de la cour du 41, rue Vavin, où elle leur conférait une « initiation satanique », en s'inspirant des rituels de magie sexuelle provenant des khlystis et du tantrisme tibétain. Pour cela, elle était efficacement secondée par quelques femmes qu'elle avait choisies comme disciples, et qui étaient prêtes à offrir leur corps aux invités de Maria aussi bien qu'à Satan. D'après certains témoignages qui nous sont parvenus, la plupart de ces disciples étaient d'un âge plus que mûr, ce qui ne semblait pas refroidir les ardeurs des nombreux candidats à l'initiation. [1]

Le mal régénéré par le sexe

Maria de Naglowska, la « grande prêtresse d'amour » de cette nouvelle religion fondée sur les ébats sexuels en groupe et la « rédemption par le péché », expliquait ainsi sa mission :

« Nous émettons des radiations bénéfiques qui, en régénérant Satan, feront, un jour, le bonheur de l'humanité. Nous éveillons, en chaque disciple, la Connaissance, autrement dit le fruit de l'arbre du bien et du mal, au jardin d'Eden. »

Mais les pervers et les rapins qui cherchaient à se faire « initier » par Maria étaient moins sensibles à ces arguments, puisés dans le récit de la *Genèse,* qu'à ceux-ci, nettement plus concrets :

« Il faut que la prêtresse d'amour ait la vocation, c'est-à-dire qu'elle puisse se donner avec la même ardeur physique à tous les mâles. Il n'est pas nécessaire qu'elle les aime, les estime ou les admire individuellement, car en chaque homme elle doit savoir aimer, vénérer et même adorer le Parfait qui doit venir. Elle offre son corps en sacrifice, en y mettant le même dévouement qu'une nonne... Moi et mes disciples-prêtresses ne prêtons pas nos corps

1. Cf. Pierre Mariel, *L'Europe païenne du xxe siècle —Envoûtements, maléfices et exorcismes,* Tchou, 1975.

pour des plaisirs égoïstes, ni pour assouvir des passions banales, ni pour une brève sensation, mais comme offrande à l'Idéal... »

« Vers la connaissance à travers l'amour » : telle était sa devise. A ses adeptes les plus évolués, elle enseignait :

« Les débordements de tous les appétits sensuels ne sont que les premiers pas maladroits du mal régénéré... La femme est la porte par laquelle on peut pénétrer dans le domaine de la mort comme dans celui de la vie éternelle. Eve est l'arène où la vie et la mort se livrent un combat sans merci. »

Ce « sacrifice » du corps de la femme livré au mâle avait lieu au cours d'orgies collectives que Maria de Naglowska n'appelait pas messes noires mais « messes d'or ». Entre deux ébats, l'assistance entonnait un cantique dont le refrain disait :

En cette tombe vivante
J'ai déposé mon sang.
Je suis rebelle à l'Ombre
J'aspire à la Lumière...

Maria et Marie de Magdala

Une fois encore, on retrouve cette idée selon laquelle la voie de l'illumination et de la sainteté passe aussi bien par la pratique assidue du mal, du vice et du péché que par celle du bien, de l'ascétisme et du retrait des sens. Que l'on fasse le bien ou le mal, que l'on emprunte la « voie droite » ou la voie « senestre » revient au même, puisque les deux conduisent vers Dieu et la Lumière. Sainte de l'Ombre, Maria de Naglowska avait compris que l'expression « don de soi » peut s'interpréter de multiples manières, et que la frontière qui sépare la prostituée de la nonne est plus ténue qu'on ne croit. Maria de Naglowska n'était rien d'autre, au fond, qu'une autre Marie de Magdala, la prostituée amie du Christ à qui Jacqueline Kelen a prêté sa plume :

« Je me suis donnée à ceux qui avaient soif, qui avaient mal, aux brutes, aux criminels, aux bancals, aux maniaques, aux puceaux maladroits, aux seigneurs vénéneux. Je suis la femme de Magdala.

Donnée à tous car je suis belle comme la vie, irrésistible comme la jouissance et le malheur. Ils ont mangé mon corps, mordu mes épaules et mes cuisses, bu à mon ventre. Je les ai bercés, griffés et consolés, méprisés et flattés. Je me suis traînée à leurs pieds. Je les ai fait hurler sous mes caresses. (...)

Je suis la femme, la blessure et le gouffre. (...)

J'aurais pu me murer. Je me suis ouverte à tous. Laquelle se damne, celle qui se garde, celle qui se perd ? »[1]

Celle qui se perd par amour n'est-elle pas sanctifiée par sa « perdition » ? Et cette perdition ne peut-elle pas s'interpréter comme une « libération » ? Libération « féministe », certes, mais aussi et surtout libération des « énergies féminines » bridées par des siècles de patriarcat et de morale judéo-chrétienne. A ce propos, Graf Dürckheim écrit : « Le féminin est souvent condamné, non seulement chez l'homme mais aussi chez la femme, à un destin fantôme. Son énergie refoulée prend alors une place importante parmi les forces d'ombre de notre temps, celles qui bloquent le chemin de l'Etre essentiel.

L'éveil à la vie initiatique contribuera très probablement à rendre au féminin sa place dans la synthèse intégrale de la vie. Pour accéder librement à l'initiation, il faut que soient dégagées les forces émancipatrices du féminin. »[2]

Lilith, la démone, est au rendez-vous de l'initiation de l'homme aux mystères de la terre et de la femme, porteuse de vie et de mort, gardienne et porte des enfers...

*
* *

En dehors de ces orgies mystiques, Maria de Naglowska enseignait à ses adeptes mâles le rite secret de la « pendaison sacrée ».

L'« initié » se passait une corde autour du cou et se laissait pendre dans le vide. La strangulation provoquait aussitôt chez lui une réaction physiologique au niveau du sexe, ainsi qu'une forme brutale et brève d'« illumination », au cours de laquelle il pouvait

1. Jacqueline Kelen, *Un amour infini,* Albin Michel, 1982.
2. Graf Dürckheim, *Méditer, pourquoi et comment : vers la vie initiatique,* Le Courrier du Livre, 1982.

contempler face à face l'infini, la claire Lumière. On pourrait dire qu'il s'agissait d'une sorte de « NDE » provoquée, aux risques et périls du pendu volontaire... Autour de lui, Maria et ses prêtresses guettaient le moment précis où elles devaient décrocher le pendu, sous peine de le voir passer de vie à trépas. Ce n'était souvent qu'une question de secondes. Une fois au moins le « pendu » demeura dans le coma, et il fallut appeler d'urgence un médecin. La police s'en mêla, ce qui mit un terme aux « messes d'or » et aux « pendaisons sacrées » du 41 de la rue Vavin.

*
* *

Maria de Naglowska disparut dans des conditions mystérieuses au début de la Seconde Guerre mondiale. D'origine juive, elle fut déportée par les Allemands, et mourut sans doute dans un camp de concentration. Celle qui avait vécue comme une « sainte de l'Ombre » et une « prêtresse d'amour » finit sa vie en martyre.

5

La mort des anciens dieux

A travers les rituels de l'Ombre, sorcières et sorciers cherchent à se mettre en contact avec des « esprits » ou des entités supérieures issues de l'au-delà. Ces esprits sont parfois des anges, parfois des démons. Si les premiers sont de purs êtres de Lumière, les seconds ne sont pas forcément dangereux. Certains démons sont fort sympathiques, plus farceurs que méchants. Dans son ouvrage, déjà cité, consacré à *La Sorcellerie en France,* Jules Garinet concède : « Quelques auteurs ont prétendu qu'il y avait de bons diables ; mais ils n'élèvent leur nombre qu'à deux mille, qui habitent dans l'air et qui veillent aux besoins des hommes. » [1]

Ces « bons diables » comprennent les « drolles », qui pansent les chevaux ; les esprits familiers, que l'on conserve en bouteilles ; les gnomes, qui vivent dans la terre et gardent les trésors ; les sylphes, créatures de l'air ; les ondins et les nymphes, habitués des étangs ; les salamandres, qui se nourrissent de feu ; enfin les fées qui exaucent les vœux.

Ces créatures merveilleuses sont-elles encore des démons ou déjà des anges ?

*

*   *

Il n'est pas inutile de rappeler ici l'origine du mot « démon ». Le *daimôn* grec n'est ni un diable, ni un incube, mais une présence

1. Jules Garinet, *La Sorcellerie en France,* op. cit.

invisible, protectrice et inspiratrice. L'équivalent, en quelque sorte, de notre ange gardien. Socrate, aux dires de Platon, ne prenait-il pas conseil auprès de son *daimôn* à chaque fois qu'il devait résoudre une question difficile ?

Dans *le Banquet,* rédigé vers 384 avant J.-C., Platon révèle la mission dévolue aux « démons », c'est-à-dire aux anges :

« Tout ce qui est démonique est intermédiaire entre ce qui est mortel et ce qui est immortel. — Avec quelle fonction ? demandai-je (moi, Socrate) — Celle, (répondit la prêtresse Diotime), de faire connaître et de transmettre aux Dieux ce qui vient des hommes, et aux hommes ce qui vient des Dieux : les prières et les sacrifices des premiers, les injonctions des seconds et leurs faveurs, en échange des sacrifices ; et, d'un autre côté, étant intermédiaire entre les uns et les autres, ce qui est démonique en est complémentaire, de façon à mettre le Tout en liaison avec lui-même. C'est grâce à cette sorte d'être qu'ont pu venir au jour la Divination dans son ensemble, la science des prêtres touchant les choses qui ont rapport aux sacrifices, aux initiations, aux incantations, à la prédiction en général et à la magie. » [1]

Apulée, s'inspirant de ce passage de Platon, a décrit à son tour le rôle des « démons » : « Or il existe des puissances divines intermédiaires, qui habitent cet espace aérien, entre les hauteurs de l'éther et les bas-fonds terrestres, et qui communiquent aux dieux nos souhaits et nos mérites. Ces êtres ont reçu des Grecs le nom de "démons" ; entre les habitants de la terre et ceux du ciel, ils jouent le rôle de messagers pour les prières d'ici-bas et les dons de là-haut ; ils font la navette, chargés de requêtes dans un sens, de secours dans l'autre, assurant auprès des uns ou des autres l'office d'interprètes ou de sauveteurs. » [2]

Apulée décrit clairement les démons comme des *messagers,* c'est-à-dire des anges. Les Romains ont donné à ces entités intermédiaires le nom de *genius,* qui a abouti au mot français « génie ». La tradition latine invoquait ainsi le *Genius Loci* comme protecteur de certains lieux sacrés, dont le rite s'est perpétré avec le « démon du foyer ». Un autre mot latin, *numen,* désigne plus par-

1. Platon, *Le Banquet,* trad. du grec par L. Robin, Platon, *Œuvres complètes* Gallimard, « La Pléiade », 1950, tome 1.

2. Apulée, *Du dieu de Socrate,*trad. J. Beaujeu, Apulée, *Opuscules philosophiques,* Les Belles Lettres, 1973.

ticulièrement les agents de la volonté divine. Ce dernier terme a donné le néologisme « numineux », qui décrit les expériences spirituelles et mystiques vécues aujourd'hui par les praticiens de la « psychologie transpersonnelle » inspirée de Jung, lequel a défini le « numineux » comme « la qualité dont l'homme fait l'expérience immédiate et qui n'appartient qu'à la divinité. »

Rien de maléfique, on le voit, dans ces démons et génies de l'Antiquité. Il peut exister de bons et de mauvais génies, ou de bons et de mauvais démons (ou anges) tout comme il y a de bonnes ou de mauvaises nouvelles. Ils ne sont que des *messagers*, et leur aspect protecteur ou redoutable n'est qu'un reflet du contenu de leur message. Postiers de l'au-delà, ils apportent aux humains des lettres bordées de bleu ou de noir. On accueille plus volontiers les premiers que les seconds, mais est-ce une raison suffisante pour vouer ces derniers au diable ?

*

* *

L'Eglise catholique, en fait, a cherché à diaboliser les divinités préchrétiennes qui, surtout dans les campagnes, rivalisaient avec leurs cultes officiels. « Les dieux, après la chute de la religion à laquelle ils appartenaient, sont devenus des démons », affirme Freud. [1] Le Lucifer ésotérique, la déesse Hécate ou le Grand Dieu Pan sont devenus les « mauvais génies », les « démons » au sens chrétien, à savoir de pures émanations du mal. Il en a été de même avec les divinités celtes ou gauloises. Mais on ne gomme pas les anges et les démons à coups de bulles pontificales, et les « démons » exclus reviennent souvent sous la forme d'un saint ! Dans son ouvrage consacré aux *Mystères de la sorcellerie,* Jean Markale donne plusieurs exemples de ce phénomène en puisant dans les mythologies de sa Bretagne natale :

« Cette "diabolisation" s'est développée tout au long du haut Moyen Age à propos des coutumes et croyances que le christianisme ne pouvait récupérer et intégrer. (...) Dans la mythologie bretonne insulaire, existaient deux divinités de l'ancien panthéon

1. Sigmund Freud, *Essais de psychanalyse appliquée,* citant Heinrich Heine, *Les Dieux en exil.*

celtique : Yder et Gwynn, tous deux fils de Nudd, le Nodens des inscriptions gauloises ; or, Yder (d'ailleurs récupéré dans les romans de la Table ronde comme chevalier d'Arthur) est devenu *saint* Edern dans la tradition de Bretagne armoricaine ». [1] Jean Markale cite également la déesse gaélique Brigit, devenue sainte Brigitte de Kildaren, seconde patronne de l'Irlande chrétienne. Et il explique comment les anciens druides, devant la montée du christianisme, furent considérés comme des païens et des sorciers, vivant comme d'inquiétants ermites à l'ombre des chênes millénaires de la forêt de Brocéliande.

L'un des druides les plus célèbres, Merlin l'Enchanteur, connu par la geste du roi Arthur et des Chevaliers de la Table ronde, serait né en 573 des amours illicites entre une princesse et un démon incube, un « diable ». Selon la légende, Merlin a agi pour le bien de la communauté chrétienne, mais en utilisant les pouvoirs diaboliques que lui transmettait son père depuis le monde infernal. Mais quels étaient ces démons invoqués par Merlin, sinon les anciens dieux du panthéon perdu ?

*

* *

Jules Michelet, dans *La Sorcière,* évoque ce repli des « anciens dieux » au cœur des forêts oubliées de tous, sauf des sorciers. Dans son premier chapitre, intitulé « La Mort des dieux », il écrit : « Certains auteurs assurent que, peu de temps avant la victoire du christianisme, une voix mystérieuse courait sur les rives de la mer Egée, disant : “Le Grand Pan est mort.” L'antique Dieu universel de la Nature était fini. Grande joie. On se figurait que, la Nature étant morte, morte était la tentation. (...) C'en est fait des dieux de la vie, qui en ont si longtemps prolongé l'illusion. Tout tombe, s'écroule, s'abîme. Le Tout devient le néant : “Le Grand Pan est mort !” » [2]

1. Jean Markale, *Les Mystères de la sorcellerie,* Pygmalion, 1992.
2. Jules Michelet, *La Sorcière,* rééd. Garnier-Flammarion.

Le Grand Pan est toujours vivant

Pour Michelet, la mort annoncée de Pan n'est qu'une stratégie de l'Eglise destinée à vaincre l'état de nature abhorré : « Les premiers chrétiens, dans l'ensemble et dans le détail, dans le passé, dans l'avenir, maudissent la Nature elle-même. Ils la condamnent tout entière, jusqu'à voir le mal incarné, le démon dans une fleur. » [1]

Si le diable peut se cacher dans une fleur, le dieu Pan, lui, se cache partout, derrière chaque brin d'herbe, dans chaque goutte de rosée, sous l'écorce des arbres, dans l'ombre verte des forêts ou l'or ruisselant des champs de blé. Or, « dans chaque grain de blé se cache l'âme d'une étoile. » [2] « On avait dit : le Grand Pan est mort. Mais le voici en Bacchus, en Priape, impatient, par le long délai du désir, menaçant, brûlant, fécond... » [3]

Tour à tour Dieu et diable, Pan est mort et ressuscité. Aujourd'hui, le Grand Pan est plus vivant que jamais.

*

*   *

Dieu des cultes pastoraux, Pan possède un corps à moitié humain et à moitié animal. Barbu, velu, cornu, il a des jambes de chèvre aux sabots fendus et des yeux rusés étirés sur les tempes. C'est un satyre à l'appétit sexuel démesuré, qui assaille indifféremment les nymphes et les jeunes garçons ; à défaut de proies, il se livre à l'onanisme, tant sa sexualité est exigeante. Il vit dans les forêts, et sa couleur est le vert. Son nom, Pan, signifie « Tout », et le Grand Pan désigne le Grand Tout, l'énergie primordiale et féconde propre à l'univers et à la vie, dont l'expression peut être parfois anarchique et chaotique. Il incarne la puissance des éléments de la nature, dont le déchaînement provoque une « peur panique », signe

1. Jules Michelet, op. cit.
2. Arthur Machen, *Le Grand Dieu Pan,* trad. de Paul-Jean Toulet, rééd. Petite Bibliothèque Ombres, 1993, citant une phrase d'Oswald Crollius.
3. Jules Michelet, op. cit.

de l'affolement des sens et de la raison qui saisit quiconque se trouve en contact avec ce dieu avide et désordonné, à notre ressemblance.

L'Eglise catholique, on le comprend, n'a eu aucun mal à métamorphoser un pareil dieu en diable satanique, en bouc cornu des sabbats. Certains auteurs, notamment dans le registre du romantisme noir et du fantastique, ont à leur tour retenu l'assimilation du Grand Pan au diable, en décrivant l'effroi glacé qui saisit l'être humain suffisamment inconscient pour regarder en face ce dieu redoutable.

Ainsi, le romancier gallois Arthur Machen, fils d'un prêtre anglican et membre de la mystérieuse Golden Dawn, confrérie ésotérique taxée de satanisme sur laquelle nous aurons l'occasion de nous pencher bientôt, écrivit en 1894 un récit d'horreur intitulé *Le Grand Dieu Pan,* dans lequel le docteur Raymond accomplit une intervention chirurgicale sur le cerveau de sa compagne, Mary, afin de lui permettre de voir le « Grand Dieu Pan ». Il convie son ami Clarke à être témoin de cette « initiation », dont il justifie la raison en ces termes : « Mais je vous dis, moi, que toutes ces choses — oui, depuis l'étoile qui vient de s'allumer au ciel, jusqu'au sol que nous éprouvons du pied — je vous dis que tout cela n'est que du rêve et des ombres, les ombres mêmes qui nous voilent le monde réel. *Il y a* un monde réel ; mais il est sous cet éclat et sous ces visions, ces haute lices, derrière tout cela comme si un voile nous le cachait. Je ne sais si jamais un être humain a soulevé ce voile ; mais je sais que cette nuit, et devant vous et moi, Clarke, il le sera pour d'autres yeux. Peut-être trouverez-vous tout ceci étrange, insensé même : étrange, soit, mais réel ; et les Anciens savaient ce que c'est que “lever le voile”. Ils appelaient cela voir le Dieu Pan. (...) Oui, le scalpel est nécessaire, mais songez à ce qu'il va produire : renverser la muraille des sens, et, sans doute pour la première fois depuis que l'homme existe, un esprit va contempler le monde des esprits. Clarke, Mary va voir le Grand Pan. » [1]

L'opération réussit, mais pas de la façon escomptée : « Soudain, un long soupir s'éleva. Soudain, la couleur évanouie revint aux joues de Mary. Soudain, ses yeux s'ouvrirent ; ils brillaient d'une étrange lumière ; une grande admiration apparut sur sa face ; ses

1. Arthur Machen, op. cit.

mains s'étendirent comme pour toucher une chose invisible. Mais, presque aussitôt, l'admiration fit place à l'épouvante ; ses traits à un masque hideux ; et elle fut prise d'un tel tremblement qu'on eût cru voir son âme lutter et palpiter dans sa prison de chair : vision horrible qui fit se ruer Clarke au-dehors, tandis que la jeune femme tombait en hurlant sur le sol. »[1]

Il est des frontières avec l'au-delà que l'homme franchit à ses risques et périls. Les Grecs anciens avaient un mot pour désigner ces transgressions : *l'hybris,* seul crime véritablement impardonnable, qui déchaînait la vengeance des dieux. Dans le récit de Machen, pour avoir regardé le Dieu Pan en face, Mary devient possédée du démon : « Trois jours après, Raymond menait Clarke au chevet de Mary ; elle était réveillée et roulait la tête de droite à gauche, en ricanant. “Oui, dit le docteur toujours froid, c'est grand dommage. Elle est idiote irrémédiablement. Mais c'était inévitable et, après tout, elle a vu le Grand Pan.” »[2]

Mais on n'ouvre pas impunément certaines portes, au risque de livrer passage à d'obscures présences. Arthur Machen, initié de la Golden Dawn et disciple d'Aleister Crowley, ne l'ignore point : « Nous savons ce qu'il advenait de quiconque rencontrait le Dieu Pan. Les sages savent que tout symbole est symbole d'une réalité, non pas de néant ; et c'était en vérité un symbole exquis que celui-là, sous lequel les hommes de jadis voilaient les forces secrètes et redoutables qui sont au cœur de toutes choses, les forces devant qui l'âme humaine se fane et meurt, noircie comme le corps même le serait par des courants électriques. Ces forces ne peuvent se nommer, ni concevoir, que sous un voile ; un voile qui apparaît à la plupart comme une fantaisie de poètes, à quelques-uns comme le conte des niais et des fous. Mais vous et moi, nous avons connu en quelque chose, la terreur qui peut habiter les royaumes secrets de la vie, par-dessous la chair ; nous avons vu ce qui est sans forme assumer une forme. »[3]

*

*   *

1. Arthur Machen, op. cit.
2. Arthur Machen, op. cit.
3. Arthur Machen, op. cit.

Cette « terreur panique » ressentie par « quiconque rencontrait le Dieu Pan », est également au cœur de l'œuvre des grands écrivains du fantastique noir du xxe siècle : citons, entre autres, H.P. Lovecraft, qui fut d'ailleurs un grand admirateur de Machen, et Stephen King, dont toute l'œuvre repose sur la présence invisible mais effrayante du démon, ou plutôt du Grand Pan. Citons aussi Gustav Meyrink, qui dans son roman *Le Visage vert* évoque le mythe du *Chidher* (ou Chadhir, ou El-Chidr), à savoir le « prophète vert » de la tradition islamique qui rencontre Moïse au 18e verset du Coran. Chidher, « le Vert », ou encore Huzur dans les traditions ésotériques de l'islam, a bu de l'eau de la vie et ne mourra qu'au son de la trompette du Jugement dernier. Il peut être assimilé à l'Hermès Trismégiste égyptien, à saint Jean, au prophète Elie ou encore au Dieu Pan. Il est l'« homme vert », à savoir l'homme de chair incarné sur terre, proche de l'état de nature, se régénérant chaque année au printemps jusqu'à ce que, à la fin des temps, il « meure » à lui-même en quittant son enveloppe charnelle (symbolisée par le vert) pour accueillir le Messie et se fondre dans la claire Lumière de Dieu.

*

* *

L'Eglise, on le voit, a fait grande injure au Dieu Pan en l'assimilant au bouc satanique. Pan, c'est avant tout le Dieu Vert, celui qui n'a jamais renié ses origines terriennes et sylvestres, c'est le Dieu Sauvage qui couche au pied des arbres et comprend le langage des oiseaux. C'est le Cornu, dont les deux cornes sont des antennes qui lui permettent de capter les messages du ciel. C'est le Magicien aux pieds agiles, qui souffle dans sa flûte et nous convie à danser autour d'un feu de joie. Pan, c'est le pouvoir de l'enfance et du jeu, la force du rire, la soif de l'amour, la communion avec la nature immense et vierge. Pan, c'est la revanche de la campagne et des forêts sur les villes ; c'est l'état sauvage contre celui de civilisé ; c'est le monde de l'intuition et de l'« éveil » s'opposant à celui de la raison ; c'est la magie contre la science.

*

* *

Jean Giono, l'écrivain de la terre et des collines, fut toute sa vie fasciné par le Dieu Pan, mais dans un tout autre sens qu'Arthur Machen. S'il sentit sa présence dans la mystérieuse montagne de Lure, en Provence, ce fut moins pour la redouter que pour la chanter :

« Voilà Pan. Le grelottement de son cœur s'en est allé sous la peau des hommes et, à la cadence de leur sang, il tinte poésie ou folie.

Voilà Pan. Sous le lent déploiement du jour, Lure bombe sa maigre échine. Elle écrase durement la terre et tue les villes. (...) Le silence et la pureté des premiers jours enveloppent la montagne. » [1]

*

* *

La cour de Pan comporte nymphes accortes, faunes et satyres aux bustes d'hommes, pieds de chèvres et priapes démesurément dressés. Elle comprend aussi le vieux Silène, monté sur son âne, et surtout Dionysos, alias Bacchus, le dieu du vin et de la folie, élevé par les nymphes sous la forme d'un chevreau (le vieux bouc n'est pas loin) et inspiré d'une *mania* divine qui le pousse à se livrer à tous les excès. Dionysos est entouré d'une troupe de « Bacchants » et surtout de Bacchantes, démons s'adonnant à l'ivresse et commettant parfois des crimes rituels *(diasparagmos)* au cours desquels leurs victimes sont dépecées, coupées en morceaux et cannibalisées, ce qui n'est pas sans évoquer les crimes rituels sataniques modernes que nous étudierons plus loin.

Orphée, à son retour des enfers, connut cette fin macabre qui peut, symboliquement, se concevoir comme une sorte de sacrifice et don de soi aux forces universelles — le corps d'Osiris fut lui aussi morcelé et dispersé à travers le monde. Le « baptême » cannibale et sanglant des Bacchantes n'est jamais qu'une métaphore

1. Jean Giono, *Présentation de Pan,* Gallimard, La Pléiade, *Œuvres romanesques complètes,* tome 1.

des forces de décomposition de la Nature qui détruisent le cadavre et en éparpillent les énergies dans le sol afin de redonner la vie aux plantes, aux arbres et aux êtres. Giono, encore lui, l'avait compris, lorsque à la fin de son roman *Que ma joie demeure,* il envisagea de décrire la décomposition du cadavre de son héros mort, Bobi, pour illustrer le cycle naturel de la mort et de la renaissance : « Bobi mort. Son cadavre sur le plateau. (...) Les oiseaux se rassemblent autour du cadavre. (...) Sur la terre, des ruisseaux de fourmis s'approchent, montent sur les mains de Bobi, sur son visage, sur son œil, dans sa bouche, dans son nez. Les mouches se collent sur la déchirure, près de la bouche. Bobi s'ouvre par d'autres endroits. Les insectes entrent dans lui et travaillent. Bobi est, à ce moment-là, en pleine *science.* Il s'élargit aux dimensions de l'univers. » [1]

Le sabbat au Moyen Age

Le mérite de Michelet, outre sa défense et illustration de la « sorcière », est d'avoir expliqué la raison d'être du sabbat au Moyen Age. Si les paysans et les serfs se réunissaient pour des orgies nocturnes, c'était pour sacrifier, non pas à Satan, mais aux dieux du paganisme ancien. Le sabbat aurait eu pour mission d'assurer la survivance de rites païens, d'origine grecque, romaine ou celte, et aussi de tourner en dérision la religion chrétienne qui leur avait été imposée de force par ces « oppresseurs » qu'étaient, à leurs yeux, le seigneur et le prêtre.

La « messe noire » du sabbat, sorte de contre-cérémonie prenant le contre-pied de la messe catholique officielle, apparaît alors comme un acte de révolte et de remise en cause de l'ordre social et de la hiérarchie de l'époque. La sorcière qui se rend au sabbat préfigure la « citoyenne » s'en allant prendre la Bastille le 14 juillet 1789. La sorcellerie devient un acte d'engagement politique.

Politique, révolutionnaire, féministe, la sorcellerie est également

1. Jean Giono, *Journal,* nov. 1934, Gallimard, La Pléiade, *Œuvres romanesques complètes,* tome 2.

érotique et écologique, puisqu'elle préconise le rapprochement collectif des sexes et l'hommage aux « divinités de la nature », fées, elfes, lutins, sylvains, ondines, gnomes et autres faunes et satyres. *Le Marteau des sorcières*, ouvrage de démonologie rédigé au XVe siècle, y consacre l'un de ses développements :

« Sylvains et faunes, appelés vulgairement incubes, se sont présentés avec impudeur à des femmes, ont convoité et consommé l'union avec elles. De même, au dire de plusieurs personnes de qualité dont on ne saurait sans effronterie récuser le témoignage, certains démons appelés lutins par les Gaulois, tentent sans cesse d'effectuer avec des femmes cette impudicité. (...) La *Glose* du bienheureux Grégoire dit : par le mot *velus* on ne désigne que ceux que les Grecs appellent les faunes (fils de Pan) mais ceux que les Latins appellent incubes. De même saint Isidore dit : incubes vient de *se coucher sur,* c'est-à-dire *violer.* Souvent en effet ils sont amoureux des femmes et ils se couchent sur elles. D'où les Gaulois les nomment lutins, car ils commettent souvent cette impureté. Celui que communément on nomme incube, les Romains l'appellent Faune-aux-figues. Horace y fait allusion : Faune, amoureux et nymphes en fuite, doucement tu avances sur mes terres et les prés aux chèvres. » [1]

*
*   *

Le *Livre d'Enoch,* rédigé entre le Ier et le IIe siècle avant notre ère, écarté des textes « officiels » de l'Ancien Testament et publié pour la première fois en Angleterre en 1838, révèle une version inédite de la chute des anges, selon laquelle ces derniers seraient descendus sur terre pour s'unir aux mortelles dont ils s'étaient épris. De ces aventures amoureuses, dont a dû s'inspirer Wim Wenders pour son film *Les Ailes du désir,* seraient nés des géants « de trois cents coudées de haut » et des démons.

Cet épisode est brièvement rapporté au chapître 6 de la *Genèse :* « Lorsque les hommes commencèrent d'être nombreux sur la face de la terre et que des filles leur furent nées, les fils de Dieu trou-

1. Henry Institoris et Jacques Sprenger, *Le Marteau des sorcières,* présentation et traduction d'Amand Danet, Plon, 1973.

vèrent que les filles des hommes leur convenaient et ils prirent pour femmes toutes celles qu'il leur plut. Yahvé dit : "Que mon esprit ne soit pas indéfiniment humilié dans l'homme, puisqu'il est chair ; sa vie ne sera que de cent vingt ans." Les Nephilim (Géants) étaient sur la terre en ces jours-là (et aussi dans la suite) quand les fils de Dieu s'unissaient aux filles des hommes et qu'elles leur donnaient des enfants ; ce sont les héros du temps jadis, ces hommes fameux. » (*Gen.* 6, 1-4).

Il est difficile de ne pas voir, dans les récits de démons incubes s'accouplant avec des femmes, un souvenir biblique de ces anges « tombés » amoureux des mortelles. *Le Marteau des sorcières* précise d'ailleurs : « Et puis il y a le texte de l'Apôtre : la femme doit porter un voile sur la tête à cause des anges ; beaucoup l'interprètent : à cause des anges incubes (1 *Corinthiens* 11, 10 et ses *Gloses*). »

Pour les Inquisiteurs dominicains, lutins et faunes sont bel et bien des anges déchus, des anges rebelles... La relation établie entre les démons et les faunes, nommément désignés comme les « fils de Pan », apporte la preuve que la démonologie du sabbat s'est calquée très exactement sur les divinités de l'Antiquité. Et le bouc satanique n'est qu'une résurgence du dieu celte cornu Cernunos et du Grand Dieu Pan.

6

Le retour des sorcières

Les rituels dionysiaques et paniques, auxquels il faut ajouter les cultes à Hécate, auraient été transmis par les Grecs aux peuples germaniques séjournant du côté de la mer Noire. Ces derniers les auraient intégrés à leurs propres liturgies, donnant naissance à une sorte de religion primitive et syncrétique fondée sur l'adoration du bouc, symbole de la puissance sexuelle, sur la magie et la connaissance des plantes, des poisons et des substances hallucinogènes. Dans leur migration vers l'ouest, les tribus germaniques auraient légué ces cultes sorciers aux paysans et esclaves des basses couches de la société, tandis que les classes plus évoluées préféraient se convertir au christianisme.

Cette « antique religion », fondement des sabbats et des orgies du Moyen Age, est aujourd'hui revendiquée par les adeptes modernes de la sorcellerie et du néo-paganisme. Ainsi, l'archéologue et folkloriste Margaret Murray, disciple de James Frazer, publia en 1921 un ouvrage consacré au *Culte sorcier en Europe occidentale,* dans lequel elle tenta de retrouver les éléments d'une authentique religion des sorcières, liée aux cultes antiques de la fertilité. Pour elle, ces cultes trouvaient leur origine dans les mythes de Janus et de Diane, le dieu aux deux visages et la déesse chasseresse. Le « dieu cornu », représenté par les chrétiens sous les traits de Satan, correspondait à Dianus, équivalent masculin de Diane, dont la description est très proche du Dieu Pan. Les cornes, loin d'être le symbole satanique du mal, marquent au contraire le signe de la relation au divin et de l'axe vertical terre-ciel, de la fertilité, de la puissance et de l'abondance. Ne parle-t-on pas, en effet, de « corne d'abondance » ? Le double visage de Janus-Dianus justifie également le fameux « baiser au derrière » dont les sorcières gratifiaient le diable. Loin de lui baiser le fondement, les sorcières auraient tout simplement rendu hommage à son « visage de derrière », à l'autre face de Janus.

Le culte « dianique » aurait été organisé par une communauté de sorciers et sorcières composée de treize membres (en référence à Jésus et ses douze apôtres) se réunissant dans un *convent* local. Ces convents, agissant clandestinement pour propager la foi et les cultes sorciers, n'auraient pas complètement disparu. Aujourd'hui encore, l'Europe occidentale et l'Amérique anglo-saxonne abriteraient de tels convents, sorte de franc-maçonnerie de l'Ombre.

C'est de cette « antique religion sorcière » décrite par Margaret Murray que se réclame la « Witches International Craft Association », organisation officielle de sorcières dont le siège est à New York. L'une des émanations de cette association est la Wicca, née dans l'île de Man, où Monique Wilson, élue « reine des sorcières », fonda en 1951 un musée de la sorcellerie à Casteltown et prit la défense du naturisme, permettant, selon elle, de rétablir le contact entre l'être humain et la nature.

En 1970, en plein mouvement hippie et psychédélique, la Wicca a tenu à Central Park (New York), le premier congrès mondial de sorcellerie, d'où sont nés divers mouvements de revendication, tels que le « Mouvement de Libération des Sorciers », l'« Agence de Presse des Sorciers », le « Bureau des Sorciers Conférenciers » et la « Ligue contre la Diffamation des Sorciers ». Les grandes fêtes de la religion sorcière recouvrent les dates des quatre principales fêtes druidiques : *Samain* (le 1er novembre), *Imbolc* (le 1er février), *Beltaine* (le 1er mai) et *Lugnasad* (le 1er août). A quoi il faut ajouter la fête anglo-saxonne d' *Halloween,* qui a lieu dans la nuit du 31 octobre au 1er novembre (veille de Samain), et au cours de laquelle les enfants se livrent à des mascarades grotesques, et la *nuit de Walpurgis* (veille de Beltaine, le 1er mai), fête germanique censée réunir tous les sorciers et sorcières d'Europe pour de gigantesques sabbats. Enfin, pour la Wicca, l'année 1995 correspond à l'année 56 231 du calendrier sorcier.

*
* *

Bien qu'elle fût pourchassée par l'Eglise catholique, la religion des sorcières serait donc moins une hérésie satanique qu'une religion préchrétienne, s'enracinant aussi bien dans l'Antiquité grecque et romaine que dans les anciens cultes celtiques et germaniques. La sorcière adorant le « diable », rival noir de Dieu, cacherait en réalité une authentique prêtresse de Pan et une adepte du panthéisme, pour laquelle tout est Dieu, car Dieu est partout. C'est pourquoi le nom véritable du diable est bien Pan, Tout, et l'image chrétienne du diable prince de ce monde n'est qu'une traduction monothéiste de cette vérité : tout ici-bas est divin, la terre est un miroir du ciel, et nous sommes « comme des dieux », puisque Dieu est partout, dans chaque objet et dans chaque être vivant. Le dieu Pan est partout : dans les hommes, les animaux, les arbres, les plantes, les pierres, le vent qui souffle dans le soir. S'il est le nom secret du diable, son nom « ineffable », Pan désigne aussi la gloire de Dieu sur terre. Car le Dieu Pan affirme que Tout est Dieu.

*
* *

La sorcière, grande prêtresse du diable ou du Dieu Pan, représente certainement l'un des mythes fantasmatiques les plus puissants de la culture judéo-chrétienne, que ce soit aujourd'hui ou au Moyen Age.

Les sabbats, rituels démoniaques et autres pactes sataniques, tels qu'ils nous sont rapportés par les textes ou l'imagerie populaire, mettent en effet presque exclusivement en scène des femmes. La sorcière enfourchant son balai magique pour se rendre au lieu du sabbat où elle s'accouplera à Satan, après lui avoir sacrifié un certain nombre de nouveau-nés, représente un archétype trop connu pour qu'on ne cherche pas à y déceler quelque clé. Pourquoi les femmes succomberaient-elles plus facilement que les hommes aux œuvres du Malin ?

Il est clair que cette préférence démoniaque touche au mystère de la sexualité et de la fécondité. Les femmes, en effet, ont le redoutable pouvoir de donner la vie. Ce sont elles qui portent les enfants jusqu'à leur naissance. La maternité rend les femmes démiurges : elles créent des êtres de chair et de sang, grâce à une alchimie miraculeuse et secrète à laquelle les hommes ne pourront jamais prétendre. Ce pouvoir féminin sur la vie a, pour l'homme, quelque chose de fascinant et d'effrayant. Ce que l'on ne connaît pas fait toujours peur. Une femme enceinte ou en couches acquiert une dimension sacrée, occulte, magique. Comment ne pas relever d'étranges équivalences entre l'acte sexuel et la sorcière à califourchon sur son balai ; entre le ventre rond d'une femme enceinte et le chaudron enchanté de la sorcière ; entre les cris et les souffrances de l'accouchement et les sacrifices de nouveau-nés à Satan ? Il semble bien que la « sorcière » ne soit jamais qu'un reflet angoissé de la femme devenant mère dans l'imaginaire masculin.

*

* *

Ce reflet inversé de la maternité trouve sa représentation archétypale dans la sorcière. Ensorcelées, les femmes deviennent tour à tour la proie et l'alliée du démon. « Femme est plus rusée que le diable », disait-on au XIIIe siècle. L'Eglise catholique n'a-t-elle pas longtemps enseigné que les femmes étaient des créatures démoniaques, menteuses, fourbes et tentatrices ? Si les hommes sont considérés comme les fils de Seth, le troisième rejeton d'Adam et Eve, les femmes sont, elles, toutes filles de Caïn. Jusqu'au concile de Nicée (325), on leur dénia même le droit d'avoir une âme. Aujourd'hui encore, la non-ordination des femmes au sein de l'Eglise et le célibat des prêtres sont des résurgences de cette méfiance ancienne de la religion à l'égard du beau sexe.

On sait qu'au jardin d'Eden, c'est la femme qui fut séduite par le serpent et croqua la première du fruit de l'arbre de la connaissance du bien et du mal. C'est elle qui, à son tour, poussa Adam à commettre l'irréparable péché originel. Les gens d'Eglise ont voulu lire dans cette anecdote une preuve flagrante de la duplicité féminine. Courtisée par le serpent, car plus faible et plus crédule que l'homme, la femme a conclu un pacte avec le diable, qui utilise à son tour ses charmes pour circonvenir l'homme.

Mais si Eve fut séduite par le serpent dans le récit de la Genèse, le serpent et la démone Lilith ne font plus qu'un dans les textes de la Kabbale, ce qui renforce encore l'identification entre la femme et le diable. De là est née l'idée de la « chasse aux sorcières » qui, durant des siècles (et plus particulièrement entre 1480 et 1680), conduisit des milliers de prétendues disciples de Satan sur les bûchers. En un siècle et demi, l'Inquisition fit en effet brûler près de 35 000 personnes, en majorité des femmes, en France, en Flandres et en Italie.

Le Marteau des sorcières

Pourquoi, dans la profession de sorcellerie, les femmes furent-elles plus nombreuses que les hommes ? Claude Seignolle, ethnographe spécialiste du diable, avance une hypothèse : « Satan eut ses prêtres : ce furent les sorciers. Il eut surtout ses prêtresses : les sorcières ; et c'est encore par une conséquence de la plus implacable logique que, les hommes étant seuls admis au service du Seigneur, les femmes, qui en étaient exclues, allèrent en plus grand nombre vers son rival obscur, qui les accueillait de préférence. On a dit qu'il y avait mille sorcières pour un sorcier ; c'est là une exagération manifeste, mais il est certain que la proportion des femmes, dans la foule qui se pressait à l'adoration du Bouc, l'emportait de beaucoup sur celle des hommes. » [1]

C'est le triste privilège de l'Eglise, notamment par l'intermédiaire de l'ordre blanc des Dominicains, d'avoir organisé de façon systématique, quasiment scientifique, le génocide des sorcières, au moyen de cette institution barbare qui eut pour nom l'Inquisition. En effet, les Inquisiteurs se fondaient, pour justifier les tortures auxquelles ils se livraient, sur les arguments « scientifiques » recensés dans d'épais traités entièrement consacrés à la chasse aux sorcières et à la poursuite des hérétiques.

C'est en 1486 que parut le tristement célèbre *Malleus Maleficorum,* ou *Marteau des sorcières,* rédigé par deux Inquisiteurs dominicains, Jacques Sprenger et Henry Institoris. Cet ouvrage, véritable bible du chasseur de sorcières, connut un succès fou-

1. Claude Seignolle, *Les Evangiles du diable,* Maisonneuve et Larose, 1994.

droyant, puisqu'il y eut vingt-huit éditions en deux siècles. L'historien Jules Michelet expliquait dans *La Sorcière* : « Le *Malleus*, qu'on devait porter dans la poche, fut imprimé généralement dans un format rare alors, le petit-18. Il n'eût pas été séant qu'à l'audience, embarrassé, le juge ouvrît sur la table un in-folio. Il pouvait, sans affectation, regarder du coin de l'œil, et sous la table, fouiller son manuel de sottise. » [1] Le *Marteau des sorcières* fut donc, malgré le nombre important de ses pages, le premier livre de poche...

Cet épais document recense divers points ayant trait à l'existence du diable et aux pouvoirs des sorcières, auxquels il est répondu avec force arguments théologiques. Ainsi, à la question : « Y a-t-il procréation d'hommes par des démons incubes et succubes ? », il est répliqué avec vigueur : « Affirmer que par ces démons des hommes sont parfois procréés est affirmation tellement catholique que l'opposé est une affirmation contraire non seulement aux paroles des saints mais à la tradition de l'Ecriture sainte. » [2] Quant à la raison pour laquelle les sorcières sont supérieures en nombre aux sorciers, les Inquisiteurs, en bons pères misogynes, ne manquent pas d'arguments :

« De la malice des femmes parle beaucoup l'*Ecclésiastique :* "Il n'y a pire venin que le venin du serpent, il n'y a pire haine que la haine d'un ennemi (d'une femme). J'aimerais mieux habiter avec un lion ou un dragon qu'habiter avec une femme méchante... (Et il conclut) : Toute malice n'est rien près d'une malice de femme." D'où Chrysostome parlant sur le texte de Matthieu (Il n'est pas sage de se marier) : "La femme, qu'est-elle d'autre que l'ennemie de l'amitié, la peine inéluctable, le mal nécessaire, la tentation naturelle, la calamité désirable, le péril domestique, le fléau délectable, le mal de nature peint en couleurs claires. D'où, puisque la renvoyer est un péché et qu'il faut la garder, alors notre tourment est fatal : ou bien commettre un adultère en la répudiant, ou bien vivre dans des disputes quotidiennes." » [3]

Les motifs qui poussent les femmes vers la sorcellerie sont détaillés avec insistance. Elle est plus crédule et a moins d'expé-

1. Jules Michelet, *La Sorcière,* op. cit.
2. Institoris et Sprenger, op. cit.
3. *Ecclésiastique* 25, 15-16-19 ; *Matthieu,* 19, 10 ; Jean Chrysostome : *Sur Matthieu,* XIX, cité par Institoris et Sprenger, op. cit.

rience que l'homme ; elle est plus curieuse, et son naturel est plus impressionnable ; elle est plus méchante, plus prompte à se venger, et tombe plus vite dans le désespoir. Enfin elle est plus bavarde, et dénonce facilement ses consœurs... Sa beauté, et jusqu'à sa voix sont des artifices destinés à détourner les hommes du droit chemin : « Menteuse par nature, elle l'est dans son langage ; elle pique tout en charmant. D'où la voix des femmes est comparée au chant des sirènes, qui par leur douce mélodie attirent ceux qui passent et les tuent. Elles tuent en effet car elles vident la bourse, elles enlèvent les forces, elles contraignent à perdre Dieu. » [1] Bref, la femme est bien l'alliée naturelle du diable.

Les Inquisiteurs lui portent alors la condamnation finale : « Voilà celle qui fait se lamenter l'*Ecclésiaste* — et aussi l'Eglise à cause de l'immense multitude des sorcières : "Je trouve la femme plus amère que la mort ; car elle est un piège et son cœur un filet ; et ses bras des chaînes. Qui plaît à Dieu lui échappe, mais le pécheur y est pris." Plus amère que la mort, c'est-à-dire que le diable dont le nom est la mort (peste) selon *l'Apocalypse ;* car même si le diable conduisit Eve au péché, c'est Eve qui séduisit Adam. Et puisque le péché d'Eve ne nous aurait pas conduits à la mort de l'âme et du corps, s'il n'avait pas été suivi de la faute d'Adam à laquelle l'entraîna Eve et non le diable : on peut donc la dire plus amère que la mort. (...) Toutes ces choses (de sorcellerie) proviennent de la passion charnelle, qui est en (ces femmes) insatiable. (...) D'où pour satisfaire leur passion elles "folâtrent" avec les démons. On pourrait en dire davantage, mais pour qui est intelligent il apparaît assez qu'il n'y a rien d'étonnant à ce que parmi les sorciers il y ait plus de femmes que d'hommes. Et en conséquence on appelle hérésie non des sorciers mais des "sorcières", car le nom se prend du plus important. Béni soit le Très-Haut qui jusqu'à présent préserve le sexe mâle d'un pareil fléau : Lui en effet qui en ce sexe a voulu naître et souffrir, lui aussi accordé le privilège (de cette exemption). » [2]

*

*　　*

1. Institoris et Sprenger, op. cit.
2. Institoris et Sprenger, op. cit.

Le succès du *Malleus Maleficorum* encouragea les vocations inquisitoriales, et durant deux siècles, les traités de chasse à la sorcière proliférèrent comme du chiendent. Citons, entre autres, le *Traité enseignant en bref les causes des maléfices,* rédigé par un curé de Paris, René Benoist. L'année suivante paraissait la *De la démonomanie des sorciers* de Jean Bodin, conçue comme un véritable code pénal des sorciers, et qui connut dix éditions successives. *La Démonolâtrie* de Nicolas Rémy date de la même époque. En 1602 paraît le *Discours exécrable des sorciers,* sous la plume d'Henri Boguet. En 1603, Jourdain Guibelet publia un *Discours philosophique* spécialement consacré aux incubes et aux succubes. En 1605, le jésuite Maldonat offrit au public son *Traité des anges et des démons.* Pierre de Lancre, juge d'origine basque mandaté par Henri IV, fit paraître en 1612 le *Tableau de l'inconstance des mauvais anges et démons, où il est amplement traité des sorciers et de la sorcellerie.* En tout, et en ne comptant que les ouvrages rédigés en français, près de deux mille œuvres hostiles à la sorcellerie virent ainsi le jour, au grand dam de leurs victimes féminines.

Ainsi, le *Tableau* de Pierre de Lancre est une compilation de témoignages de sorcières obtenus sous la torture. C'est pourquoi les récits rapportés nous enseignent autant au sujet des fantasmes des Inquisiteurs que sur les pratiques des sorcières, ainsi qu'on peut en juger en lisant le témoignage de Jeannette d'Abadie, habitante de Siboro, âgée de seize ans, et conduite au sabbat par une certaine Gratiane :

« Elle y vit le diable en forme d'homme noir et hideux, avec six cornes en la tête, parfois huit, et une grande queue derrière, un visage devant et un autre derière la tête, comme on peint le dieu Janus, que ladite Gratiane l'ayant présentée, reçut une grande poignée d'or en récompense, puis la fit renoncer et renier son Créateur, la Sainte Vierge, les saints, le baptême, père, mère, parents, le ciel, la terre et tout ce qui est au monde, laquelle renonciation elle lui faisait renouveler toutes les fois qu'elle allait au sabbat, puis elle l'allait baiser au derrière : que le diable lui baisait souvent son visage, puis son nombril, puis son membre, puis son derrière : qu'elle a vu souvent baptiser des enfants au sabbat, qu'elle nous expliqua être des enfants de sorcières et non autres... Pour l'accouplement, qu'elle a vu tout le monde se mêler incestueusement et contre tout ordre de nature, s'accusant elle-même d'avoir été dépucelée par Satan et connu une infinité de fois un sien parent et autres qui l'en daignaient semondre (commander) : qu'elle fuyait l'accouplement du diable, à cause qu'ayant son membre fait en écailles, il fait souffrir une extrême douleur : outre que sa semence est extrêmement froide, si bien qu'elle n'engrosse jamais, ni celle des autres hommes au sabbat, bien qu'elle soit naturelle : que, hors du sabbat, elle ne fit jamais faute, mais que dans le sabbat elle avait un merveilleux plaisir en ces accouplements. » [1]

*

*   *

C'est à Louis XIV que l'on doit d'avoir mis fin à cette effroyable chasse aux sorcières, ainsi qu'à la littérature inquisitrice qui l'accompagnait. Pourtant, la Cour du *Roi-Soleil* fut elle-même ternie par l'affaire des Poisons, qui en 1680 provoqua la disgrâce de la belle marquise de Montespan, maîtresse du roi et fervente adepte de magie et de messes noires. Au XIXe siècle, le Romantisme a su exalter l'image de Lilith, à travers des portraits tels que *La Sorcière* de Michelet (1862), dans laquelle l'historien fait une apologie de la sorcellerie et dénonce la haine des femmes qu'entretenaient les théologiens du Moyen Age. Pour Michelet, la sorcière est proche de la nature primitive, et en Satan elle adore le vieil Esprit de la Nature, le dieu Pan, que le christianisme a diabolisé sciemment pour se débarrasser de l'ancien paganisme. Citons aussi *Aurélia* de Gérard de Nerval, son dernier récit, écrit sous l'emprise de la folie en 1854 et publié à titre posthume en 1865, dans lequel le narrateur descend aux enfers pour s'unir à son amour fatal qui sans cesse disparaît et sans cesse renaît sous l'apparence de femmes différentes : « La Treizième revient... C'est encore la Première — Et c'est toujours la seule. »

Les bûchers sont éteints depuis trois siècles, mais la sorcière sans cesse renaît de ses cendres.

1. Pierre de Lancre, *Tableau de l'inconstance des mauvais anges et démons,* Aubier-Montaigne, 1982.

7

Lilith et la Lune noire

Le culte du diable étant essentiellement réservé aux sorcières, il n'y a rien d'étonnant à ce que la sorcellerie soit intimement liée à la sexualité. Dans l'imagerie traditionnelle, Satan s'incarne d'ailleurs très souvent sous une forme androgyne : il est mâle *et* femelle, ce qui correspond bien à sa nature double, dia-bolique. Mais il existe une autre représentation diabolique, purement féminine, et à ce titre doublement mystérieuse et effrayante : il s'agit de la démone Lilith.

Divinité noire et lunaire, Lilith est symbolisée par la « Lune noire », cet archétype utilisé par certains astrologues pour désigner les valeurs de frustration, de rébellion et de transgression dans un thème astral. Selon l'astrologue Joëlle de Gravelaine, spécialiste en la matière, la Lune noire peut « apporter dans le thème le meilleur et le pire, l'initiation verticale et féconde, le rôle médiateur par excellence ou bien armer le bras du criminel, parfois retourner contre soi le couteau du sacrifice. Elle peut marquer l'ambivalence du désir et du refus, l'accès fulgurant à l'inconscient ou l'aveugle résistance de l'inconscient. » [1]

1. Joëlle de Gravelaine, *Le Retour de Lilith, la Lune noire,* Editions de L'Espace bleu, 1985.

La première femme d'Adam

Lilith, selon la tradition hébraïque, fut la première femme d'Adam. Le récit de la *Genèse* conservé dans la Bible présente Eve comme la seule compagne de l'homme, mais le *Zohar,* puisant à des sources non expurgées, explique comment l'être humain primordial fut créé androgyne, mâle et femelle :

« Dieu fit l'homme parfait. Il le forma mâle et femelle et la femelle comprise dans le mâle. Remarquez que dans l'abîme d'en haut existe une femelle qui est la plus terrible de tous les mauvais esprits ; elle porte le nom de Lilith et elle fut la première à se présenter à Adam. Lorsque Adam fut créé et que son corps fut achevé, mille esprits du côté gauche accoururent et chacun voulut le pénétrer mais n'y parvenait pas. Dieu les chassa. Adam, en attendant, était couché par terre, le corps dépourvu d'esprit et le visage jaune ; et tous les esprits faisaient cercle autour de lui. »

Adam est encore le « glébeux », un corps sans vie qui attend de recevoir le souffle de l'esprit pour naître. Mais de quel esprit ? Les « mille esprits du côté gauche » correspondent aux « esprits femelles » qui, avant d'être chassés par Dieu, ont tenté de pénétrer le corps d'Adam. Le *Zohar* précise en effet :

« Tous les esprits sont créés, unis par groupes de deux : un esprit mâle et un esprit femelle. Au moment de descendre sur la terre, ils se séparent et suivent chacun sa voie. Si l'homme le mérite, l'union se rétablit, les époux se retrouvent à jamais inséparables. Les âmes mâles sont issues du côté droit de Dieu, les âmes femelles du côté gauche. »

Mais Lilith, cette « femelle qui est la plus terrible de tous les mauvais esprits », et qui fut « la première à se présenter à Adam », a-t-elle été chassée aussi ? Le *Zohar* poursuit :

« C'est à ce moment que Dieu dit : "Que la terre produise des animaux vivants." La femelle conçut le mâle et enfanta l'esprit d'Adam composé des deux côtés de manière convenable. C'est pourquoi l'Ecriture dit : "Et il souffla dans ses narines l'âme vivante." Lorsque Adam se leva, il avait la femelle unie à lui. L'âme sainte (Neschama) séjournait tantôt du côté mâle, tantôt du côté femelle et elle suffisait à cette besogne, attendu qu'elle émane elle-même des deux côtés, du mâle et de la femelle. »

Cette partie du récit est très allusive. Toutefois, suivant la tradition, il est légitime de distinguer entre l'« esprit » et l'« âme » d'Adam. L'âme sainte, la Neschama, insufflée par Dieu, à la fois mâle et femelle, donc parfaite, habite les deux côtés d'Adam. L'esprit, en revanche, vient de « la femelle ». Mais de quelle femelle, sinon justement de Lilith, l'« esprit mauvais » ? Adam, à sa naissance, aurait donc eu en lui une âme divine et un esprit démoniaque.

C'est à ce moment qu'intervient la séparation entre les deux côtés mâle et femelle, la perte de l'androgynat primordial :

« Ensuite, Dieu fendit Adam, en sépara la femelle et il prépara la femelle, telle qu'on prépare une fiancée et qu'on la pare pour l'introduire sous le dais nuptial. »

Une fois encore, quelle est cette « femelle » que Dieu désire « séparer » d'Adam, sinon Lilith, l'esprit mauvais ? Le *Zohar* confirme :

« Aussitôt que Lilith vit cela, elle prit la fuite et se sauva au-delà des mers où elle se tient constamment, prête à fondre sur le monde. »

Lilith, la démone, la rebelle, la « femelle » ayant préféré s'enfuir « au-delà des mers » plutôt que de se contenter d'être la « fiancée » d'Adam, c'est-à-dire la femme soumise à l'homme, serait ainsi la « moitié d'orange » d'Adam, son âme sœur en exil, ou plus exactement son esprit rebelle... Ce n'est qu'après sa déroute que Dieu aurait donné à Adam une autre compagne, Eve. Ce point est toutefois contesté par les rabbins rédacteurs du *Zohar :*

« Dans les livres anciens, il est dit que Lilith a pris la fuite devant Adam avant la formation d'Eve. Mais nous n'acceptons pas cette théorie. D'après notre tradition, Lilith n'a pris la fuite qu'après qu'Adam fut uni à son épouse de manière convenable. C'est alors seulement qu'elle a fui au-delà des mers d'où elle reviendra un jour affliger le monde. »

Ce que Lilith a refusé, c'est d'être séparée de l'homme pour lui être ensuite soumise. Sa rébellion à Adam et à Dieu peut s'expliquer par une sorte de « revendication féministe » — Lilith est l'égale d'Adam, et ne peut pas être dominée par lui. Mais il y a une autre raison plus essentielle : par la séparation de l'androgyne primordial, Dieu inflige à sa créature une blessure cruelle, une amputation d'une partie de soi-même. De parfait, entier, achevé, « divin », Adam devient scindé, divisé, « dia-bolisé ». Ce que Lilith (l'« esprit ») refuse, c'est la perte de l'unité divine. C'est pourquoi elle s'oppose, après en avoir été détachée « par l'esprit », à s'unir à Adam « par la chair ». Partie intégrante de l'homme, elle ne voit pas pourquoi elle deviendrait « sa » femme. Elle préfère épouser Samaël, Satan, le diable, en attendant le jour où elle « affligera le monde », pour se venger de Dieu.

*
* *

Un autre texte hébraïque, l'*Alphabet de Ben Sira,* fournit d'autres indications sur les raisons de la fuite de Lilith, après qu'elle fut devenue la compagne d'Adam. Elle accepta dans un premier temps de s'accoupler à l'homme, mais à condition de le dominer, c'est-à-dire en se plaçant sur lui dans l'union amoureuse. Mais Adam refusa cette sujétion, et voulut à tout prix avoir le dessus, en la forçant à pratiquer une position « classique », plus connue sous le nom de « missionnaire ». Lilith se dégagea et, après avoir prononcé le nom de l'« Ineffable », à savoir le nom interdit de Yahvé, elle déserta le foyer conjugal.

Adam, pour faire valoir ses droits d'époux, se tourna alors vers le Tout-Puissant, qui entendit sa requête et envoya trois de ses anges à la poursuite de l'infidèle. Ces anges ont des noms imprononçables : Snwy, Snswy et Smnglf. Dans le *Talmud,* ils sont nommés Senoï, Sansenoï et Sanrangloph. Les voici qui s'envolent au-dessus de la mer Rouge, où s'est réfugiée Lilith, et la menacent de faire périr cent de ses enfants chaque jour si elle ne rentre pas illico au bercail. Mais Lilith s'obstine, et elle devient, aux côtés de Samaël, la reine des forces du mal, opposée à la création divine.

*
* *

Lilith est souvent représentée sous la forme d'une femme-serpent, au corps couvert d'écailles. Parfois elle est assimilée au serpent de la Genèse, qui est aussi le serpent de l'initiation. Lilith, l'« esprit rebelle », figure en effet le modèle de l'initiatrice, du serpent tellurique, et aussi de la Grande Déesse Mère telle qu'elle fut adorée dans l'Egypte ancienne ou dans la religion minoenne, en Crète, jusqu'en 1500 avant J.-C.

La Kabbale rapporte une autre légende liée à Lilith : lorsque Dieu façonna son corps, après celui d'Adam, il se trouva à cours de matière au moment de fabriquer son cerveau. Pour remédier à cela, il enleva les parties génitales de leur emplacement naturel (rendant Lilith impropre à la fécondation) et les greffa à la place du cerveau, transférant la sexualité de la démone sur un plan purement psychique.

Parfois, Lilith est symbolisée avec un vagin denté au milieu du front, au niveau du troisième œil. Lilith féconde par l'esprit, et non par la chair (contrairement à Eve, la « vivante »), ce qui la rend d'autant plus redoutable et castratrice (le vagin denté). L'« hécatombe » de cent de ses enfants chaque jour (d'où est tiré le nom de la déesse lunaire « Hécate », avatar de Lilith) font d'elle une dévoreuse d'enfants, une avorteuse. L'une de ses fonctions n'est-elle pas de tuer les nouveau-nés lorsque ceux-ci sont possédés par des « âmes perdues » ? Ces âmes damnées deviennent alors la propriété de Lilith et de Samaël.

Dans sa position de dominatrice, Lilith est avant tout une femme « phallique », dont le vagin castrateur au milieu du front est parfois remplacé par une corne. Elle devient licorne, animal fabuleux dont on dit qu'il était androgyne. Elle est la « Dame à la licorne », telle qu'elle apparaît dans la tapisserie du même nom achevée en 1513, et exposée au musée de Cluny.

Lilith est également un symbole de concupiscence et de possession sexuelle diabolique. Le *Zohar* raconte :

« La voix de certaines femmes s'unit parfois à celle du mauvais serpent, pareil à l'accouplement des chiens : et de cette union naît un monstre diabolique (...). Ô malheur à celle à qui pareille chose arrive ! Voilà comment les hommes courent à leur perte sans s'en douter ! Lorsque la voix d'une femme s'accouple avec celle du mauvais serpent, la coupable et l'impie sort de son antre appelé « Haine » et parcourt le monde. Quand elle aperçoit une des femmes mentionnées, elle la chauffe et de cette chaleur la femme conçoit ; elle devient enceinte par l'opération du mauvais esprit (...). Dès que Lilith entend la voix d'une femme, elle se met à rôder à la porte de son sein (tel un chien qui rôde autour d'une porte de maison) avec l'intention de rendre la femme enceinte. »

Mais Lilith ne se contente pas de s'en prendre aux nouveau-nés et aux femmes enceintes ; elle s'immisce, comme démon succube, dans les rêves des hommes endormis et leur suggère des désirs érotiques ayant pour conséquence une pollution nocturne. Cette semence gaspillée engendrera des légions de démons.

De même, avant de s'accoupler à sa femme, tout homme doit, selon la tradition talmudique, conjurer Lilith afin qu'elle ne « vole » pas sa semence pour engendrer des diables. Voici les paroles qu'il doit adresser à la démone avant d'honorer son épouse :

Dans un doux vêtement de velours, es-tu
ici ?
Arrête ! Arrête !
N'entre et ne sors pas !
Rien de toi, et rien en toi !
Retourne, retourne, la mer gronde,
Ses vagues t'appellent
Mais je saisis le Yod (le phallus)
Je suis gardé par le Saint Roi.

La femme phallique, la goule et le culte des déesses mères

Le mythe de Lilith, femme dominatrice et rebelle, vampire et goule, se rencontre dans d'autres mythes anciens. On la trouve notamment associée à l'archétype de la Grande Déesse Mère, l'Alma Mater, terrienne et tellurique, liée aux rites de mort et de fécondation. La Grande Mère des origines, Gaïa, la Terre, est l'égale du Père, Ouranos, le ciel, dans la création de toute chose. Elle est celle qui donne la vie et qui la reprend, gardienne du passage qui conduit à la vie (la naissance) ou qui mène aux enfers (la mort). Son sexe et son ventre sont des métaphores du monde souterrain, séjour des morts (elle est alors Perséphone, la gardienne des enfers) et lieu de gestation et de fertilité (elle devient

Déméter, déesse des moissons). Elle est l'intermédiaire obligée entre ici-bas et le monde d'en bas ; entre l'intérieur et l'extérieur. Elle est la gardienne du seuil, à l'instar du dragon, du chien Cerbère, du diable maître des enfers. Gardienne de la vie et de la mort, elle est tour à tour nourricière et cruelle, toute-puissante face au Tout-Puissant.

*

* *

Dans l'Egypte ancienne, la déesse Isis agit de la même façon que Lilith. Celle-ci, en prononçant le nom secret de Yahvé, s'affranchissait de son pouvoir sur elle. De même, Isis, refusant d'être sous la domination de Râ, le dieu solaire et masculin, plaça un serpent venimeux sur sa route. Râ fut mordu, et ressentit une horrible souffrance, dont Isis était la seule à connaître le remède. En échange de la guérison, elle voulut savoir le nom secret de Râ, son « nom de pouvoir ». Il répondit qu'il s'appelait Khépri le matin, Râ à midi et Atoum le soir. Mais Isis n'ignorait point ces noms, et ils n'étaient pas le « nom de l'Ineffable ». Torturé par la douleur, Râ finit par lui livrer son nom secret, ainsi que ses deux yeux, le Soleil et la Lune. Râ perdit alors sa puissance ; Isis s'en empara, avant de la léguer à son fils, Horus.

Isis est une déesse-sorcière, dotée de pouvoirs magiques considérables. Détentrice du secret de la vie, elle s'affirme comme une déesse mère dont la puissance est supérieure à celle des dieux masculins. Elle incarne le symbole du matriarcat.

Le mythe d'Isis et d'Osiris illustre bien cette supériorité de la déesse. Osiris, époux d'Isis, fut tué traîtreusement par son mauvais frère Set, qui dispersa ses membres aux quatre coins de la terre pour empêcher Isis de lui rendre la vie. Mais la déesse prit la forme d'un vautour, et parvint à reconstituer le corps de son époux en retrouvant un à un les membres épars. Elle le ressuscita alors de son souffle en agitant ses ailes devant son visage. Sorcière et démiurge, Isis est la maîtresse du *changement :* elle a le pouvoir de se métamorphoser (ici, en vautour), de reconstruire ce qui a été détruit, de faire passer de la mort à la vie.

*
* *

Dans le panthéon indien, la Mère universelle, Durga, se présente sous deux aspects, l'un clair, l'autre ténébreux. L'aspect noir est incarné par la déesse terrifiante Kali, sorcière à la peau sombre et aux dix bras armés d'épées, dont la tâche est d'anéantir les démons qui menacent l'ordre cosmique en leur coupant la tête. Destructrice des formes et des couleurs, Kali la noire est un symbole de la fécondité, de la mort et de la renaissance.

*
* *

Hécate est l'équivalent grec de la Lilith hébraïque. Déesse chthonienne de la fertilité et de la mort, elle est associée à la Lune, et à ce titre considérée comme « porteuse de Lumière ». Elle est donc, avec Lilith, le complément féminin du Lucifer porteur de Lumière. On représente souvent Hécate avec trois visages (tout comme le Lucifer de Dante), postée à un carrefour d'où son regard foudroie les voyageurs imprudents. Associée dans un premier temps à Déméter, déesse de la fertilité, elle s'identifie, aux alentours du Ve siècle avant J.-C., à Perséphone, gardienne des enfers. Déesse de la mort, elle rôde dans les cimetières, précédée d'une meute de chiens hurlants. Dotée, comme Isis, du pouvoir de métamorphose, elle se transforme elle-même en chienne. Depuis l'Antiquité, Hécate la sorcière est la protectrice des magiciennes.

*
* *

Lilith, c'est également la déesse Circé qui, dans *l'Odyssée* d'Homère, a le pouvoir, grâce à ses philtres magiques, de métamorphoser les compagnons d'Ulysse en porcs.

On la retrouve également dans le personnage de Médée, nièce de Circé et petite-fille du Soleil, prêtresse d'Hécate, qui a appris à préparer les poisons et à favoriser ou contrarier les forces de la nature. Elle détient notamment une plante secrète, le *prométhéion,* né du sang de Prométhée. Avec cette plante, elle fabrique un onguent magique qu'elle offre à son amant Jason, parti à la conquête de la Toison d'or. En effet, l'onguent élaboré avec le sang de Prométhée permettra à Jason de se prémunir contre le souffle de feu du dragon préposé à la garde de la Toison. On retrouve ici les mythes de Lucifer et de la quête du Graal.

*

* *

Enfin, l'érotisme de Lilith est fondé sur le mépris de la sexualité masculine et la reconquête de la fonction phallique. C'est un érotisme trouble, souvent pervers, parfois sadique, qui renvoie aux mythes du vampire, de la goule et de la succube.

Le sang et la sexualité sont intimement liés chez Lilith ; sa connaissance des drogues et des plantes lui confère le pouvoir de séduire, ou plus exactement d'enchanter les hommes qui passent à sa portée, comme la magicienne Kundry qui, dans *Parsifal,* l'opéra de Wagner, tente d'enjôler le héros pur dans le jardin des Filles-Fleurs, afin de l'empêcher de reconquérir la lance sacrée permettant de guérir la blessure d'Amfortas, grand prêtre du Graal.

Troisième ange rebelle :

Lucifer, l'orgueil et la licence

« Et le troisième Ange sonna... Alors tomba du ciel un grand astre, comme un globe de feu. Il tomba sur le tiers des fleuves et sur les sources ; l'astre se nomme "Absinthe" : le tiers des eaux se changea donc en absinthe, et bien des gens moururent, de ces eaux devenues amères. »

(*Apocalypse,* 8, 10-11).

1

Triple suicide à la Wicca

Le 21 mars 1995, équinoxe de printemps et jour de l'an païen, commencement de l'an 56 231 de l'ère luciférienne, est à marquer d'une pierre noire pour tous les membres de la Wicca française, cette secte se réclamant de l'ancien paganisme et du luciférisme, dont les locaux se tenaient dans un petit pavillon mal tenu du Kremlin-Bicêtre, en proche banlieue parisienne.

Ce jour-là, ou plutôt cette nuit-là, le sabbat traditionnel qui, comme chaque année, réunissait les adorateurs de l'ange rebelle, fut placé sous le signe du deuil. Six jours plus tôt, le 15 mars, la Grande Prêtresse de la Wicca, Diane Luciféra, alias Nicole Letellier, âgée de quarante-six ans, s'était donné volontairement la mort en se tirant un coup de fusil à pompe dans la tête. Son corps avait été trouvé par son compagnon, Jack Coutela, âgé de soixante-dix ans, Grand Prêtre de la secte, et leur fille « adoptive et spirituelle », Dominique Dessaux, vingt-huit ans.

Le 21 mars, les plus hauts dignitaires de la Wicca, dont certains étaient venus spécialement de l'étranger, se retrouvèrent dans le petit pavillon du 6, rue Danton, au Kremlin-Bicêtre, pour introniser la nouvelle Grande Prêtresse désignée par Jack Coutela : Dominique. Ce choix n'eut pas l'heur de plaire à tout le monde : la jeune femme n'avait été initiée que récemment aux rituels magiques de la Wicca, et elle ne pouvait être considérée comme sorcière à part entière. Le ton monta. Certains en vinrent presque aux mains. Mais Jack Coutela trancha : « Ce qui est décidé est décidé. Ce soir doit avoir lieu le grand sabbat : je demande à ceux qui le désirent de me rejoindre dans l'occultum pour se réconcilier en fêtant l'arrivée du printemps. »[1]

Dans l'occultum, pièce sombre aménagée au premier étage du pavillon, tendue de draperies noires frappées de signes kabbalistiques et d'invocations démoniaques, faiblement éclairée par des cierges et surchargée de vapeurs d'encens, les adeptes se déshabillèrent en silence et, entièrement nus, ils se prirent par la main autour du cercle magique. Généralement, ces sabbats dégénèrent en orgies, mais ce soir-là les lucifériens se trouvaient encore sous le choc de la mort de Diane, et n'avaient pas le cœur à l'ouvrage. On se sépara plus tôt que d'habitude.

Deux jours plus tard, le 23 mars, Jack Coutela et Dominique Dessaux se suicidèrent à leur tour dans le grenier du pavillon de brique rouge. On les découvrit pendus côte à côte. S'ils choisirent la corde plutôt que l'arme à feu — Jack Coutela possédait un P 38, un Mauser et un fusil Manhurin, tous chargés en permanence, car il se méfiait des « intégristes » — c'est parce que la pendaison est, paraît-il, la mort la plus douce. Au moment de passer, on ressent un orgasme sexuel très puissant. Et les membres de la Wicca aimaient passionnément le sexe...

*

*   *

Ce triple suicide, à quelques jours de distance, frappe de plein fouet cette secte qui se réclamait, il y a peu, d'un millier d'adeptes en France, et de plusieurs millions dans le monde. Va-t-on assister, chez les survivants, à une épidémie de suicides collectifs, comme ce fut le cas avec le Temple du Soleil, la secte néo-templière de Luc Jouret ?

Pour le savoir, il faudrait connaître les causes exactes de ces suicides. Or, il semble bien qu'un suicide collectif était en effet pressenti de longue date. Mais il ne devait avoir lieu... qu'en 1999, date prévue de l'Apocalypse. Devant l'état de santé de Diane, Jack et Dominique avaient proposé d'avancer la date de leur « départ » à 1996. Mais la pauvre Diane, qui avait fait plusieurs séjours en

1. Cf. Philippe Carlin, « La Confession des gourous sataniques », dans *Le Figaro* du 29 mars 1995.

hôpital psychiatrique et dont Jack était le tuteur légal, n'eut pas la force de tenir jusque-là. Mais pourquoi choisit-elle de partir seule, un an avant la date prévue, sans ses compagnons ?

Il semble bien que la goutte d'eau qui fit déborder le vase fut l'émission de télévision de TF1 « J'y crois, j'y crois pas », animée par Tina Kieffer, et consacrée le 10 mars 1995 au thème du diable et du mauvais sort. Le trio de lucifériens était présent sur le plateau mais, faute de temps, aucun des trois n'eut l'occasion de prendre la parole. Après une harangue extrêmement violente de Dominique Dessaux, ils quittèrent l'émission à grand fracas, non sans avoir adressé un bras d'honneur à la caméra.

Que s'est-il passé alors dans l'esprit dérangé de Diane ? A l'écran, elle donnait l'image d'une femme au regard éteint, aux cheveux gris et ternes, à l'air triste, vieille avant l'âge. Après avoir tiré sa révérence en direct, à défaut d'avoir pu, une dernière fois, exprimer sa foi luciférienne, a-t-elle décidé de faire un ultime bras d'honneur à la vie en se tirant une balle dans la tête ?

*

* *

Oui, décidément, le petit monde des lucifériens est en deuil. Le 17 octobre 1994, Yul Rugga, le Grand Prêtre de la Wicca occidentale, ou Cercle initiatique de la Licorne, l'association rivale de la Wicca française de Jack et Diane, est mort subitement d'une hémorragie. Certains lucifériens parlèrent d'un envoûtement de mort, commandé par les membres de la Wicca française, avec la complicité de certains adeptes du Cercle de la Licorne qui cherchaient à prendre la place du Grand Prêtre. Cet envoûtement de mort aurait été suivi d'un « choc en retour », provoquant ainsi le triple suicide du Kremlin-Bicêtre. D'autres évoquèrent aussi l'éventualité d'assassinats et de règlements de comptes maquillés en accidents et en suicides.

Qu'ils appartiennent à l'une ou l'autre association, les lucifériens ne dorment plus tranquilles depuis quelque temps.

*

* *

Le monde des lucifériens est en deuil. Le 21 juin 1991, jour du solstice d'été, le sorcier Octave Sieber s'est éteint lui aussi. Il n'appartenait à aucune secte, mais il avait popularisé une certaine image du luciférisme. Servi par un physique inquiétant, oscillant entre Dracula et Frankenstein, il imposait sa silhouette démesurée dans les pages des magazines grand public et sur les plateaux de télévision. Voulait-on filmer un rituel à Lucifer ou entendre un authentique sorcier intervenir en direct ? Octave Sieber répondait toujours présent. Avec sa voix d'outre-tombe, son visage en lame de couteau et ses bagues à chaque doigt, il effrayait tout le monde tout en faisant grimper le taux d'audience...

*

* *

Octave, Yul, Diane, Jack, Dominique... Les principales têtes d'affiche du luciférisme en France ont disparu en quelques années. Hasard ? Complot ? Magie noire ? Signe des temps ? On peut se poser la question. On peut aussi se demander à qui profite leur départ.

Car il s'agissait bien de lucifériens, non de satanistes. La différence est de taille. Les lucifériens sont avant tout des rebelles, des provocateurs, des empêcheurs de tourner en rond. Des anarchistes mystiques, en quelque sorte. Ils ne croient pas au diable, mais en l'Homme-Dieu. Les satanistes, en revanche, croient au diable et au mal.

Les lucifériens cherchent la satisfaction de tous leurs plaisirs, à condition que cela ne nuise pas à autrui. Les satanistes, à l'inverse, n'éprouvent de jouissance que dans le fait de nuire à autrui.

Enfin, les lucifériens n'ont jamais tué personne.

Les satanistes, si.

L'éviction des principaux représentants des sectes lucifériennes en France pourrait augurer d'un développement des sectes sataniques, encore marginales chez nous, mais très importantes aux Etats-Unis.

L'effacement de l'ange rebelle, de l'ange porteur de Lumière, risque de laisser la place au démon du mal, au Prince de Sang, Satan.

*
* *

Octave Sieber, Yul Rugga, Diane Lucifèra, Jack Coutela... Je les ai tous connus et fréquentés, ainsi que Catherine Lysa, Hécate, tant d'autres encore... J'ai parlé avec eux, j'ai assisté à leurs rituels, j'ai essayé de comprendre leur façon de penser et de vivre. La question que je me posais était : comment peut-on adorer Lucifer ? Pourquoi décide-t-on de s'adonner à un culte pareil, à contre-courant de nos croyances les plus ancrées ? Comment devient-on luciférien ?

Les lucifériens ont le diable au corps

Chez les adorateurs contemporains de l'ange porteur de Lumière, la licence et le débordement des sens priment souvent la recherche ésotérique. Force est de constater que le luciférisme est aujourd'hui davantage une manière de « s'envoyer en l'air » tout en provoquant son prochain qu'un authentique choix philosophique.

De nos jours, certains rituels érotiques inspirés de la magie sexuelle ont survécu au développement de l'épidémie du sida, dont le spectre fait autrement peur que celui du diable. Aussi, ne se pratiquent-ils plus dans une débauche collective, mais en petits comités restreints. C'est ainsi que la Wicca française a toujours encouragé le rapprochement entre les sexes, de préférence en tenue adamique, afin de mieux « libérer les énergies ».

Citons, pour l'exemple, quelques-uns des articles du règlement intérieur de l'association :

« Art. 29 : Avant d'être admis, par le *baptême mineur* ou *majeur,* le néophyte devra avoir un long entretien avec la Grande Prêtresse et le Grand Prêtre, parfois avec les deux réunis.

Art. 30 : Au cours de cet entretien, le néophyte sera encouragé à découvrir le plus rapidement possible un *complément astral* destiné à travailler avec lui. Ce complément astral sera de sexe opposé, mais une dérogation pourra exister devant les cas d'homosexualité masculine ou féminine. Toutefois, même face à cette éventualité, le baptême majeur sera accordé par la Grande Prêtresse pour un homme et par le Grand Prêtre pour une femme.

Art. 31 : Au cours de l'entretien cité dans l'article 29, le néophyte décidera s'il désire recevoir le baptême mineur ou majeur. Toutefois, si une ou un postulant choisit le baptême mineur, il pourra ultérieurement recevoir le baptême majeur, s'il en décide qu'il en soit ainsi, même après plusieurs mois d'appartenance à la Wicca. Dès lors les portes de la maîtrise lui seront ouvertes.

Art. 32 : La différence existant entre le baptême mineur et le baptême majeur est essentiellement d' *ordre sexuel.*

Le premier est une *renonciation* aux superstitions, l'autre est une *puissante passation de pouvoirs.*

Art. 33 : Si un couple se présente au baptême, il est tenu d'accomplir l'acte sexuel avec son complément astral, en présence de la Grande Prêtresse et du Grand Prêtre, afin de se concilier les forces supérieures, Lilith, Diane et Lucifer, prouvant ainsi qu'il a des relations sexuelles avec celui ou celle qui travaillera en sa compagnie. »

*

* *

La « renonciation aux superstitions » du baptême mineur consiste essentiellement en une réfutation du baptême chrétien au profit d'une soumission à Lucifer. Le néophyte doit lire la déclaration suivante, avant de la signer de sa main (à défaut de son sang) :

« Lucifer, mon Seigneur et Maître, je te reconnais pour mon Dieu, pour l'être suprême. Je te promets de t'obéir, de te servir tant que je vivrai. Je renonce à tout autre Dieu, à Jésus-Christ, à ses saints et à ses saintes, à l'Eglise apostolique et romaine, à tous ses sacrements, à toutes ses oraisons ou prières au moyen desquelles les suppôts de Jéhovah pourraient intercéder pour moi. Je te promets de faire tout le mal que je pourrai au pape, à ses vicaires et à ses fidèles, et d'y entraîner les autres avec moi. Je renonce au saint chrême, au baptême, et à tous les prétendus mérites de Jésus-Christ et de tous ses saints.

Si je cesse de t'adorer et de t'honorer, si je ne fais pas chaque jour l'offrande de mon corps et de moi-même, je te livre ma vie.

Fait en cette année...

En ce jour béni... »

*

* *

Dans le baptême majeur, le néophyte doit justement faire « l'offrande de son corps ». Il pénètre nu dans l'occultum et s'allonge à même le sol au centre d'un cercle magique autour duquel sont tracés les noms des entités infernales. Des cierges sont disposés tout autour et jettent sur les murs des ombres fantomatiques. La Grande Prêtresse, nue elle aussi, s'approche du néophyte et lui enduit le sexe d'une huile magique jusqu'à provoquer son érection. Elle le chevauche alors, à la manière de Lilith, qui ne tolérait que cette posture amoureuse. Si le postulant est une femme, c'est le Grand Prêtre qui officie alors.

Le nouveau baptisé se voit ensuite gratifié d'une *Encyclique de Lucifer,* dans laquelle on peut lire :

« Art. 2 : Lucifer est le seul créateur apportant aux hommes la *Lumière* et l'*Amour.* Il doit donc être reconnu par tous comme étant un être de *Bonté.*

Art. 3 : Par conséquent, toute tendance à interpréter Lucifer comme étant un "ange des ténèbres, adorateur du mal, maître des enfers, ange noir, amateur de sang", sera jugé comme non conforme au dogme enseigné au sein de la Wicca.

Art. 4 : Par la volonté de Lucifer lui-même, les interprétations citées dans l'article troisième entraîneront pour leurs auteurs, non pas une vengeance (Lucifer ne possède aucune réaction de Jéhovah, puisqu'il est Amour et Bonté), mais son désintéressement total face à de telles profanations. De ce fait, Lucifer leur ôtera tout pouvoir, ainsi que sa protection, laissant les incriminés retourner aux errements de Jéhovah.

Art. 5 : La représentation féminine de Lucifer étant Lilith, celle-ci représentant l'amour sous toutes ses formes, la bonté et la protection matriarcale, il reste entendu que toute interprétation jugeant Lilith comme étant une "princesse des ténèbres, aimant le mal, reine des enfers, adoratrice de sang", entraînera ses auteurs aux mêmes conséquences que celles citées dans l'article quatrième, c'est-à-dire le désintéressement total de Lilith pour les auteurs de telles profanations, leur ôtant également tout pouvoir et sa protection.

Art. 7 : Les représentations de Lucifer et de Lilith sont lumineuses. En aucun cas elles ne doivent être jugées sombres ou seulement obscures, ayant un rapport quelconque avec le mal et la souffrance, puisque Lucifer et Lilith représentent la Lumière, l'Amour et la Bonté.

Art 10 : Pour notre bien à tous, pour la sérénité de notre culte, nous dégageant des indésirables (...), nous les rendons à Jéhovah avec toutes les conséquences que pourrait avoir l'avènement prochain de Lucifer et Lilith... »[1]

*

* *

Les néophytes potentiels qui souhaiteraient se faire une idée plus imagée de ces rituels lucifériens peuvent toujours se procurer l'une des trois cassettes vidéo réalisées par la Wicca française, et commercialisées par la société Défi, à Perpignan, spécialisée dans les magazines et films pornographiques. Le document publicitaire qui vante les mérites de ces œuvres audiovisuelles est sans ambiguïté :

« *Cassette n° 1 — Sabbat et sorcellerie :* Il existe exactement huit Sabbats au cours de l'année. Il s'agit de fêtes joyeuses. Des corps nus de femmes et d'hommes dansent des rondes à la lueur d'un feu de joie. (...) Vous verrez le "baiser des sorciers" accordé à la prêtresse, vous assisterez à cette vénération, les lèvres se posant sur les pieds, le sexe, les seins de l'officiante. »

« *Cassette n° 2 — Envoûtement et désenvoûtement :* Vous verrez des sorciers nus pratiquer les rituels les plus anciens. Vous entendrez des personnes revenues des limites de la folie et de la mort expliquer comment la Wicca a pu leur rendre toutes les joies de l'existence. Pour la première fois, on vous expliquera comment, grâce à ce film, vous pourrez chasser les maléfices de votre maison grâce à votre téléviseur. »

1. Cité par Gilbert Picard dans *L'Enfer des sectes,* Fleuve noir, 1984.

« *Cassette n° 3 — Retours d'affection :* Pratiqués dans la nudité absolue, tous ces rituels, venus du fond des âges, vous sont expliqués sans aucun tabou. Des corps libres et libérés vous expliquent ce que nulle part ailleurs on avait dit. »

Pour illustrer ces programmes alléchants, une photographie montre le Grand Prêtre Jack Coutela, moustache en brosse et sourire égrillard, en train d'étreindre une ravissante sorcière nue, aux charmes généreusement exposés. Une légende précise : « Nudité et sensualité obligatoires ». Enfin, à la manière des « produits verts », lessives ou détergeants non toxiques ou essences non polluantes, la publicité apporte cette garantie qui ravira tous les amoureux de la nature et les défenseurs de l'environnement : « La sorcellerie se veut naturiste et écologique, ouverte librement à toutes les sexualités. »

*

* *

C'est en 1989 que je suis allé rendre visite à Jack Coutela et Diane Luciféra dans leur pavillon du Kremlin-Bicêtre. Le bâtiment, datant du siècle dernier, était précédé d'un court jardin laissé à l'état sauvage, séparé de la rue par d'épaisses grilles. En pénétrant dans le salon, tendu de tapisseries désuètes où s'affichait un poster géant de Marilyn Monroe, une odeur tenace d'urine rancie m'avait saisi aux narines. Cette insupportable odeur provenait des chats, des dizaines de chats qui s'ébattaient en liberté dans tous les coins et faisaient leurs besoins dans du papier journal posé à terre. « Les chats sont attirés par les radiations négatives », avait remarqué Diane Luciféra, la Grande Prêtresse, élue jadis reine des sorcières sur l'île de Man.

Diane était avare de paroles, de gestes et de sourires. Ses cheveux noirs commençaient déjà à grisonner. Elle vieillissait mal. Son visage était de cire, aucune émotion ne pouvait s'y lire. Elle paraissait toujours s'ennuyer profondément. Son regard fixe et glacé avait de quoi mettre mal à l'aise. Se déridait-t-elle davantage à l'occasion des baptêmes majeurs ? On m'a rapporté que non.

Si Diane s'enfermait dans son mutisme, Jack était au contraire un bavard impénitent. Il tenait des monologues ininterrompus dans lesquels les considérations philosophico-magiques se mélangeaient aux menaces :

— Faites bien attention !, me lança-t-il en guise de bienvenue. Nous intentons des procès à quiconque parle de la Wicca sans notre autorisation. Le sigle est déposé !

Il m'expliqua que « Wicca » est un ancien mot celte dérivant de l'anglo-saxon *witchcraft,* qui signifie sorcellerie. Cette religion néo-paganiste, qui se réclame de Lucifer, Lilith ou du Dieu Pan, regrouperait quelque deux millions d'adeptes aux Etats-Unis et 500 000 en Grande-Bretagne. Avec à peine un petit millier de membres ou sympathisants, la Wicca française faisait à côté pâle figure. Mais qu'importe ! Il se trouvait toujours assez de participants pour animer les sabbats ou les cérémonies d'initiation, qui avaient lieu dans l'occultum magique du Kremlin-Bicêtre où l'on récitait la prière à Lucifer :

« Seigneur Lucifer tout-puissant, qui éclaire les hommes venant en ce monde, éclaire donc la cécité de notre cœur et attire-nous dans le feu de ton amour saint et très suave, donne-nous une foi droite, une espérance assurée, une charité parfaite et toutes les autres vertus, par lesquelles l'intelligence te craint et tes préceptes seront tous observés dans l'amour, et lorsque arrivera la limite de nos jours mortels, ne manque pas de nous envoyer Lilith pour tout effacer dans l'amour et nous arracher à Jéhovah, afin que, nous réjouissant en compagnie de tes entités, nous jouissions d'une paix parfaite et que tu nous appelles à ta droite, Lucifer. » [1]

En glissant une corde autour de son cou, dans son grenier désaffecté, Jack Coutela s'est-il souvenu de cette prière ? Lilith est-elle venue le prendre dans ses bras ?

*

* *

Jack Coutela me raconta ensuite comment se déroulait un « baptême luciférien ». Les futurs initiés, entièrement nus, devaient venir embrasser, à l'exemple sans doute des anciennes cérémonies templières, les pieds, les genoux, le ventre, les seins et le front de Diane

1. Diane Luciféra et Jack Coutela, *Douze leçons de magie pratique,* Guy Trédaniel Editeur, 1987.

qui, en « costume céleste », se tenait devant l'autel, jambes écartées, croisant deux poignards au-dessus de sa tête. Ce qui se passait ensuite dépendait de l'ambiance et de la qualité des « compléments astraux » avec lesquels les initiés étaient venus. En tout cas, ce n'était pas le règlement intérieur de l'association qui interdisait les ébats :

« Art. 37 : La règle fondamentale exige que toute pratique se fasse dans la nudité absolue, sans honte, sans gêne, sans pudeur.

Art 38 : Si, au cours d'une cérémonie, un membre éprouve un désir sexuel envers son complément astral, il peut librement exprimer son désir et accomplir l'acte dans le cadre même du rituel car Lucifer honore et protège ceux qui s'adonnent à la sensualité publique.

Art. 62 : En ce qui concerne les sous-vêtements, il faut en éviter l'usage dans la mesure du possible. Le port du slip chez la femme est en contradiction avec la magie elle-même, ainsi que le port du pantalon pour les membres du sexe féminin, leur sexe absorberait les entités et nuirait à leurs pouvoirs. »

Jack Coutela me cligna de l'œil :

— Chez nous, les femmes ne portent jamais de culottes. C'est une simple question d'hygiène spirituelle !

*

*   *

Pourquoi une telle importance accordée au sexe et à la nudité ? Dans un de leurs ouvrages, le couple luciférien apporte quelques précisions :

« Une femme est beaucoup plus sensible que l'homme, souvent elle est plus réceptive et donc médium. Inversement, l'homme constitue généralement un excellent émetteur, mais il lui manque un support, c'est alors la femme qui en tient lieu. »

Et plus loin :

« Ce qui perd chaque jour les cultes judéo-chrétiens, c'est d'avoir oublié, dans la tradition, cette nécessité d'avoir deux polarités différentes, pour mener les travaux à bonne fin.

Les préjugés sexuels ont amené des complexes ridicules et ont fait perdre aux humains une grande partie de leurs pouvoirs, ceux qui, précisément, les plaçaient si près des Forces créatrices. »[1]

*

* *

Jack et Diane, eux, n'avaient aucun préjugé, du moins l'affirmaient-ils. Mais qu'est-ce qui se cachait au juste derrière les références lucifériennes de la Wicca ? Un véritable groupe initiatique ? Un club de rencontres un peu épicées ? Ou bien un canular perpétré depuis des années par une poignée de farceurs anticléricaux ? Sans doute ces trois aspects devaient coexister. Mais j'imagine que la part du jeu et de la licence sexuelle était la plus importante. Et ce jeu exigeait de l'énergie, une certaine jeunesse de corps et d'esprit, un certain goût de la vie. Un jour, Diane et Jack se sont trouvés trop vieux ou trop usés pour continuer leurs galipettes avec Lucifer et Lilith. Alors, ils ont décidé de faire l'amour avec la mort, entraînant avec eux leur jeune adepte. Le sexe luciférien se termine tristement.

1. Diane Lucdiféra et Jack Coutela, op. cit.

2

Les amoureux de Lucifer

Yul Rugga et le Cercle initiatique de la Licorne

En 1983, un groupe de lucifériens réformateurs, jugeant que la Wicca française s'éloignait de plus en plus de la véritable tradition celte, pour se cantonner dans les « menus plaisirs » d'alcôves, fit sécession afin de fonder un groupe rival, la Wicca occidentale, ou Cercle initiatique de la Licorne.

Le Grand Prêtre de cet ordre était un certain Francis Ceccaldi, Marseillais d'origine, qui avait préféré troquer son patronyme méditerranéen contre le pseudonyme de Yul Rugga, aux consonances nettement plus celtes.

Toujours botté de cuir, vêtu d'un pourpoint de velours noir sur lequel se balançait un talisman, accompagné en permanence de Stark, magnifique doberman au sourire carnassier, l'homme cherchait visiblement à impressionner, voire à inquiéter. En tout cas, ses agissements, occultes ou non, étaient depuis quelques années surveillés de près par les Renseignements généraux.

Cette surveillance s'était renforcée après la profanation du cimetière juif de Carpentras, en mai 1990. Yul Rugga fut longuement interrogé à ce sujet par la police, autant à cause de sa foi luciférienne que de son passé d'extrême droite. On apprit en effet que le Grand Prêtre du Cercle initiatique de la Licorne avait été un collaborateur notoire durant la Seconde Guerre mondiale, et qu'il avait été membre du PPF.[1] Considéré comme un sympathisant néo-nazi, antisémite et proceltique, adorateur du diable de surcroît, Yul Rugga incarnait assurément le suspect idéal. Cependant, le 8 mai 1990, jour de la profanation, il se trouvait, lui et ses adeptes, à des centaines de kilomètres de Carpentras, et cette piste s'effondra comme les autres.

S'il ne cachait pas ses opinions extrémistes, Yul Rugga se défendait formellement d'avoir jamais déterré un cadavre ni profané une tombe. Il préférait, en compagnie des autres sectateurs de la « vieille religion », rebaptisés Merlin, Bohémius, Anthéa ou Mélusine, organiser des fêtes païennes et de joyeux sabbats.

*

*   *

Lorsque je suis allé le voir en juin 1990 dans son appartement de la rue Philippe-de-Girard, siège de la Wicca occidentale, Yul Rugga me décrivit longuement l'un de ces sabbats, le plus important à ses yeux : celui qui se déroulait chaque année en forêt de Brocéliande (aujourd'hui, forêt de Paimpont) la nuit de la Saint-Jean, pour le solstice d'été :

— La « vieille religion », la Wicca, pourchassée depuis deux mille ans par la dictature judéo-chrétienne, voue un culte, non pas à une divinité lointaine, mais à la Nature, au Soleil, à la Lune et aux étoiles.

La nuit de la Saint-Jean, la plus courte de l'année, nous nous réunissons dans la forêt magique de Brocéliande, peuplée d'elfes, de lutins et de fées. Nous allumons de grands feux par-dessus lesquels nous sautons. Puis, nous mettons en scène une épreuve rituelle au cours de laquelle nous « chassons la Bête ».

La « Bête », c'est un de nos frères, un colosse musclé qui mesure plus de deux mètres de haut. Il se déshabille et enduit son corps d'huile, en conservant un simple pagne ceint autour des reins, puis il disparaît dans la forêt. Les autres frères et sœurs se dévêtent à leur tour, puis se lancent sur les traces de la « Bête ». Le but est de la retrouver, la défier, la combattre et lui arracher son pagne

1. *Le Nouvel Observateur* du 20 au 26 décembre 1990.

en signe de victoire. Chacun est ainsi amené à reconnaître et vaincre sa peur.

Terrasser la « Bête », ou le « diable », si vous préférez, est une épreuve initiatique qui existe dans toutes les sociétés traditionnelles. Même les chrétiens l'ont « récupérée » à travers l'iconographie de saint Georges ou saint Michel terrassant le Dragon...

Lorsque je demandai à Yul Rugga s'il croyait au diable, il partit d'un grand rire homérique, balayant d'un revers de manche un tel enfantillage. Il m'expliqua qu'il n'existait qu'un seul grand dieu cosmique, qui a pour nom Lucifer. Aux yeux d'un luciférien, le diable n'a pas plus d'existence que le père Fouettard dont on menace les enfants pour les rendre obéissants :

— Au Moyen Age, pour mieux asseoir son pouvoir sur les faibles, l'Eglise a donné toute son extension à la croyance au diable. Dans une grande confusion, soigneusement entretenue par les clercs, on mélangea le serpent de la Genèse, le bouc des sabbats et le vieux dieu celte Cernunos, aux cornes de cerf, dispensateur de la connaissance et tolérant à l'égard des amours de sa compagne, la Nature. C'est là que se trouve l'origine des fameuses « cornes du cocu » ! Toujours est-il que les gens d'Eglise ont amalgamé Lucifer et Satan à Cernunos, transformé en bouc !

Yul Rugga n'était pas avare d'informations concernant sa passion pour le celtisme et le luciférisme. Après notre rencontre, suivie de quelques autres à l'occasion de débats sur des plateaux télévisés, il m'abonna d'office au bulletin de liaison du Cercle initiatique de la Licorne, afin que je sois tenu au courant des activités réelles des adeptes de la Wicca. Il m'avait lancé :

— On raconte beaucoup de bêtises à notre sujet. On nous prend pour des satanistes ou des cinglés, alors que nous ne sommes rien d'autre que des païens. Peut-être aurez-vous un jour l'occasion de nous aider à rétablir la vérité.

Aujourd'hui, Yul Rugga est mort, et la Wicca occidentale bat de l'aile, car aucun adepte n'en est arrivé au degré d'initiation sorcière suffisant pour remplacer le Grand Prêtre défunt. Les elfes et les lutins de la forêt de Brocéliande vont se sentir bien seuls...

Octave Sieber, réincarnation de Lucifer

Lucifer a longtemps vécu à Paris. Je l'ai rencontré voici quelques années, avant sa mort. Pour l'état civil, il s'appelait Octave Sieber. Ce sorcier et médium, défenseur avec Jean-Paul Bourre du « Romantisme noir » et de la « philosophie luciférienne », fut surnommé voici une dixaine d'années le « pape des lucifériens ». Il logeait à l'époque dans un gigantesque duplex au-dessus de l'esplanade de Beaubourg, et menait grand train de vie. Puis, il connut une phase d'ange déchu : totalement ruiné, il se réfugia dans un minuscule et sordide deux pièces du boulevard de Charonne.

Je me souviens encore de notre première entrevue, en 1988. Je me vois encore monter les quatre étages sans ascenseur d'un petit immeuble borgne, situé dans une arrière-cour de ce boulevard du Paris populaire. En haut, je frappai à la porte sans sonnette. Une bonne minute d'attente. La porte s'ouvrit enfin. J'eus un choc : devant moi se tenait une sorte d'échalas filiforme, haut de plus de deux mètres, le visage suriné de cicatrices, le corps noyé dans une ample djellaba noire, zébrée de colliers, de colifichets et d'amulettes. D'une voix caverneuse, Lucifer-Sieber me pria d'entrer.

Chez lui, c'était un véritable bric-à-brac démoniaque, un magasin d'antiquités voué au bizarre : fauteuils à pieds de chimères et bras terminés par des têtes de griffons ; licornes en onyx et dragons en bois crachant leur feu ; baldaquin tendu de voiles et de draps noirs ; serpents et chouettes empaillés ; peau de bouc jetée sur le sol ; boules en cristal de Bohême ; têtes de mort ; figurines macabres ; effigies de diablotins ricanants ; peintures au mur, représentant des sorcières en rut et des Baphomets rugissants. Octave Sieber sourit :

— Vous aimez ma collection de diableries ? Hélas ! voilà tout ce que j'ai pu sauver de la saisie : il y a un an à peine, dans mon 200 m² de Beaubourg, je possédais de véritables trésors et donnais des fêtes gigantesques tous les soirs. J'avais voué Paris au plaisir pour l'éternité. Et à présent, c'est la ruine, presque la misère...

— Que vous est-il arrivé ?

— Le fisc, Monsieur, cette forme moderne de l'Inquisition, qui a effectué sur mes biens un redressement d'impôts de plusieurs milliards, sous le prétexte que je ne déclarais pas mes revenus. Mais je suis un artiste, moi, pas un comptable ! Ils m'ont tout pris : mon duplex, mes meubles, mes trésors... De plus, je dois leur verser de l'argent jusqu'à la fin de mes jours.

Tout à trac, mon hôte me lança :

— Mais, à propos, n'auriez-vous pas envie d'un grand verre de champagne ?

Lucifer me désigna deux fauteuils en osier, identiques à ceux qui furent immortalisés par le film *Emmanuelle,* me priant de m'asseoir dans l'un deux. Il me rejoignit avec un plateau en cuivre, qu'il posa sur une table située entre nous, surchargée de jeux de cartes, de pendules et autres accessoires divinatoires. Il fit sauter le bouchon de la bouteille de champagne et nous servit dans de gigantesques coupes en émail, sur lesquelles des faunes bondissants poursuivaient des nymphettes faussement effarouchées. Je goûtai le champagne : une très grande cuvée. Lucifer cligna de l'œil :

— Je suis ruiné, mais heureusement il me reste quelques admiratrices fidèles pour m'offrir du champagne ! Cela aide un peu à supporter la déchéance...

Des admiratrices ? Je regardai son visage blême et couturé, à l'ossature chevaline, ses cheveux hirsutes, dégarnis sur le crâne...

— Vous regardez mes cicatrices ? C'est à cause de l'opération de chirurgie esthétique que j'ai subie récemment...

— Vous avez eu un accident ?

— Non. Je me trouvais trop laid. Regardez ces photos...

Il me tendit des photos de lui avant l'opération : effectivement, il ressemblait encore plus à un mort-vivant.

Je l'interrogeai sur sa foi : pourquoi croire au diable plutôt qu'à Dieu ?

Avant de me répondre, il m'observa de ses petits yeux à demi fermés, l'air subitement grave. De sa main droite, il fit tourner un pendentif prolongé d'un pentacle qui lui descendait sur le devant de la poitrine, et qu'il utilisait comme pendule. Etait-il en train de me jauger ? Je remarquai qu'il portait des bagues à chacun des doigts de ses deux mains, puissantes et larges comme des battoirs. Ses avant-bras étaient encerclés de bracelets d'ivoire. J'avais devant moi un spectre harnaché de talismans, comme un vieux général le serait de décorations. Enfin, il se décida à me répondre :

— La foi est une idée judéo-chrétienne : elle est le signe d'un asservissement passif, d'une adoration résignée d'un dieu absurde que personne n'a jamais vu. Le luciférisme n'est pas une religion ni une Eglise, mais une éthique : si foi il y a, c'est une foi en l'Homme-Dieu, libre, jouisseur et maître de son destin.

Croire, pour moi, cela signifie croire en moi, avant tout, et croire aux pouvoirs des puissances occultes qui peuvent me servir et m'apporter richesse, puissance et bonheur dans ce monde, et non dans l'autre. La religion judéo-chrétienne est une pure escroquerie : si l'on vous frappe, tendez l'autre joue. Souffrez le plus que vous pouvez dans ce monde, vous en serez récompensés au centuple lorsque vous accéderez au paradis. Foutaises ! Moi, c'est ici et maintenant que je veux être heureux, pas après ma mort !

Je lui demandai comment il en était arrivé là.

— C'est vrai, durant des années j'ai eu la belle vie. J'ai fréquenté les riches, les puissants. J'ai eu les plus belles femmes de la terre. J'étais le mage attitré de chefs d'Etat africains : Bokassa, Mobutu. Jean-Bedel Bokassa, surtout, était pour moi un véritable mécène. J'étais son Machiavel. Il me consultait pour des questions de politique interne.

Ainsi, un jour, il me fait demander et m'expose son problème : que devait-il décider au sujet de ses prisonniers politiques ? Les prisons de l'Etat étaient pleines, et toutes les cellules étaient bondées. Devait-il procéder tout de suite à l'exécution des ennemis du régime ou bien construire de nouvelles prisons ? Je lui ai répondu : « Ne faites ni l'un, ni l'autre : avec de nouvelles prisons, vous accroissez les charges financières du pays sans régler le problème ; si vous exécutez les prisonniers, vous passez pour un criminel et vous fournissez à vos adversaires une occasion idéale de vous renverser. En revanche, si vous libérez et exilez ces prisonniers, vous vous débarrassez d'eux tout en donnant au peuple l'image d'un prince magnanime... » Ah ! S'il avait toujours suivi mes conseils ! J'avais prédit sa chute, mais il ne m'a pas cru. Tant pis pour lui, et dommage pour moi, qui ai ainsi perdu mon principal mécène...

Vous savez, au fil de l'Histoire, derrière chaque grand souverain, il y a toujours eu un mage ou un sorcier qui le guidait dans l'ombre. Tel que vous me voyez, je n'ai plus rien : ni pouvoir ni richesses ni protecteurs. Pourtant, il me reste une ambition : incarner, aux yeux des générations futures, le plus grand mage de mon siècle ! N'ayez crainte, je n'ai pas dit mon dernier mot : je saurai renaître de mes cendres !

Sur cette envolée lyrique, Lucifer avala une grande rasade de champagne. La bouteille était vide. Il en déboucha une deuxième :

— C'est la dernière... Buvons-la sans regret. Il faut jouir de l'instant présent. De toute façon, je suis éternel...

A travers les bulles du champagne, Lucifer rêvait à sa splendeur passée. Soudain, il se ressaisit, me désigna les toiles accrochées aux murs :

— Que pensez-vous de cela ? Ce sont des illustrations de l'« art démoniaque », que nous sommes quelques-uns à défendre : peintres, musiciens, mages. Avec mon ami Jean-Michel Nicollet, nous préparons une exposition : c'est en France, à l'heure actuelle, la seule forme d'art vraiment innovatrice ! Vous connaissez l'opéra *Demonia ?*

Tandis qu'Octave Sieber cherchait le disque, j'observai les œuvres des peintres démoniaques : par-delà un certain malaise, ces toiles dégagaient un charme indéfinissable, profond, magnétique.

Je reconnus une toile de Jean-Michel Nicollet, ce peintre lyonnais passionné du diable, ne peignant exclusivement que des sorcières, des vampires, des diables et autres démones, et qui, en particulier, réalise toutes les illustrations de couvertures des albums fantastiques publiés aux Editions Néo. La compagne de Nicollet, également peintre, s'est vouée à la même passion ténébreuse. Elle ne sort exclusivement que la nuit, le teint blanc et les yeux cerclés de noir. Ensemble, ils logent à Paris dans un appartement étrange qui, comme celui d'Octabe Sieber, est empli de diableries.

Sur l'électrophone, *Demonia* déversait ses torrents de notes capiteuses. Sieber reprit :

— L'art démoniaque est l'art du XXIe siècle. Nous sommes l'avant-garde qui annonce une renaissance de la culture celte, druidique. Nous vivons les derniers temps de la civilisation judéo-chrétienne honnie. Les Français sont des Celtes, et voici 2 000 ans qu'ils adorent un dieu né en Orient. Ah ! Elle est belle, l'Eglise catholique apostolique et romaine : en son nom, combien de crimes ont-ils été commis ? En 2 000 ans, plus de dix millions de personnes ont été tuées, torturées, brûlées : guerres de religions, croisades, Inquisition... Tout cela au nom de Dieu et du Christ ! Et au nom du diable, qui a tué ? Gilles de Rais et Charles Manson. C'est tout.

Aussi, lorsqu'on me parle d'un dieu de bonté, je rigole ! Heureusement, cette religion usurpatrice n'en a plus pour longtemps. D'après les *Prophéties* de Malachie [1], le règne de l'ère chrétienne vient à expiration en 1999, à la mort du prochain pape. Finies les bondieuseries ! Le XXIe siècle sera luciférien ou ne sera pas !

Pour calmer son irritation, je ramenai Sieber sur le terrain de la sorcellerie. Que pensait-il des messes noires, des rituels démoniaques ? Il partit d'un grand rire carnassier :

— La plupart du temps, il s'agit d'un jeu, d'un défoulement des pulsions. Il est rare que l'ange rebelle soit réellement présent lors des sabbats ou des messes noires qu'on lui dédie. Mais il est vrai que ces cérémonies permettent d'obtenir une grande concentration des énergies...

En quoi consistaient exactement les pouvoirs de Sieber ? Pourquoi ne les mettait-il pas en œuvre pour reconquérir ce qu'il avait perdu ?

— Je suis un médium à incorporation, ce qui est très rare. Nous sommes trois ou quatre en France. Lorsque je me mets en transe, l'esprit du mort invoqué prend possession de mon corps, parle par ma bouche, avec sa voix. Au dernier stade, une boule de chair s'échappe de ma gorge et prend la forme d'un corps ectoplasmique : c'est le mort qui se matérialise !

Mais tout cela est épuisant, et je ne pratique presque plus le spiritisme. A quoi bon, au fond ? Après tout, je me contente parfaitement du peu que j'ai en ce moment.

Reconquérir la richesse, le luxe ? Pour quoi faire ? De toute façon le fisc me mangera la laine sur le dos jusqu'à la fin de mes jours. Alors, tant que des admiratrices se souviennent de moi, et m'offrent du champagne...

Vous savez, j'ai l'habitude du malheur. Je suis né en Allemagne, au moment de l'incendie de Dresde. Les premières années de ma vie, je les ai passées caché au fond d'un grenier, car à l'époque on traquait les enfants des soldats allemands soupçonnés d'avoir adhéré au nazisme. Mon père n'était pas nazi ; la preuve, il a été envoyé sur le front russe ! A présent, j'aimerais terminer ma vie

1. Malachie (1094-1148) fut l'un des saints les plus populaires d'Irlande et un intime de saint Bernard de Clairvaux. Sa *Prophétie sur les papes,* aussi célèbre que les *Prophéties* de Nostradamus, serait en réalité un texte apocryphe rédigé dans la seconde moitié du XVIe siècle.

dans une ville comme Venise, hébergé par une vieille comtesse dans un palace déserté. Je ne verrais presque personne. Je pratiquerais quelques expériences de magie tout en écrivant mes mémoires pour les générations futures, comme Casanova. Je serais pleinement heureux, et m'éteindrais, le plus tard possible, en accord avec moi-même. De toute façon, je suis éternel.

Octave Sieber est mort en 1991, dans son petit deux pièces hanté par les cafards, dans la solitude complète et l'oubli de tous. Il repose à quelques centaines de mètres de là, dans ce cimetière du Père-Lachaise qu'il aimait tant. Et je peux témoigner que, malgré ses foucades, ses airs méchants sur les plateaux de télévision et ses paradoxes endiablés, Octave était quelqu'un de bon.

Catherine Lysa, ou le pacte avec le diable

Catherine Lysa est une amie d'Octave. Agée, souffrante, elle ne consulte plus depuis quelques années. Clairvoyante, clairaudiente, psychomètre (voyance à travers les objets) et médium depuis son plus jeune âge, elle a été l'une des voyantes les plus douées de l'après-guerre, et fut lancée par de grands médiums de l'époque, comme Madame Ginest-Rivière et le Mage Dieudonné. Depuis plus de quinze ans, Madame Lysa s'intéresse à la sorcellerie, et a même vendu son âme au diable ! Voici comment elle raconte son histoire :

— Je suis originaire, par mon père, d'une très ancienne famille juive roumaine, qui comptait beaucoup de rabbins. C'est de là, je crois, que je tiens mes dons de divination. J'ai toujours été comme ça. Toute petite, à l'école, je savais d'avance ce qui allait se passer : un professeur malade, le sujet d'un examen... Des parents se sont plaint, mais ma mère a toujours pris ma défense : « Elle a dit ça ? Eh bien, cela va se réaliser, vous verrez... »

Mes parents m'ont fait étudier le piano, voulaient que je devienne une grande concertiste. J'étais douée, et surtout, je captais par médiumnité l'esprit du compositeur que j'étais en train d'interpréter... C'est pourquoi mon jeu était tellement inspiré : j'étais habitée par le musicien. Celui que je captais le mieux, c'était

Chopin... Ah, Chopin !... Mais la guerre a brisé tout cela, et j'ai dû abandonner ma carrière musicale... Mais parlons d'autre chose, c'est un souvenir trop pénible...

Madame Lysa a des larmes dans la voix. Pourquoi ? Une chatte saute sur la table près de laquelle nous sommes assis, au milieu d'un grand salon clair. L'animal vient se frotter à mon bras en ronronnant. Instantanément, les yeux de Catherine Lysa reprennent toute leur gaieté, toute leur malice.

— Tiens, Minette vous a adopté, c'est rare ! Vous devez aimer les animaux... Moi, je les adore, d'ailleurs regardez là-bas...

Elle désigne un bac d'eau, situé devant l'une des portes fenêtres, et dans lequel s'ébattent une dizaine de tortues.

— Parfois, elles sortent, et rampent dans tout l'appartement... Cela fait peur aux clients !

Comment cette vieille dame gâteau, avec ses chats et ses tortues, peut-elle se transformer en sorcière redoutée ? Elle reprend le récit de sa vie :

— Au début, j'avais des clichés de voyance, des images très nettes qui me passaient par la tête. Et puis, progressivement, ces images ont été remplacées par des voix. Mais de mauvaises voix ! Des voix méchantes qui m'insultaient ! Et cela n'arrêtait pas : jour et nuit, j'étais possédée par ces voix étrangères qui me vrillaient les tympans. J'ai été obligée de faire une cure de repos dans un asile psychiatrique à Epinay. Je devais avoir autour de trente ans. Je me souviens : je me livrais à des voyances avec les infirmières, je connaissais leur nom, leur famille, tout ! Elles n'en revenaient pas ! Le médecin m'a grondé : « Si vous continuez à avoir des visions, on vous mettra dans un asile bien plus méchant ! » J'ai répondu : « Docteur, je n'y puis rien : je suis née comme ça ! »

Comme j'étais psychomètre, tout ce que je touchais me parlait. Que ce fût un verre, une table, un bijou, chaque fois une voix différente me racontait tout ce dont cet objet avait été le témoin. C'était épuisant ! Assourdissant ! Imaginez-vous un peu : vivre encerclée d'objets qui vous racontent leur histoire dès que vous les touchez ! Il y a de quoi tomber folle, je vous assure. Heureusement, j'ai appris à maîtriser progressivement ces dons que je possédais, et j'ai pu trouver un certain équilibre dans le déséquilibre. C'est ainsi que je suis devenue voyante spirite professionnelle. J'invoquais les morts qui parlaient par ma bouche à ceux qui leur étaient chers.

J'ai beaucoup aimé ce métier, ça oui ! Tiens, j'ai même eu la clientèle de Michel Simon ! Il m'a consultée deux ans avant sa mort. Il n'avait pas d'argent. Comme j'étais mignonne, à l'époque, il me l'a fait au sentiment : « Mademoiselle, il y a longtemps que je ne peux plus honorer ma signature ! » Evidemment, il n'a rien payé. Lui, ce qui l'intéressait, c'était de gagner au tiercé, ou à la loterie nationale. Je lui ai expliqué que les morts se fichaient de tout ça, et avaient d'autres messages à livrer aux vivants. Bref, je me concentre, et j'entends un nom bourdonner à mon oreille : Joseph. Je m'adresse à Michel Simon :

« J'ai là un Joseph qui veut vous parler... Vous savez qui c'est ? »

« C'est mon père ! réplique-t-il, un peu ému. Que veut-il me dire ? »

Alors, avec une voix qui n'était plus la mienne, je m'écrie :

« Mets-toi au vert, mon gars ! »

« C'est exactement comme cela qu'il s'exprimait ! » rugit Michel Simon.

« Et alors, vous allez vous y mettre, au vert ? »

« Oh ! on verra... On verra... »

Résultat : deux ans après, il rejoignait son père au royaume des morts.

Les yeux dans le vague, Madame Lysa se laisse bercer par ses souvenirs. Mais soudain, elle se renfrogne un peu, comme si elle voulait retarder le moment d'aborder un sujet trop brûlant.

— J'ai commencé par la magie blanche. J'ai des guides blancs, qui sont les esprits d'humains désincarnés, et qui me contactent, m'aident. Il y a Simon, un pilote à qui j'étais fiancée, et qui est mort durant la guerre. Il m'aime toujours, et n'a pas voulu se réincarner. Je le sens toujours rôder autour de moi. En ce moment, par exemple, il est là, à nous regarder. Et puis, j'ai mon petit guide du téléphone et du courrier, une voix qui me murmure à l'oreille : « Tu auras une lettre agréable dans ta boîte demain matin », ou : « Ta fille va te téléphoner ». J'ai aussi des guides très sérieux : Charles de Gaulle, par exemple, m'a rendu visite. J'aime bien travailler avec lui. Mais le problème, c'est que ces guides blancs ne sont pas infaillibles... Tandis que les forces des ténèbres, elles, tiennent toujours leur parole...

Nous y voilà. Je prête l'oreille le plus attentivement possible.

— Lucifer est le Prince de ce monde, c'est la divinité qui nous ressemble le plus. Dieu est lointain, absent, indifférent à notre sort. Il se fiche totalement de nous. Lucifer, lui, a compassion en l'homme, et peut secourir celui qui l'aime et l'implore humblement. Lucifer n'est pas fondamentalement méchant : il est pour la justice, car lui-même a été la victime d'une injustice divine qui n'a jamais été réparée. C'est un dieu juste, un dieu de vengeance.

Lorsqu'une femme me consulte et m'explique que son mari boit, la bat et la trompe, je n'hésite pas à concentrer les forces du mal sur le coupable : je le crève à petit feu. Il n'en meurt pas, non, mais je vous assure qu'il passe de sales quarts d'heure ! Les cauchemars, les insomnies, les douleurs de ventre... Après tout, c'est un salaud, et il doit se repentir avant de revenir avec humilité implorer le pardon de sa femme. Lucifer m'aide à faire justice, là où les mages blancs ne peuvent pas grand-chose...

Je sens une brisure dans cette femme. Cette hargne contre Dieu, cette volonté de défendre les plus faibles contre les méchants, les salauds. D'où cela provient-il ? Je lui demande si elle a jamais eu la foi. Sa réponse est cinglante :

— La foi ? Je l'ai perdue à Auschwitz, où j'ai été déportée durant la guerre. Je me disais : « S'il y a un bon Dieu, comment peut-il accepter le massacre de 35 000 personnes par jour ? » J'ai eu la chance de revenir des camps de la mort, mais j'avais tout perdu, et ma carrière musicale était brisée. Croire en Dieu ? Plus jamais ! C'est pourquoi je me suis intéressée au diable et à la sorcellerie. S'il existe un dieu bon, un dieu juste, c'est Lucifer, pas l'autre ! J'ai fait allégeance au diable, j'ai fait un pacte avec mon sang, je me suis vouée à lui et lui ai fait don de mon âme : « Lucifer, je suis ton disciple, je te vends mon âme, donne-moi les pouvoirs ! » Et il me les a donnés. Il m'a rendu l'homme que j'aimais, et qui m'avait quittée. Il ne promet pas, Lucifer, il tient ! Et je vous assure que lorsque je célèbre un rituel et que je suis possédée par lui, je ne suis pas commode ! Je me dédouble, je deviens quelqu'un d'autre, je deviens Lucifer, je commande et l'on m'obéit.

La gentille petite dame de tout à l'heure s'est métamorphosée en une femme dure, implacable, inquiétante. Je lui demande si elle ne craint pas l'enfer, la damnation éternelle. Elle part d'un grand éclat de rire qui me glace :

— L'enfer ? Mais ils sont plus heureux que nous, en enfer ! La damnation éternelle, c'est encore une invention de la religion judéo-chrétienne, pour terroriser les gens et les empêcher d'être libres et de jouir de cette vie ! Au Moyen Age, le noble et le curé avaient le ventre rebondi, mais les paysans crevaient de faim ! C'est pourquoi ils se sont tournés vers Lucifer qui lui, les a écoutés ! Le sabbat, c'était un peu la prise de la Bastille !

Les sorciers cherchaient à comprendre ce qu'il se passait, ils soignaient les gens, ils devenaient plus intelligents que ce qu'il aurait fallu. Interdit ! Défendu ! Crime de lèse-majesté ! On dirige mieux un peuple de paysans stupides que de sorciers aux pouvoirs occultes. C'est pourquoi on les a brûlés !

Moi, je n'ai pas peur de ce qui se passera après ma mort. Je me suis donnée au diable, et je ne vois pas pourquoi il m'abandonnerait. Le diable est bon. C'est le seul dieu que je me reconnaisse, et je l'aime de toute mon âme.

3

Les Supérieurs inconnus de l'Aube dorée

4 — Les saints de l'Ombre : *Aleister Crowley* (Grande-Bretagne,1875-1947).

Lucifer a de nombreux émules. Tous ceux qui, au risque de se brûler les ailes, ont pris le ciel d'assaut pour devenir des dieux tout en restant des hommes. Le destin du mage noir Aleister Crowley illustre parfaitement ce qui peut générer la grandeur et la décadence d'une vie vouée au culte suprême de l'orgueil de soi.

« Aleister Crowley était le personnage le plus immonde et le plus pervers de tout le Royaume-Uni », déclara le ministre anglo-saxon de la Justice, à la mort de celui qui se disait l'Antéchrist et se faisait appeler « la Bête 666 ». Paraphrasant une phrase du Christ : « Avant qu'Abraham ne fût, je suis » [1], Aleister Crowley ne proclamait-il pas : « Avant que Hitler ne fût, je suis » ?

L'enfance d'un Antéchrist

Né le 12 octobre 1875 à Leamington, près de Manchester, dans une famille excessivement puritaine, Edward Alexander Crowley

1. *Evangile de Jean,*8, 58.

(qui choisira plus tard le prénom gaélique d'Aleister) connut une enfance étouffée par le poids des principes moraux et de la religion. Son père, riche brasseur, mourut lorsqu'il avait douze ans. Sa mère, qu'il avait surnommée la « stupide bigote » *(brainless bigot)*, le plaça dans des institutions rigides, dirigées par les Frères de Plymouth, ce qui eut pour effet d'achever de le dégoûter du christianisme.

En 1896, alors qu'il poursuivait de brillantes études au Trinity College, Aleister apprit avec joie le décès de cette mère haïe. A vingt et un ans, il héritait de la fortune colossale de ses parents. Aussitôt, il abandonna ses études pour voyager à travers le monde, vivre sur un grand train et s'adonner corps et âme à sa passion dominante : l'occultisme.

Entre 1896 et 1898, on le trouve à Stockholm, où, en pleine nuit, il est réveillé par une « présence » lumineuse ; son premier contact avec les puissances magiques. Il revient à Cambridge, puis passe par Paris, l'Allemagne, la Pologne, la Russie, où il suit, comme Raspoutine, l'enseignement des khlystis, la Suisse, où il rencontre l'astrologue Julian Baker. En compagnie de ce dernier, il rentre en Angleterre pour être initié, le 18 novembre 1898, aux secrets de l'« Hermetic Brotherwood of the Golden Dawn in the Outer » (Fraternité hermétique de l'Aube dorée à l'Extérieur). Il y reçoit le « nom mystique » de *Perdurabo* (je subsisterai) et le grade de « néophyte » des mains de l'« Imperator » de l'Ordre, Samuel Lidell Mathers.

Les chefs secrets de la Golden Dawn

La confrérie de la Golden Dawn, par ses thèmes, ses rites et la personnalité et l'œuvre de certains de ses membres, a joué un rôle de premier plan dans la renaissance d'une certaine forme de paganisme et de luciférisme au XXe siècle. Comme nous le verrons plus loin, elle participa indirectement à l'avènement du national-socialisme hitlérien, en lui donnant un fondement non pas politique mais magique, ou plus exactement « luciférien ».

La Golden Dawn, à l'origine, réunissait des érudits, des membres de la *gentry* londonienne, ainsi que de nombreux artistes et écrivains, parmi lesquels le poète William Butler Yeats, futur prix Nobel de littérature (en 1923), qui sous le nom de *demon est Deus Inversus* présidait les séances de l'Ordre en kilt écossais, masqué de noir, un poignard d'or à la ceinture ; les romanciers Bram Stocker, célèbre père de *Dracula,* Arthur Machen, auteur du *Grand Dieu Pan,* Sax Rohmer, auteur de *Fu Manchu,* ainsi que Edward-George Bulwer Lytton, fils du vice-roi des Indes, et connu dans le monde entier pour son récit *Les Derniers Jours de Pompéi.* Citons également Edita Montès, comtesse de Landsfeld et fille naturelle de Lola Montès et de Louis Ier de Bavière.

Samuel Mathers, qui avait fondé la Golden Dawn en 1887 avec Wynn Wescott, était l'époux de la sœur du philosophe français Henri Bergson, Moïra. Imperator de l'Ordre, il n'en était cependant que le chef temporel, car, selon lui, les chefs véritables étaient les « Supérieurs inconnus », sortes de « surhommes » tout-puissants et effrayants, qu'il décrit dans un manifeste de 1896 destiné aux membres de l'Ordre :

« Au sujet de ces chefs secrets, (...) je crois que ce sont des êtres humains vivant sur cette terre, mais qui possèdent des pouvoirs terribles et surhumains... Mes rapports physiques avec eux m'ont montré combien il est difficile à un mortel, si avancé soit-il, de supporter leur présence. (...) Je me sentais en contact avec une force si terrible que je ne puis que la comparer à l'effet ressenti par quelqu'un qui a été près d'un éclair pendant un violent orage, accompagné d'une grande difficulté de respiration... La prostration nerveuse dont j'ai parlé s'accompagnait de sueurs froides et de pertes de sang par le nez, la bouche et parfois les oreilles. » [1]

Ces « Supérieurs inconnus », qui, selon les traditions, sont appelés les Moines Blancs, les Très Sages ou Rois du Monde, habiteraient dans un lieu secret et mystérieux — certaines légendes le placent au centre de la terre, là où généralement on situe les enfers — depuis lequel ils guideraient l'humanité. Dans son roman initiatique *Le Dominicain blanc,* Gustav Meyrink fait parler l'un de ces « Supérieurs inconnus » :

« Depuis des temps immémoriaux, il existe sur la Terre un

1. Cité par Louis Pauwels et Jacques Bergier, *Le Matin des magiciens,* Gallimard, 1960.

groupe d'hommes qui régit les destinées du monde. Sans lui, le chaos se serait instauré depuis longtemps. Tous les grands constructeurs de peuples ont été des instruments aveugles entre nos mains, sinon des initiés de l'Ordre. »

Ces « Supérieurs inconnus » sont tantôt des sages, tantôt des démons cruels. Ils sont parfois présentés comme *lucifériens,* race de mutants destinés à remplacer l'homme à la fin des temps — ce messianisme luciférien marquera d'ailleurs profondément la pensée national-socialiste.

Les romanciers de la Golden Dawn ont tous dépeint ces Supérieurs sous des couleurs noires. Dans son célèbre *Dracula,* Bram Stocker dresse un portrait saisissant du vampire, le « Non-mort » qui conquiert l'immortalité en se nourrissant du sang de ses victimes. Sous le prétexte du roman fantastique et populaire, l'écrivain expose en fait tous les thèmes de la métaphysique luciférienne. Bulwer Lytton, à côté de sa fresque sur Pompéi, écrivit également un étrange roman d'anticipation, intitulé *La Race future,* dans lequel il met en scène des hommes « pareils à des dieux », infiniment plus évolués que l'humanité actuelle, et vivant dans des cavernes situées au centre de la terre. Un jour, affirme Lytton, ces êtres sortiront de leur cachette et régneront sur la terre, réduisant l'humanité « ancienne » en esclavage. Arthur Machen, enfin, rédigea peu après son *Grand Dieu Pan* une nouvelle intulée le *Peuple blanc,* dans laquelle il développe d'étranges théories à propos du bien et du mal, de la sainteté et de la sorcellerie. A l'un de ses personnages, Ambrose, il fait tenir les propos suivants :

« Les êtres suprêmement pervers font aussi partie du monde spirituel. L'homme ordinaire, charnel et sensuel, ne sera jamais un grand saint. Ni un grand pécheur. Nous sommes, pour la plupart, simplement des créatures contradictoires et, somme toute, négligeables. (...) Les plus hauts d'entre les saints n'ont jamais fait une " bonne action ", au sens courant du terme. Et d'un autre côté, il existe des hommes qui sont descendus au fond des abîmes du mal, et qui, dans toute leur vie, n'ont jamais commis ce que vous appelez une " mauvaise action ". (...) L'assassin ne tue pas pour des raisons positives, mais négatives ; il lui manque quelque chose que les non-meurtriers possèdent. Le mal, par contre, est totalement positif. Mais positif dans le mauvais sens. Et il est rare. Il y a sûrement moins de vrais pécheurs que de saints. »

Machen définit plus loin la nature de ce « mal », qui est d'essence luciférienne, puisqu'il s'agit de « vouloir prendre le ciel d'assaut » :

« Le péché réside pour moi dans la volonté de pénétrer de manière interdite dans une sphère autre et plus haute. (...) Le péché est une tentative pour obtenir une extase et un savoir qui ne sont pas, et qui n'ont jamais été donnés à l'homme, et celui qui tente cela devient démon. (...) Je songe à Gille de Rais, par exemple. (...) Le vrai mal, dans l'homme, est comme la sainteté et le génie. C'est une extase de l'âme, qui échappe à la conscience. » [1]

Le Grand Œuvre luciférien

Ces théories cyniques ne pouvaient que séduire le jeune et bouillant Aleister Crowley, qui, en peu de temps, franchit les onze degrés de l'initiation de la Golden Dawn, dont il devint l'un des dirigeants. Il partageait son luxueux appartement londonien avec un autre membre de la G.D., Allan Bennett *(Jehi Aour in ordinem)* qui lui fit découvrir le tantrisme et l'usage des drogues hallucinogènes permettant d'atteindre des états de conscience modifiés. Les deux hommes pratiquèrent assidûment le « dérèglement de tous les sens » cher à Arthur Rimbaud, et vécurent une brève et intense passion homosexuelle.

L'Imperator Mathers avait conseillé à son brillant élève l'étude des grimoires magiques qu'il venait de traduire en anglais, les *Clavicules de Salomon* et *La Magie sacrée d'Abramelin le mage.* Crowley, décidé à s'initier par lui-même aux arcanes de ce dernier ouvrage, acheta l'année suivante (1899) le manoir de Boleskine, en Ecosse, situé à deux pas du loch Ness. Il y vécut deux années consécutives avec, pour seule occupation, la réalisation des recettes magiques prônées par Abramelin le mage. A moins de vingt-cinq ans, Aleister Crowley s'attelait à la réalisation du Grand Œuvre luciférien en évoquant les démons. Il traçait des pentacles sur le sol, dessinait des carrés magiques, couvrait les murs du manoir de

1. Arthur Machen, *The White People,* dans *Tales of Horror and the Supernatural.* Traduit par Pauwels et Bergier, op. cit.

lettres hébraïques et de hiéroglyphes. Nuit et jour, d'étranges oraisons résonnaient dans ce lieu hanté de présences invisibles et terribles. Et, lorsque les démons se faisaient trop envahissants, Aleister se référait au passage suivant de la *Magie sacrée :*

« Si (...) les Esprits Inférieurs sont désobéissants, vous appellerez les Supérieurs, vous les ferez ressouvenir des serments qu'ils ont prêtés, et des châtiments qui les attendent. Et d'abord, voyant votre fermeté et votre sévérité, ils obéiront. Mais s'ils n'obéissaient pas, vous appelleriez votre ange gardien, dont ils sentiront fort bien le châtiment.

Cependant, il ne faut point user de rigueur pour ce que l'on peut obtenir par la douceur. Si, pendant l'Evocation, ils paraissent avec tumulte et fierté, ne vous mettez point en colère, mais ne craignez rien. Faites semblant de ne pas vous en soucier, montrez-leur seulement la baguette consacrée. Et s'ils continuent à faire du tumulte, frappez deux ou trois fois sur l'autel, et tout deviendra paisible. » [1]

Le frère Perdurabo de la Golden Dawn conclut-il un pacte avec les puissances démoniaques ? A travers les jeûnes et les évocations, dans la plus totale solitude, il interrogea les dieux noirs jusqu'aux limites de ses forces humaines, les dépassant parfois jusqu'à friser la folie. Ce n'est qu'à la fin de l'année 1900 qu'il abandonna son antre magique et revint s'installer à Londres.

*

* *

Durant son absence, l'Ordre de la Golden Dawn avait fait l'objet de luttes intestines. Le poète Yeats, en désaccord avec Mathers, qui souhaitait développer la tendance païenne de l'Ordre, provoqua un schisme en 1901 et créa l'ordre concurrent de la *Stella Matutina* (l'Etoile du Matin), d'inspiration gaélique et chrétienne, qui fusionnera plus tard avec les groupes anthroposophiques de Rudolf Steiner. Crowley se disputa à son tour avec l'Imperator Mathers et claqua la porte de la Golden Dawn. Fort des « savoirs » qu'il avait acquis dans sa retraite de Boleskine, Crowley se sentait de taille à poursuivre seul sa voie initiatique.

Il reprit sans tarder ses voyages au long cours. Il séjourna tout

1. *La Magie sacrée* ou *Livre d'Abramelin le mage,* op. cit.

d'abord au Mexique, sur l'invitation d'un certain dom José Medina, qui l'instruisit de la magie précolombienne dans les ruines d'un temple aztèque perdu dans la montagne, et le mit en contact avec le « serpent à plumes » Quetzalcoatl. Puis il s'installa à San Francisco durant quelques mois, se livrant à de perpétuels rites de magie sexuelle avec des compagnes de rencontre.

Crowley quitta le Nouveau Monde pour l'Asie, l'Indonésie et l'Inde. Il visita le Japon, Ceylan, Madras, la Birmanie, escalada l'Himalaya... Il retrouva son amant Allan Bennett, devenu entre-temps moine bouddhiste. Par lui, il se fit présenter à deux membres hindous de la voie tantrique de la « main gauche », Brima Sen Pratab et Sri Agamya Parahamsa, qui l'initièrent aux secrets de cette mystique sexuelle, selon laquelle « le poison doit être transformé en nectar » par l'éveil de la Kundalinî. Contrairement au tantrisme de la « main droite », qui sublime les pulsions sexuelles en pure spiritualité (comme dans le monachisme occidental), le tantrisme de la « main gauche » encourage les pratiques sexuelles pour développer les pouvoirs magiques. Mais cela n'est pas sans danger : tout abus ou dérèglement entraîne rapidement la folie et la possession démoniaque.

Aleister Crowley a-t-il trouvé Dieu ou le diable au moyen d'exercices tantriques ? Toujours est-il que, durant le restant de sa vie, il s'adonna sans répit à toutes ses pulsions sexuelles. N'a-t-il pas écrit que « la mort la plus favorable est celle qui survient durant l'orgasme » ?

*

* *

En 1903, Aleister Crowley est de retour en Europe. Il séjourne quelque temps à Paris, dans le quartier de Montparnasse, où il devient le compagnon de débauche de Gustave Rodin, Somerset Maugham, Marcel Schwob et Marguerite Moreno. Puis il rentre en Ecosse, dans son manoir de Boleskine. Mais sa retraite dure peu de temps. Invité chez Gerard Kelly, un initié de la Golden Dawn, il fait la connaissance de sa sœur Rose. C'est le coup de foudre. Pour répondre à la coutume écossaise, Aleister enlève Rose et l'épouse sans le consentement des parents ni du frère. Le couple s'embarque aussitôt pour Ceylan, puis l'Egypte. C'est là, dans la banlieue du Caire, qu'Aleister et Rose vont être contactés par l'un de ces « Supérieurs inconnus » annoncés par Mathers et les membres de la Golden Dawn.

Aïfass et l'Evangile d'Horus

Cet épisode de la vie de Crowley semble sortir tout droit d'un roman fantastique. Voici, très précisément, comment les choses se sont déroulées.

Aleister avait initié son épouse aux mystères de la magie, et Rose lui servait de médium. Au début de 1904, alors qu'ils se trouvaient tous deux devant les pyramides de Gizeh, Rose fut « possédée » par une entité assyrienne qui se matérialisa sous leurs yeux et se présenta sous le nom d'*Aïfass.* Cet Aïfass serait né en Chaldée, sous le règne d'Hammurabi (environ 1730 avant J.-C.). Il affirma être le « Supérieur inconnu » de ce cycle d'évolution de l'humanité, et les avoir choisis pour devenir les instruments de sa volonté. Il dit notamment à Aleister :

— Tu créeras un ordre initiatique plus évolué encore que la Golden Dawn. Tu le nommeras *Astrum Argentinum.* Tu en seras le chef visible et moi le chef invisible. Chaque fois que tu auras besoin d'aide, je me matérialiserai pour toi.

Du 8 au 10 avril 1904, Aïfass dicta à Crowley le *Liber Legis,* ou *Livre de la Loi,* en utilisant le canal médiumnique de Rose. Ce nouvel « Evangile », que Crowley publia plus tard, prône la fin de l'ère d'Osiris, le « dieu qui meurt » (dont le prototype chrétien est le Christ) et le début de l'ère d'Horus, le dieu de l'Extase et de la Violence, du Feu et de la Foudre (l'ère du Verseau ?). Cet « Evangile d'Horus » a son prophète : Aleister Crowley, celui qui a été annoncé dans l'*Apocalypse* de Jean sous le nom de la « Bête » et du chiffre « 666 ». Persuadé d'être en effet l'Antéchrist et le prophète d'Horus, Aleister Crowley fonda dès 1905 l'*Astrum Argentinum,* ainsi que la filiale anglaise de l'Ordo Templi Orientis, ou O.T.O., dont l'Imperator était Theodor Reuss. Crowley prit le nom de « Mega Therion 666 », c'est-à-dire la « Grande Bête 666 », et surnomma Rose la « Femme écarlate », en référence à Babylone la prostituée de l'*Apocalypse* de Jean. Sous la dictée d'Aïfass, il avait écrit :

« Chaque homme et chaque femme est une étoile. Pour eux-mêmes, et en vertu de cette constitution, leurs vies ont un seul sens, un seul but : "Fais ce que tu veux." Réduits à leur "astréité", les hommes et les femmes sont dans l'incapacité de se gêner mutuellement ; ils sont comme des étoiles qui gravitent le long de leurs orbites sans heurts ni chocs. Il y a là une harmonie anthropologique des sphères (...)

Je suis une étoile dans l'espace, unique et existant par elle-même, une essence individuelle, incorruptible. Je suis aussi une âme. Je suis identique avec tout et avec rien. Je suis en tout et tout est en moi. Je suis Dieu, vrai Dieu de Dieu. Je vais sur ma voie pour réaliser ma volonté. Je fais de la matière et du mouvement le miroir de ma conscience.

Je suis omniscient, car rien n'existe pour moi, à moins que je ne le connaisse. Je suis omnipotent, car rien n'existe là où je ne suis pas, moi qui modèle l'Espace comme une condition de la connaissance de moi-même qui suis le centre de tout. » [1]

Dans le « templum » de l'*Astrum Argentinum* qu'il inaugura à Londres, Aleister Crowley célébrait le culte d'Horus au cours de « messes gnostiques » destinées autant à fasciner la foule qu'à honorer le dieu égyptien. Comme l'écrit Jean-Claude Frère : « Crowley n'a jamais pu se passer d'une cour de thuriféraires ; aussi, pour accroître encore sa célébrité et le nombre des admirateurs et des admiratrices, il ne négligeait pas la moindre occasion mondaine, soit d'étonner, soit de faire scandale. Il y avait en lui deux hommes : le religieux sincère, attaché seulement à donner à ses cultes lucifériens toute la force magique qu'il croyait posséder, et l'acteur qui ne cessait d'éblouir ses spectateurs par d'étranges cérémonies qui, autant que possible, frisaient l'affaire de mœurs par quelque obscénité n'ayant, en fait, aucun lien avec les authentiques rites de magie tantrique qu'il pratiquait dans le secret, en compagnie seulement de quelques rares initiés. » [2]

La pauvre Rose, en tout cas, ne faisait plus partie du groupe

1. Aleister Crowley, *Book of The Law,* cité par Jean-Claude Frère, *Les Sociétés du mal,* Grasset, 1972.
2. Jean-Claude Frère, *Les Sociétés du mal,* op. cit.

d'« initiés » mâles et femelles qui gravitaient autour de Crowley. Usée par les matérialisations médiumniques d'Aïfass et les rituels de magie sexuelle, la « Femme écarlate » s'était mise à boire une bouteille de whisky par jour. Crowley obtint le divorce en 1909, et Rose dut être internée en 1911. Elle mourut quelques mois plus tard dans une crise de delirium tremens...

La Bête de l'Apocalypse à l'abbaye de Thélème

Au cours des trente-cinq dernières années de sa vie, Aleister Crowley connut bien d'autres « Femmes écarlates », dont il usa et abusa, et qui sombrèrent les unes après les autres dans le vice, la drogue, l'alcool, la démence ou le suicide. Edith, à New York, avec qui il ouvrit des temples magiques aux Etats-Unis. Leah Faësi, alias Alestraël, en compagnie de qui il fonda une « abbaye de Thélème » à Cefalu, près de Palerme. Dorothée Olsen, à Paris. Martha K..., en Allemagne, qui aurait transmis le *Livre de la Loi* de Aïfass-Crowley à Hitler en personne...

A chaque fois, les rites de magie sexuelle et de magie noire défrayaient la chronique et provoquaient des scandales qui obligaient Aleister Crowley à s'enfuir. Le prophète d'Horus ressemblait de plus en plus à un tyran autocrate et bouffi. On l'aurait dit sorti d'un ouvrage du marquis de Sade.

Ainsi, un jour de 1922, à Cefalu, il décida de châtier les femmes de son « abbaye de Thélème » qui n'avaient pas voulu se plier à certains rites sexuels. Il les fit mettre nues, debout en plein soleil, les bras en croix, avant de les marquer au fer rouge à la poitrine, pour leur signifier qu'elles étaient ses créatures.

Crowley partageait évidemment l'intimité de ses multiples concubines. Il eut ainsi plusieurs enfants illégitimes, mais sa préférée était la fille que lui avait donnée Alestraël, et qu'il avait surnommée « Poupée ». Mais les conditions de vie à Cefalu étaient telles que Poupée tomba malade et mourut par manque de soins. Quelque temps plus tard, ce fut au tour du poète et disciple britannique Raoul Loveday de périr dans des circonstances étranges.

On parla de crime rituel perpétré par Crowley lui-même. La police s'en mêla et la « Grande Bête 666 » fut expulsée de Sicile.

Durant la Seconde Guerre mondiale, bien que ses théories lucifériennes et sataniques aient trouvé leur parfaite illustration dans le régime criminel du IIIe Reich, Crowley se déclara antinazi, et adressa même à Winston Churchill un talisman destiné à protéger l'Angleterre des bombardements allemands, ce qui lui permit d'affirmer, à la fin des hostilités : « C'est moi qui ai gagné la guerre ! »

Il rédigea un nouvel ouvrage d'ésotérisme dans lequel il dévoila la source de son enseignement, qu'il baptisa du nom de *Magick :* « Je me suis consciemment voué au Grand Œuvre, entendant par là l'œuvre de devenir un être spirituel, libre des contraintes, des hasards et des déceptions de l'existence matérielle. Je me suis trouvé en difficulté pour dénommer ma méthode. Théosophie, spiritualisme, occultisme, tous ces termes impliquent des connotations indésirables. J'ai donc choisi le mot de *Magick* comme étant, par essence, le plus sublime et, à l'heure actuelle, le plus discrédité de tous les termes possibles. J'ai juré de réhabiliter la magie, de l'identifier à ma carrière propre et d'amener l'humanité à respecter, aimer et croire ce qu'elle a méprisé, haï et craint. » [1]

*
* *

Aleister Crowley s'éteignit à la suite d'une crise cardiaque le 1er décembre 1947 et, selon sa propre volonté, fut incinéré en grande pompe. Quelques jours auparavant, il avait supplié son médecin de lui donner de la morphine. Devant le refus de ce dernier, le mage lui avait lancé : « Dans ce cas, docteur, vous mourrez peu de temps après moi ! » Quelques jours après le décès de Crowley, le médecin périt brusquement, dans des conditions inexpliquées. Aleister Crowley avait trouvé sa dernière victime.

1. J. Symonds, *The Magic of Aleister Crowley,* Londres,Richier, 1958, cité par Jean-Claude Frère, op. cit.

Quatrième ange rebelle :

Le porteur de Lumière

« Et le quatrième Ange sonna... Alors furent frappés le tiers du Soleil et le tiers de la Lune et le tiers des étoiles : ils s'assombrirent d'un tiers, et le jour perdit le tiers de sa clarté, et la nuit de même.

Et ma vision se poursuivit. J'entendis un aigle volant au zénith et criant d'une voix puissante : "Malheur, malheur, malheur aux habitants de la terre, lorsque retentira la voix des dernières trompettes, que les trois Anges vont faire sonner !" »

(*Apocalypse,* 8, 12-13).

1

Lucifer et la révolte des anges rebelles

Pour les lucifériens, Lucifer est le seul dieu authentique. Jéhovah, lui, n'est qu'un mauvais démiurge. Ce dogme inversé peut sembler absurde à la plupart des chrétiens, pourtant il ne vient pas de nulle part. Au fil des siècles, la croyance en Lucifer a coexisté avec la croyance au Christ. Et cette croyance trouve sa source dans les mythes, les légendes et les textes sacrés eux-mêmes.

En effet, on peut dire que le serpent de la Genèse a deux visages ; tentateur ou initiateur, diable ou ange, négatif ou positif, il n'est jamais que la manifestation originelle du principe de dualité qui a prévalu dans la création divine.

Ce double rôle du serpent correspond aux deux visages du diable : Satan et Lucifer. Le démon et l'ange. L'adversaire et le libérateur. Le Malin et le rebelle. L'Eglise catholique, entre autres, a sciemment entretenu l'amalgame entre ces deux entités que tout oppose pourtant, au point que Lucifer et Satan se trouvent aujourd'hui indissociablement liés dans l'imaginaire de nos contemporains. Ils sont tous deux devenus « le diable », le maître des enfers torturant les damnés. On a oublié que Lucifer est avant tout un ange porteur de Lumière.

*

* *

Cette confusion entre Lucifer et le « diable » n'a pas toujours eu lieu, y compris dans la religion chrétienne. C'est ainsi que le nom de Lucifer fut utilisé pour désigner le Fils de Dieu jusqu'au milieu du Moyen Age. Dans l'Epilogue de l'*Apocalypse,* le Christ lui-même se compare à « l'étoile du matin », appellation qui désigne généralement Lucifer :

« Moi, Jésus, j'ai envoyé mon Ange publier chez vous ces révélations concernant les Eglises. Je suis le rejeton de la race de David, l'Etoile radieuse du matin. » (*Ap.* 22, 16).

Durant des siècles, Lucifer fut un prénom donné couramment aux enfants pour leur baptême. L'histoire a même retenu un Lucifer évêque de Cagliari, en Sicile, qui vécut de 300 à 370 après J.-C. Cet homme d'Eglise ne peut être suspecté d'avoir fait allégeance aux puissances rebelles, bien au contraire : Lucifer se fit remarquer par ses opinions intégristes et son intransigeance envers les anciens hérétiques, ce qui donna lieu au « schisme luciférien » qui divisa un temps la chrétienté.

La beauté du diable

Autant le diable est laid et repoussant, autant l'ange rebelle est beau. Lucifer, à l'époque de sa splendeur, était le plus beau et le plus fier des anges créés par Dieu. Si beau et si fier que, paraît-il, la Divinité en conçut quelque ombrage, et même une pointe de jalousie. Une trop grande beauté inquiète, de même qu'une intelligence trop acérée. L'une et l'autre paraissent toujours suspectes. On parle alors de « beauté du diable », d'« intelligence diabolique ». L'excès de vertus attise plus aisément la diffamation et l'insulte que l'étalage banal de la médiocrité. La grâce est un privilège qui se paie cher.

Lucifer était beau, mais il était *trop* beau. C'est pourquoi l'obscurantisme du Moyen Age le travestit en bouc, en diable cornu, en monstre de carnaval, en bête immonde. Il fallait à tout prix éviter que les fidèles puissent être séduits par la beauté de son vrai visage, et désertent la voie droite de la chrétienté officielle, au profit des chemins buissonniers de l'ancien paganisme. Mais enlaidir le diable, c'est encore rendre hommage à sa beauté.

*

* *

Noblesse, beauté de l'ange rebelle. Une mosaïque de Ravenne, datant de 520 environ, montre le Christ au Jugement dernier entouré de deux anges, l'un bleu et l'autre rouge. Ces deux anges sont représentés sous la forme de deux jeunes hommes séduisants et hiératiques, à la noble figure et pourvus de grandes ailes. Rien ne les distingue, sinon la couleur de leurs vêtements et du nimbe qui entoure leur visage : l'ange rouge, couleur de feu, est le bon ange au corps de feu subtil et rayonnant, tandis que l'ange bleu — il s'agit d'un bleu sombre, presque violet — couleur de nuit, est l'ange déchu au corps d'air obscur et épais. Point ici de représentation monstrueuse et satanique pour désigner l'ange rebelle : sa beauté et sa grâce égalent celles du bon ange. Leur différenciation tient uniquement à l'élément qui les compose : le feu et l'air — notons que le feu, assimilé plus tard aux flammes de l'enfer, forme la substance du bon ange, tandis que l'air, associé d'ordinaire au domaine céleste, se trouve être l'élément naturel de l'ange déchu.

Jusqu'au XIIe siècle, l'ange rebelle conserva sa beauté naturelle dans les représentations religieuses ou artistiques. Les rares témoignages visuels que le temps a conservés intacts nous montrent tous Lucifer sous une forme humaine magnifiée : fresque de l'église de Baouit, en Egypte (VIe siècle), Bible de saint Grégoire de Nazianze (IXe siècle), *Evangéliaire* de Charles le Chauve.

C'est l'art roman qui, au XIIe siècle, commença à dépeindre l'ange rebelle sous des forme monstrueuses. Ainsi, les chapiteaux de Vézelay en font un être difforme, au nez écrasé et à la bouche ouverte sur un long cri muet. D'ange porteur de Lumière, il se transforme en nain grotesque ou en géant redoutable. Parfois, il apparaît comme une caricature grimaçante de l'évêque ou du notable du lieu. Ce « diable repoussoir » — toujours sculpté *à l'extérieur* de l'église, comme pour rejeter les incroyants — cristallise sur son effigie la haine et les fantasmes du peuple à l'égard des puissants, des nantis, des riches, des oppresseurs ; le diable cornu et aux pieds fourchus du sabbat incarnera, à l'inverse, les aspirations du peuple à la liberté, la licence, l'expression débridée des mœurs et de la sexualité.

Aux XIVe et XVe siècles, l'ange rebelle perd toute beauté et toute apparence humaine. La cathédrale d'Amiens le représente avec une tête de chien, une queue et des ailes de coq. Ailleurs, il devient gargouille démoniaque, serpent, lion, bouc. Le beau Lucifer est devenu un Satan hideux.

Réhabilitation de Lucifer

Cette diabolisation de Lucifer, l'ange déchu, trouve sa justification dans le formidable combat cosmique qui l'a opposé, lui et ses anges rebelles, aux anges fidèles de Dieu. Lucifer et ses anges ont eu le dessous, et ont été précipités du plus haut des cieux jusqu'au plus profond de la Géhenne. Dans la Bible, le *Livre d'Isaïe* décrit ainsi la chute de Lucifer :

> *Comment es-tu tombé des cieux,*
> *Astre du matin, fils de l'Aurore ?*
> *Comment as-tu été jeté par terre,*
> *Toi qui vassalisais toutes les nations ?*
> *Toi qui disais en ton cœur :*
> *« J'escaladerai les cieux ;*
> *Par-dessus les étoiles de Dieu*
> *J'érigerai mon trône.*
> *Je siégerai sur la montagne de l'assemblée*
> *Dans les profondeurs du nord.*
> *Je monterai au sommet des nuages noirs,*
> *Je ressemblerai au Très-Haut. »*
> *Comment ! Te voilà tombé au Schéol*
> *Dans les profondeurs de l'abîme ! (Is.*, 14, 12-15).

Dans la tradition judéo-chrétienne, le crime de Lucifer, et la raison de sa chute, furent causés par sa rébellion contre Dieu, que son orgueil démesuré poussait à détrôner. Lucifer, c'est tout à la fois l'orgueil, la révolte et la traîtrise. En cela, il est le « patron » naturel des tyrans, des hérétiques et des renégats. En tout cas, c'est ainsi qu'il nous est présenté dans la Bible et ses commentaires. Mais cette condamnation sans appel mérite qu'on s'y arrête. Lucifer n'a-t-il pas été jugé trop vite ? Faisons-nous l'avocat, non du diable, mais de l'ange rebelle.

*
* *

La principale difficulté, lorsqu'on se mêle d'instruire un tel procès, réside dans la recherche des sources. La lecture de la Bible, en effet, ne s'appesantit pas sur l'origine céleste de Lucifer. L'ange déchu n'est présenté qu'à l'occasion de sa chute, ou bien il est assimilé à Satan ou au Dragon et à la Bête de l'Apocalypse. On dirait que la Bible a cherché à réduire et à occulter un savoir plus ancien, qui puisait ses racines dans le paganisme originel. Dans le dossier de Lucifer, elle ne retient que les témoignages à charge. Le chroniqueur biblique fait office, en quelque sorte, de ministère public.

L'exploration des textes sacrés apocryphes et de la Kabbale hébraïque fournit davantage d'éléments, que viennent conforter les textes issus de l'islam — rappelons que le mythe du diable est commun aux trois grandes religions monothéistes, la religion hébraïque, la religion judéo-chrétienne et l'islam. Selon ces traditions non expurgées, les anges rebelles se seraient révoltés lorsque Dieu créa l'homme à son image, élevant ainsi la créature de chair et d'os à un rang supérieur à celui de la créature spirituelle, l'ange.

De fait, il est bien clair que la mission dévolue aux anges fidèles est de servir d'intermédiaires entre Dieu et les hommes. Ils ne sont que des intercesseurs, des « messagers ». Ils n'ont pas de destin propre, sinon celui de servir : servir Dieu et servir l'homme. « Le rôle principal des anges se définit, dans l'Ecriture, par rapport à l'homme. La nature, en effet, a été justement qualifiée d'anthroposphère ; de sorte que les esprits qui l'animent ont pour vocation réelle de servir l'homme », écrit Albert Frank-Duquesne. [1]

Le « crime » des anges rebelles, selon cette tradition hébraïque et musulmane, a résidé dans l'affirmation de leur propre existence, de leur valeur intrinsèque, de leur position éminente au sein de la hiérarchie divine. Avant la création de l'homme, les anges étaient

1. Albert Frank-Duquesne, « En marge de la tradition judéo-chrétienne », in *Satan*, Desclée de Brouwer, 1948.

les créatures les plus importantes après Dieu. Pourquoi fallait-il que leur suprématie fût remise en question ? Etait-il tolérable que ces êtres célestes, magnifiques et tout-puissants se contentent désormais d'être les serviteurs de l'homme ?

Ces aînés préférés, trop gâtés par leur Père céleste, conçurent une légitime jalousie vis-à-vis de leur frère cadet — l'homme — si faible et limité en comparaison d'eux-mêmes. En refusant de devenir les anges gardiens de l'homme, ils devinrent ainsi ses anges rebelles.

Le signe de Caïn

Le crime de Lucifer à l'égard de l'homme trouve son équivalent dans le crime de Caïn à l'égard de son frère Abel. Les deux puisent leur origine dans le sentiment d'injustice que ressent l'aîné vis-à-vis du cadet :

« L'homme connut Eve, sa femme ; elle conçut et enfanta Caïn et elle dit : "J'ai acquis un homme de par Yahvé." Elle donna aussi le jour à Abel, frère de Caïn. Or Abel devint pasteur de petit bétail et Caïn cultivait le sol. Le temps passa et il advint que Caïn présentât des produits du sol en offrande à Yahvé, et qu'Abel, de son côté, offrît des premiers-nés de son troupeau, et même de leur graisse. Or Yahvé agréa Abel et son offrande. Mais il n'agréa pas Caïn et son offrande, et Caïn en fut très irrité et eut le visage abattu. Yahvé dit à Caïn : "Pourquoi es-tu irrité et pourquoi ton visage est-il abattu ? Si tu es bien disposé, ne relèveras-tu pas la tête ? Mais si tu n'es pas bien disposé, le péché n'est-il pas à la porte, une bête tapie qui te convoite et que tu dois dominer ?" Cependant Caïn dit à son frère Abel : "Allons dehors", et, comme ils étaient en pleine campagne, Caïn se jeta sur son frère Abel et le tua. » (*Gen.,* 4, 1-8).

Caïn a agi par colère, par jalousie et aussi par amour déçu, car Yahvé lui préfère son cadet. En se débarrassant d'Abel, Caïn ne cherche qu'à redevenir le premier — et le seul — dans le cœur de Yahvé. Aussi, lorsque ce dernier s'enquiert de son frère : « Où est ton frère Abel ? », le fratricide rétorque : « Suis-je le gardien de mon frère ? » (*Gen.* 4, 9). Mais Yahvé connaît le crime de Caïn, et son châtiment est terrible. Tout comme il a déchu Lucifer, tout comme il a exclu Adam et Eve du jardin d'Eden, Yahvé maudit Caïn et le condamne à l'errance éternelle : « Maintenant, sois maudit et chassé du sol fertile qui a ouvert la bouche pour recevoir de ta main le sang de ton frère. Si tu cultives le sol, il ne te donnera plus son produit : tu seras un errant parcourant la terre. » (*Gen.*, 4, 11-12).

*
* *

La « race de Caïn », doublement fautive au regard de Dieu — du fait du péché originel puis du meurtre d'Abel — désigne donc l'humanité criminelle, violente, colérique, jalouse et orgueilleuse ; elle est l'équivalent, au plan humain, de Lucifer et ses anges rebelles. Mais la condamnation de Yahvé est-elle sans appel ? Le Dieu vengeur est-il insensible aux plaintes du coupable ? Non. Lorsque Caïn se lamente : « Ma peine est trop lourde à porter. Vois ! Tu me bannis aujourd'hui du sol fertile, je devrai me cacher loin de ta face et je serai un errant parcourant la terre : mais le premier venu me tuera ! » (*Gen.*, 4, 13-14), Yahvé lui offre une protection inattendue : « Yahvé lui répondit : "Aussi bien si quelqu'un tue Caïn, on le vengera sept fois" et Yahvé mit un signe sur Caïn, afin que le premier venu ne le frappât point. » (*Gen.*, 4, 15).

*
* *

Yahvé commence par maudire et condamner Caïn, puis il lui offre sa protection contre ses ennemis (« on le vengera sept fois ») et le marque au front d'un signe divin, un signe d'élection. Ce revirement n'est-il pas paradoxal ? A moins que l'histoire ne puisse se décrypter dans un tout autre sens.

De fait, il semble bien que le mépris de Yahvé pour les offrandes de Caïn ne soit qu'apparent. Il feint de lui préférer les agneaux d'Abel pour mieux l'éprouver. Yahvé joue au mauvais père dans le but de tester la force et la foi de son aîné Caïn, *qui est bien son préféré.* D'ailleurs, il le prévient : « Pourquoi es-tu irrité et pourquoi ton visage est-il abattu ? Si tu es bien disposé, ne relèveras-tu pas la tête ? Mais si tu n'es pas bien disposé, le péché n'est-il pas à la porte, une bête tapie qui te convoite et que tu dois dominer ? » Caïn ne sait pas « dominer la bête », à savoir le « diable » en lui ; il est encore l'esclave de ses impulsions, et c'est pour cela qu'il tue son frère.

Pour ce crime impardonnable, Yahvé aurait pu foudroyer Caïn sur place. A la place, il lui désigne une nouvelle épreuve, plus difficile évidemment — survivre sans le secours du sol fertile — mais pour laquelle il lui offre sa protection et son sceau.

Au vu de cette interprétation, le « signe de Caïn » est-il une simple marque d'infamie, signalant le meurtier et le fratricide ? Ne serait-il pas plutôt un signe de préférence, d'élection, de ressemblance divine ? En tuant son frère, Caïn ne s'est-il pas arrogé sur autrui le pouvoir de vie et de mort qui n'appartient qu'à Dieu ? N'est-il pas, dès lors, devenu « comme un dieu », à l'instar de ses parents goûtant au fruit de l'arbre de la connaissance du bien et du mal ?

*
* *

Le « signe de Caïn », dans de nombreuses traditions ésotériques ou initiatiques, représente l'éveil, l'étincelle divine, le troisième œil, ce qui distingue l'homme en quête de sa divinité du « premier venu » qui pourrait le tuer. Dans *Demian,* roman publié en 1925 par l'écrivain allemand Hermann Hesse, le narrateur évoque le destin tragique et sublime de celui qui « porte le signe » : « Et alors, pour la première fois, je sentis sur mon front le signe de Caïn. (...) Nous, les porteurs du signe, pouvions à bon droit passer aux yeux du monde pour étranges, insensés et dangereux. Nous étions des hommes éveillés ou en train de s'éveiller et nous aspirions à le devenir toujours plus complètement, tandis que les efforts des autres, leur recherche du bonheur, consistaient uniquement à adapter leurs opinions, leurs idéaux, leurs devoirs, leur vie et leur bonheur à ceux du troupeau. Chez eux, aussi, il y avait effort, force et grandeur. Mais alors que, selon notre conception, nous, les porteurs du signe, nous incarnions la volonté de la nature dirigée vers l'avenir, le nouveau, l'individuel, eux, s'étaient fixé comme but le maintien du passé. Pour eux, l'humanité — qu'ils aimaient comme nous l'aimions — représentait quelque chose d'achevé qui devait être conservé et protégé. Selon nous, l'humanité représentait un avenir lointain vers lequel nous étions en marche, dont l'image n'était connue de personne et les lois écrites nulle part. »[1]

La « race d'Abel » correspondrait au troupeau bêlant des serviteurs bien-pensants de Yahvé, tandis que la « race de Caïn » désignerait les éveillés, les élus, les initiés.

Mais, de fait, il n'existe pas de « race d'Abel », puisque ce dernier fut tué par son frère avant d'avoir enfanté. C'est le troisième enfant conçu par Adam et Eve, Seth, qui perpétua la lignée des « fidèles » de Dieu. Caïn, de son côté, se vit doté d'une descendance nombreuse, abondamment détaillée au chapitre 4 de la *Genèse.* A la septième génération, Lamech revendique à son tour le « signe » de son aïeul : « J'ai tué un homme pour une blessure, un enfant pour une meurtrissure. C'est que Caïn est vengé sept fois, mais Lamech, septante-sept fois ! » (*Gen.* 4, 23). Loin de s'amender, la lignée de Caïn confirme son pouvoir et son indépendance vis-à-vis des décrets divins, qui ne semblent plus concerner que la descendance de Seth, jusqu'à Noé et le déluge. Qu'est devenue cette « race de Caïn », cette race d'« hommes rebelles » oubliée de Dieu dont elle porte pourtant le signe au front ?

Le troisième œil de Lucifer

Les descendants de Caïn, s'ils existent, ces « porteurs du signe », comme l'écrit Hesse, se réclament certainement davantage de Lucifer que de Yahvé. Et pour cause : l'ange Lucifer est lui aussi « marqué au front ». Les anciennes traditions affirment que lors de la chute de Lucifer, une pierre se détacha de sa couronne et tomba sur la terre. Cette pierre magique et sacrée, couleur de sang, et dont la possession conférerait la toute-puissance, aurait donné lieu au mythe du Graal, dont la signification symbolique aurait été

1. Hermann Hesse, *Demian,* in *Romans et nouvelles,* collection « Bouquins », Robert Laffont.

« récupérée » par les chrétiens, qui transformèrent la pierre de Lucifer en coupe contenant le sang du Christ en croix. D'autres traditions parlent d'une pierre non pas rouge, mais verte : une magnifique émeraude au front de Lucifer, à l'emplacement du « troisième œil » des Hindous — celui qui donne la connaissance suprême et l'illumination — qui dans la chute de l'ange aurait roulé au fond de l'abîme. Ce « troisième œil », ou *âjnâ* chakra, ou « œil de Shiva », situé entre et légèrement au-dessus des deux sourcils, est d'ailleurs fréquemment représenté, dans l'iconographie hindoue, sous la forme d'une pierre frontale, *urna.* Il est « l'œil du feu, de la connaissance transcendante qui réduit en cendres les formes du désir et détruit périodiquement l'univers. » [1]

*

* *

Le « signe de Caïn » ressemble-t-il à la pierre de Lucifer, à cette émeraude sublime, ce troisième œil de la sagesse ultime, ce Graal perdu ? De nombreuses écoles spirituelles, qualifiées d'« hérétiques », ont cherché à revendiquer ce « signe ». Ainsi, les cathares voyaient en Lucifer le fils aîné de Dieu, dépouillé de ses droits au profit du cadet, Jésus le Nazaréen, et précipité dans la « chute ». Pour eux, Yahvé n'était pas le Dieu créateur, mais le mauvais démiurge, contre lequel il était légitime de se rebeller. Ces « parfaits », ces « purs », ainsi qu'ils se nommaient eux-mêmes [2], se saluaient entre eux d'un joyeux : « Lucifer, à qui l'on a fait grand tort, te salue ! », et injuriaient l'Eglise de Rome qu'ils qualifiaient de « Synagogue de Satan » et de « Basilique du diable ». Leurs rites incluaient le célibat et le refus de la procréation, car la naissance n'était à leurs yeux qu'une « chute de l'esprit dans la matière ». La mort, au contraire, et notamment la mort rituelle par le feu, symbole de purification, représentait pour les cathares un moyen de s'affranchir de la matière honnie pour retrouver la pureté originelle de l'esprit.

Les templiers, hérétiques chrétiens du XIVe siècle, nourris aux sources de la tradition ésotérique de la secte musulmane des ismaï-

1. Pierre Feuga, *Tantrisme,* Dangles, 1994.
2. Cathare vient du grec *katharos,* « pur ».

liens, vénéraient eux aussi Lucifer sous la forme du « Baphomet » — ce nom étant peut-être dérivé de « Mahomet ». Lors du procès mené par l'Inquisition catholique, et qui devait conduire les templiers au bûcher, on reprocha à ces hérétiques d'être des suppôts du diable, d'avoir renié et blasphémé le Christ et de se livrer entre eux à des débauches contre nature. Selon l'acte d'accusation, « une des cérémonies de la réception consistait, pour le novice, à baiser le récepteur sur la bouche, sur l'anus, sur le nombril et sur la verge. »

Dans son *Histoire de France,* l'historien Jules Michelet avance l'idée que les cérémonies d'initiation des templiers étaient empruntées aux mystères grecs et égyptiens, tels que ceux de Dionysos, Orphée et Eleusis, et aux rites de l'Eglise primitive d'Orient. Selon lui, le néophyte devait en effet cracher sur la croix, à l'exemple de saint Pierre qui avait renié trois fois le Christ avant le chant du coq. Ensuite, il était dépouillé de ses habits profanes, et c'est nu qu'il lui fallait subir les fameux « baisers contre nature » dont la signification devait être moins licencieuse que symbolique. Ce n'est qu'après ces épreuves que le néophyte pouvait revêtir ses vêtements blancs de pureté et de sainteté.

Le baiser *in ano,* en particulier, posait problème aux Inquisiteurs, qui virent là une preuve notoire des mœurs dissolues des templiers, qualifiés de « sodomites ». Rappelons à ce propos que, durant tout le Moyen Age, les sorcières se rendant au sabbat avaient l'obligation, à leur tour, d'adorer le diable en baisant le derrière d'un bouc. Le « baiser à l'anus » fut toujours assimilé, non seulement à l'inversion sexuelle, mais encore à une pratique de sorcellerie. En effet, on peut s'interroger sur le sens d'une telle pratique au cours d'une cérémonie d'intronisation.

A moins de se souvenir que la région anale, à la base de la colonne vertébrale, représente chez les Hindous le siège du *mulâdhâra* chakra, le premier des sept chakras qui doit être éveillé lors de la montée de la Kundalinî, le « serpent lové sur lui-même » qui, une fois dressé, conduit directement à l'illumination. Les templiers connaissaient-ils les chakras, ou tout au moins en avaient-ils un équivalent ? Le « baiser au derrière » correspondrait alors à l'« ouverture du premier chakra », destinée à conférer au yogi — et au templier — « une santé magnifique, une indestructible jeunesse, une maîtrise totale sur la parole et notamment sur le langage poétique, la capacité d'embrasser toutes les formes de connaissance. »[1]

Sans pousser trop loin la comparaison, constatons tout de même que les autres baisers incriminés du néophyte ont également un rapport avec les chakras : le « baiser sur la verge » correspond au *svâdhishtâna* chakra (2e chakra) et le « baiser au nombril » au *manipûra* chakra (3e chakra). Le 4e chakra, *anâhata* chakra, correspondant au cœur, est réactivé par l'accolade rituelle. Le « baiser sur les lèvres » pourrait rappeler le *vishudha* chakra (5e chakra, situé à l'intérieur de la gorge). Quant au 6e chakra, *âjnâ* chakra, celui du troisième œil, nous avons déjà signalé sa ressemblance avec la « pierre de Lucifer ». Le *sahasrâra* chakra, le 7e enfin, situé sur la fontanelle, permet au yogi de s'affranchir définitivement de la chaîne des réincarnations pour atteindre la « délivrance ». En grimpant sur les bûchers qui allaient réduire en cendres leurs formes terrestres, les Chevaliers du Temple et les cathares ne cherchaient-ils pas, eux aussi, la « délivrance » par le biais de la « catharsis » (« purification ») des flammes ?

1. Pierre Feuga, op. cit.

2

De Prométhée à Icare, ou la chute du feu

Si les écrits bibliques ne sont guère prolixes en ce qui concerne les origines de Lucifer, si la tradition hébraïque et musulmane l'est davantage, c'est au sein du panthéon des anciens dieux du paganisme que l'on trouvera les sources les plus variées et les plus intéressantes.

Voleur de feu

Lucifer, tout d'abord, est à l'évidence un avatar chrétien de Prométhée, qui déroba le feu aux dieux de l'Olympe en arrachant quelques braises à la « roue du Soleil », pour les transmettre aux hommes en les cachant dans une tige creuse. Le demi-dieu grec fut puni de ce crime de « lèse-divinité » par un supplice particulièrement raffiné : « Quant à Prométhée aux subtils desseins, Zeus le chargea de liens inextricables, entraves douloureuses qu'il enroula à mi-hauteur d'une colonne. Puis, il lâcha sur lui un aigle aux ailes éployées : et l'aigle mangeait son foie immortel, et le foie se reformait la nuit, en tout point égal à celui qu'avait, le jour durant, dévoré l'oiseau aux ailes éployées. » [1]

Le supplice de Prométhée semble plus symbolique que réel : ce

1. Hesiode, *Théogonie,* trad. par P. Mazon, Paris, 1928.

foie offert à l'appétit d'un oiseau — et pas n'importe quel oiseau : un aigle, l'oiseau qui vole si haut qu'il frôle le Soleil de ses ailes — que chaque nuit suffit à restaurer et à guérir de ses blessures, apparaît comme une métaphore des passions humaines, dilapidées mais toujours renaissantes (le foie est, chez les Chinois, le siège des émotions), et comme une manifestation du principe de dualité (le foie est dévoré le jour et se reconstitue la nuit). Prométhée souffre et meurt chaque jour et renaît au plus profond de la nuit, comme le Christ au terme de la semaine sainte. Prométhée enchaîné réconcilie Lucifer l'ange déchu et Jésus-Christ le crucifié dans un même espoir de renaissance, une même attente de résurrection et de réconciliation avec Dieu.

De fait, Prométhée est un jour libéré par Héraclès, en route pour son douzième et dernier travail, qui consiste à aller cueillir les pommes d'or que les Hespérides, ou Filles du Soir, gardent jalousement dans un jardin merveilleux, sous la protection d'un dragon...

Au pied du mont Caucase, Héraclès tue d'une flèche l'aigle dévorant et « déchaîne » Prométhée, lequel, en remerciement, explique à son sauveur comment il devra s'y prendre pour mener à bien son ultime mission : il devra faire cueillir les pommes d'or par le géant Atlas, chassé lui aussi de l'Olympe et condamné par Zeus à soutenir le ciel sur ses épaules. Prométhée libéré devient alors immortel en prenant la place du dieu Centaure au Panthéon.

La « divinisation » de Prométhée, qu'autorise la mort du Centaure, illustre parfaitement le triomphe de l'esprit libéré de son corps de chair et de désir. Cette métamorphose spirituelle est notamment mise en scène dans la tragédie d'Eschyle, *Prométhée enchaîné.* Voici ce qu'en dit Pierre Grimal : « La trilogie entière est une réflexion — nous dirions presque une “élévation” — sur le mystère de Zeus. A la geste hésiodique, qui montrait Zeus conquérant, et Prométhée vaincu, comme avaient été vaincus les Titans et les autres forces primordiales du monde, Eschyle oppose l'idée d'une réconciliation. Le triomphe de Zeus n'est pas définitif si le dieu ne parvient pas à redonner leur juste place à ceux qu'il a supplantés. Sans cela, il n'est que le troisième, après Ouranos et Cronos, et la même menace pèse sur lui. Le problème que s'est posé Eschyle est d'ordre théologique. Il consistait à découvrir les conditions de la permanence de Zeus. Et toute sa trilogie est le drame de la “médiation” : Prométhée, de même qu'il avait été le médiateur entre les forces primordiales et les hommes — lorsqu'il avait dérobé pour eux le feu du ciel — devient le médiateur entre ces mêmes forces et la génération des Olympiens. » [1]

Cette fonction de « médiation » de Prométhée évoque celle de « messager » de l'ange, qu'il soit gardien ou rebelle. Et la « réconciliation » finale entre Zeus et Prométhée nous renvoie à la même réconciliation, à la fin des temps, entre Dieu et Lucifer, libéré à son tour de ses chaînes. Car l'eschatologie chrétienne, contrairement aux dogmes relatifs à l'« existence du diable », prévoit bien qu'à la fin des Temps, Lucifer sera pardonné par Dieu et réintégrera sa place aux côtés du Père et du Fils. Cette théorie, fondée sur un présupposé en faveur de la miséricorde infinie de Dieu, a notamment été développée par le grand écrivain et théologien italien Giovanni Papini dans son célèbre essai, *Le Diable,* publié en 1953, qui lui attira les foudres de Rome et lui valut la mise à l'index — ce qui équivaut toujours à un certificat de qualité.

Dans l'Enfer *de Dante*

Au chant trente-quatrième de *l'Enfer* de Dante (neuvième cercle, quatrième région), le narrateur décrit celui qui fut le porteur de Lumière comme un monstre gigantesque et velu, à l'aspect proprement diabolique :

> *S'il fut aussi beau qu'il est aujourd'hui repoussant, et qu'il dressa la face contre son Créateur, il convient bien que de lui procède toute souffrance.*
>
> *Oh ! comme ce me parut grand sujet d'émerveillement, quand je vis que sa tête avait trois faces ! L'une devant, et celle-ci était rouge ;*
>
> *les deux autres venaient s'ajouter à la première au milieu de chaque épaule et se rejoignaient à l'endroit de la crête ;*
>
> *celle de droite paraissait entre blanc et jaune ; celle de*

1. Pierre Grimal, *La Mythologie grecque,* P.U.F., 1953.

gauche était d'un aspect pareil aux faces des gens venus d'où le Nil descend.

Au-dessous de chacune sortaient deux grands ailes, de l'envergure qui convenait à un tel oiseau : je n'ai jamais vu, sur mer, de voiles semblables.

Elles n'avaient pas de plumes, mais étaient du genre de celles des chauves-souris ; et il les faisait battre de telle sorte que trois vents prenaient de lui leur essor.

Tout le Cocyte en était gelé ; il pleurait de ses six yeux, et sur ses trois mentons s'égouttaient ses larmes et une bave sanglante.

Dans chaque gueule il broyait un pécheur de ses dents, comme le fait une maque, en sorte qu'ainsi il en torturait trois. [1]

Dante faisait partie d'une société secrète, les Fidèles d'Amour, qui a inspiré à un illustrateur anonyme natif de Bologne un jeu de tarots dont les cartes reprennent les thèmes de *La Divine Comédie* [2]. La lame XV, le Diable, montre les trois visages dévorants du Lucifer chiroptère, surgissant à mi-corps d'une croûte de glace le retenant prisonnier, tandis que la lame XII, le Pendu, se concentre sur l'une des trois gueules du monstre en train de dévorer les pieds d'un pécheur nu, la tête en bas et le corps strié de griffures.

Ce Lucifer à trois têtes est intéressant, car il nous renvoie au chien Cerbère, gardien des enfers et du Royaume des Morts, qui était précisément un monstre à trois têtes. Le onzième travail d'Héraclès consistait à aller chercher Cerbère dans son antre infernal pour le ramener à Argos. Pour ce voyage au pays des morts, Héraclès fut initié aux mystères d'Eleusis, puis il emprunta la porte d'Enfer qui s'ouvre au cap Ténare. Le héros n'était pas seul dans son expédition souterraine ; il était guidé par Hermès, tout comme Dante était guidé par Virgile. De même que son homologue florentin, Héraclès rencontra aux enfers d'illustres défunts qui lui contèrent leur vie et l'initièrent à leurs secrets. Dûment conduit, Héraclès fut en mesure de maîtriser Cerbère-Lucifer et de le rame-

1. Dante, *La Divine Comédie,* trad. Alexandre Masseron, Albin Michel, 1947.
2. *I Tarocchi di Dante e dei Fedeli d'Amore* (« Les Tarots de Dante et des Fidèles d'Amour ».)

ner au grand jour. Cette mission, non seulement autorisée mais encore encouragée par Zeus, dont Héraclès est le fils, équivalait donc à une rémission, une libération, un « pardon » de Cerbère, et donc de Lucifer.

A la fin des Temps, le chien à trois têtes redeviendra l'ange de gloire au front ceint de la couronne du Graal.

*
* *

Une autre tradition antique affirme que ce fut Prométhée qui créa les hommes en les façonnant, comme dans la *Genèse,* avec de la terre glaise. De fait, Prométhée et Zeus sont tous deux issus des Titans (le premier de Japet, le second de Cronos) ; tous deux sont des démiurges qui s'affrontent au travers de leurs créations. La rivalité entre Prométhée, le « bienfaiteur des mortels », selon Hésiode, et Zeus, le « chef des dieux », rappelle celle qui oppose Lucifer ou le serpent de la Genèse et Yahvé Dieu. Lutte de démiurges, dont l'humanité fait les frais. Car si Yahvé Dieu se venge en condamnant l'homme à l'exil de sa patrie céleste, à la souffrance et à la mort, Zeus agit de même en offrant aux mortels un cadeau empoisonné : Pandore.

Pandore était une femme belle, gracieuse et éloquente, mais au fond de son cœur gisait le mensonge et la fourberie. Dès qu'elle fut sur terre, elle alla dénicher une jarre dans laquelle se trouvaient enfermés tous les maux (la fameuse « boîte de Pandore »). Elle ouvrit le couvercle qui protégeait la jarre, et tous les maux se répandirent parmi les mortels. Pandore apparaît donc comme une démone, une sorte de Lilith grecque, l'archétype de la femme rebelle qui vient semer la confusion parmi les hommes.

La version de la chute des anges que donne le *Livre d'Enoch* n'est pas sans rappeler la légende de Prométhée créateur des mortels. Cet écrit apocryphe évoque les « géants » et les « démons », fruits des amour entre les « fils de Dieu » et les « filles des hommes » — et qui sont donc l'équivalent exact de ces demi-dieux illustres dont nous parle la mythologie grecque, parmi lesquels se trouvent Prométhée et Héraclès. On rencontre notamment un certain Azazel, qui « enseigna aux hommes à faire des épées, des couteaux, des boucliers, des cuirasses et des miroirs ; il leur apprit la fabrication des bracelets et des ornements, l'usage de la peinture, l'art de se peindre les sourcils, d'employer les pierres précieuses, et toute espèce de teintures, de sorte que le monde fût corrompu... » Ce qui est reproché à Azazel, outre la corruption, c'est d'avoir « révélé au monde tout ce qui se passe dans les cieux. » [1]

Le crime du « démon » Azazel est donc d'avoir transmis aux hommes des secrets divins, et de les avoir initiés à l'art, à l'artisanat et à la beauté. Si crime il y a, ce n'est que du point de vue des lois rigides édictées par Yahvé, car en ce qui concerne les hommes, Azazel apparaît plutôt comme un bienfaiteur, à l'exemple de Prométhée. Ce même Azazel est invoqué dans le *Lévitique,* où il est recommandé à Aaron de sacrifier deux boucs, l'un à Yahvé, et l'autre à Azazel :

« Aaron prendra ces deux boucs et les placera devant Yahvé à l'entrée de la Tente de Réunion. Il tirera les sorts pour les deux boucs, attribuant un sort à Yahvé et l'autre à Azazel. Aaron offrira le bouc sur lequel est tombé le sort "A Yahvé" et en fera un sacrifice pour le péché. Quant au bouc sur lequel est tombé le sort "A Azazel", on le placera vivant devant Yahvé pour faire sur lui le rite d'expiation, pour l'envoyer à Azazel dans le désert. » (*Lév.,* 16, 7-10).

Yahvé lui-même demande à ce qu'Azazel soit honoré ainsi qu'il le mérite. Lorsqu'on connaît la jalousie et l'exclusivité du Dieu de l'Ancien Testament, un tel compromis a de quoi surprendre. Faut-il qu'Azazel soit issu d'une haute lignée, et que ses pouvoirs soient grands pour que le Créateur lui-même recommande de lui vouer un culte et des sacrifices ! Cette concession du Dieu unique au polythéisme — car dans le double sacrifice des boucs jumeaux, Yahvé et Azazel apparaissent sur un pied d'égalité — qui donne naissance à l'allégorie fameuse du « bouc émissaire », illustre la façon dont Yahvé sait faire, lorsque c'est nécessaire, la « part du diable ». En réalité, le « diable » Azazel, démon du désert, semble bien le descendant direct de Prométhée et de Lucifer.

Le « crime » des anges rebelles, dans ce cas, se résumerait à l'amour qu'ils auraient porté aux hommes, et plus particulièrement

1. *Livre d'Enoch,* cité par l'abbé Migne dans son *Encyclopédie théologique,* Robert Laffont, 1975 et *La Bible, écrits intertestamentaires,* annotée par André Caquot, Gallimard, La Pléiade, 1987.

aux filles des hommes. Leur « chute » se confondrait alors avec la chute de l'esprit dans la matière lors de leur incarnation sur terre. Ayant choisi de s'accoupler à des êtres de chair, les anges auraient à leur tour revêtu cette « tunique de peau » jetée par Yahvé sur ceux qui lui désobéissent, à savoir un corps. Mais n'est-il pas possible, à l'exemple de Bruno Ganz et Peter Falk dans *Les Ailes du désir,* que ces anges déchus aient pris plaisir à endosser cette forme vivante ? En permettant au Christ de s'incarner parmi les humains, Dieu lui-même n'a-t-il pas insufflé l'Esprit-Saint dans le corps de l'homme, dans sa « tunique de chair » ? Lorsqu'on évoque Jésus-Christ, le Fils de l'Homme, on ne parle pourtant jamais de « chute de l'esprit dans la matière »... Ce que les anges avaient compris, c'est qu'il y a une grande beauté à habiter un corps, avec ses sensations, ses joies, ses souffrances. De la crèche à la croix, jamais le Christ n'a dénigré le corps, au contraire. En guérissant le corps des malades et des paralytiques, en ressuscitant Lazare, n'a-t-il pas démontré que le corps de l'homme est, tout autant que son esprit et son âme, un miracle de la création divine, digne de respect, de soins, d'admiration et d'amour ? Jésus, contrairement à ses commentateurs quatorze siècles plus tard, n'a jamais été un contempteur des corps.

Ayant choisi (ou accepté) de s'incarner dans des corps d'hommes pour mieux séduire les femmes de chair, il est normal que les anges « déchus » ne soient point remontés au ciel, et aient poursuivi leur existence sur terre. Ceci nous est confirmé dans le passage de l'*Apocalypse* qui relate le « combat dans le ciel » opposant anges rebelles et anges fidèles :

« Alors une bataille s'engagea dans le ciel : Michel et ses Anges combattirent le Dragon. Et le Dragon riposta, appuyé par ses Anges, mais ils eurent le dessous et furent chassés du ciel. On le jeta donc, l'énorme Dragon, l'antique Serpent, le diable ou le Satan, comme on l'appelle, le séducteur du monde entier, on le jeta sur la terre et ses Anges furent jetés avec lui. » (*Ap.* 12, 7-9).

C'est donc sur terre, au milieu des humains, que vivent les anges rebelles, et non au fin fond des enfers. Pas de flammes éternelles ni de salles de tortures démoniaques où les damnés se tordent de douleur, mais des forêts remplies d'oiseaux, des océans rutilants de perles de lumière au soleil, des crépuscules écarlates, des nuits étoilées que veille la Lune, des hommes, des femmes, des enfants, des plantes et des chats, le parfum d'une rose et le bouquet d'un vin vieux. On concevrait volontiers, pour Lucifer, Satan et sa clique, punitions plus cruelles. Pour s'être intéressés aux humains, à l'exemple de Prométhée, ils sont restés sur terre. Et alors ? Nous y vivons bien, nous, sur la terre. Et pas si mal, ma foi...

*

* *

Tout comme Lucifer, Prométhée incarne enfin la révolte. Les auteurs du *Dictionnaire des symboles* précisent que « ce n'est pas la révolte des sens qu'il symbolise, c'est celle de l'esprit, de l'esprit qui veut s'égaler à l'intelligence divine, ou du moins lui ravir quelques étincelles de lumière. » [1] Gaston Bachelard a même parlé, à propos de cette révolte de l'esprit proprement luciférienne, d'un « complexe de Prométhée » : « Nous proposons donc de ranger sous le nom de *complexe de Prométhée* toutes les tendances qui nous poussent à *savoir* autant que nos pères, plus que nos pères, autant que nos maîtres, plus que nos maîtres. (...) Si l'intellectualité pure est exceptionnelle, elle n'en est pas moins très caractéristique d'une évolution spécifiquement humaine. Le complexe de Prométhée est le complexe d'Œdipe de la vie intellectuelle. » [2]

La chute d'Icare

Si Lucifer se reconnaît aisément dans le mythe de Prométhée — le « porteur de Lumière » face au « voleur de Feu » — il a également un rapport direct avec celui d'Icare.

Emprisonné avec son père Dédale dans le Labyrinthe du roi Minos où sévissait le Minotaure, Icare parvient à s'enfuir par la voie des airs grâce à des ailes fixées à ses épaules par de la cire. Dédale, qui l'accompagne dans son envol, le met en garde : « Je te

1. Jean Chevalier et Alain Gheerbrant, *Dictionnaire des symboles,* Robert Laffont, collection « Bouquins », 1982.
2. Gaston Bachelard, *La Psychanalyse du feu,* Paris, 1965.

préviens, Icare, il faut mener ta course à une hauteur moyenne. Vole entre les deux. » Mais le téméraire Icare oublie les conseils de prudence de son père. Grisé par sa liberté nouvelle, le voici qui s'élève de plus en plus haut, de plus en plus près du Soleil, source de vie, de lumière et de chaleur en quoi il reconnaît sa véritable origine. Mais la cire fond au contact des rayons brûlants de l'astre du jour, et Icare est précipité dans la mer.

La « chute d'Icare » évoque la « chute de Lucifer », et se prête aux mêmes interprétations contradictoires. Le *Dictionnaire des symboles* nous explique que « les auteurs chrétiens des premiers siècles ont vu dans la mésaventure d'Icare l'image de l'âme qui prétend s'élever vers les cieux sur les ailes d'un faux amour, alors que, seules, les ailes de l'amour divin pourraient favoriser son ascension. » [1] Paul Diel, quant à lui, lit dans la figure d'Icare « une personnification mythique de la déformation du psychisme, caractérisée par l'exaltation sentimentale et vaniteuse envers l'esprit. Icare représente le nerveux et son sort. La tentative insensée d'Icare est restée proverbiale pour la nervosité à son plus haut degré, pour une forme de maladie de l'esprit : la folie des grandeurs, la mégalomanie ». [2]

Vanité, nervosité, folie des grandeurs, mégalomanie : toutes ces affections psychiques évoquent le fameux « orgueil luciférien » qui définit en général l'ange rebelle. Mais cette interprétation moralisante et judéo-chrétienne du mythe d'Icare ne saurait convaincre que... les convaincus. Il existe en effet une grandeur chez Icare, faite d'enthousiasme et de spontanéité, qui nous le rend plus proche et plus sympathique que le prudent Dédale qui, « volant entre deux eaux », échappe au sort de son fils et arrive à bon port. Jacques Lacarrière, dans son exploration des mythes d'ascension [3], démontre avec brio en quoi l'envol d'Icare répond au vieux rêve de l'humanité : celui de retrouver ses ailes d'ange pour s'envoler tout droit dans le ciel, jusqu'au Soleil, jusqu'à Dieu. Et qu'importe à Icare sa chute, qu'importe sa mort, si à ce prix il a pu savourer une minute de bonheur absolu. Icare meurt les yeux pailletés de soleil, foudroyé non pas par un dieu vengeur, mais par sa propre

1. Jean Chevalier et Alain Gheerbrant, op. cit.
2. Paul Diel, *Le Symbolisme dans la mythologie grecque,* préface de Gaston Bachelard, Paris, 1966.
3. Jacques Lacarrière, *L'Envol d'Icare,* Seghers, 1994.

illumination. L'envol d'Icare est un éveil, un *satori,* un éblouissement de l'âme, une ascension de l'homme vers Dieu, une percée vers la Lumière.

Le dragon du Mont-Saint-Michel

Avant de clore, à défaut d'épuiser, cette évocation de Lucifer, il nous faut encore aborder les mythologies celtes et gauloises, qui adoraient en *Lug,* dieu de la Lumière et du Feu, un autre avatar de Lucifer, le porteur de Lumière. La racine *Lug* se retrouve dans de nombreux noms de lieux, tels que Lyon, Laon ou Loudun. Ainsi, la naissance de Lyon, *Lugdunum* à l'origine, ce qui signifie « forteresse de Lug », et fondée le 10 octobre 43, fut saluée par un vol de corbeaux. Ces corbeaux incarnent dans la tradition scandinave le messager noir (l'ange rebelle ?) symbolisant la contradiction entre l'Ombre et la Lumière, c'est-à-dire le principe de dualité. Le corbeau est l'oiseau messager attaché à Lug, et également à Wotan, le dieu des dieux des légendes nordiques.

Dieu lumineux et incandescent, Lucifer est également lié au dieu grec Apollon, au dieu nordique Balder, au dieu celte Belenos (autre nom du dieu Lug), au dieu pyrénéen Abellio ou Belis.

L'assimilation de Lucifer à Apollon, dieu solaire et lumineux par excellence, est inscrite en toutes lettres dans l'*Apocalypse* de Jean, lors de la description des tortures infligées par les sauterelles aux hommes : « A leur tête, comme roi, elles ont l'ange de l'Abîme ; il s'appelle en hébreu : "Abaddôn", et en grec : "Apollyôn". » (*Ap.* 9, 11).

Quant au brillant Lug-Belenos, il était jadis honoré par nos ancêtres celtes sur une excroissance de terre érigée sur la mer que l'on appelait le Mont-Belen, ou le Mont-Tombe. Ce lieu existe toujours, bien qu'il ait été rebaptisé par les chrétiens « Mont-Saint-Michel », et qu'il soit voué aujourd'hui à l'archange vainqueur du Dragon. Or, les pèlerins celtes du Mont-Tombe, à l'instar des moines du désert ou des initiés orphiques, pratiquaient eux aussi des rites d'initiation associés au serpent, ou encore au dragon, animal fabuleux et tellurique.

Le Mont-Saint-Michel, ce haut lieu de la spiritualité chrétienne (sans parler du tourisme), abrite en réalité un haut lieu du paganisme, voué au culte des antiques porteurs de Lumière, Lug, Belenos et Lucifer ! Dans l'iconographie chrétienne, l'archange saint Michel est présenté comme le vainqueur du Dragon ; mais n'en est-il pas plutôt le complément, l'autre terme du principe de dualité ? Saint Michel et le Dragon se livrent moins un combat qu'ils ne posent une énigme, que seul l'initié ou l'« éveillé » saura résoudre. Cette énigme est contenue dans le nom même de saint Michel, à savoir Mikaël, qui en hébreu signifie : « Qui est comme Dieu ? »

Dans son ouvrage consacré au Mont-Saint-Michel, Jean Markale explique : « Michel n'est pas Dieu. Il se contente de poser la question de savoir *qui est comme Dieu.* On sait que poser une question, c'est en connaître intérieurement la réponse. Michel connaît cette réponse, mais il ne la dit pas : il se contente d'obliger les humains à se poser la même question, donc à tenter d'exprimer cette réponse, (...) car il est le lien entre l'intelligence divine et l'intelligence humaine, celui qui assure la fusion entre le feu du ciel et celui de la terre. » [1]

Cette question de l'archange fait pendant à la prophétie du serpent de la Genèse à Adam et Eve : *Et eritis sicut Dei,* « Vous serez comme des dieux. » L'énigme en est-elle résolue pour autant ? En latin, le nom mystérieux de Michel se transcrit *Quis ut Deus,* que les théologiens chrétiens ont traduit par la question « Qui est comme Dieu ? ». Mais cette traduction n'est pas la seule possible. *Quis ut Deus* peut en effet s'entendre : « On est comme Dieu », ce qui n'est pas du tout la même chose. Jean Markale s'interroge : « Mais que serait-il advenu si l'on avait choisi la solution indéfinie : "On est comme Dieu ? " C'était la porte ouverte au panthéisme. Car, à ce moment-là, le rôle de l'archange Michel était de *mettre en lumière* une stupéfiante réalité : *l'être humain est comme Dieu.* Et cela donnait raison au serpent de la Genèse qui invitait Eve à manger du fruit défendu pour "être comme des dieux". Il y a là quelque chose d'infiniment trouble, et qui n'a jamais été vraiment résolu. » [2]

1. Jean Markale, *Le Mont-Saint-Michel et l'énigme du Dragon,* Pygmalion, 1987.
2. Jean Markale, op. cit.

Au sommet du Mont-Tombe, dédié à Belenos, Michel et Lucifer brillent d'un éclat identique, et miment depuis l'aube des temps le même combat entre l'Ombre et la Lumière, entre la révolte et la fidélité, entre le dragon et l'archange. Ils se battent depuis si longtemps que leur lutte est devenue une danse, une chorégraphie martiale, une joute amoureuse, une union fusionnelle. Et voici qu'ils ne font plus qu'un, l'ange et la Bête. Ils forment un Etre réconcilié, qui a transcendé son dualisme, et qui nous pose toujours la même question, qui sonne comme un défi : *Qui est comme Dieu ?*

Cette fois-ci, oserons-nous répondre ?

Cinquième ange rebelle :

Satan, prince de sang

« Et le cinquième Ange sonna... Alors j'aperçus un astre qui du ciel avait chu sur la terre. On lui remit la clef du puits de l'Abîme. Lorsqu'il eut ouvert ce puits, il en monta une fumée, comme celle d'une immense fournaise — le soleil et l'atmosphère en furent obscurcis — et, de cette fumée, des sauterelles se répandirent sur la terre ; on leur donna un pouvoir pareil à celui des scorpions de la terre. On leur recommanda d'épargner les prairies, toute verdure et tout arbre, et de s'en prendre seulement aux hommes qui ne porteraient pas sur le front la marque de Dieu. On leur donna, non point de les tuer, mais de les tourmenter durant cinq mois. La douleur qu'elles provoquent ressemble à celle d'une piqûre de scorpion. En ces jours-là, les hommes rechercheront la mort sans la trouver, ils souhaiteront mourir et voilà que la mort les fuit !

Or, ces sauterelles, à les voir, font penser à des chevaux équipés pour la guerre ; sur leurs têtes on dirait des couronnes d'or, et leurs faces rappellent des visages humains ; leurs cheveux, des chevelures de femmes, et leurs dents, des crocs de lions ; leurs thorax, des cuirasses de fer, et le bruit de leurs ailes, le vacarme des chars aux multiples chevaux se ruant au combat ; elles ont des queues pareilles à des scorpions, avec un dard dans leurs queues ; elles ont le pouvoir de torturer les hommes durant cinq mois. A leur tête, comme roi, elles ont l'Ange de l'Abîme ; il s'appelle en hébreu : "Abaddôn", et en grec : "Apollyôn".

Le premier "Malheur" a passé, en voici deux autres qui le suivent... »

(*Apocalypse*, 9, 1-12).

1

Crimes et rituels sataniques

L'Eglise psychédélique de Vénus, la Société du Culte noir, le Club des Fils de Lucifer, l'Eglise de la Source éternelle, le Culte gnostique des Ophites de Satan, l'Ordre vert, la Lucifer-G, les Fils du Feu, etc. En vingt-cinq ans, les groupements d'inspiration sataniste se sont développés à une vitesse effrénée, accompagnés de leur cortège de crimes rituels tous plus barbares les uns que les autres.

Ce phénomène inquiétant touche en premier lieu les Etats-Unis. Selon l'unité des personnes portées disparues de la police de Pennsylvanie, il existait aux Etats-Unis environ 10 000 groupes et groupuscules satanistes en 1946. En 1976, ils étaient 48 000. En 1985, 135 000. En 1995, on ignore le chiffre exact... De même, l'« Incest Survivors Anonymous », organisme d'entraide destiné aux victimes de l'inceste, regroupe dans ses rangs près de 40% d'hommes et de femmes ayant subis des abus sexuels lors de rituels. [1]

En 1985-86, des dépêches d'« Associated Press » parues dans le *Daily News* et le *Los Angeles Herald Examiner* recensaient une partie des exactions commises par ces satanistes :

« La police note une recrudescence de crimes satanistes. Un garçon de seize ans a admis lors de son procès qu'il avait été amené à abattre son père de neuf balles de pistolet après avoir évoqué Satan. Selon lui, Dieu n'était plus en mesure de l'aider ; à Laguna Hills, un adolescent a été condamné à vingt-cinq ans de détention

1. Chiffres cités par Dominique Cellura, *Les Cultes de l'enfer,* Spengler, 1993.

après avoir assassiné son père. Dans sa chambre ont été retrouvés des motifs satanistes (pentagramme et dessins), ainsi qu'un pacte signé de son sang avec Satan ; Richard Ramirez, *serial killer,* auteur de quinze meurtres rituels et de dix-sept agressions sexuelles, a un pentagramme tatoué dans la paume de sa main gauche. A Sacramento, une fillette de dix ans déclare avoir découvert des films tournés par son père et, selon ses déclarations, celui-ci aurait abusé de trois enfants avant de les sacrifier... » [1]

Certaines victimes parviennent à intenter des procès à leurs bourreaux satanistes. Parfois, ceux-ci se révèlent être les propres parents de celles-là ! Ainsi, une certaine Cheryl Horton, âgée de trente-cinq ans, a porté plainte contre ses parents, satanistes convaincus. Elle a eu gain de cause et a touché en 1989 un chèque de 42 000 dollars en dommages et intérêts ! [2]

Durant toute son enfance, Cheryl dut subir des tortures physiques et sexuelles de la part de son père. A l'âge de neuf ans, elle fut forcée de prendre part au sacrifice rituel d'un nouveau-né ; son propre frère ! Lors de sabbats organisés par ses géniteurs, elle devait s'accoupler avec tous les hommes de l'assemblée. A l'âge de treize ans, elle accoucha de jumeaux qui furent à leur tour immolés dans des conditions atroces : une croix inversée était découpée dans le torse des bébés ; des lambeaux de chair étaient ensuite distribués à l'assistance...

De tels récits nous replongent brutalement, à l'orée du XXIe siècle, à l'époque des grands criminels diaboliques tels que Dracula ou Gilles de Rais. La différence est que, jadis, ces pratiques sanglantes n'étaient le fait que de quelques individus, qui ont d'ailleurs laissé dans l'Histoire un souvenir aussi effrayant qu'indélébile. Tandis qu'aujourd'hui, de tels agissements sont tellement fréquents qu'ils en deviennent presque banals...

Si horribles furent-ils, Dracula ou Gilles de Rais poursuivaient, à leur manière, une sorte de quête « mystique », ce qui n'est plus le cas désormais. Les bourreaux sont eux-mêmes les victimes d'autres bourreaux. Cheryl Horton raconte : « J'ai appris que les parents, grands-parents et arrière-grands-parents de mon père — comme ceux de ma mère, d'ailleurs — étaient des adeptes du sata-

1. Cf. *NewLook,* mai 1991.
2. Cf. *NewLook,* mai 1991.

nisme. En fait, ils ont été “éduqués” ainsi... Vous comprenez, ils n’ont jamais rien connu d’autre ; alors, pour eux, tout ce qui est arrivé est “normal”. Parfaitement normal. »[1]

La « normalité » du crime : telle est la conséquence de la banalisation contemporaine de l’horreur et du satanisme transmis de père en fils...

*

* *

La recrudescence des crimes satanistes a poussé l’« American Family Foundation », association américaine d’aide aux familles confrontées ou manipulées par les sectes, à publier en 1990 un guide pratique entièrement consacré au satanisme.[2]

Les auteurs de ce guide, ainsi que les policiers du FBI, recencent quatre types bien différents de satanistes :

1. Le premier type concerne les adolescents, adeptes d’une certaine sous-culture américaine, qui s’adonnent aux drogues, pratiquent assidûment les jeux de rôles tels que « Donjons et Dragons », écoutent de la musique « hard rock » et « heavy metal », et éprouvent une fascination morbide pour les symboles sataniques, croix renversées, bagues à têtes de mort, etc. Ces jeunes se livrent parfois à des « rituels » improvisés au cours desquels ils égorgent des chats avant de s’asperger de leur sang. Lorsqu’ils se lassent des animaux, ils reportent leur agressivité sur des victimes humaines... Certains tuent par plaisir pur, d’autres sous l’effet de drogues ou d’états hypnotiques, d’autres enfin tout simplement pour obéir à leur « Maître de jeu » à l’occasion d’un jeu de rôle qui dégénère. Lorsqu’ils ne massacrent pas leur prochain, réellement ou symboliquement, ils se suicident « pour se délivrer de Satan. »

Pour ces adolescents, le satanisme incarne avant tout un art de vivre en marge de la loi et de la société des adultes, et aussi une sorte de dandysme. Ils accordent une grande importance aux objets sataniques et ritualistes, tels que livres de démonologie, poignards, fouets, bougies noires et rouges, ossements et crânes humains,

1. Cf. *NewLook,* mai 1991.

2. Michael D. Langone et Linda O. Blood, *Satanism and Occult-Related Violence : What You Should Know,* American Family Foundation, P.O. Box 336, Weston, MA 02193, U.S.A.

images et posters exaltant le sexe, la violence et le sadisme. Ils portent sur eux, sous forme de bijoux, de pendentifs ou de tatouages, des symboles tels que le pentagramme inversé ou « Baphomet » (étoile à cinq branches dont la pointe se trouve en bas), la croix renversée ou « croix de confusion », la croix gammée nazie, le chiffre 666 ou les lettres FFF (6e lettre de l'alphabet). Ils pratiquent le « piercing » dans les oreilles, les narines, les lèvres, la pointe des seins. Ils sont friands de graffitis tels que « Natas » ou « Nema » (« Satan » et « Amen » à l'envers). Ils se saluent entre eux en levant l'index et le petit doigt de la main droite, contrefaisant ainsi les cornes du diable. Ils affectionnent les films d'horreur de type *gore,* avec torrents d'hémoglobine et scènes de mutilations et de cannibalisme. Enfin ils se complaisent dans les blasphèmes et les provocations de toutes sortes : violente hostilité envers le Christ et la religion, agressions envers l'ordre établi, la bourgeoisie, la police, haine raciale et antisémitisme.

La musique rock hyperviolente (hard rock et heavy metal) tient une place particulière dans la culture sataniste des ados. La plupart de ces groupes de rock ont des noms évocateurs : Judas Priest (Prêtre de Judas), AC/DC (AntéChrist/Demon Child : AntéChrist/Enfant du démon), Déicide. Les pochettes de leurs disques arborent des démons grimaçants, des vampires ou des évocations de meurtres rituels et de perversions sexuelles. Les paroles de leurs chansons, martelées sur des rythmes syncopés, sont des appels au crime permanents. Mieux encore : leurs morceaux sont farcis de messages subliminaux, inaudibles à l'oreille, mais qui s'inscrivent dans l'inconscient de leurs auditeurs.

Ces messages sont enregistrés sur des fréquences basses (de 14 à 20 Hz) ou bien en ultrasons (de 17 000 à 20 000 Hz). Parfois, ils sont enregistrés à l'envers, ou morcelés en segments phonétiques très brefs et presque indécelables. Ainsi, le groupe heavy metal « Judas Priest » aurait inséré dans l'un de ses morceaux l'injonction « Do it ! », conçue comme une incitation au suicide. Le groupe Led Zeppelin, dans *Stairway To Heaven,* aurait « caché » la profession de foi suivante : « Le pouvoir, c'est Satan. Il te sauvera en te remettant 666. Je dois vivre pour Satan ». Queen, dans *One Vision,* aurait avoué : « Mon doux Satan... Il est en moi ». Michael Jackson lui-même aurait incrusté le message subliminal « Satan est en moi » dans son disque *Thriller.*

2. Deuxième type de satanistes : les assassins psychopathes qui maquillent leurs meurtres en crimes rituels. La plupart des *serial killers* arrêtés ces vingt-cinq dernières années ont tous prétendu être « possédés par le démon », cherchant par là à atténuer la responsabilité de leurs crimes. Il semble bien que, pour ces déséquilibrés, Satan ne soit qu'un prétexte, un piment supplémentaire qu'ils ajoutent à leurs orgies de sang. Le diable n'est que le masque qu'ils posent sur leurs instincts sadiques. Ces satanistes d'emprunt sont d'ailleurs surnommés « autodidactes » (self-styled), pour bien les différencier des « satanistes éduqués ».

3. Les plus mystérieux et les plus dangereux sont sans doute les « satanistes croyants », ou « satanistes orthodoxes », formant un réseau clandestin international responsable d'environ 50 000 sacrifices humains chaque année. On ne sait presque rien d'eux, sinon qu'ils pratiquent leur « culte » le plus souvent en famille, souvent depuis des générations, comme les parents de Cheryl Horton. Endoctrinés dès leur plus jeune âge, condamnés à assister et à participer à des messes noires avec sacrifices humains, violés, torturés par ou avec la complicité de leurs parents, ces « enfants de Satan » n'ont pratiquement aucune chance de se sortir du cercle infernal dans lequel ils ont toujours vécu. Lorsqu'ils y parviennent tout de même, au prix de cures psychiatriques de longue durée, on les surnomme les « survivants ».

Chez les « satanistes convaincus », les rituels de sang et les sacrifices d'enfants sont une constante. Tout simplement parce que, tout au fond d'eux-mêmes, ils sont à la recherche de la pureté originelle. A leurs yeux, plus les victimes seront jeunes, et plus leur sang sera pur, innocent, et donc d'une qualité énergétique supérieure. Une autre théorie sataniste se fonde sur le fait que les victimes terrorisées, suppliciées et agonisantes produisent dans leur corps un taux très élevé d'adrénaline. En consommant, juste après le sacrifice, cette chair surchargée en toxines, ils cherchent à ingurgiter la force et le pouvoir de leur « proie ». C'est pourquoi le cannibalisme fait partie intégrante des pratiques satanistes...

Dans le même ordre d'idées macabres, les satanistes pensent que posséder la main gauche d'un cadavre confère un pouvoir maléfique. De même, les pratiques de nécromancie et de nécrophilie permettent d'entretenir un commerce privilégié avec le monde des défunts et des démons.

4. Enfin, il faut citer les sectes d'obédience satanique ou luciférienne, telles que l'Eglise de Satan, le Temple de Set, la Fondation Abraxas ou encore la Wicca. En réalité, ces sectes ne sont pas responsables directement de crimes rituels, mais elles en encouragent l'émergeance en prônant ouvertement la liberté absolue, la poursuite de tous les plaisirs, les orgies sexuelles, etc.

Le tour du monde du satanisme

Les Etats-Unis, cependant, n'ont pas le monopole des crimes rituels, même s'ils battent tous les records en nombre de cas recencés. Ces dernières années, de multiples crimes satanistes ont en effet été enregistrés un peu partout dans le monde.

Au Brésil et en Argentine, des enfants sont enlevés pour être offerts en sacrifice lors de cérémonies sataniques. En juillet 1992, le « saint père » Vicente de Paulo Ferreira, membre de la secte Umbanda, dans l'Etat de Parana, avoua avoir immolé le jeune Evandro, âgé de sept ans, pour demander à Exu (le diable) richesse et pouvoir pour le maire de Guaratuba, une localité proche. Le sacrificateur précisa : « Je l'ai d'abord étranglé avec une corde, puis égorgé avec un couteau afin de récupérer son sang. Après quoi je lui ai ouvert la poitrine pour arracher le cœur. »

*
* *

Hongrie, octobre 1990, à l'hôpital de Gyula, au sud-est du pays. Christian, un adolescent de seize ans avoue, au cours d'un interrogatoire, le meurtre de sa petite sœur de treize ans :

— Qu'as-tu fait hier soir ?

— Je suis rentré à la maison vers minuit après un concert de Trash Metal.

— Tout le monde dormait ?

— Oui.

— Et ensuite ?

— Je me suis dit : pourquoi ne pas le faire ? Je suis allé dans la cuisine prendre deux couteaux.

— Ne pas faire quoi ?

— Pourquoi ne pas la tuer.

— Qui ?

— Ma petite sœur.[1]

Ensuite, c'est la transe démoniaque. Christian a enfoncé un couteau entre les omoplates de l'enfant. Il a frappé, frappé, le sang jaillissant partout dans la chambre. Il a ensuite tranché le nez et les seins de sa petite sœur. Il l'a éventrée et a disposé ses intestins sur les rayons de la bibliothèque et son foie sur la table. Avec le sang de l'enfant, il a tracé une croix renversée sur le mur et a signé « Satan ».

Christian était un adepte du satanisme. Il allait à l'école vêtu de noir, une croix renversée en plomb sur sa poitrine. Dans son portefeuille, il avait recopié les treize commandements du mal d'après un livre de sorcellerie. L'un d'eux disait : « Je m'emploierai à développer le royaume de Satan. »

*

* *

Grèce, 1993. Dans le village de Pallini, à une vingtaine de kilomètres d'Athènes, un jeune homme brun répondant au nom de Makis Katsoulas avait fondé sa propre secte satanique. Il pratiquait ses rituels dans des hangars désaffectés dans lesquels il réunissait des lycéens, avec une préférence pour les jeunes et jolies filles qu'il faisait mettre nues, chaussées de talons aiguilles, avant d'abuser d'elles au nom de Satan, son père. Ensuite il leur lisait des textes sataniques à la lueur des bougies noires, écrasait la tête de quelques chats et rêvait de boire du sang de jeunes vierges, afin d'acquérir une force immense.

Au cours de l'été 1993, les chats ne lui suffirent plus. Satan en lui exigeait le meurtre de jeunes chrétiennes orthodoxes pendant les fêtes religieuses. En compagnie de Dimitra Maryeti, un lycéen qui lui servait d'« esclave », Makis kidnappe Dora Syropoulou, ravissante adolescente de quinze ans qu'il assassine sauvagement

1. Cf. *Le Nouvel Observateur* du 20 au 26 décembre 1990.

avant d'arroser son corps d'essence et d'y mettre le feu. Quelques mois plus tard, c'est au tour de Yourga Garyfalia, une séduisante jeune fille blonde rencontrée dans la rue, d'être sacrifiée à Satan. Les deux garçons la massacrent à coups de pierres après l'avoir violée.

Lors de son arrestation, Makis, le criminel de Pallini, déclara simplement qu'il était possédé par le diable, qu'il demandait pardon aux familles et qu'il comptait mettre son temps de prison à profit pour se réconcilier avec Dieu. [1]

*

* *

Et la France ? La France, hélas ! n'est pas en reste devant cette escalade de l'horreur. Il suffit de consulter les pages des faits divers des quotidiens pour dresser un bilan affolant des crimes de sang perpétrés « sous l'influence de Satan ». La description détaillée en serait fastidieuse et écœurante. Je citerai simplement le dernier procès en date, dont le jugement vient d'être rendu par la cour d'assises de Rouen au moment où j'écris ces lignes (10 avril 1995).

Stéphane Delabrière, apprenti docker âgé de vingt-cinq ans, a successivement tué une greffière de soixante-trois ans à coups de marteau, de pelle et de scie à métaux ; puis ce fut le tour d'un de ses amis, âgé de cinquante-huit ans, qu'il assomma à coups de barre de fer avant de le décapiter deux jours plus tard « pour lui parler ». Emprisonné, il défonça enfin le crâne d'un de ses gardiens. Pour toute défense, son avocat releva que Stéphane Delabrière était un adepte du satanisme avec « travaux pratiques » sur des animaux, que malgré son physique fluet il avait pu développer une « force inouïe comme seul un possédé peut en faire preuve », enfin qu'il avait cherché à communiquer avec ses victimes après leur mort. Avant d'attaquer le gardien de prison, Delabrière aurait entendu à de multiples reprises une « voix intérieure » lui commandant de tuer. La voix de Satan... Le jeune docker fut toutefois reconnu responsable par les jurés, et condamné à perpétuité. [2]

1. Cf. *Le Nouvel Observateur* du 28 juillet au 3 août 1994.
2. Cf. *France-Soir* du 10 avril 1995.

Les vampires du cimetière de Carpentras

Un autre fait divers morbide fit la une des journaux nationaux voici cinq ans. Dans la nuit du 8 au 9 mai 1990, le cimetière juif de Carpentras fut profané dans des conditions particulièrement macabres. Les tombes furent « graffitées » d'inscriptions pronazies, et le cadavre d'un certain Felix Germon fut exhumé de son cercueil et empalé avec un piquet. Sur son ventre et dans la paume de sa main droite, les violeurs de sépulture avaient tracé rituellement l'étoile de David.

Pour retrouver les auteurs de cet acte horrible, les enquêteurs s'orientèrent aussitôt vers deux pistes différentes : les sympathisants néo-nazis et les sectes sataniques et lucifériennes. Les slogans antisémites tracés sur les tombes semblaient une signature des premiers. Le choix de la date également : le 8 mai 1990, soit quarante-cinq ans après la capitulation du IIIe Reich. Mais cette piste ne donna rien.

Alors, la police s'intéressa de plus près aux groupuscules ésotériques. C'est ainsi qu'elle mit à jour quelque cent trente sectes lucifériennes, notamment le Culte de Lucifer, l'Eglise philosophique luciférienne, les Enfants des Ténèbres, le Cercle initiatique de la Licorne de la Wicca internationale. L'emploi du temps des membres et sympathisants de ces clubs très fermés fut passé au peigne fin, mais aucune charge ne fut retenue.

*

* *

Cinq ans après les faits, l'hypothèse la plus vraisemblable pour expliquer l'affaire de Carpentras est celle d'un jeu de rôles, perpétré par des jeunes, qui aurait dérapé en messe noire puis en viol de sépulture. Un an avant la profanation, deux adolescents avaient déjà été soupçonnés d'avoir pris part à la profanation de quatre-vingts tombes au cimetière de Châlons-sur-Marne. Chez eux, on avait retrouvé des ouvrages consacrés à la sorcellerie et des objets rituels d'inspiration satanique. Au début des années 90, les cimetières devinrent subitement très fréquentés par la jeunesse, surtout la nuit...

L'affaire de Carpentras ne sera sans doute jamais totalement élucidée. Il existe pourtant une dernière hypothèse, qui n'a pas été évoquée par la police. Une hypothèse plus obscure, plus ténébreuse, plus archétypale aussi...

Quatre mois avant la profanation de Carpentras, au moment de Noël 1989, les télévisions du monde entier se sont complues à montrer les images immondes du charnier de Timisoara, censé abriter les restes des victimes de Nicolas Ceaucescu, le « Génie des Carpates », que les Roumains venaient tout juste de destituer et d'abattre froidement avec sa femme après une parodie de procès, elle aussi filmée et abondamment diffusée sur les petits écrans. On a su quelque temps plus tard qu'il s'agissait d'une manipulation, et que le « charnier » en question n'était constitué que des restes exhumés du cimetière des pauvres. Mais le mal était fait...

En effet, Ceaucescu n'incarnait-il pas, aux yeux du monde comme à ceux de son peuple, l'image même du vampire ? En 1976, n'avait-il pas fêté le 500e anniversaire de la mort du Prince Vlad de Valachie, dit Dracula, en affirmant qu'il avait été un héros de l'indépendance du peuple roumain opprimé par les Turcs ? Le château de Bran, entre Brasov et Bucarest, demeure de Dracula, ne devint-il pas un haut lieu touristique, visité chaque année par des milliers de curieux aux appétits morbides ?

De Dracula à la mort de Ceaucescu, la boucle semble bouclée : celle de la filiation vampirique et démoniaque, qui se transmet par le sang et le sexe. Au moment de l'exécution du « vampire de Bucarest », cinq siècles après son illustre modèle, des adolescents en mal de vivre n'ont-ils pas cherché à se mettre en contact avec le mort-vivant en commettant leurs sabbats morbides dans les cimetières au clair de Lune ? N'ont-ils pas essayé de conclure des pactes avec les « saints de l'Ombre », ces personnalités démoniaques qui, par le crime et les excès en tous genres, n'ont tenté rien d'autre au fond que de prendre le ciel d'assaut ? En pénétrant tout au fond des ténèbres, ces amants de la mort ne voulaient-ils pas, eux aussi, et d'une macabre façon, gagner la Lumière ?

Ils ne sont parvenus qu'à profaner un cimetière juif, renouant ainsi avec les atrocités perpétrées par les plus grands vampires et satanistes du XXe siècle, d'où découlent les rites sanglants d'aujourd'hui : les nazis.

2

Le règne de l'Antéchrist

5 — Les saints de l'Ombre : *Adolf Hitler* (Autriche et Allemagne, 1889-1945).

« Il n'y a aucune autre définition plus brève, plus précise, plus adaptée à la nature de Hitler que celle si absolument expressive : *Médium de Satan.* (...) Le général Jodl disait de lui au procès de Nuremberg : "C'était un grand homme, mais un grand homme infernal." » Ces paroles de Dom Aloïs Mager [1] résument bien la dimension satanique que le dictateur nazi a incarné dans l'Histoire contemporaine. De fait, Hitler était bien un médium, et la voie démoniaque dans laquelle il a conduit l'Allemagne durant plus de dix ans n'est pas le fruit du hasard, mais le résultat des manœuvres occultes conduites par des mages noirs et des sociétés secrètes qui, pour précipiter l'avènement de l'Antéchrist et de l'Apocalypse, ont joué les apprentis sorciers.

C'est notamment à Louis Pauwels et Jacques Bergier que l'on doit d'avoir pu comprendre que les théories du national-socialisme reposaient moins sur une idéologie politique que sur des croyances magiques. [2]

Dans *Le Matin des magiciens* [3], ils expliquent comment le roman

1. Dom Aloïs Mager, « Satan de nos jours », in *Satan,* Desclée De Brouwer, 1948.
2. Voir aussi Nicholas Goodrick-Clarke, *Les Racines occultistes du nazisme,* Pardès, 1989.
3. Pauwels et Bergier, *Le Matin des magiciens,* Gallimard, 1960.

d'« anticipation » de l'initié de la Golden Dawn Bulwer Lytton, *La Race future,* inspira quelques années plus tard une poignée de thaumaturges allemands qui fondèrent, à Berlin, la « Loge Lumineuse » ou « Société du Vril. » Jean-Paul Bourre a également attiré mon attention sur le fait que le premier chapitre inédit du *Dracula* de Bram Stocker (1897), intitulé « L'invité de Dracula », commence à l'Hôtel des Quatre Saisons, à Munich. Or, c'est dans ce même hôtel que se réunissaient les membres de la « Société du Vril »...

Le *Vril* serait une énergie fabuleuse cachée dans l'homme, et qui correspondrait à sa part divine. L'homme moyen n'utilise qu'une part infime de cette énergie ; l'« homme nouveau » qui saura éveiller et contrôler en lui l'énergie du Vril sera le maître absolu de lui-même, des autres et de l'univers entier. Il sera devenu « comme les dieux ». Il pourra alors faire alliance avec ces « Supérieurs inconnus » surgis du tréfonds de la terre, être leur égal. Ce n'est qu'à cette condition qu'il évitera le sort commun réservé aux autres « esclaves » humains.

Les adeptes du Vril admettaient une filiation avec les doctrines tantriques héritées des chamans tibétains opposés au bouddhisme, et qui pratiquaient des rituels sanglants à partir de sacrifices de coqs, de faisans et de singes. Ces sorciers tibétains se reconnaissaient à leurs bonnets noirs, ornés de têtes de mort en bois. L'un des membres de la « Société du Vril », Karl Haushofer, avait eu l'occasion d'assister aux étranges cérémonies de ces *bonnets noirs* tibétains au début du siècle, lors d'un voyage au Tibet au cours duquel il avait rencontré le philosophe et mage russe Gurdjieff, auteur des *Récits de Belzébuth à son petit-fils,* qui définissait ainsi son système de pensée : « Ma voie est celle du développement des possibilités cachées de l'homme. C'est une voie contre la nature et contre Dieu. »

Gurdjieff, qui avait été le condisciple de Staline [1] au lycée, avait suivi, durant vingt ans, un enseignement secret au Tibet auprès du

1. Staline était, tout comme Hitler, un passionné de magie noire. Les archives secrètes du Comité central abritent des grimoires annotés de la main même du « Petit Père des peuples », qui aurait lancé ses services secrets sur les traces du diable en personne, et qui, à la veille de la guerre, aurait fait suivre Hitler par une espionne, cousine de Tchekhov. Cette dernière aurait surpris le chancelier du Reich en train de s'adonner à des rituels magiques destinés à connaître l'avenir. Ces faits étonnants sont divulgués par Wladmir Fedorovski, ancien diplomate devenu journaliste, dans *La Russie, département du diable,* Plon, 1995.

Centre des Frères de la Vérité. C'est là qu'on l'avait initié aux mystères liés aux grandes civilisations disparues — Mū et l'Atlantide — et qu'on lui avait appris l'existence d'êtres possédant des pouvoirs magiques et habitant dans des cavernes enfouies au centre de la terre. Ces gouffres souterrains abritaient deux cités mythiques : Agartha et Shamballah — Agartha, cité du bien, de la contemplation et de la non-participation au monde ; Shamballah, cité de la violence et de la volonté de puissance, avec laquelle il est possible de conclure un pacte pour soumettre les peuples.

Sur ces cités régnait un Roi du Monde. [1] Dans certaines traditions occidentales, ce Roi du Monde est assimilé au Melchisédech de la Bible, (*Gen.,* 14, 18 et *Héb.,* 5, 6, 7) :

« En effet, ce Melchisédech, roi de Salem, prêtre de Dieu Très-Haut, qui se porta à la rencontre d'Abraham, s'en retournant après la défaite des rois, et qui le bénit ; à qui aussi Abraham attribua la dîme de tout, dont on interprète d'abord le nom comme "roi de justice" et qui est aussi roi de Salem, c'est-à-dire "roi de paix", qui est sans père, sans mère, sans généalogie, dont les jours n'ont pas de commencement et dont la vie n'a pas de fin, qui est assimilé au Fils de Dieu, ce Melchisédech demeure prêtre pour toujours. » (*Héb.,* 7, 1-3).

Mais le Roi du Monde peut être aussi Lucifer, Roi des enfers.

*

* *

Karl Haushofer s'intéressa de près à l'enseignement de Gurdjieff, qui confirmait les intuitions des membres de la Golden Dawn. Le mage russe lui révéla également le pouvoir d'un symbole tibétain très puissant, le svastika, également connu dans la Chine ancienne, au Japon et dans les pays nordiques. Aussi, lorsque Haushofer revint en Europe pour fonder avec l'astrologue von Sebottendorf une nouvelle confrérie secrète au début des années 20, la Société Thulé, [2] il choisit le svastika comme signe de ralliement.

Le svastika, ou croix gammée, représente la roue des incarna-

1. Cf. René Guénon, *Le Roi du Monde,* Gallimard, 1958.
2. Thulé est le nom d'une île du Grand Nord, aujourd'hui disparue, qui aurait abrité une civilisation engloutie, comme l'Atlantide.

tions ou des mutations, et peut tourner dans un sens ou dans l'autre. Orienté vers la droite, il symbolise le bonheur, l'harmonie et la naissance. Inversé vers la gauche, il signifie malheur, chaos et mort. Les fondateurs de Thulé choisirent sciemment le svastika « senestrogyre », de façon à accélérer la destruction de l'ancien monde et l'avènement du nouveau. C'est eux qui forgèrent ce puissant emblème du mal qui, une dizaine d'années plus tard, frappa de sa silhouette noire les drapeaux du parti nazi.

Coïncidence ? Pas du tout. Car la Société Thulé compta bientôt parmi ses membres deux personnages dont l'Histoire contemporaine a tragiquement retenu le nom : Rudolf Hess et Adolf Hitler.

Une étrange séance de spiritisme

C'est à l'occasion de plusieurs séances de spiritisme que les initiés de Thulé eurent l'intuition du destin effrayant qui attendait celui qu'ils ne connaissaient pas encore mais qui allait très bientôt les rejoindre, ce petit caporal autrichien à la moustache de Charlot [1] et au regard fou qui allait tout faire pour mener le monde à sa destruction.

Pour entrer en contact avec les esprits, les mages de Thulé s'étaient assuré les services d'une paysanne illettrée ayant des dons de médium. Elle se mettait entièrement nue et, lorsqu'elle entrait en transe, des ectoplasmes s'échappaient de son sexe et formaient dans la pénombre des visages fantomatiques. Le premier esprit à se manifester fut le prince von Thurn und Taxis, assassiné quelques mois auparavant par les communistes. L'écrivain Jean Prieur raconte cette vision :

« Le fantôme du prince prophétisa que l'homme qui allait venir serait le possesseur de la Sainte Lance, relique conservée à Vienne

1. Rappelons que Charlie Chaplin et Adolf Hitler sont nés la même année, à quelques semaines à peine d'intervalle, et ont tous deux adoptés le même signe de reconnaissance : une petite moustache. Cela donna à Chaplin l'idée géniale de son film *Le Dictateur* (1939-1940), dans lequel il joue deux rôles : celui de Charlot et celui du dictateur, sosie parfait du premier (et de Hitler). Le médium noir avait trouvé son double dans le mime blanc.

dans le Trésor de la Hofburg. Il s'agissait de la lance qui perça *post mortem* le flanc du Crucifié. La tradition, qui a nommé Longinus ce soldat romain, affirme que celui qui possédera la Sainte Lance sera revêtu de la toute-puissance, soit pour le bien, soit pour le mal ; soit pour l'eau de la vie éternelle, soit pour le sang des grands massacres. »[1]

Le mythe de la Sainte Lance rejoint celui du Graal, à savoir le sang du Christ recueilli à même la blessure du Crucifié et conservé ensuite pieusement dans le château templier de Montségur — de même que dans la légende de *Parsifal,* dans l'opéra de Richard Wagner. Quelques années plus tard, le colonel S.S. et écrivain Otto Rahn, spécialiste d'occitan et auteur de *La Cour de Lucifer*[2], rechercha activement le Saint Graal afin de l'offrir au Führer, dont l'effigie en chevalier blanc sur les affiches de propagande de l'époque affirmait bien les prétentions mystiques. Pour Hitler, le Graal n'était qu'une métaphore du sang pur aryen dont il entendait être le gardien et le défenseur.

Un autre soir, les membres de Thulé évoquèrent les puissances noires qui avaient déjà pris possession du corps et de l'âme de *celui qui allait venir* : la Bête de l'Apocalypse, Léviathan, Lucifer. Les démons envahirent la pièce au grand effroi des spirites qui s'enfuirent en poussant des cris affreux tandis que le médium débitait des monstruosités. Une autre fois, l'ex-secrétaire de leur groupe, assassinée elle aussi par les communistes, leur confirma que *celui qui allait venir* serait à la fois le maître et le fléau de l'Allemagne et de l'Autriche. Lorsque Hitler vint enfin se joindre à leur groupe, au cours de l'année 1920, les membres de Thulé l'accueillirent comme un nouveau Messie, ou plutôt comme un Antéchrist — non pas tant celui qui s'oppose au Christ que celui qui, selon l'*Apocalypse,* doit venir *avant* le Christ et entreprendre l'œuvre de destruction préalable à l'ère de paix et d'harmonie de la « Jérusalem terrestre ».

Hitler l'Antéchrist. Hitler la Bête de l'Apocalypse. Hitler l'Elu du diable. Hitler le Médium de Satan. Hitler le Loup (« Wolf » était le surnom que ses camarades donnaient au jeune Adolf, qui l'adopta comme pseudonyme). Dans son livre consacré aux

1. Jean Prieur, *Hitler et la guerre luciférienne,* Editions J'ai Lu, 1992.
2. Otto Rahn, *La Cour de Lucifer,* réédition Editions Pardès, 1994.

Arcanes noirs de l'hitlérisme [1] Robert Ambelain s'est amusé à transcrire en latin les noms de Hitler, avant d'en calculer la valeur numérique en ne retenant que les chiffres romains (D = 500 ; C = 100 ; L = 50 ; X = 10 ; U et V = 5 ; I = 1). Ce qui donne :

A*D*O*L*PH*U*S (555) *LUPU*S (60) H*I*T*L*ER (51)

555 + 60 + 51 = 666

666 : le chiffre de la Grande Bête dans l'*Apocalypse* de Jean. Précisons que, en faisant le même type de calcul, le chiffre 666 se retrouve également dans les noms de Néron et de Staline.

*

* *

Durant trois ans, de 1920 à 1923, le futur dictateur fut « initié » aux doctrines de Thulé par trois de ses membres émérites, le poète et dramaturge Dietrich Eckardt, l'architecte Alfred Rosenberg, et bien entendu Karl Haushofer. L'enseignement qu'il reçut portait sur deux aspects principaux : l'ésotérisme et la propagande. En juillet 1923, Eckardt fut l'un des sept membres fondateurs du tout nouveau N.S.D.A.P., le parti national-socialiste. A l'automne de la même année, il mourut d'une maladie pulmonaire en confiant à ses proches : « Suivez Hitler. Il dansera, mais c'est moi qui ai écrit la musique. Nous lui avons donné les moyens de communiquer avec Eux... Ne me regrettez pas : j'aurai influencé l'Histoire plus qu'un autre Allemand... » [2]

En 1929, le mage Eric van Hanussen succéda à Karl Haushofer à la tête du groupe Thulé. Après s'être produit au music-hall, ce maître de l'hypnose avait fait construire un palais de l'occultisme où il recevait, assis sur un trône flanqué de deux globes terrestres. Il avait établi les thèmes astrologiques de tous les futurs cadres du parti nazi — Himmler, Hess, Röhm et Hitler lui-même, qui sollicitait fréquemment ses dons de devin et de guérisseur pour se soigner ou « communiquer avec Eux ».

1. Robert Ambelain, *Les Arcanes noirs de l'hitlérisme,* Robert Laffont.
2. Cité par Pauwels et Bergier, op. cit.

Le pacte de sang

« Eux », c'étaient bien évidemment ces « Supérieurs inconnus », auxquels Adolf Hitler aurait été relié de façon magique grâce aux magiciens de Thulé. Un jour qu'il s'entretenait avec Hermann Rauschning, chef du gouvernement de Dantzig, de la question de la mutation de la race humaine, le dictateur s'écria d'un air halluciné :

— L'homme nouveau vit au milieu de nous ! Il est là ! Cela vous suffit-il ? Je vais vous dire un secret. J'ai vu l'homme nouveau. Il est intrépide et cruel. J'ai eu peur devant lui. [1]

Hitler s'éveillait parfois la nuit en hurlant, hanté par ces « hommes nouveaux » qui venaient le torturer jusque dans ses cauchemars. Rauschning rapporte en détail l'une de ces scènes de possession, qui n'est pas sans rappeler la description faite plus haut par Samuel Mathers :

« Hitler était debout dans sa chambre, chancelant, regardant autour de lui d'un air égaré. "C'est lui ! C'est lui ! Il est venu ici !" gémissait-il. Ses lèvres étaient blêmes. La sueur ruisselait à grosses gouttes. Subitement, il prononça des chiffres sans aucun sens, puis des mots, des bribes de phrases. C'était effroyable. Il employait des termes bizarrement assemblés, tout à fait étranges. Puis, de nouveau, il était redevenu silencieux, mais en continuant à remuer les lèvres. On l'avait frictionné, on lui avait fait prendre une boisson. Puis, subitement, il avait rugi : "Là ! Là ! Dans le coin ! Il est là !" Il frappait du pied le parquet et hurlait. On l'avait rassuré en lui disant qu'il ne se passait rien d'extraordinaire, et il s'était calmé peu à peu. » [2]

*
* *

Il est possible de voir dans ces « Supérieurs inconnus », qui

1. Cité par Pauwels et Bergier, op. cit.
2. Hermann Rauschning, *Hitler m'a dit,* Hachette-Pluriel, 1979.

empêchaient Hitler de dormir, des envoyés de la cité mythique Shamballah, vouée à l'assujettissement des peuples, moyennant serments et sacrifices, ou bien encore des anges rebelles surgis tout droit de ces enfers souterrains au fond desquels Lucifer a été enchaîné pour mille années.

La doctrine hitlérienne — dont le manifeste, *Mein Kampf*, publié en 1925, fut directement influencé par les théoriciens du groupe Thulé — était en fait moins une idéologie politique ou sociale qu'une nouvelle religion, d'inspiration luciférienne et satanique, fondée sur un pacte sanglant avec ces « Supérieurs inconnus » vivant au centre de la terre. On ne peut expliquer autrement les exécutions en masse perpétrées par les nazis. Les sacrifices humains ne se justifient que par la volonté délirante de se concilier, de façon magique, la toute-puissance des divinités noires. « Les membres du groupe Thulé devaient recevoir la domination matérielle du monde, ils devaient être protégés contre tous dangers, et leur action s'étendrait sur mille années, jusqu'au prochain déluge. Ils s'engageaient à mourir de leur propre main s'ils commettaient une faute qui romprait le pacte et à accomplir des sacrifices humains », affirment Pauwels et Bergier avant de poursuivre : « L'extermination des Bohémiens (750 000 morts) ne semble avoir que des raisons "magiques". (...) Dans l'esprit des plus grands responsables, il s'agissait de vaincre l'indifférence des Puissances, d'attirer leur attention. Des Mayas aux nazis, c'est là le sens magique des sacrifices humains. » [1] De son côté, Raymond Abellio explique : « Le génocide hitlérien a constitué une véritable opération de magie noire où le fol orgueil luciférien des nazis et leur besoin de possession satanique conjoignaient leurs effets. Dans le nazisme, ce n'était pas le pangermanisme traditionnel qui était en jeu, comme le croyaient nos nationalistes, ni la simple survie du grand capital aux abois, comme le croyaient nos marxistes, mais un racisme lui-même radical et fondé sur les forces non plus politiques mais telluriques du *Blut und Boden* (sang et sol) retransformées en ersatz d'esprit. » [2]

1. Pauwels et Bergier, op. cit.
2. Cité par Jean Prieur, *Hitler et la guerre luciférienne*, op. cit.

*
*   *

Le national-socialisme n'était donc pas un parti politique, mais une religion ; une religion luciférienne et satanique dont Himmler, le chef des S.S. et de la Gestapo, avait été chargé d'élaborer le dogme. Un jour que le docteur Felix Kersten, son masseur personnel, s'étonnait de trouver la plupart des textes sacrés ou légendaires dans la bibliothèque de son patient (les *Veda,* le *Coran,* les *Eddas,* les *Niebelungen,* les mythes grecs et égyptiens, la *Bible*), ce dernier lui confia :

— Ces livres sont de simples instruments de travail. Le Führer m'a chargé d'une tâche essentielle ; je dois préparer la nouvelle religion national-socialiste et rédiger la nouvelle Bible, celle de la foi germanique. Notre Führer est le nouveau Messie, le Rédempteur de la troisième Allemagne. C'est lui qui hâtera l'avènement du Paraclet attendu depuis le Moyen Age par les Rose-Croix, les templiers et les cathares. » [1]

*
*   *

Dans la structure du national-socialisme, tout est signe, tout est code, tout est symbole magique. Jusqu'aux noms des hommes qui entourent Hitler, qui presque tous commençent par la lettre H : Hess, Himmler, Heyde, Heydrich, Hermann (Goering), à qui il faut ajouter Haushofer et le mage Hanussen. Adolf H. et ses sept H, ses sept haches de guerre, les sept têtes de la Grande Bête de l'Apocalypse.

Si Hitler était bien le Führer du IIIe Reich, il n'en était que le chef visible, « exotérique », manipulé tel un pantin par les chefs invisibles, « ésotériques », du groupe Thulé, eux-mêmes reliés magiquement aux « Supérieurs inconnus ». Comme on l'a vu, Hitler avait été « choisi » moins pour ses qualités de stratège et de chef que pour ses dons médiumniques. Hermann Rauschning le jugeait ainsi : « C'est un homme tout à fait quelconque et vulgaire. Comment peut-il agir ainsi sur ses visiteurs ? On est obligé de pen-

1. Cité par Joseph Kessel, *Les Mains du miracle,* Gallimard, 1971.

ser aux médiums. La plupart du temps, ce sont des êtres ordinaires, insignifiants. Subitement, il leur tombe comme du ciel des pouvoirs qui les élèvent bien au-dessus de la commune mesure. Ces pouvoirs sont extérieurs à leur personnalité réelle. Ce sont des visiteurs venus d'autres planètes. Le médium est possédé. Délivré, il retombe dans la médiocrité. C'est ainsi qu'incontestablement certaines forces traversent Hitler. Des forces quasi démoniaques dont le personnage nommé Hitler n'est que le vêtement momentané. » [1] Quant au jeune musicien Gusti Kubizek, qui avait été l'ami de Hitler à Linz, il décrit ainsi les « crises » auxquelles le dictateur était parfois soumis : « Ses yeux brillaient fiévreusement. Il ne parlait pas d'une façon égale comme à son habitude, mais les mots jaillissaient de sa bouche, âpres et rauques. Je n'avais jamais entendu parler Hitler de cette façon. J'étais frappé par quelque chose d'étrange que je n'avais jamais remarqué jusqu'ici, même lorsqu'il lui arrivait d'être particulièrement excité. C'était comme si quelqu'un s'exprimait à sa place... » [2] Pauwels et Bergier ajoutent : « Derrière le médium, non sans doute un seul homme, mais un groupe, un ensemble d'énergies, une centrale magique. Et ce qui nous paraît certain, c'est qu'Hitler est animé par autre chose que ce qu'il exprime : par des forces et des doctrines mal coordonnées mais infiniment plus redoutables que la seule théorie national-socialiste. » [3]

Les vampires étaient végétariens

Mais la marionnette Hitler voulut exister par elle-même en rompant un à un ces fils qui la reliaient, dans l'ombre, aux mages du groupe Thulé. Dès 1938, le dictateur, se croyant tout-puissant, chercha à se détacher de l'influence de son mentor, Karl Haushofer. Quant au fidèle Rudolf Hess, son camarade de prison et coïnitié

1. Hermann Rauschning, *Hitler m'a dit,* op. cit.
2. August Kubizek, *Adolf Hitler, mein Jugendfreund,* Leopold Stocker Verlag, Graz 1953, cité par François Ribadeau-Dumas, *Hitler et la sorcellerie,* Presses Pocket.
3. Pauwels et Bergier, op. cit.

dans l'ordre Thulé, il tomba subitement en disgrâce à cause d'une sombre histoire de régime végétarien...

L'anecdote est croustillante. Hess et Hitler avaient en effet l'âme sensible, et refusaient de manger de la viande, car ils ne supportaient pas l'idée que l'on pût tuer de pauvres animaux sans défense... Lorsqu'il voyait quelqu'un manger un steak, Hitler ne manquait jamais l'occasion de demander d'un air grinçant :

— Il est bon, ce cadavre ?

Hess partageait les mêmes dégoûts que son maître, mais son estomac fragile lui imposait en outre un régime draconien, au point que, déjeunant à la même table que le Führer, il se faisait servir à part les plats, strictement végétariens, que lui concoctait son cuisinier privé. Un jour, Adolf prit ombrage de ce manège, et rabroua Rudolf en train de dévorer une platée de poireaux bouillis :

— J'ai ici une spécialiste qui fait une cuisine de régime de premier ordre. Si votre médecin vous a prescrit quelque chose de particulier, elle vous le préparera avec plaisir. Mais vous ne pouvez pas apporter ici votre gamelle.

Rudolf, la bouche pleine de filaments spongieux, osa contredire Sa Majesté :

— C'est que, mein Führer, mes aliments doivent avoir une origine biologico-dynamique tout à fait précise et je ne pense pas que votre cuisinière...

— Eh bien, désormais, vous prendrez vos repas chez vous ! conclut le Führer en fureur. [1]

Vingt-cinq ans plus tard, dans sa prison de Spandau, Rudolf Hess eut tout son temps pour cultiver un petit jardin potager qu'on lui avait laissé à disposition, et dans lequel il faisait pousser avec amour carottes, pommes de terre et tournesols. A Albert Speer, l'historien du nazisme, il confia alors :

« Je ne voulais pas offenser le Führer, mais mes conceptions végétariennes n'étaient pas les siennes. Tenez, c'est comme ma fuite en Ecosse, il ne s'agissait pas pour moi de mettre mon chef dans l'embarras, mais au contraire de lui sauver la mise en disant aux Britanniques : “Laissez-nous les mains libres en Europe et nous vous garantissons l'intégrité de votre Empire.” Cette idée généreuse et géniale m'avait été inspirée en rêve par les puissances

1. Anecdote rapporté par Jean Prieur, op. cit.

surnaturelles avec lesquelles j'étais, et je suis toujours, en relations directes. »[1]

Les « puissances surnaturelles », à savoir les « Supérieurs inconnus », avaient en effet inspiré à Rudolf Hess, ainsi qu'à Karl Haushofer, une étrange mission : celle de rechercher une alliance avec les sociétés secrètes anglo-saxonnes inspirées de la Golden Dawn, afin d'élaborer un « bouclier magique » destiné à protéger l'Europe germanique et anglo-saxonne du péril russe ! Haushofer lui aussi avait rêvé que Hess s'envolait pour la Grande-Bretagne. Et c'est ainsi que, au printemps de l'année 1941, le brave Rudolf sauta dans un avion sans rien dire à personne et partit pour l'Ecosse, où il comptait rencontrer en son château l'initié lord Hamilton. Mais il fut obligé d'atterrir avant d'arriver à bon port et fut aussitôt arrêté et mis en prison, où il demeura quarante-six ans, jusqu'à son décès en 1987.

La version officielle de cette étrange histoire veut que le pauvre Hess, l'esprit diminué par les superstitions, se soit embarqué pour l'Ecosse sous l'effet d'un « coup de Lune ». A Nuremberg, son état mental le sauva de l'exécution, et lui valut d'être incarcéré le restant de sa vie, en compagnie de ses légumes chéris. Mais une autre version, infiniment plus étrange encore, a été avancée récemment par le propre fils d'Aleister Cowley, Amado.[2]

Selon lui, Karl Haushofer en personne, assisté du docteur Joseph Retinger, un franc-maçon de haut rang, s'était rendu en Angleterre pour contacter le « Mi 5 », service de contre-espionnage britannique, afin de l'aider à précipiter la chute de Hitler ! « Nous sommes venus ici pour trahir et ce n'est pas facile », aurait annoncé Haushofer.

Le « Mi 5 », sur l'ordre de Churchill, aurait alors fait appel... à Aleister Crowley en personne, afin qu'il mette au point un grand rituel magique destiné à déstabiliser le IIIe Reich ! Le fils du magicien, qui était enfant à l'époque, y aurait assisté, et en consigne une description dans son livre : « Le grand rituel eut lieu dans un coin de la forêt d'Ashdown, dans le Sussex. Je ne dois pas dire exactement où. En dépit d'un dispositif de sécurité strict, des bruits coururent, mais déformés. Depuis, les riverains ne cessent d'être

1. Albert Speer, *Au cœur du Troisième Reich,* Fayard et Livre de Poche.
2. Amado Crowley, *Les Secrets d'Aleister Crowley,* Pardès, 1992.

importunés par des individus bizarres. Des cinglés, des nazis même, viennent apparemment aspirer quelque énergie magique qui aurait pu stagner là. »

Amado précise que ce rituel eut lieu en présence de personnalités telles que Ian Fleming, le futur auteur de *James Bond,* et avec la bénédiction de l'évêque Angelo Roncalli, initié de la secte des Illuminati en Turquie, qui en 1958 deviendra le pape Jean XXIII ! Sur sa croix pectorale, il arborait d'ailleurs le signe des Illuminati : un œil ouvert au centre d'un triangle...

Ainsi, dans une obscure forêt du Sussex, au début de l'année 1941, Churchill et le futur Jean XXIII patronnaient un rituel magique organisé par deux magiciens sulfureux, Aleister Crowley et Karl Haushofer, afin de venir à bout du démon nazi ! Amado Crowley poursuit son récit :

« Je garde le souvenir très précis d'un mannequin revêtu d'un uniforme nazi, assis sur une chaise en forme de trône. Je devais m'asseoir par terre, le dos contre cette dernière et un grand miroir fut dressé devant moi. (...) La plupart des participants portaient des robes occultistes de différentes formes. Sur un ordre de Crowley, même les soldats les enfilèrent par-dessus leurs tenues de combat. (...) Chaque vêtement rituel arborait un symbole runique découpé dans du feutre coloré et cousu au niveau de la poitrine. L'assemblée se mit à tourner autour de moi et du mannequin en deux cercles. Un cercle extérieur tournant de gauche à droite et un cercle intérieur tournant en sens inverse, c'est-à-dire l'un avec le soleil et l'autre contre le soleil. (...) D'étranges noms et des titres mystérieux surgissaient de temps à autre et je me souviens comme mon père fut irrité de ma difficulté à prononcer le mot “Thulé”. » [1]

Au terme de la cérémonie, le mannequin fut enflammé et jeté en direction de l'Allemagne, tandis que des pompiers s'assuraient que le feu ne risquait pas de se propager à la forêt.

Quelque temps après ce rituel, Rudolf Hess, obsédé par les « songes » que lui adressaient les « puissances surnaturelles », s'enfuyait en Ecosse et s'y faisait arrêter... Fou de colère, Hitler réagit à la trahison de Hess en déportant Karl Haushofer dans un camp, et en décrétant une chasse générale aux voyants, mages et astronomes à travers tout le IIIe Reich. Coupé de la source même

1. Amado Crowley, op. cit.

de son pouvoir ésotérique, la poupée Adolf Hitler s'engagea alors sans restriction dans la voie suicidaire de sa perte, entraînant avec lui des millions d'hommes. Hitler l'Antéchrist était devenu Satan.

Le démon lâché sur le monde

Cela veut-il dire que si Karl Haushofer et le groupe Thulé avaient su mieux maîtriser leur médium, le national-socialisme aurait duré les mille années promises jusqu'au prochain déluge ? A moins que Hitler, à l'instar de la créature de Frankenstein, n'eût été de tout temps programmé pour faire le mal, non par méchanceté intrinsèque, mais parce qu'il n'avait jamais été véritablement aimé pour lui-même ? La volonté de puissance n'est-elle pas la réponse que donnent les malheureux à leur solitude affective ? Qui est le plus condamnable : le monstre ou celui qui l'a engendré sans amour ? Frankenstein ou son créateur ? Hitler ou Haushofer et le groupe Thulé ?

La réponse se trouve sans doute dans l'épilogue de cette histoire. Albrecht Haushofer, fils de celui qui avait été l'âme damnée d'Hitler, fut exécuté au camp de Moabit à la fin de la guerre pour avoir pris part à l'attentat manqué du 20 juillet 1944, perpétré contre le Führer par l'ordre franc-maçon secret de la Rose Blanche. Dans une poche de sa veste, on retrouva le manuscrit du poème suivant :

Une légende profonde venue de l'Orient
Raconte que les esprits de la puissance du mal
Sont tenus captifs dans la nuit marine
Scellée par la main prudente de Dieu.
Jusqu'à ce que le sort, une fois par millénaire,
Accorde à un seul pêcheur le pouvoir
De briser les entraves des prisonniers
S'il ne rejette pas aussitôt son butin à la mer.
Pour mon père le destin avait parlé ;
Sa volonté avait jadis la force
De repousser le démon dans sa geôle.

Mon père a brisé le sceau ;
Mon père n'a pas senti le souffle du Malin,
C'est lui qui a lâché le démon sur le monde.

Karl Haushofer ne se remit pas de la perte de son fils, ni du terrible remords d'avoir « lâché le démon sur le monde. » Le 14 mars 1946, après avoir tué son épouse Martha, il se fit hara-kiri dans la grande tradition des samouraïs. Ainsi périt le dernier magicien de l'ordre Thulé et « père spirituel » d'un médium nommé Adolf Hitler.

3

Sharon Tate, Satan et les Beatles

6 — Les saints de l'Ombre :
Charles Manson (Etats-Unis, 1934)

A travers le règne d'Hitler, le démon avait été lâché brusquement dans le monde. Mais l'écroulement du national-socialisme ne suffit pas à ramener Satan au fond de son enfer. Le Prince de Sang avait pris goût aux crimes barbares et aux holocaustes. Il lui fallait choisir d'autres médiums pour s'incarner à nouveau. La saga sataniste ne faisait que commencer.

Massacre à Cielo Drive

Dans la nuit du 8 au 9 août 1969, une luxueuse villa située au 10050 Cielo Drive, dans le quartier résidentiel de Bel Air, en Californie, servit de décor à l'une des plus sanglantes et macabres mises en scène dont ait jamais rêvé le plus pervers des réalisateurs de film *gore.* A cette différence près que le film fut tourné sans caméra, que les acteurs y jouaient leur propre rôle et que l'hémoglobine n'était pas de la teinture rouge, mais du sang. Du sang humain.

Le lendemain de cette terrible nuit, on dénombra cinq cadavres à l'intérieur de l'habitation et dans le jardin attenant. Ces corps étaient ceux de trois hommes et de deux femmes qui, quelques heures plus tôt, passaient une soirée amicale dans cette villa dont le propriétaire, absent, n'était autre que le cinéaste Roman Polanski.

Se trouvaient là un certain Wocjech Frykowski, comédien et écrivain d'origine polonaise, dont Polanski s'était pris d'amitié quelques années auparavant ; Abigaïl Folger, fille d'un millionnaire du café ; Sharon Tate, comédienne et épouse de Polanski, dont elle attendait un enfant ; Jay Sebring, ex-membre de l'Eglise de scientologie et coiffeur de renommée internationale, dont les principaux titres de gloire sont d'avoir révolutionné la mode masculine capillaire de l'époque et d'avoir été fiancé quelque temps à Sharon Tate ; enfin Steve Parent, un jeune homme de dix-huit ans, venu simplement rendre visite au gardien de la villa, William Garretson, dix-neuf ans — lequel se trouvait absent ce soir-là.

A première vue, il s'agissait d'un fait divers comme un autre. Un crime collectif, comme il en existe tant au pays de la démocratie et du Coca-Cola. Mais ce crime se distinguait nettement de ceux dont les policiers de la côte Ouest avaient l'habitude, à cause de la façon très particulière dont les victimes avaient été sacrifiées.

Le corps de Wocjech Frykowski avait été lardé de cinquante et un coups de couteau. Celui d'Abigaïl Folger gisait un peu plus loin sur la pelouse du jardin, couvert de sang et horriblement mutilé. Steve Parent avait été tué d'une balle dans la tête au moment où il tentait de s'enfuir en voiture. Quant aux cadavres de Sharon Tate et de Jay Sebring, on les retrouva derrière un canapé, recouverts d'un drapeau américain. Eux aussi avaient été suppliciés, et leur cou étaient enserré par une corde, comme si on avait cherché à les pendre.

Il y avait du sang partout, sur le sol, sur les murs, sur les meubles. Les assassins avaient trempé un chiffon dans ce sang et s'en étaient servi pour tracer sur la porte un mot en gigantesques lettres rouges : *Pigs* (porcs).

Quarante-huit heures plus tard, dans une autre villa distante de quelques kilomètres à peine de ce premier carnage, on trouva deux autres cadavres ayant subi le même sort que Sharon Tate et ses amis. Il s'agissait des époux La Bianca, couple de commerçants propriétaires d'une chaîne de supermarchés. Leurs corps avaient été sauvagement poignardés, et leur sang ruisselant avait lui aussi servi d'encre rouge aux meurtriers pour inscrire sur les murs des injures ainsi que cette étrange menace, popularisée par une chanson du double album blanc des Beatles, paru quelques mois plus tôt : *Helter-Skelter* (désordre, chaos, sauve-qui-peut, débandade, Jugement dernier ou encore Armageddon). Sur la poitrine de Leno La Bianca, trois lettres rouges avaient été tracées à l'aide d'une fourchette ; les trois lettres du mot *War* (guerre). Quant à sa femme Rosemary, elle était une ancienne adepte de l'Eglise de scientologie, tout comme Jay Sebring.

Ce n'est que quatre mois plus tard, le 3 décembre 1969, que l'on arrêta les responsables de ces deux effroyables tueries : il s'agissait de trois femmes — Katie Krenwinkel, Susan Denise Atkins et Linda Kasabian — et d'un homme — Tex Watson — appartenant à une communauté implantée au Spahn Movie Ranch de Rural Sylmar, banlieue paumée de Los Angeles, en bordure du désert et de la Vallée de la Mort. Cette communauté, surnommée « la Famille », ressemblait beaucoup aux communautés hippies qui fleurissaient un peu partout à l'époque. Mais les membres de « la Famille » n'étaient pas exactement des sectateurs du « Peace and Love ». Ils étaient même tout le contraire : des satanistes.

« La Famille » du Spahn Movie Ranch comportait une centaine de membres réunis autour d'un prophète barbu âgé de trente-quatre ans, qui se faisait appeler tour à tour Jésus, Satan ou encore Hymie — Hitler, en argot hippie de la côte Ouest. Pour l'état civil, le nom de cet illuminé était tout simplement Charles Manson.

Charles Manson, alias Jésus, alias Satan, alias Hitler

Manson est un homme dont le passé pèse lourd. Né le 12 novembre 1934 d'un père inconnu et d'une prostituée âgée de seize ans, qui épousa plus tard un certain William Manson, lequel donna son nom au gamin, Charles Manson passa plus de la moitié de sa vie sous les verrous, soit dix-sept années, avant de réunir son groupe de tueurs fanatiques. Sa mère avait fait trois années de prison lorsqu'il avait cinq ans, et lui-même commit ses premiers cambriolages à l'âge de treize ans. Ce ne fut ensuite qu'une succession de maisons de redressement et de prisons, dont il ne sortait que pour y revenir aussitôt, après quelques vols de voitures ou autres agressions à main armée.

Les médecins psychiatres relevèrent en lui un complexe d'infériorité vis-à-vis de sa mère, qui ne lui avait jamais transmis aucune tendresse, ainsi qu'une manie marquée de la persécution, et des tendances homosexuelles agressives qu'il assouvissait auprès de ses camarades de détention.

S'il croyait être tout à la fois la réincarnation de Jésus, de Satan et de Hitler, c'est parce que, au fond de ses nombreuses cellules, Manson avait eu tout le temps de se créer, à partir de lectures plus ou moins bien assimilées, une sorte d'Evangile des temps modernes, au contenu aussi délirant qu'effrayant. En cela, il ressemblait effectivement à Hitler, qui écrivit *Mein Kampf* en prison avant d'en appliquer les principes dans la réalité. Tout comme son modèle, Manson était végétarien, et possédait un magnétisme très particulier qui lui conférait un ascendant et un pouvoir de domination énorme sur autrui.

Charles Manson n'était pas un simple assassin, ni même un *serial killer.* Il n'était pas non plus un pur psychopathe ou un illuminé. Il était beaucoup plus que cela : un authentique ange rebelle qui avait choisi de servir le plan divin en précipitant le processus de destruction de l'Apocalypse. Charles Manson était un ange : mais un ange exterminateur.

Depuis toujours il se croyait investi, d'en Haut (ou d'en Bas, ce qui pour lui revenait au même), de la terrible mission qu'il devait bientôt mener à bien. Son nom même lui semblait un signe : Charles Willis Manson, qu'il prononçait ainsi : « Charles Will is Man's Son ». C'est-à-dire : « La volonté de Charles est celle du Fils de l'Homme » — à savoir le Christ.

*

* *

Au cours de son procès, le « prophète » Manson tint un étrange discours à ses juges. Désignant les membres de sa « Famille » qui avaient tué et sacrifié des êtres humains pour obéir à ses commandements, il s'écria :

« Vous mangez de la viande et vous tuez des choses qui sont meilleures que vous. Et puis vous dites que vos enfants sont mauvais et même que ce sont des tueurs. C'est *vous* qui avez fait de vos enfants ce qu'ils sont.

Ces enfants qui viennent à vous, le couteau à la main, ce sont vos enfants, vous les avez élevés. Je ne leur ai rien appris. J'ai seulement essayé de les aider à se tenir droit.

Au ranch, la plupart des gens que vous appelez “la Famille” n'étaient que des gens dont vous ne vouliez pas, des gens que leurs parents avaient jetés dehors et qui ne voulaient pas aller à l'Auberge de Jeunesse. Alors j'ai fait de mon mieux et je les ai emmenés dans mon taudis, et je leur ai dit ceci : en amour, rien n'est mal...

Je leur ai dit que tout ce qu'ils font pour leurs frères, pour leurs sœurs, est bien, s'ils le font avec une bonne pensée.

Je ne juge aucun de vous. Mais je pense qu'il est grand temps que vous commenciez à vous regarder en face et à juger le mensonge dans lequel vous vivez.

Je ne peux pas vous détester, mais je tiens à vous dire qu'il ne vous reste plus beaucoup de temps avant que vous ne vous entretuiez tous, parce que vous êtes tous fous. Et vous pouvez m'accuser de votre folie... mais je ne suis que ce qui vit en chacun de vous...

Mon père, c'est la prison ; mon père, c'est votre système. Je suis ce que vous m'avez fait. Je ne suis que votre reflet.

Certains m'appelaient le Christ. En prison mon nom n'était qu'un matricule. Certains me prennent pour un monstre, un sadique. Qu'il en soit ainsi. Coupable. Non coupable. Ce ne sont que des mots. Vous pouvez faire de moi ce que vous voulez, mais vous ne pourrez m'atteindre, car je ne suis qu'amour... » [1]

Effrayante image que celle du meurtrier qui, au lieu de se défendre ou d'implorer le pardon de ses juges, leur tend un miroir dans lequel se reflète leur propre indignité...

1. Les citations de Charles Manson et de ses disciples sont empruntées au *New York Times* (28 octobre 1975), *The Oracle, San Francisco Village* (12 mai et 21 juin 1975) et surtout au livre du procureur Bugliosi et de Curt Gentry, *L'Affaire Manson,* Robert Laffont, 1977.

Helter-Skelter

L'une des disciples de Manson, Ruth Ann Moorehouse, déclara à l'audience : « Avant d'être rejetés dans le désert, nous étions douze apôtres et Charly. »

Charles Manson a cru être un nouveau Messie, une sorte de Christ vengeur et apocalyptique semblable à celui qui, dans l'*Apocalypse* de Jean de Patmos, lance : « Ceux que j'aime, je les semonce et les corrige. » (*Ap.* 3, 19).

Le plan de Manson était le suivant : instaurer dans le désert de la Vallée de la Mort une communauté d'« élus », « marqués au front » d'un signe de reconnaissance leur permettant d'échapper à l'holocauste global de l'humanité. Ces élus seraient les témoins de l'œuvre de mort et de purification des Cavaliers de l'Apocalypse lors la destruction finale, le *Helter-Skelter.*

Dans la vision initiale de Manson, le *Helter-Skelter* devait commencer par la révolte des Noirs américains contre les Blancs. L'un des membres de « la Famille », un certain Brooks Poston, reçut les « révélations » de son maître Manson et les rapporta par la suite : « Les Noirs pénétreraient dans les maisons des Blancs, pourfendraient le peuple blanc, le détruiraient, jusqu'à ce que la révolution descende dans la rue, jusqu'à ce qu'ils gagnent et prennent le pouvoir. Il disait toujours que le début serait très simple. Un couple de Noirs viendrait dans le secteur de Bel Air ou de Beverley Hills, dans les quartiers des cochons riches, éliminer quelques personnes en lacérant les corps, en les éclaboussant de sang et en écrivant des choses sur les murs avec ce sang... Une série de crimes absolument affreux qui rendraient les Blancs fous. »

Voyant que les Noirs tardaient à concrétiser sa prophétie, Charles Manson décida de leur montrer l'exemple, en lançant les membres de sa « Famille » à l'assaut des « Pigs », des « cochons de riches blancs ».

*

* *

Cette incitation à la haine raciale et au meurtre fut récupérée, dans les premiers temps du procès Manson, par une certaine avant-garde gauchiste proche du *Black Power.* Le meurtrier fut élu « homme de l'année » par le *Tuesday Child,* journal incarnant « la voix des hippies », qui publia en couverture une effigie de Manson sur une croix. Les boutiques psychédéliques de Los Angeles et San Francisco vendirent des posters de Manson, des polos et même des boutons de manchette sur lesquels était gravée l'inscription suivante : « Libérez Manson ». Jerry Rubin, l'auteur de *Do it,* prit la défense de Charles Manson dans un journal underground : « Ses mots, son courage, nous ont inspirés. »

Charles Manson, libérateur du peuple noir opprimé par les Blancs ? Le problème, c'est que Manson croit en une « race de Seigneurs », blanche évidemment, dont il entend être le maître. A ses yeux, les Noirs ne sont que de simples exécutants dans l'œuvre de mort en cours. Le disciple Poston poursuit : « Selon Manson, le problème des Noirs c'est qu'ils sont incapables de gouverner le monde sans que les Blancs leur montrent comment s'y prendre. Les Noirs viendraient trouver Charly pour lui dire : “J'ai fait mon boulot. Je les ai tous tués et tu sais, maintenant, j'en ai marre de tuer. C'est fini.” Alors Charly grifferait la tête frisée du Noir, le frapperait au front et lui dirait d'aller ramasser le coton et de se conduire comme un bon nègre, et nous vivrions heureux à tout jamais. (...) La Famille, parvenue au chiffre de cent quarante-quatre mille, comme dans la Bible, une pure race blanche de Seigneurs, sortira du Puits de l'Abîme... Alors ce sera notre monde. Il n'y aura personne d'autre à l'exception de nous et des serviteurs noirs. »

« Je ferai flamber des brasiers dans vos cités ! »

Manson assista à son procès avec une croix gammée gravée sur le front — le signe des Elus ou celui de Caïn ? Il fut aussitôt imité par les membres de « la Famille » comparaissant avec lui. Le jour de sa condamnation, il jeta un ultime anathème en public :

« Monsieur et Madame Amérique, vous avez tort. Je ne suis pas le roi des Juifs. Je ne suis pas un chef hippy. Je suis ce que vous avez fait de moi. Le chien enragé, le tueur infernal, l'assassin diabolique n'est que le reflet de votre société... Quelle que soit l'issue de ce cirque, de ce que vous appelez un procès loyal, une justice chrétienne, rappelez-vous ceci : je ferai flamber des brasiers dans vos cités ! »

Le procureur Bugliosi, chargé de l'accusation, avait clairement souligné la dimension diabolique de Charles Manson :

« Charles Manson, mesdames et messieurs, affirme qu'il a le pouvoir de donner la vie. La nuit des meurtres Tate et La Bianca, il a pensé qu'il avait le droit de la supprimer.

Jamais, il n'a eu ce droit, mais en cette nuit d'été, cette nuit du 8 août 1969, Charles Manson, le gourou méphistophélique qui viola et avilit les esprits de ses disciples, dépêcha loin des flammes de l'enfer de Spahn Ranch trois robots assoiffés de sang. (...)

Ce fut le cauchemar le plus horrible, le meurtre le plus sauvage de toutes les annales du crime. Tandis que, dans la nuit, les victimes sans défense suppliaient et hurlaient, le sang jaillissait. (...) Watson, Atkins et Krenwinkel se seraient baignés avec bonheur dans cette rivière de sang, les stigmates de l'orgasme sur le visage. Et Susan Atkins, le vampire, but le sang de Sharon Tate... »

*
* *

Le 18 janvier 1971, Charles Manson fut reconnu coupable des sept crimes perpétrés par lui et les membres de « la Famille ». Mais on estima que le nombre total de ses meurtres devait s'élever à trente-cinq, peut-être plus.

Le 9 février, un formidable tremblement de terre secoua toute la Californie du Sud, et fit soixante-cinq morts. Les fillcs de « la Famille », qui faisaient le siège du palais de justice, déclarèrent aux journalistes que c'était Charly qui avait provoqué la catastrophe.

Le 4 mars, Manson se rasa complètement la barbe et les cheveux, en proclamant : « Je suis le diable et le diable a toujours été chauve. » Le 23 mars, il ajouta : « Si je suis condamné à mort, le sang coulera à flots. » Le 29 mars, il fut condamné à mort.

La sentence fut commuée en détention à perpétuité le 18 février 1972, au moment où la peine de mort fut abolie en Californie. En octobre de la même année, Charles Manson fut transféré à la prison de Folsom (Caroline du Nord), dans une cellule privée répondant aux normes maximales de sécurité.

Aujourd'hui, Charles Manson est âgé de soixante et un ans. En tout, il a passé quarante-trois années en prison. Presque autant que Rudolf Hess...

Le Puits de l'Abîme

Charles Manson, l'ange exterminateur, se réclamant à la fois du Christ et de Satan, n'invoquait pas en vain l'exemple d'Adolf Hitler. Comme son sinistre modèle, dont il aimait à dire que « c'était un type éclairé, qui avait élevé le karma des Juifs », il n'avait pas hésité à massacrer et ordonner la tuerie des innocents. Mais l'analogie ne s'arrête pas là. Encore une fois, Manson, pas plus qu'Hitler, n'était un tueur ordinaire. L'un comme l'autre étaient avant tout des « mystiques » qui se battaient au nom des divinités noires en lesquelles ils croyaient. Tous deux adoraient les mêmes entités infernales, censées habiter au centre de la terre, et dont ils cherchaient, par leurs holocaustes et leurs rituels sanglants, à provoquer la venue : les « Supérieurs inconnus ».

Ainsi, le « Puits de l'Abîme » auquel fait allusion le disciple de Charles Manson, et qui est cité dans l'*Apocalypse* de Jean, chapitre 9, renvoie également à une très ancienne légende indienne, selon laquelle une grotte située dans la Vallée de la Mort donnerait accès, après avoir franchi le « Puits de l'Abîme », à une sorte de paradis souterrain réservé à quelques élus. Brooks Poston a expliqué : « Charly déclarait que si certaines tribus ont survécu, c'est parce qu'elles ont échappé à la destruction de la race en partant sous terre, au sens propre, et qu'elles vivent dans une ville dorée, traversée par une rivière de lait et de miel, où il y a aussi un arbre qui porte douze variétés de fruits, un différent chaque mois. On n'a pas besoin d'apporter de bougies ou des lampes de poche, tout sera éclairé car les murs étincelleront, et il ne fera pas froid, et il ne fera pas trop chaud. Là-bas, il y aura des sources chaudes, de l'eau fraîche, et des gens l'y attendent, les véritables maîtres de ce monde. »

Ces « véritables maîtres du monde » enfouis sous terre sont bien évidemment ces « Supérieurs inconnus » que nous avons déjà rencontrés plusieurs fois, géants terrifiants et tout-puissants, d'origine infra ou extraterrestre, et souvent évoqués dans les rites païens ou initiatiques.

Dans l'une de ces traditions, que cite Jean-Paul Bourre, les « enfers » souterrains sont placés sous la domination d'un roi du monde, Tubalcaïn, qui perpétue la race maudite de Caïn et accueille ses adeptes par ces mots :

« Viens à moi ; quand ma main aura glissé sur ton front, tu respireras dans la flamme. Sois sans crainte, comme tu fus sans faiblesse. Te voici au centre de la terre... dans l'âme du monde habité ; là s'élève le palais souterrain d'Hénoch, notre père, que l'Egypte appelle Hermès. Tu le vois, tu l'entends, et notre exemple t'est offert. Génies bienfaisants, auteurs de la plupart des conquêtes intellectuelles dont l'homme est si fier, nous sommes à ses yeux les maudits, les démons, les esprits du mal. Fils de Caïn, subis ta destinée ; porte-la d'un front imperturbable et que le dieu vengeur soit atterré de ta constance. (...) Les génies du feu viendront à ton aide ; ose tout... De toi naîtra une souche de rois qui restaureront sur la terre le culte négligé du feu, cet élément sacré. » [1]

L'assassin scientologue

Au début des années 60, lors de l'une de ses nombreuses incarcérations pénitentiaires, Charles Manson eut à remplir un questionnaire personnel. A la rubrique « religion », il inscrivit : « scientologie ». Dénué de toute éducation religieuse sérieuse, Manson avait trouvé dans la pensée science-fictionnelle de Ron Hubbard des éléments de réponse à ses interrogations mystiques. Son « initiateur » fut un autre détenu, Lanyer Rayner, qui fit fran-

1. Cité par Jean-Paul Bourre, *Les Sectes lucifériennes aujourd'hui,* Pierre Belfond, 1978.

chir au futur « Messie » les différents degrés de l'enseignement scientologue, pour atteindre le niveau le plus élevé, le « Bêta clair ». Plus tard, entrant dans une chapelle scientologue du centre de Los Angeles en compagnie de membres de « la Famille », il affirma être parvenu à l'état de « Thétan », correspondant à l'« état lucide, immortel, omniscient et omnipotent. » [1]

Un rapport annuel de l'administration pénitentiaire précise à ce sujet :

« Charles Manson ressent un extraordinaire besoin d'attirer l'attention mais il est incapable d'avoir une attitude positive. Sans cesse à la recherche de lui-même, il étudie toutes sortes de philosophies, de religions ; la scientologie, le bouddhisme. Mais il n'approfondit jamais suffisamment ces études pour en profiter pleinement. Ses tentatives, ses "appels au secours", reflètent ce besoin d'attention. Malgré la surveillance du personnel, son attitude n'a guère changé. En raison de ses graves problèmes de personnalité, le régime pénitentiaire s'impose. » [2]

*

* *

Lors de son procès, il fut démontré que Charles Manson détenait un très fort ascendant sur les membres de « la Famille », qu'il dominait au moyen de techniques psychiques et hypnotiques très puissantes, dans lesquelles on peut reconnaître l'influence manipulatrice de la scientologie.

1. Citons ces lignes de Russell Miller, *Ron Hubbard, le gourou démasqué,* Plon, 1993, qui illustrent bien ce qui, dans la « religion » scientologue, pouvait encourager Charles Manson à se prendre pour une réincarnation « supérieure » du Christ : « La nouvelle "science" se fondait sur une cosmologie gravitant autour de l'idée que le véritable *moi* de l'individu était une entité immortelle, omnisciente et omnipotente, à laquelle Hubbard donnait le nom de *Thétan.* Préexistants au commencement des temps, les Thétans occupaient et rejetaient des millions de corps humains depuis des milliards d'années. Manipulant l'univers pour leur plaisir, ils s'étaient pris à leur propre jeu au point d'en arriver à se croire rien de plus que les corps qu'ils habitaient. La scientologie se donnait pour but de rétablir les capacités du Thétan de chaque être humain à son niveau d'origine, celui de *Thétan Opérant,* ou « OT », état transcendant encore inconnu sur Terre. "Tout prouve que ni Bouddha ni Jésus-Christ n'étaient OT, affirmait Hubbard, mais à peine supérieurs à *clair.*" » Manson se crut Thétan Opérant, à savoir un être supérieur transcendant à la fois Jésus-Christ et Satan...

2. Cité par Vincent Bugliosi et Curt Gentry, *L'Affaire Manson,* op. cit.

Mais aux préceptes de Ron Hubbard, Manson ajoutait deux sources d'inspiration inattendues : la Bible et les Beatles ! L'un des membres de « la Famille », Gregg Jakobson, révéla à l'audience :

« Question : — Charly ne citait-il jamais personne ?

« Réponse : — Si, les Beatles et la Bible. Manson citait parfois, mot pout mot, des phrases entières des chansons des Beatles. Il y trouvait de multiples sens cachés. Quant à la Bible, il citait la plupart du temps l'*Apocalypse,* chapitre 9. Mais dans les deux cas, il se servait de ces citations comme base de ses propres idées.

« Q : — Que disait Manson en général sur le bien et le mal ?

« R : — Il pensait qu'on ne peut faire ni bien ni mal. Tout est bien. Tout ce que vous faites, c'est ce que vous êtes supposé faire. Vous suivez votre propre karma. » [1]

Les Beatles et les anges de l'Apocalypse

Mais le rapprochement entre l'*Apocalypse,* chapitre 9, et les Beatles allait plus loin. Charles Manson était en effet persuadé que les « quatre anges » décrits par Jean étaient les quatre Beatles, qu'il considérait comme « des chefs, des porte-parole, des prophètes », et avec qui il se trouvait en harmonie spirituelle. John Lennon n'avait-il pas déclaré un jour : « Les Beatles sont aussi connus que Jésus-Christ » ? Avant sa dernière sortie de prison, en 1967, Charles Manson, qui lui-même composait des chansons, avait prophétisé : « Un jour, je serai aussi célèbre que les Beatles. » Il ne se trompait pas, même s'il songeait alors plutôt à une notoriété artistique...

Mais poursuivons les visions de l'Apocalypse revues et corrigées par Charles Manson :

Au début du chapitre 9 de l'*Apocalypse,* le cinquième ange sonne de la trompette. Un peu plus loin, les quatre anges enchaînés au bord de l'Euphrate sont déliés. Explication : les Beatles étaient cinq à l'origine. Le « 5e Beatle », Stuart Sutcliff, est mort en Allemagne en 1962 au cours d'une tournée. Charles Manson a pris

1. Cité par Vincent Bugliosi et Curt Gentry, *L'Affaire Manson,* op. cit.

« mystiquement » sa place : il est donc le cinquième ange de l'Apocalypse, celui qui détient les clés du Puits de l'Abîme :

« Et le cinquième Ange sonna... Alors j'aperçus un astre qui du ciel avait chu sur la terre. On lui remit la clé du Puits de l'Abîme. Lorsqu'il eut ouvert ce puits, il en monta une fumée, comme celle d'une immense fournaise — le soleil et l'atmosphère en furent obscurcis — et, de cette fumée, des sauterelles se répandirent sur la terre ; on leur donna un pouvoir pareil à celui des scorpions de la terre. » (*Ap,* 9, 1-3).

Pour Manson, ces sauterelles sont une nouvelle référence au groupe anglais, dont le nom est une contraction de *beat,* rythme, et *beetle,* coléoptère, scarabée. Une sauterelle, certes, ne ressemble guère à un scarabée, mais on demeure tout de même dans le domaine des insectes volants.

« Or, ces sauterelles, à les voir, font penser à des chevaux équipés pour la guerre ; sur leurs têtes on dirait des couronnes d'or, et leurs faces rappellent des visages humains ; leurs cheveux, des chevelures de femmes (...) ; leurs thorax, des cuirasses de fer. » (*Ap.,* 9, 7-9).

Il est possible d'assimiler ces « chevelures de femmes » aux cheveux longs des Beatles, qui firent tant scandale à l'époque ; dans ces « couronnes d'or » l'adoration dont ils faisaient l'objet, et, pourquoi pas, dans ces « cuirasses de fer » les guitares électriques des musiciens...

Aux dires de Gregg Jakobson, Manson croyait que « les Beatles lui transmettaient des messages, qu'ils lui parlaient à travers leurs chansons et lui faisaient savoir par-delà l'océan que c'était cela qui allait se produire. Il en était convaincu. Il estimait que leurs chansons étaient prophétiques, en particulier celles de l'album blanc. »

Par exemple, la chanson intitulée *I Will* :

Qui sait combien de temps je t'ai aimé
Tu sais que je t'aime encore
Attendrai-je toute une vie solitaire ?
Si tu désires cela de moi — j'attendrai. (...)
Et lorsque, enfin, je te trouverai
Ton chant remplira l'univers
Chante fort, pour que je puisse t'entendre
Et qu'il me soit facile de venir près de toi...

Interprétation : les Beatles s'adressent à Jésus-Christ, de retour sur terre sous l'apparence humaine de Charles Manson, et lui demandent de se joindre à eux. Il voulut lire une confirmation de ceci dans une autre chanson, *Honey Pie* :

O, Honey Pie, ma situation est tragique
Viens me montrer la magie
De tes chansons d'Hollywood...

Mais Manson estimait que c'était aux Beatles de se déplacer, non à lui. Entre janvier et février 1969, avant le meurtre de Cielo Drive, n'a-t-il pas adressé des télégrammes, des lettres et des coups de téléphone en Angleterre afin de joindre les Quatre de Liverpool ? Hélas ! comme il est dit dans *Honey Pie* :

J'aime mais je suis paresseux.

Les Beatles aimaient Jésus-Christ/Charles Manson, mais ils étaient trop paresseux pour le rejoindre dans son Puits de l'enfer...

Autre chanson à message, *Blackbird :*

Oiseau noir chantant à la fin de la nuit
Prends ces ailes brisées et apprends à voler.
Toute ta vie durant
Tu n'as fait qu'attendre cet instant pour t'élever. (...)
Tu n'as fait qu'attendre cet instant pour être libre.

L'oiseau noir, c'est bien entendu l'Homme Noir qui, après avoir eu les « ailes brisées » à cause de l'oppression des Blancs, va enfin prendre sa revanche et reconquérir sa liberté.

Une autre chanson, *Piggies* (porcs), signée George Harrison, stigmatise les membres de la société établie et bourgeoise à qui Charles Manson a déclaré la guerre :

Avez-vous vu ces gros porcs
Dans leurs chemises blanches amidonnées
Remuant la boue
Ils ont toujours des chemises propres pour jouer dedans.

Dans leurs porcheries, avec tout ce qu'ils ont sur le dos
Ils se moquent bien de ce qui se passe autour d'eux
Dans leurs yeux il y a quelque chose qui manque
Tout ce dont ils ont besoin c'est d'une bonne raclée.

On sait de quelle sanglante façon Manson et sa « Famille » s'appliquèrent à donner la raclée aux porcs baignant dans leurs bauges. En guise de signature, le « 5e Beatle » fit même tracer sur les murs des appartements dévastés les mots *Pigs* et *Piggies* avec le sang des victimes.

La chanson se termine ainsi :

Partout on trouve des tas de porcs
Vivant leurs vies de porcs
Vous pouvez les voir sortir pour dîner
Accompagnés de leurs truies
Ils empoignent leurs fourchettes et
Leurs couteaux pour manger leur
Bacon.

Le couple La Bianca, assassiné après Sharon Tate, a été traité par Manson comme le lui suggérait la chanson d'Harrison : Rosemary La Bianca, la « truie », fut lardée de quarante et un coups de couteau. Son mari, Leno, le « gros porc », reçut douze coups de couteau et sept coups de fourchette ; on le retrouva avec un couteau dans la gorge et une fourchette dans l'estomac. Les meurtriers avaient utilisé son sang pour écrire sur les murs : *Death to pigs* (Mort aux porcs).

Helter-Skelter, dont le titre servit de mot de code pour les opérations meurtrières de Charles Manson et sa « Famille », commence par la phrase suivante :

Lorsque je parviens au fond, je retourne au sommet de la pente
Là, je m'arrête et je tourne et vais me promener
Jusqu'à ce que je retourne au fond pour te voir à nouveau.

Pour Charles Manson, cette phrase sibylline décrivait tout simplement sa « Famille » descendant puis remontant du Puits de l'Abîme, puis y redescendant pour y contempler le Roi du Monde, Lucifer...

Bonne nuit

Enfin, dans *Revolution 9,* où une voix lancinante répète à satiété « Number 9... Number 9... Number 9... », Manson vit une claire allusion au chapitre 9 de l' *Apocalypse.* D'ailleurs, ce morceau n'est pas une chanson, mais une très étrange composition acoustique où se mêlent des cris, des soupirs, des rires hystériques, des commentaires de la radio, des explosions de mortier, des pleurs d'enfants, des chants religieux, des Klaxons, des cloches, des retransmissions de matchs de football et des rafales de mitraillettes accompagnées de hurlements. Cette « Révolution numéro 9 » n'est-elle pas une illustration saisissante de l'*Apocalypse* de Jean ? D'ailleurs, ce morceau, placé à la fin du double album blanc, est immédiatement suivi d'une berceuse alanguie susurrée par la voix de crooner de Ringo Starr (*Star :* étoile), et dont le titre parle de lui-même : *Good night,* Bonne nuit.

Bonne nuit
Maintenant il est l'heure de dire bonne nuit
Bonne nuit, ferme bien tes yeux (...)
Pour tout le monde, partout
Bonne nuit.

Le Jugement dernier a eu lieu. Tout le monde peut s'endormir dans la paix et le calme de la nuit.

Vers la fin de *Revolution 9* on entend une voix d'homme prononcer « Eldorado ».

Eldorado. L'Age d'or. Pour Charles Manson, tous les moyens étaient bons pour hâter l'avènement de cette ère de bonheur. Y compris les plus sanglants. Comme il est dit à la fin du chapitre 9 de l'*Apocalypse :*

« Non, ils n'abandonnèrent ni leurs meurtres, ni leurs sorcelleries, ni leurs débauches, ni leurs rapines. » (*Ap.,* 9, 21).

Dernier détail : au moment même où le jury prononçait la condamnation à mort de Charles Manson, le 29 mars 1971, les Beatles annonçaient la dissolution de leur groupe. Dans une interview, Paul McCartney expliqua que d'insurmontables conflits personnels étaient apparus entre les quatre Beatles au moment de l'enregistrement du fameux double album blanc.

*

* *

Epilogue : en 1980, John Lennon fut assassiné par un ex-fan, un certain Mark Chapman, qui croyait que le Beatle était l'Antéchrist. Or, quelques années auparavant, Chapman avait entretenu une longue correspondance avec Charles Manson enfermé dans sa cellule. Lors de son procès, Manson avait clairement déclaré qu'il n'avait agi que sur les ordres des Beatles, lesquels avaient truffé leurs disques de messages subliminaux. A-t-il voulu se venger ? A-t-il manipulé à distance Mark Chapman afin que ce dernier aille vider son chargeur sur celui que Manson considérait comme le leader du groupe, John Lennon ?

Le Beatle assassiné serait ainsi la dernière victime du Christ satanique enfermé dans sa prison de Folsom...

4

Le gourou et la magie noire

7 — Les saints de l'Ombre :
Ron Hubbard (Etats-Unis, 1911-1986).

Charles Manson avait puisé sa « philosophie » sataniste chez les anges de l'Apocalypse, les doctrines de Hitler et les chansons des Beatles. Mais il avait également été formé par l'Eglise de scientologie, « religion » fondée par Ron Hubbard au début des années 50, comptant sept millions de fidèles dans le monde, dont quarante mille en France, très florissante au plan matériel, et affirmant depuis plus de quarante ans une puissance que l'on est en droit de trouver inquiétante. On sait que des personnalités très haut placées en font partie aux Etats-Unis et même en France, comme le révèle Serge Faubert dans *Une secte au cœur de la République,* [1] en dénonçant l'existence d'une « taupe » scientologue au sein même de l'Elysée. Protections occultes ou pas, reconnaissons que cette « Eglise » [2] est à peu près intouchable. Elle aurait en outre séduit de nombreux artistes, écrivains et comédiens de renom, tels que A.E. Van Vogt, Tom Cruise, Julia Migenes, Chick Corea, Shirley MacLaine ou John Travolta. L'Eglise de scientologie serait-elle,

1. Serge Faubert, *Une secte au cœur de la République,* Calmann-Lévy, 1993.
2. Les scientologues sont connus pour intenter systématiquement des procès à quiconque ose assimiler leur mouvement à une secte. C'est pourquoi, afin de ménager toutes les susceptibilités et ne pas surcharger encore la tâche des tribunaux, j'ai eu à cœur de respecter le terme d'« Eglise de scientologie ». Honni soit qui mal y pense...

elle aussi, infiltrée par Satan ? Pour le savoir, attardons-nous un instant sur la personnalité et la vie de son fondateur...

Le Satan multimilliardaire

Ron Hubbard, qui, avant de devenir un gourou, n'était qu'un banal écrivain de science-fiction de seconde zone, avait affirmé un jour : « Si on veut vraiment gagner un million de dollars, le meilleur moyen est encore de fonder une religion ». Ce cynisme candide tendrait à faire passer Ron Hubbard pour un simple charlatan si, derrière le masque de l'argent, ne se cachaient d'autres aspects plus inquiétants. Ce que l'on ignore trop souvent, en effet, c'est que Ron Hubbard fut un adepte d'Aleister Crowley, initié aux rites de la société secrète O.T.O. — *Ordo Templi Orientis* — et qu'il pratiqua quelque temps la magie noire et la magie sexuelle.

Son propre fils aîné Nibs révéla en 1983 au magazine *Penthouse* que son père se livrait à la magie noire depuis l'âge de seize ans et se prenait pour Satan. Il déclarait notamment : « La magie noire est au cœur de la scientologie, c'en est d'ailleurs la seule partie efficace. » Cette filiation satanique peut éclairer sous un jour nouveau l'idéologie scientologue, telle qu'elle fut décrite et développée par son gourou multimilliardaire...

*

* *

Résumons brièvement ce qui ressort de la biographie officielle du père de la scientologie. Né le 11 mars 1911 aux Etats-Unis, Lafayette Ronald Hubbard commença sa carrière comme officier de marine et auteur de romans de science-fiction et de fantastique. Durant la Seconde Guerre mondiale, il participa au conflit opposant Américains et Japonais et fut grièvement blessé.

La science de Diane

En 1950, Hubbard publia son ouvrage clé, *La Dianétique,* ou « science de Diane », qui devint aussitôt un best-seller mondial, et dont le succès ne s'est jamais démenti depuis. La théorie de la dianétique se résume à une sorte de psychanalyse assez grossière, selon laquelle le patient doit se purger des complexes, ou « engrammes », qui encombrent son inconscient, afin de redevenir « clair », c'est-à-dire sain d'esprit. Pour Hubbard, ces « engrammes » n'ont rien à voir avec le complexe d'Œdipe ou le complexe de castration. Pour Freud, le fondement de la névrose reposait sur la logique de l'inconscient. Pour Hubbard, il n'y a aucune logique là-dedans, mais uniquement des idioties qui nous ont été inculquées lors de la période prénatale. Exemple : si l'on répète à tout bout de champ à une femme enceinte : « Tu roules à gauche ! », son rejeton aura plus tard des opinions d'extrême gauche !

Un esprit cartésien peut s'étonner de ce qu'une théorie aussi simpliste ait eu un tel succès, et pourtant c'est le cas. Jacques Bergier raconte avec humour : « Hubbard commença par traiter sa femme. Aussitôt qu'elle fut devenue "claire", elle demanda le divorce qu'elle obtint. Il traita ensuite un de ses amis, qui aussitôt devenu "clair" tua sa femme et se suicida. Alors la popularité de la dianétique devint immense. Vers 1955, les Américains se traitaient par milliers. Les résultats ne furent pas aussi sensationnels qu'au début, mais ce petit jeu de salon fit très vite concurrence à la psychanalyse. » [1]

Fort de ce premier succès, Ron Hubbard affina sa théorie, et découvrit que la plupart des blessures psychiques dont nous souffrons dans cette vie trouvent leur origine dans nos vies antérieures. C'est donc vers celles-ci qu'il faut se tourner pour libérer totalement le patient de ses complexes. Cette nouvelle « science », liant psychanalyse et réincarnation, fut baptisée « scientologie » dès 1952. Plus qu'une science, une nouvelle « religion » était née...

1. Jacques Bergier, *Les Livres maudits,* Editions J'ai Lu, 1971.

La Femme écarlate et l'Enfant de Lune

Voici pour l'histoire officielle. Mais ce que l'on connaît moins, c'est ce qui s'est passé dans la vie de Hubbard dans la période 1940-1950, c'est-à-dire au cours de la décennie précédent l'« explosion » de la scientologie et le début du culte voué à son fondateur.

A la fin de la guerre, l'officier de marine Ron Hubbard se retrouva sans le sou. Il n'avait pas publié depuis des années, et passait son temps en visites médicales pour obtenir des pensions de l'Armée pour raisons de santé. C'est alors, un jour d'août 1945, que la chance lui sourit. Accompagné d'un dessinateur de science-fiction, il poussa la porte de l'immeuble du 1003 South Orange Grove Avenue, dans le quartier le plus chic de Pasadena. Là, il rencontra une bohème composée d'artistes, d'amateurs de science-fiction et de fantastique, et d'apprentis magiciens réunis autour d'un certain John Parsons, « Jack » pour les intimes, chimiste éminent, expert en explosifs, mais également occultiste, adepte de la magie noire, disciple d'Aleister Crowley et membre depuis 1939 de l'*Ordo Templi Orientis,* ou O.T.O., dont faisait partie le même Crowley. [1]

Sous l'impulsion de Parsons, la communauté de South Orange Grove s'était plus ou moins organisée en secte luciférienne, dans laquelle les rituels de magie noire et surtout de magie sexuelle étaient couramment pratiqués. Les femmes se donnaient sans distinction à tous les hommes de la secte, y compris la propre épouse de John Parsons, Helen, jusqu'au jour où elle s'enfuit avec l'un des membres dont elle était enceinte. Parsons se dédommagea de cette perte en jetant son dévolu sur la jeune sœur d'Helen, Sara Elizabeth Northrup, alias Betty, âgée de dix-huit ans à peine.

Lorsque Ron Hubbard fut introduit auprès de tout ce joli monde, il n'eut aucun mal à séduire les uns et les autres, grâce à sa faconde naturelle et son prestige d'officier de marine. Encouragée par « Jack », qui ne voyait dans la jalousie qu'un sentiment attardé,

1. La plupart des informations de ce chapitre proviennent de la minutieuse étude de Russell Miller, *Ron Hubbard, le gourou démasqué,* Plon, 1993.

Betty coucha aussitôt avec Ron, qui entretint sans vergogne durant des semaines cette liaison sexuelle avec la petite amie de son hôte, qui lui-même l'initia aux cérémonies magiques de l'O.T.O.

Plus tard, Ron Hubbard tint un journal intime dans lequel il consigna les « actes de foi » que lui inspira la pensée de Crowley véhiculée par Parsons : « Les hommes sont tes esclaves », ou bien : « Sois sans merci envers quiconque se met en travers de ta volonté. Tu as le droit d'être impitoyable », ou enfin : « Quels que soient les mensonges que tu dis aux autres, ils sont sans conséquence sur toi-même. » [1]

John Parsons était persuadé que cette nouvelle recrue était douée de pouvoirs exceptionnels. Dans une lettre adressée à Aleister Crowley soi-même, il dit :

« J'ai fait la connaissance du capitaine Ron Hubbard, auteur et explorateur que je connaissais déjà de réputation... C'est un gentleman honnête et intelligent dont je me suis fait un ami sincère... Betty et moi sommes toujours en bons termes mais elle a transféré sur Ron son attachement sexuel... Bien qu'il n'ait pas reçu de réel enseignement magique, il en possède une expérience et une compréhension extraordinaires. J'ai déduit de ses confidences qu'il est en contact direct permanent avec un esprit supérieur, sans doute son ange gardien... qui l'a guidé toute sa vie et l'a maintes fois sauvé... Il est en plein accord avec nos principes... J'ai besoin d'un partenaire en magie pour des expériences auxquelles je pense... » [2]

L'on retrouve ici, une fois de plus, ces fameux « Supérieurs inconnus », que Parsons assimile aux anges gardiens. Mais ne faudrait-il pas plutôt parler d'anges rebelles ? En effet, les expériences magiques auxquelles il souhaite associer Ron Hubbard consistent tout simplement à contacter une « Femme écarlate » afin de concevoir avec elle un « Enfant de Lune », à savoir l'Antéchrist !

On se rappelle la quête sexuelle d'Aleister Crowley lui-même, qui toute sa vie s'entoura de « Femmes écarlates », réincarnations de Babylone la prostituée. Parsons voulait accomplir la même chose, avec l'aide de son ami Ron, en reproduisant une sorte de

1. Cité par Russell Miller, op. cit.
2. Cité par Russell Miller, op. cit.

trio sexuel comparable à celui de *Jules et Jim,* dans le roman d'Henri-Pierre Roché adapté à l'écran par François Truffaut.

Mais pour concevoir l'« Enfant de Lune », il fallait tout d'abord trouver la « Femme écarlate ». Pour cela, Parsons et Hubbard se livrèrent à toute une série de rituels magiques, qui commencèrent le 4 janvier 1946 à 21 heures, et durèrent onze nuits consécutives ! Des esprits frappeurs et des feux follets se manifestèrent, mais pas de « Femme écarlate ». Le 18 janvier, les deux magiciens se rendirent dans le désert de Mojave pour y accomplir une « mission mystique. » A leur retour à Pasadena, la « Femme écarlate » les attendait : il s'agissait d'une certaine Marjorie Cameron, splendide rousse aux yeux verts, ne rechignant devant aucun rituel de sorcellerie.

En février, Parsons retourna seul au désert de Mojave, afin de recevoir de la part de la déesse Babalon des instructions correctes quant à la meilleure méthode pour « ensemencer mystiquement » la « Femme écarlate ». A son retour, le 1er mars, Ron Hubbard lui confia qu'il avait rêvé d'une « femme belle et sauvage, montée nue sur le dos d'une bête ». Dès le lendemain, Ron Hubbard se connecta avec Babalon, et prit note, en transe, de son message sacré. Les deux hommes firent alors entrer dans leur templum la splendide Marjorie, nue sous sa robe cramoisie, et durant trois nuits consécutives le trio copula allégrement, tout en se livrant à d'obscures incantations magiques.

Le 6 mars, épuisé par ces rituels et ces coïts incessants, John Parsons écrivit à Crowley en lui donnant force détails sur l'« imprégnation sacrée de la "Femme écarlate" ». Si tout allait bien, elle accoucherait, neuf mois plus tard, de l'Antéchrist.

Mais le vieux Crowley, âgé de plus de soixante-dix ans, ne l'entendit pas de cette oreille. A Karl Germer, grand maître de l'O.T.O. aux Etats-Unis, il rédigea une lettre dans laquelle il précisait : « Il semblerait que Parsons ou Hubbard ou je ne sais qui s'amuse à produire un "Enfant de Lune". Quand je pense à la stupidité de ces rustres, j'en suis malade ! » A son disciple John Parsons, il se contenta de rétorquer : « Je croyais avoir une imagination morbide... mais je me demande vraiment ce qui vous passe par la tête ! » [1]

1. Cité par Russell Miller, op. cit.

Vexé de ce désaveu, Parsons commença à douter de son entreprise magique. D'autant plus que son acolyte Ron Hubbard, avec qui il s'était associé en affaires et à qui il avait avancé une grosse somme d'argent, s'enfuit alors sans autre forme de procès, accompagné de Betty, à bord d'un yacht acheté avec l'argent de Parsons !

Le 12 mai 1946, un membre de l'O.T.O., Louis Culling, fit le rapport suivant au grand maître de l'O.T.O., Karl Germer :

« Vous savez peut-être que frère John a signé avec Ron et Betty un accord d'association... et frère John, autant que je sache, a investi tout son argent dans l'affaire... Entre-temps, Ron et Betty se sont acheté un yacht avec les 10 000 dollars et vivent comme des nababs alors que frère John se trouve littéralement aux abois... Ils semblerait qu'ils n'aient jamais eu l'intention de ramener ce bateau en Californie afin de le revendre, comme ils l'avaient promis à frère John, mais qu'ils ne soient partis sur la côte Est que pour s'amuser... » [1]

Le 22 mai, Crowley télégraphia à son tour au grand maître : « Soupçonne Ron d'escroquerie. "Jack" trop crédule et sans volonté, victime toute désignée des aigrefins. » Huit jours plus tard, il ajoutait : « Il me semble, selon les informations communiquées par nos frères de Californie, que Parsons aurait reçu une "illumination" lui ayant fait perdre tout son libre arbitre... et qu'il s'est laissé dépouiller à la fois de son argent et de sa compagne... C'est de l'escroquerie caractérisée. » [2]

Réalisant enfin à quel point il avait été grugé par « frère Ron », Parsons revêtit alors sa robe noire des cérémonies occultes, traça un pentagramme à l'aide de sa baguette magique et invoqua à son secours le démon Bartzabel, l'esprit de Mars, afin qu'il l'aide à se venger des fuyards. Il rendit compte des résultats de ce rituel magique à Aleister Crowley :

« Au moment même où j'implorais l'assistance de l'esprit... le bateau a été pris dans une soudaine bourrasque de vent de terre qui a déchiré ses voiles et l'a forcé à rentrer au port, où je l'ai fait saisir... » [3]

L'association fut dissoute, et Parsons put récupérer quelques

1. Cité par Russell Miller, op. cit.
2. Cité par Russell Miller, op. cit.
3. Cité par Russell Miller, op. cit.

miettes des sommes d'argent qu'il avait insouciamment dépensées. Mais il avait définitivement perdu sa compagne et son meilleur ami. Il n'eut même pas le réconfort de voir naître l'« Enfant de Lune », car Marjorie, la « Femme écarlate », avait disparu à son tour. Sous le nom de « Cameron », elle devint plus tard un sculpteur réputé. Abandonné de tous et désespéré, le pauvre John Parsons s'enferma dans sa demeure de Pasadena jusqu'à sa mort accidentelle en 1952.

Quant à Ron Hubbard, il épousa Betty le 10 août 1946. Elle ignorait qu'il avait déjà été marié une première fois, en 1933, qu'il était père de deux enfants, et qu'il n'avait jamais divorcé... En 1951 elle se sépara de lui en invoquant la bigamie, l'« extrême cruauté mentale » et les « sévices physiques » dont elle avait été victime, affirmant qu'il lui avait fait endurer des « tortures systématiques par la privation du sommeil, des coups, des tentatives de strangulation », et qu'il était « atteint d'aliénation mentale incurable... »

Le diable au paradis

Ron Hubbard était-il un déséquilibré ou un initié noir ? A-t-il puisé l'ensemble des « révélations » de la dianétique et de la scientologie dans les enseignements secrets de l'O.T.O., était-il réellement relié en permanence avec un « Esprit Supérieur » ou son ange gardien ou bien se contentait-il d'exprimer les fantasmes malsains que lui inspirait son inconscient malade ? En 1963, Ron Hubbard n'affirma-t-il pas, avec le plus grand sérieux, qu'il s'était rendu deux fois au paradis, entre 43 et 42 trillions d'années auparavant ? Dans un bulletin daté du 11 mai de l'an 13 de la Dianétique, il précisa même que sa première visite au jardin d'Eden avait eu lieu très exactement 43 891 832 611 177 années, 344 jours, 10 heures, 20 minutes et 40 secondes avant le 9 mai 1963 à 22 h 02 GMT de l'ère chrétienne...

Ron Hubbard délirait-il ou était-il un visionnaire ? Une commission d'enquête australienne publia en octobre 1965 un rapport sur la scientologie dans lequel la santé mentale de Ron Hubbard était « sérieusement mise en doute. » Pour les experts qui s'étaient penchés longuement sur sa vie et son œuvre, le père de la dianétique et de la scientologie souffrait d'une maladie de la persécution et d'une misogynie aiguë qui le poussait à s'appesantir « de la manière la plus répugnante et la plus avilissante » sur tous les thèmes liés à la sexualité, l'avortement, le viol ou le sadisme. Selon le même rapport, Hubbard avait une tendance très nette à la schizophrénie, voire à la schizo-paranoïa doublée d'un complexe de supériorité : « symptômes communs à tous les dictateurs. »

Dictateur, Ron Hubbard le fut incontestablement, ne serait-ce que dans la façon dont il entendait traiter quiconque n'était pas de son avis. Pour lui, tous ceux qui, après avoir été gagnés à la cause scientologue, s'en écartaient pour une raison ou pour une autre, devaient être pourchassés sans remords. Dans un bulletin de liaison de la scientologie, il écrivit à ce sujet : « On peut utiliser la loi de façon efficace pour harceler l'adversaire. Un harcèlement bien conduit suffit dans la plupart des cas à le décourager et à le neutraliser professionnellement. Si possible, acculez-le à la ruine complète. »

*

* *

Ron Hubbard se prenait visiblement pour un « surhomme ». D'où lui venait ce sentiment de toute-puissance ? Pour approfondir cette dimension « supra-humaine » et mégalomaniaque de Ron Hubbard, il faut revenir en arrière, à l'époque de la guerre entre l'Amérique et le Japon. Ron Hubbard y fut grièvement blessé, au point que, l'espace de quelques minutes, il demeura en état de mort clinique.

On sait, depuis les recherches de Raymond Moody et Elisabeth Kübler-Ross portant sur les NDE [1], que les survivants à la mort clinique affirment avoir vécu une expérience spirituelle intense. Certains ont contemplé la Lumière ; d'autres ont vu leur ange gardien. [2]

Ron Hubbard, lui, voyagea dans ses vies antérieures, et eut

1. *Near Death Experience :* expérience aux frontières de la mort.

2. Lire à ce sujet Patrice Van Eersel, *La Source noire : révélations aux portes de la mort,* Grasset, 1986, et Pierre Jovanovic, *Enquête sur l'existence des anges gardiens,* Filipacchi, 1993.

l'intuition qu'il était la réincarnation d'un être issu d'une lointaine civilisation galactique, dont la terre ne serait qu'une colonie perdue. Ce voyage dura huit minutes très exactement, au cours desquelles le corps de Ron Hubbard se retrouva sans vie. Au bout de ces huit minutes, l'officier américain « ressuscita » et, se ruant sur sa machine à écrire, il rédigea en quarante-huit heures à peine un gros ouvrage dans lequel il consigna tout ce qui lui avait été révélé au cours de son « passage » dans une autre dimension. Il baptisa ce livre *Excalibur,* et en fit lire le manuscrit à certains de ses amis qui, effarés sans doute par ce qu'ils découvrirent, perdirent instantanément la raison et durent être internés d'urgence.

Quelques années plus tard, après le succès international de la dianétique, un agent littéraire proposa à Ron Hubbard de publier ce manuscrit mystérieux, mais l'auteur d'*Excalibur,* pourtant naturellement porté vers la notoriété publique, refusa tout net.

L'un de ses proches, Jack Horner, fournit une autre version au sujet de l'énigme d'*Excalibur.* Il était chez Ron Hubbard à Phoenix au cours de l'été 1954, lorsque quelqu'un sonna à la porte. Ron demeura cinq minutes dehors en pourparlers avec son visiteur, puis il rejoignit son ami avec un large sourire aux lèvres, en disant : « On vient de me proposer 5 000 dollars pour une copie d'*Excalibur.* Un de ces jours, il faudra que je me décide à l'écrire ! »

Excalibur, *le livre qui rend fou*

Ron Hubbard était-il un charlatan ou un prophète extraterrestre ? Relevons que la lecture présumée de l'hypothétique *Excalibur* plongeait ceux qui s'y seraient risqués dans un état comparable à celui vécu par les adeptes de la Golden Dawn qui, jadis, avaient cherché le contact avec les « Supérieurs inconnus » vivant au centre de la terre. On se rappelle aussi les étranges cauchemars d'Adolf Hitler...

Le fondateur de la scientologie était-il, lui aussi, un « médium de Satan » ?

Toujours est-il que, au faîte de sa renommée en tant que gourou scientologue, Lafayette Ron Hubbard décida de prendre congé à sa façon d'un monde qu'il n'estimait pas prêt à recevoir ses ultimes prophéties. Il enferma, paraît-il, le manuscrit d'*Excalibur,* le livre maudit, dans un coffre-fort situé dans la cabine de l'un des yachts de sa flotille personnelle, baptisée *Sea Org,* gardée jour et nuit par des hommes en armes. Puis il se retira dans la solitude de son yacht pour sillonner sans fin les océans, comme le capitaine perdu d'un moderne Vaisseau fantôme. [1]

Lafayette Ron Hubbard disparut en janvier 1986. On présume que son corps fut livré aux flots. Quelques jours plus tard, les scientologues du monde entier entendirent l'oraison funèbre suivante, rédigée par l'un des « messagers » [2] de l'Eglise de scientologie, David Miscavie, âgé de dix-neuf ans à peine :

« Le vendredi 24 janvier à 20 heures, L. Ron Hubbard a abandonné le corps dont il s'était servi pendant les soixante-quatorze ans, dix mois et onze jours de sa vie terrestre. Ce corps qui lui avait permis d'exister dans cet univers cessait de lui être utile et lui devenait même un handicap pour l'œuvre qu'il doit désormais mener à bien. Mais l'être que nous connaissions sous le nom de L. Ron Hubbard existe toujours. Si ce départ vous cause peut-être de la peine, sachez qu'il ne peut la partager parce qu'il a simplement franchi un nouveau pas. LRH a utilisé cette existence et ce corps que nous avons connus pour accomplir ce qu'aucun homme n'avait encore jamais accompli : il nous a révélé les mystères de la vie, il nous a donné les outils nous permettant de nous libérer nous-même et de libérer les hommes, nos frères... » [3]

De là où il repose, Ron Hubbard veillerait donc toujours sur les destinées de l'Eglise de scientologie et celles de ses clercs. Russell Miller, son biographe, ajoute : « Certains sont persuadés que Hubbard est mort depuis des années et que les messagers dissimulaient

1. Anecdote citée par Jacques Bergier, « Le Livre qui rend fou : Excalibur », dans *Les Livres maudits,* op. cit.

2. Les « messagers » et « messagères » correspondaient à un corps d'élite au sein de la hiérarchie scientologue, composé exclusivement d'adolescents recrutés parmi les enfants des scientologues, suivant ainsi le modèle des Jeunesses hitlériennes. Hubbard aurait confié lui-même à une certaine Doreen Smith que l'idée lui venait des nazis. « Hitler était peut-être fou, disait-il, mais il était un génie à sa manière et la Jeunesse hitlérienne une de ses plus brillantes initiatives. Pour lui, les jeunes étaient des ardoises vierges sur lesquelles on pouvait écrire ce qu'on voulait. » (Cité par Russell Miller, op. cit.) Rappelons qu'en grec « messager » se dit *angelos,* c'est-à-dire « ange ». Les messagers de Ron Hubbard étaient-ils des anges rebelles ?

3. Cité par Russell Miller, op. cit.

son décès afin de mieux affermir leur mainmise sur l'Eglise. D'autres croient que Hubbard s'incarnera bientôt dans un autre corps, s'il ne l'a déjà fait, et reprendra sa place à la tête de la scientologie. »[1] A moins que l'auteur d'*Excalibur* ne soit tout simplement reparti dans sa constellation galactique d'origine ?...

1. Russell Miller, op. cit.

5

Serial killers et sectes sataniques

Le processus du Jugement dernier

Mais les ramifications entre satanisme et scientologie ne s'arrêtent pas là. Nous avons vu que Charles Manson était un adepte de l'Eglise de scientologie. Mais il était également en contact avec un autre ordre secret, le « Process of Final Judgment », conduit par des scientologues en rupture de ban avec Ron Hubbard.

Le gourou multimilliardaire s'était adjoint, au début des années 60, les services d'un disciple d'origine anglaise, Robert Moore, alias Robert DeGrimston. Ce dernier était bien sûr un scientologue, mais également un émule d'Aleister Crowley et un adorateur des « Supérieurs inconnus ». Au sein de l'Eglise de scientologie, il commença à faire publiquement l'apologie des drogues hallucinogènes, afin d'accélérer « le processus de la révolution en vue d'instaurer un ordre nouveau. » Hubbard voulut modérer les ardeurs fanatiques de son adepte, qui claqua la porte des scientologues en 1963 pour créer son propre ordre schismatique : le « Process of Final Judgement », ou Processus du Jugement dernier.

DeGrimston a lui-même fixé la date du Jugement dernier : le 21 juin 1999. A ce jour doit démarrer le règne de la Bête annoncé dans l'*Apocalypse.* Les peuples de la terre seront détruits, à l'exception des Elus. Dans la revue de son mouvement, il affirme : « Le Christ et Satan se sont ralliés pour la fin — le Christ pour juger et Satan pour exécuter le Jugement. » Il dit encore : « La peur est bénéfique... Elle est le nerf de l'action. La peur est la force, l'arme permettant à toute créature de s'élever et de balayer l'amertume de l'échec. » A la fin des temps, les légions d'anges rebelles envahiront le monde : ce seront les motards des « Hell's Angels », les anges de l'enfer.

Il existe en effet un courant sataniste parmi les « Hell's Angels ». Kenneth Anger, auteur de *Hollywood Babylon,* cinéaste underground et disciple, lui aussi, d'Aleister Crowley, en apporta la preuve en filmant d'étranges rituels dans un court métrage intitulé *Lucifer Rising,* et consacré à la « tribu des Scorpions », dont les membres se réunissaient dans la banlieue de Los Angeles pour consacrer leurs petites amies et leurs *choppers* [1] à Satan, « l'ange de cuir et de flammes venu des abîmes ». Jean-Paul Bourre commente : « Les rituels accomplis à la lueur des phares des grosses cylindrées n'ont qu'un but : vaincre la peur, cultiver l'audace, faire du frère, du *brother,* un loup intrépide qui ne tremble jamais...) C'est au diable que les " Scorpions " dédient leurs folles équipées sauvages. » [2]

*

*   *

Peu avant 1968, les théories apocalyptiques de DeGrimston séduisirent de nombreuses stars du show-business qui, sans être pour autant des satanistes convaincus, n'en furent pas moins sensibles à l'évocation de ces diableries. Dominique Cellura cite les noms de Jack Nicholson, Warren Beatty, Jane Fonda, Peter Sellers et Dennis Wilson, le chanteur des Beach Boys. [3] Ce dernier avait d'ailleurs hébergé durant quelques mois Charles Manson et sa « Famille » dans sa luxueuse villa de Sunset Boulevard. Wilson avait même loué un studio d'enregistrement à Santa Monica pour permettre à Manson de graver un disque, mais ensuite il avait détruit les bandes, parce que « les ondes qui s'y associaient n'appartenaient pas à cette terre. »

Certains membres de la secte de DeGrimston se croyaient la réincarnation de la déesse lunaire Hécate, du nazi Josef Goebbels

1. Motos au guidon surélevé.
2. Jean-Paul Bourre, *Les Sectes lucifériennes aujourd'hui,* op. cit.
3. Dominique Cellura, *Les Cultes de l'enfer,* op. cit.

ou du philosophe italien Giordano Bruno, brûlé vif pour hérésie à Rome en 1600, et dont la statue noire veille sur le *Campo dei Fiori,* à Rome. Les anges rebelles et hérétiques déchus avaient bonne presse en ces années vouées à la contestation, la drogue et la libération sexuelle.

Robert DeGrimston organisa un séminaire sur son « Processus » à l'Institut Esalen de Big Sur, en Californie, puis ouvrit une filiale à Height Ashbury, au 407, Cole Street. Quelques centaines de mètres plus loin, au 636 de la même rue, Charles Manson et sa « Famille » vécurent entre avril et juillet 1967. C'est sans doute à cette époque-là que Manson devint à son tour membre du « Processus », dont l'enseignement lui fournit le thème du *Helter-Skelter.* Manson et DeGrimston se revirent en août 1968 à Topanga Canyon, en Californie. L'ex-scientologue et son « Processus du Jugement dernier » jouèrent-ils auprès de Manson le rôle que Karl Haushofer et le groupe Thulé tinrent auprès d'Hitler ? Tous se réfèrent en tout cas aux mêmes sources : Aleister Crowley, la Golden Dawn, les « Supérieurs inconnus ».

En février 1969, six mois à peine avant que « Hymie » ne lance sa « Famille » à l'assaut des « Pigs », un membre du « Processus », Micah Marachi, rédigea une note prémonitoire, saisie par la police de La Nouvelle-Orléans :

« Attirez les porcs avec la promesse de la drogue et du sexe. enfermez-les ; mettez l'endroit à feu et à sang. Vous connaîtrez une jouissance comparable à celle de l'orgasme... Souvenez-vous : tuer n'est qu'un moyen d'affirmer son existence à l'autre. Cette nuit, vous m'appartiendrez, vous baiserez les porcs, vous leur ferez ce que bon vous semblera... » [1]

Rappelons que deux des victimes de la double boucherie de l'été 1969, Jay Sebring et Rosemary La Bianca, avaient appartenu à l'Eglise de scientologie. Leur exécution est-elle due au hasard ou relevait-elle d'un règlement de comptes de la part des membres du Processus ? Selon cette version, Charles Manson et sa « Famille » n'auraient été que des exécutants manipulés par Robert DeGrimston.

Maury Terry, journaliste américain spécialisé dans les crimes satanistes, auteur de *The Ultimate Evil* (Le mal suprême), a établi

1. Cité par Dominique Cellura, op. cit.

qu'un autre *serial killer,* David Berkowitz, alias *Son of Sam,* coupable du meurtre de cinq femmes et un homme entre 1976 et 1977, était lui aussi manipulé par le « Processus du Jugement dernier », auquel il adhérait. Dans une lettre produite par Maury Terry lors de son enquête, David Berkowitz décrivait clairement, sans le citer nommément, l'influence que cet ordre secret avait eue sur lui :

« J'appartiens à un groupe occulte et j'ai juré le silence sous peine d'être condamné à mourir. Je ne peux donc pas révéler le nom de ce groupe, mais je n'en ai pas l'envie non plus. Le groupe en question pratique selon les enseignements d'Aleister Crowley. Il est très orienté vers les rituels de sang, je suis certain que vous voyez ce que je veux dire. Les doctrines de ce groupe reposent sur un mélange d'orientations prônées par la Golden Dawn, le druidisme, ainsi que sur la magie noire. Rompre avec le groupe est impossible, puisque chacun a signé un pacte avec son sang. Chaque nouvelle recrue doit fournir des photos des membres de sa famille ou de ses proches, ainsi que leurs adresses. Grâce à ce procédé, le groupe peut exercer des manœuvres de chantage et même des représailles en cas de manquement à nos engagements. » [1]

Cette lettre fut rejetée par l'Administration américaine lors du procès de *Son of Sam.* Le « Processus du Jugement dernier » n'a pas été inquiété. Il s'est contenté de changer d'adresse et de nom. Successivement implanté à la Nouvelle-Orléans puis à New York, il s'appelle désormais « Faith of the Millenium » (La Foi du Millénaire). Mais ses adeptes préparent toujours l'Apocalypse à leur manière.

Rosemary's Baby *et l'Eglise de Satan*

Mais les ramifications de la « Famille » de Charles Manson dans le monde du satanisme vont plus loin encore. En effet, l'une des meurtrières de Sharon Tate, Susan Atkins, avait adhéré, avant de rejoindre Manson, à une certaine « Eglise de Satan ».

Cette Eglise de Satan avait été fondée en 1966 à San Francisco

1. Cité par Dominique Cellura, op. cit.

par un certain Anton Szandor La Vey, ancien dompteur au Clyde Beatty's Circus, puis photographe officiel de la police de San Francisco — il s'était spécialisé dans les photos d'autopsies et les portraits de cadavres dans les morgues.

Crâne rasé avec soin, visage agrémenté d'une moustache et d'un bouc méphistophéliques, cape noire, fouet et cagoule cérémonielle, l'« Antipape » La Vey comptait déjà quelque 10 000 fidèles dans la région de San Francisco, dont Jayne Mansfield, Sammy Davis Jr. et Kenneth Anger, le cinéaste des « Hell's Angels ».

En 1969, il publia une *Bible satanique* [1], vendue à plus de 500 000 exemplaires et traduite dans le monde entier. Dans cet ouvrage fort peu orthodoxe, on trouve des préceptes tels que : « Bénis soient les forts, car ils posséderont la terre » ; « Si un homme te frappe sur la joue, rends-le-lui en frappant plus fort encore ! »

D'autres liens existent entre ce personnage sulfureux et les agissements criminels de Charles Manson. Un an avant la tuerie de Cielo Drive, Anton Szandor La Vey avait été engagé comme « conseiller technique » par Polanski pour le tournage de son film *Rosemary's Baby.*

Le personnage principal du film, Rosemary Woodhouse (interprétée par Mia Farrow), fait l'objet de toutes les attentions de ses étranges voisins lorsqu'ils apprennent qu'elle est enceinte. En fait, ces voisins sont des satanistes, et lors d'un sabbat ils ont drogué Rosemary afin de la livrer aux appétits sexuels du diable, interprété par La Vey en personne ! Neuf mois plus tard, Rosemary, « Femme écarlate » sans le savoir, donnera naissance à l'Antéchrist.

Rappelons que Sharon Tate, au moment de sa mise à mort, était également enceinte. Cela signifie-t-il que le Grand Prêtre de l'Eglise de Satan a trempé dans le meurtre de la femme de Polanski ? Notons aussi que Mme La Bianca se prénommait Rosemary... L'enquête policière conclut à une série de coïncidences...

1. Anton La Vey, *Satanic Bible,* 1969.

Le Temple de Set

Mais ce réseau satanique ne s'arrête pas là. Le 14 août 1987, le lieutenant-colonel Michael Aquino, de l'U.S. Air Force, reçut la visite de la police à son domicile de Russian Hill. Il lui était reproché d'avoir abusé d'une fillette de quatre ans en compagnie de sa femme Lilith et d'un prêtre baptiste, Gary Hambright, exerçant au *Presidio Child Development Center,* une école maternelle réservée aux enfants des officiers résidant dans l'enceinte de la base militaire de San Francisco. Les policiers saisirent 38 cassettes vidéo pornographiques mettant en scène des enfants, qui auraient été tournées entre septembre et octobre 1986. [1]

Le 22 avril 1987, une centaine de parents avaient reçu une lettre dénonçant les agissements de Gary Hambright. Leur correspondant anonyme précisait même que le prêtre pédophile était séropositif, et que les enfants qui lui avaient été confiés devaient de toute urgence être soumis au test de dépistage du sida.

L'agent du F.B.I. Richard Held révéla en avril 1988 qu'une centaine d'enfants de l'école maternelle avaient subi des violences sexuelles de la part du trio infernal. Les « films » étaient tournés dans la salle de bains des Aquino, formellement identifiés par plusieurs des jeunes victimes. Lors du procès, le couple Aquino et Gary Hambright furent pourtant acquittés...

De quelles hautes protections bénéficia le lieutenant-colonel Aquino, pour échapper aussi facilement aux foudres de la justice américaine, pourtant fort peu tolérante envers les violeurs d'enfants ?

Michael Aquino est, il est vrai, un personnage important de l'Armée. Membre de la *Military Intelligence, Special Forces Officer, Psychological Operations Officer, Foreign Area Officer, Civil Affairs Officer, Defence Attaché,* diplômé du *Command and General Staff College,* de la *National Defense University,* du *Defense Intelligence College* et du *State Department Foreign Service Insti-*

1. Cf. le dossier spécial consacré au satanisme par le magazine *NewLook,* mai 1991.

tute, il est plus particulièrement chargé de travailler sur les techniques avancées de la guerre psychologique.

Comment un gradé de l'U.S. Air Force, à la tête d'un C.V. aussi prestigieux et aussi fourni, en est-il arrivé à s'adonner à de minables ballets roses ?

C'est que Michael Aquino n'est pas simplement un gradé et un militaire réputé. Il est également le Grand Prêtre du *Temple de Set,* secte dissidente de l'Eglise de Satan, et fondée par lui-même en 1975.

Le lieutenant-colonel Aquino ne se contente pas d'aimer Satan et les jeunes enfants ; il est également un admirateur des nazis, aux dires de son ex-maîtresse Linda Osborne Blood : « Il est persuadé que les S.S., qu'il considère comme des " surhommes ", détenaient le secret de l'immortalité, la clé de son obsession. Aquino aspire à l'éternité... Selon lui, la connaissance hisse l'homme au niveau d'un dieu. »[1] Nostalgique du IIIe Reich, le lieutenant-colonel Aquino se rend fréquemment en Bavière pour se recueillir dans l'immense *Marmosaal* du château de Wewelsburg, pièce circulaire construite par les nazis d'après les plans de l'architecte Alfred Roller et d'Adolf Hitler en personne, et censée représenter le centre du monde. Pour Aquino, il s'agit de « l'antichambre de la mort ». Il aime à y invoquer le Prince des Ténèbres et à y pratiquer des rituels de magie noire...

*

* *

Les ramifications de ces sectes sataniques sont infinies.

La Fondation Abraxas, émanation récente de l'Eglise de Satan, diffuse une idéologie fondée sur une sympathie et une fascination envers le nazisme, le vampirisme et les « bains de sang » chers à la comtesse Bathory, la « comtesse sanglante » qui vécut au XVe siècle en Hongrie, et qui cultivait la blancheur et la jeunesse de son épiderme en trempant son corps dans le sang des jeunes vierges qu'elle torturait et sacrifiait avec volupté.

L'un des membres d'Abraxas, âgé de vingt ans à peine et surnommé « Blood Axis » (Axe de Sang) confiait à un journaliste de

1. Cf. *NewLook,* mai 1991.

Boston qu'il admirait les vampires, Adolf Hitler et Charles Manson parce qu'ils étaient des « prédateurs ». « Nous aimerions voir un peu plus de prédateurs autour de nous, parce que l'humanité s'est transformée en troupeau de moutons. »

Un autre groupe sataniste, fondé en 1984 par un certain Nikolas Schreck, se nomme l'Ordre du Loup-garou, en hommage au « Corps des Loups-garous » fondé par Josef Goebbels, ministre nazi de la propagande, à la fin de la Seconde Guerre mondiale. Interviewé dans une émission télévisée de la NBC en 1988, il déclara notamment : « Nous aimerions voir mourir la majeure partie de l'humanité, parce qu'elle ne mérite pas d'avoir reçu le don de la vie. Un bon bain de sang purifierait la planète qui a été trop longtemps salie et dégradée. » Schreck et son groupe prônent la « révolution démoniaque » prévue pour l'an 2002.

*

*   *

Satan et ses médiums ont prit le pouvoir dans le monde. Satan et ses prophètes préparent le bain de sang final dans lequel nous périrons tous. Satan a été délié, et l'Empire du mal domine la planète...

Du moins, c'est ce que croient les criminels satanistes.

Leur Satan est un Prince de Sang, un Dieu du mal.

Mais Satan, tout comme Lucifer, n'est-il pas avant tout un ange, créé par Dieu, voulu par Dieu ?

Comment Dieu a-t-il pu pu créer le mal, vouloir le mal ?

A moins que, tout comme Lucifer, Satan ne soit l'objet, depuis toujours, d'une fabuleuse méprise...

Il est temps de poser la question : Satan, qui es-tu ?

Sixième ange rebelle :

La face cachée de Dieu

« Et le sixième Ange sonna... Alors j'entendis une voix venant des quatre cornes de l'autel d'or placé devant Dieu ; elle dit au sixième Ange portant trompette : "Relâche les quatre Anges enchaînés sur le grand fleuve Euphrate." Et l'on déchaîna les quatre Anges qui se tenaient prêts pour l'heure et le jour et le mois et l'année, afin d'exterminer le tiers des hommes. Leur armée comptait deux cents millions de cavaliers : on m'en précisa le nombre. Tel m'apparurent en vision les montures et leurs cavaliers : ceux-ci portent des cuirasses de feu, d'hyacinthe et de soufre ; quant aux chevaux, leur tête est comme celle du lion, et leur bouche crache feu et fumée et soufre. Alors le tiers des hommes fut exterminé par ces trois fléaux : le feu, la fumée et le soufre vomis de la bouche des chevaux. Car la puissance des chevaux réside en leur bouche ; elle réside aussi dans leurs queues : celles-ci, en effet, ainsi que des serpents, sont munies de têtes dont elles se servent pour nuire. Or, les hommes échappés à l'hécatombe de ces fléaux ne renoncèrent même pas aux œuvres de leurs mains : ils ne cessèrent d'adorer les démons,

ces idoles d'or, d'argent, de bronze, de pierre et de bois, incapables de voir, d'entendre ou de marcher. Non, ils n'abandonnèrent ni leurs meurtres, ni leurs sorcelleries, ni leurs débauches, ni leurs rapines. »

(*Apocalypse*, 9, 13-21).

1

Satan, le Malin et le Mal

Contrairement à Lucifer, la figure de Satan ne saurait inspirer aucune sympathie, mais plutôt un effroi mêlé de dégoût. Satan, c'est lui le vrai « diable », celui contre lequel s'acharnent la Bible et le Coran réunis, celui qui grimace au fronton des cathédrales romanes ou sur les toiles de Jérôme Bosch, celui pour lequel dansent les sorcières dans les sabbats du samedi soir. Satan, c'est le bouc puant aux pieds fourchus qui offre son postérieur à baiser à ses adeptes dégénérés. C'est le maître des enfers qui torture les damnés en les faisant rôtir au sein des flammes éternelles. C'est le vieillard sournois qui guette le voyageur égaré à la croisée des chemins, pour qu'il signe un pacte avec son sang, afin de lui voler son âme.

Et surtout, Satan est le mal. Ou plutôt le Mal, avec la majuscule, le Mal absolu, absurde, froid, terrible. Satan, c'est tout à la fois le Mal et le Malin, le Méchant de l'Histoire, l'Ennemi suprême, la Bête immonde. Du moins, c'est ainsi qu'on le dépeint généralement. Mais s'agit-il de son vrai visage ?

Satan n'est pas Lucifer, certes. Il est infiniment plus redoutable. Lucifer désigne l'ange porteur de Lumière. Le Satan chrétien, ou le Shaïtan musulman, désigne l'« adversaire », celui qui s'oppose, l'« esprit qui toujours nie. » Mais l'adversaire est-il forcément une incarnation du « Mal » ? N'oublions pas que Satan, lui aussi, est un ange, créé par Dieu. Si Dieu, dans son infinie bonté, n'a pu créer le mal, comment aurait-il pu créer un ange du mal ? Là réside toute l'ambiguïté du personnage de Satan. Pour tenter d'y voir plus clair, il faut revenir un moment sur les notions de bien et de mal, et nous poser avant tout la question : le mal existe-t-il ?

Zoroastre et l'invention du diable

L'idée d'un dieu du mal, négatif parfait d'un dieu du bien, et son égal en puissance et en légitimité, est née en Iran en 600 avant Jésus-Christ. Son inventeur fut Zoroastre, alias Zarathoustra, le principal réformateur du polythéisme védique qui régnait jusqu'alors.

La religion indo-européenne fondée sur les *Rig Veda* concevait en effet une infinité de divinités, classées en *ahura,* divinités supérieures, et *daeva,* divinités inférieures, régies par deux divinités principales, Ahura Mazda et Mithra, associées au Soleil, à la Lune et aux étoiles.

Point de diable, donc, dans le mazdéisme originel. Tout au plus quelques *daeva* malins et farceurs, équivalents persans de nos lutins, gnomes ou trolls.

Pour honorer ce panthéon innombrable, les prêtres védiques pratiquaient des cérémonies sacrificielles, au cours desquelles l'on égorgeait des bœufs et l'on buvait du *haoma,* boisson sacrée, hallucinogène et aphrodisiaque, concoctée à partir d'amanite tue-mouches. L'absorption de cette liqueur précipitait les fidèles dans des débordements orgiaques, où le sexe se mêlait à la violence.

Zoroastre, qui était fils d'un éleveur de chevaux, et à ce titre ardent défenseur de nos amies les bêtes, s'insurgea violemment contre ces rituels sanglants, à l'issue desquels hommes et femmes s'accouplaient sous l'emprise de la drogue. Souhaitant réformer les mœurs autant que la religion, Zoroastre rédigea de nouveaux Evangiles, les *Gâtha,* dans lesquels il décrivait, en face d'Ahura Mazda et de Mithra, l'émergence d'une nouvelle figure : Ahriman.

*

* *

La cosmogonie zoroastrienne est fondée sur l'existence, à l'origine des temps, non pas d'un seul Dieu, créateur de l'univers, mais de *deux* dieux : l'un, Ahura Mazda, divinité solaire et sage, fit le choix du bien ; l'autre, Ahriman, le mauvais esprit, fit le choix du mal. L'univers dualiste trouve donc sa source dans cette opposition radicale entre deux principes ennemis.

En réalité, la réforme de Zoroastre avait pour objectif d'abandonner l'ancien polythéisme, dont les cultes conduisaient aux excès que l'on a vus, pour le remplacer progressivement par un *monothéisme* dont le seul Dieu aurait été le Dieu de Lumière et de Bonté, Ahura Mazda.

L'« autre Dieu », Ahriman, principe du mal, vient en fait couronner les anciennes divinités védiques que Zoroastre cherche à diaboliser avant de les expulser — appliquant ainsi, avec six siècles d'avance, la tactique chrétienne consistant à se débarrasser des anciennes divinités du paganisme en les assimilant au « diable », comme on l'a constaté avec les exemples des dieux celtes Lug et Belenos, associés à Lucifer.

Dans son *Histoire générale du diable,* Gérald Messadié explique très bien cette stratégie d'évacuation des anciens dieux : « Ahriman a enrôlé les anciens dieux et notamment les *daeva,* Indra, qui est devenu Indra-vayou, dieu de la mort, Nanhaithya, l'ancienne divinité védique Nasatya, Saurva, démon de la mort aussi et de la maladie, Akoman, mauvais esprit, Tauru, Aeshma, sans doute le "père" de l'Asmodée que nous retrouvons dans la Bible, démon de la violence, de la colère, des impulsions criminelles, Az, démon de la concupiscence, Mithrandruj, *celui qui ment à Mithra,* démon de la fausseté, Jeh, le démon putain tardivement créé par Ahriman pour avilir la race humaine, et même, ô surprise, Zairi, qui avait été le dieu associé à l'ancienne consommation de la boisson rituelle du culte védique, la haoma ou soma. C'est là le coup final aux pratiques orgiastiques du védisme et l'affirmation d'une religion de retenue et de spiritualité, qui annonce éloquemment, elle aussi, les trois monothéismes. » [1]

La tactique de Zoroastre consiste donc à remplacer le polythéisme védique par un dualisme opposant Ahura Mazda à Ahriman, pour parvenir enfin à un monothéisme unifié dans lequel

1. Gérald Messadié, *Histoire générale du diable,* Robert Laffont, 1993.

Ahura Mazda, après avoir vaincu les « forces du mal », demeurerait le seul Dieu. On le voit, l'instauration d'un principe du mal, incarné par un dieu (ou plutôt un diable) spécifique, n'est pour Zoroastre qu'une étape, et non une fin en soi.

Zoroastre, en réalité, ne devait guère croire à ce « diable » Ahriman qu'il avait inventé pour des raisons de pure politique réformatrice. D'ailleurs, les *Gâtha* vont dans ce sens, puisque Ahriman, dieu du mal, se voit bientôt flanqué d'un frère jumeau, Ormazd, dieu du bien, qui lui voue une guerre sans merci. Le principe de dualité est d'ores et déjà dépassé, puisque nous voici à présent avec *deux* divinités du bien (Ahura Mazda et Ormazd) en face du seul Ahriman ; ou plus exactement l'égalité gémellaire entre Ormazd et Ahriman se voit transcendée en Ahura Mazda, le seul Dieu suprême. Toutes proportions gardées, la famille céleste décrite par Zoroastre rappelle la croyance gnostique chrétienne en un Lucifer frère du Christ, opposé à l'œuvre divine mais condamné par avance à l'échec, puisqu'il est, de par son origine, consubstantiel à ce qu'il combat. Il existe chez Zoroastre, comme dans la Bible, un présupposé en faveur de la victoire finale des forces du bien sur celles du mal qui affaiblit d'autant la thèse de la réalité ontologique du mal, existant à part entière en face du bien.

*

* *

Pourtant — et c'est bien l'une des plus grande méprises de toute l'Histoire des religions — la réforme de Zoroastre, ancêtre des monothéismes ultérieurs, va exercer, contre toute évidence, une incroyable et durable influence dans le monde, jusqu'à nos jours, et servir de justification à ce mythe à la peau dure : l'existence d'un principe du mal.

En effet, de ce principe découle toute la démonologie qui, depuis vingt-six siècles, nous a fait croire au diable et à l'enfer. Les démons d'Ahriman sont en effet passés directement de religions en religions, en conservant jusqu'à leurs noms ! Ainsi d'Azazel, démon des lieux déserts, dont nous avons vu l'importance dans le *Lévitique* et le *Livre d'Enoch.* Ainsi de Léviathan et Rahab, démons du chaos. Ainsi de Lilith, démone qui dans la Kabbale est présentée comme la première femme d'Adam, avant Eve. Ainsi de l'enfer, cette suprême menace dont la superstition n'est hélas ! pas encore révolue, et qui ne fut inventé qu'afin d'y enfermer, sous forme de démons, ces pauvres *daeva* auxquels un mage iranien fils d'un éleveur de chevaux vouait une rancune tenace, parce qu'en leur nom on égorgeait de paisibles ruminants ! Si Zoroastre avait vu le jour dans une famille de bouchers carnivores, ni le diable ni l'enfer n'auraient sans doute existé. On ne surestime jamais trop l'influence du milieu et des habitudes alimentaires.

Du zoroastrisme au manichéisme

Le « dualisme » de Zoroastre allait connaître un regain d'intérêt au IIIe siècle de notre ère en la personne de Mani, iranien lui aussi, qui reprit la doctrine mazdéenne réformée par Zoroastre en la mélangeant au bouddhisme et au christianisme récent, donnant ainsi naissance au « manichéisme ».

Cette religion, ou plus exactement cette hérésie, fondée sur un affrontement entre le bien et le mal, la Lumière et les Ténèbres, le Dieu bon et le démon, fut largement diffusée dans l'Occident chrétien entre le IIIe et le VIIe siècle, et connut un engouement sans précédent au Moyen Age, avec l'épopée cathare. Les « Parfaits » croyaient en effet en un « mauvais démiurge » créateur de la matière et opposé au Dieu de bonté et de perfection, pur esprit ethéré et répugnant à toute incarnation.

Cette dérive spirituelle, qui n'est attestée ni par les textes sacrés, ni par les Pères fondateurs de l'Eglise, s'est perpétuée jusqu'à nos jours à travers le fameux principe dualiste opposant le bien et le mal. D'un côté, il y aurait un bon Dieu, trônant dans la Lumière de son paradis et entièrement consacré au bien ; de l'autre il y aurait Satan, le diable, régnant dans les Ténèbres des enfers et voué au mal absolu. Dans cette vision manichéenne, le diable serait non seulement un adversaire de Dieu, mais encore un rival. Un « autre » dieu, purement négatif, ou plus exactement un *Antithéos,* un « antiDieu » — tout comme « l'Antéchrist » serait le rival du Christ.

Il existerait donc, en face du principe du bien, un « principe du mal », dont le diable, ou Satan, serait le Grand Maître. Cette théorie, outre qu'elle régresse vers un dualisme qui contredit les religions monothéistes — il n'existe qu'un Dieu et un seul — a toujours été battue en brèche par les penseurs de l'Eglise des premiers siècles, et notamment par saint Augustin qui, après avoir lui-même adhéré aux principes de Mani, dénonça la doctrine manichéenne en dissertant notamment sur la « non-substantialité du mal ».

Cette formule un tantinet barbare signifie que le mal, en tant que principe absolu, n'existe pas. Le bien, seul, existe, car il est un effet de la création divine et de la volonté de Dieu.

Mais si le mal n'existe pas, quelle est la cause de tous les maux qui accablent depuis toujours l'humanité : la guerre, le crime, la torture ? L'origine de tous ces maux, pour saint Augustin, ce n'est pas le mal ; c'est l'absence de bien.

De l'inexistence du mal

Pour sophiste qu'elle apparaisse, la pensée augustinienne rejoint celle de Platon, à propos de la distinction entre « non-être » et « néant ». Le mal ressortit au « non-être », pas au « néant » ; c'est en ce sens qu'il peut être, tout en n'étant pas : le mal existe, mais par défaut. Donc il est moins puissant que le bien.

« Comme la nuit est l'œuf du jour, ainsi le mal est l'œuf du bien. Cette paroi fragile une fois brisée, la lumière divine s'irradie, et, du mal antérieur, il ne reste plus que débris de coquilles », écrit le grand occultiste du siècle dernier Stanislas de Guaita dans *Le Problème du mal,* son dernier livre, laissé inachevé et complété par son élève Oswald Wirth. [1] Plus loin, il affirme encore : « Le diable, au sens vulgaire, ne vit que d'une existence d'emprunt. Satan n'est pas ; le mal n'est pas ; le Froid n'est pas ; l'Ombre n'est pas, car ces quatre abstractions purement négatives ne marquent en somme que l'absence de Dieu, l'absence du bien, l'absence de Chaleur et de Lumière. »

L'un des *Dialogues avec l'ange* confirme cette idée paradoxale

1. Stanislas de Guaita et Oswald Wirth, *Le Problème du mal,* Guy Trédaniel, 1976.

et magnifique de la non-existence du mal. L'ange lui-même proclame :

« ... il n'y a pas de mal — éternelle question de l'homme ! — et personne ne le sait.

Je vous le déclare :

LE MAL EST LE BIEN EN FORMATION, MAIS PAS ENCORE PRÊT...

...

TU ACCUEILLES EN TOI LE MAL ET TU LE TRANSFORMES EN BIEN.
CAR LE MAL N'EXISTE PAS,
MAIS SEULEMENT LA FORCE NON TRANSFORMÉE... »[1]

*

* *

Le mal serait donc un manque, une souffrance, une plainte, un signal d'alerte indiquant l'absence du bien. Le mal aurait un effet purement réactif : il s'agit d'un symptôme qui signale un *mal-être,* une *maladie* de l'être générée par un éloignement de Dieu. Selon cette vision des choses, le pécheur n'est rien d'autre qu'un malade, qui ne peut guérir qu'en s'en remettant à Dieu. A l'opposition majuscule entre le Bien et le Mal, se substitue la distinction entre bien-être et maladie.

Saint Augustin insiste beaucoup sur cette notion de *faiblesse* du mal : le mal n'est jamais qu'une diminution d'être, qui ne peut corrompre en profondeur la substance de l'être. D'où il s'ensuit que le pécheur — homme ou ange — même s'il fait le mal, demeure intrinsèquement bon. Si Satan était absolument mauvais, il disparaîtrait aussitôt, car il n'existe que par le bon vouloir et la bonté de Dieu : « En condamnant la nature déchue, Dieu ne lui a pas enlevé tout ce qu'Il lui avait donné, car alors elle aurait été anéantie... La nature du diable lui-même ne subsiste que par l'action de Celui qui étant pleinement l'Etre fait être tout ce qui, de quelque façon, est. »[2]

Les créatures divines, hommes ou anges, sont naturellement bon-

1. *Dialogues avec l'ange,* rapportés par Gitta Mallasz, Aubier, 1976.
2. Saint Augustin, *La Cité de Dieu,* XXII, 24.

nes. Mais leur liberté est telle qu'elles peuvent, de par leur propre volonté, contrecarrer la bonté de leur nature en faisant consciemment le mal : c'est le cas des mages noirs, des grands criminels tels que Gilles de Rais ou des *serial killers* d'aujourd'hui.

Ces cas extrêmes sont, malgré tout, exceptionnels. Le mal résulte le plus souvent d'une recherche dévoyée du bien. Ce paradoxe est facile à comprendre : l'être privé ou éloigné de Dieu souffre d'une absence de bien ; il est « malade ». Pour se soigner, il va chercher à se relier à tout prix à la source du bien ; mais comme il s'en trouve justement privé, il sera incapable d'y accéder par lui-même ; d'où il résulte que ses efforts désespérés vers le bien n'auront que des conséquences négatives. En cherchant le bien, il fera le mal. La sagesse populaire résume cela en une formule : « L'enfer est pavé de bonnes intentions. »

*

* *

En fait, le concept même du mal demeure pour nous un mystère total, dont on est en droit de se demander s'il ne nous est pas caché à dessein, tant que nous ne sommes pas capables d'en découvrir par nous-mêmes la nature profonde. L'occultiste du XVIIIe siècle Fabre d'Olivet, dont nous avons déjà croisé la tombe au Père-Lachaise, a écrit très clairement à ce sujet : « La connaissance de l'origine du mal n'a jamais été ouvertement divulguée : elle était profondément ensevelie avec celle de l'unité de Dieu dans les mystères antiques et n'en sortait qu'enveloppée d'un triple voile. Les initiés s'imposaient un silence sévère sur ce qu'ils appelaient les souffrances de Dieu, sa mort, sa descente aux enfers et sa Résurrection. Ils savaient que le serpent était en général le symbole du mal, et que c'était sous cette forme que Python avait combattu et d'abord déchiré Apollon. Les philosophes ne faisaient point un dogme public de l'unité de Dieu, précisément à cause de l'explication qu'il aurait fallu donner de l'origine du bien et du mal ; car sans cette explication le dogme lui-même aurait été incompréhensible. » [1]

Reconnaissons qu'aujourd'hui encore, il nous est bien difficile

1. Cité par Stanislas de Guaita dans *Le Problème du mal,* op. cit.

de savoir ce qu'est exactement le bien et le mal, de même que ce fameux libre arbitre accordé par Dieu, et que nous considérons souvent comme un cadeau empoisonné. Stanislas de Guaita argumentait à ce sujet : « Sans doute on peut arguer que Dieu n'a pas créé le mal, mais l'a admis en possibilité, pour le cas où l'homme voudrait librement le commettre. Le libre arbitre humain, qui suppose la liberté de faire le mal, ne serait plus le libre arbitre, si le mal était impossible. Mais c'est un sophisme, car si, doué de libre arbitre, j'opte sciemment pour le mal, c'est que je suis déjà mauvais ; et si je suis mauvais, c'est que le mal existe antérieurement à ma volonté de le faire. » [1]

Sophisme, en effet, dont la seule raison « raisonnante » ne saurait nous dégager. Nos conceptions morales et intellectuelles sont en effet rebutées à l'idée d'un mal qui, n'étant pas d'origine mauvaise, ne serait donc pas un mal. Des pires malheurs découlent souvent des conséquences heureuses que l'on n'avait pas prévues. Lorsqu'on observe l'enchaînement des faits entre eux avec un peu de recul, il arrive un moment où on ne sait plus distinguer le bien du mal. L'amplitude que nous offre l'Histoire, par exemple, nous montre bien à quel point il est difficile de juger les événements du passé. Prenons l'exemple des guerres : elles sont par définition associées au mal, à la destruction et au malheur, car, en effet, des êtres humains souffrent et meurent. Mais ces époques troublées ne sont-elles pas souvent suivies de périodes de progrès, de bonheur et d'euphorie ? De même, les recherches scientifiques conduites dans le secteur militaire, afin de mettre au point des armes plus efficaces, c'est-à-dire plus meurtrières, ne s'accompagnent-elles pas souvent d'une accélération au plan des découvertes scientifiques « positives », ne serait-ce que dans le domaine médical ? En revanche, les périodes trop longues de paix ont des conséquences néfastes inattendues : la surpopulation, l'engourdissement intellectuel et spirituel, la recrudescence des suicides. Alors, où est le bien ? Où est le mal ? Au regard de l'Histoire, nous sommes souvent forcés de réviser nos jugements moraux. Alors, imaginons un peu ce qu'il resterait de nos valeurs et de nos conceptions si nous nous observions avec le regard de Dieu...

Stanislas de Guaita a tenté — avec prudence — de définir en

1. Stanislas de Guaita, *Le Problème du mal,* op. cit.

un axiome ce que pourrait être la distinction entre le bien et le mal :

« Axiome. — L'utilité contingente du mal s'explique par la *loi des contraires,* et la solution du grand problème peut — exotériquement du moins — se formuler en ces termes : le mal s'oppose momentanément à la norme du bien pour manifester celle-ci dans l'éternité de son triomphe. Dieu ne tolère le *péché originel,* cette infraction au *bien négatif,* qu'à titre de gestation ténébreuse et transitoire, d'où doit éclore ce *bien positif et superlatif : la rédemption. La rédemption aboutit à la réintégration qui est le paradis.* »[1]

Le mal est ce qui transforme le bien négatif en un bien supérieur. Le paradis véritable ne s'atteint qu'après la descente aux enfers.

Du schéol à l'enfer

Malgré la sagesse augustinienne, « Satan », en tant que principe du mal absolu, était bel et bien né. Insensiblement, la pensée judéo-chrétienne, influencée par les doctrines iraniennes, s'est mise à se « diaboliser », c'est-à-dire à invoquer un « diable » — dont les textes sacrés se gardent bien de décrire l'origine et la nature, et pour cause — pour expliquer l'inexplicable et justifier l'injustifiable, à savoir l'imperfection de la création divine, l'existence du péché, du mal et de la violence, l'inéluctabilité de la mort. Peu à peu, le diable a commencé à prendre à son compte une partie des défaillances de Dieu.

La Bible elle-même fait état de cette substitution. L'épisode du dénombrement d'Israël par le roi David est présenté ainsi dans le *Livre II de Samuel,* dont l'origine remonte au règne même du roi (1000 ans avant J.-C.) :

« La colère de Yahvé s'enflamma encore contre les Israélites et il excita David contre eux : "Va, dit-il, fais le dénombrement d'Israël et de Juda". » (*2 Sam.* 24, 1).

Le 1er *Livre des Chroniques,* dont la rédaction fut beaucoup plus tardive (IVe siècle avant Jésus-Christ, c'est-à-dire deux siècles

1. Stanislas de Guaita, *Le Problème du mal,* op. cit.

après Zoroastre) rapporte la même scène avec une variante de taille :

« Satan se dressa contre Israël et il incita David à dénombrer les Israélites. » (*1 Chr.* 21, 1).

Inspiré par la colère de Dieu dans la première version, David se trouve gouverné par Satan dans la seconde. Etrange assimilation entre le Créateur et son prétendu « adversaire »... On comprend mieux la tentative de substitution lorsqu'on examine la suite de l'histoire. David se repend d'avoir recensé son peuple, et en demande pardon à Yahvé qui le punit en envoyant la peste :

« Yahvé envoya la peste en Israël depuis le matin jusqu'au temps fixé, et le fléau frappa le peuple, parmi lequel soixante-dix mille hommes moururent depuis Dan jusqu'à Bersabée. L'ange étendit sa main vers Jérusalem pour l'exterminer, mais Yahvé se repentit de ce mal et il dit à l'ange qui exterminait le peuple : "Assez ! retire à présent ta main." L'ange de Yahvé se trouvait près de l'aire d'Arauna le Jésubéen. Quand David vit l'ange qui frappait le peuple, il dit à Yahvé : "C'est moi qui ai péché, c'est moi qui ai commis le mal, mais ceux-là, c'est le troupeau, qu'ont-ils fait ? Que ta main s'appesantisse donc sur moi et sur ma famille !" » (*2 Sam.* 24, 15-17).

Yahvé condamne David pour un crime qu'il lui a lui-même commandé (le dénombrement du peuple) ; il le punit en faisant périr de la peste soixante-dix mille innocents ; enfin il prend conscience du mal qu'il a perpétré et arrête la main de l'ange exterminateur. On comprend qu'un tel Dieu, colérique, violent, injuste et inconstant ait été remplacé par Satan par le chroniqueur ultérieur. Quant à cet « ange exterminateur » qui s'abat sans ménagements sur Jérusalem, il ressemble assez à un démon satanique surgi tout droit des enfers (à moins qu'il ne s'agisse d'un ancien *daeva* ?).

Le mythe même de l'enfer, ce lieu brûlant où grillent les damnés pour l'éternité, est une invention récente qui date, tout comme le purgatoire, du haut Moyen Age. L'Ancien Testament, en effet, ne parle jamais de l'enfer, mais du *schéol.* Qu'est-ce que le schéol ? Un séjour vide, triste sans doute, mais nullement effrayant, hanté non par les morts et les damnés, mais par « tous les vivants » (expression empruntée au *Livre de Job*), bons ou mauvais, rois ou esclaves. On en trouve une mention dans un passage des *Nombres,* dans lequel les opposants à Yahvé sont précipités *vivants :*

« Comme il achevait de prononcer toutes ces paroles, le sol se fendit sous leurs pieds, la terre ouvrit sa bouche et les engloutit, eux et leurs familles, ainsi que tous les hommes de Coré et tous ses biens. Ils descendirent vivants au schéol, eux et tout ce qui leur appartenait. La terre les recouvrit et ils disparurent du milieu de l'assemblée. » (*Nb,* 16, 31-33). Or, c'est au schéol, on s'en souvient, que fut précipité Lucifer, avec ses anges rebelles, dans le passage d'*Isaïe :* « Comment ! Te voilà tombé au schéol, dans les profondeurs de l'abîme ! » La punition des anges rebelles, et de tous les humains qui leur emboîtent le pas dans une désobéissance à Yahvé n'est donc ni la mort, ni le séjour éternel aux enfers, mais l'exil dans un lieu sombre où le soleil ne pénètre pas, un lieu neutre depuis lequel *on ne peut plus contempler la face divine.* Tel est l'ultime châtiment : non pas chuter vers le diable, mais être privé de l'amour de Dieu.

2

Satan, aspect de la conscience divine

S'il n'est ni l'incarnation du mal, ni le Maître des enfers, comment peut-on définir le rôle et la mission de Satan ? Ses différentes interventions dans la Bible nous renseignent parfaitement, non seulement sur son utilité, mais encore sur le respect qui lui est dû, y compris par Yahvé. On est loin du démon grimaçant et bavant qui s'exhibe au fronton des cathédrales. Satan, pour redoutable qu'il soit, n'est ni un monstre, ni une bête, mais un Prince. Le Prince de ce monde.

Satan, avocat de l'accusation

En tant que Prince, il a ses entrées dans la Cour divine, où il tient le rôle d'accusateur public. Ainsi, le *Livre de Zacharie* évoque une cour de justice au sein de laquelle l'ange de Yahvé (avocat de la défense) argumente avec Satan (ministère public) : « Yahvé me fit voir Josué, le grand prêtre, qui se tenait debout devant l'ange de Yahvé, tandis que Satan était debout à sa droite pour l'accuser. L'Ange de Yahvé dit à Satan : "Que Yahvé te réduise au silence, Satan, que Yahvé te réduise au silence, lui qui a fait le choix de Jérusalem". » (*Zach.*, 3, 1-2). L'ange de la défense cherche à contester la parole de l'ange de l'accusation, Satan, ce qui correspond à une tactique éprouvée dans les prétoires, mais ne remet absolument pas en cause la légitimité et la présence de Satan dans cette cour. En fin de compte, c'est au président du tribunal de statuer. Yahvé, en l'occurrence.

Un autre « procès » biblique, instruit en présence de Satan, nous est présenté dans l'*Epître* de Jude : « L'archange Michel, lorsqu'il plaidait contre le diable et lui disputait le corps de Moïse, n'osa porter contre lui un jugement outrageant, mais dit : "Que le Seigneur te réduise au silence !" » Si l'archange Michel lui-même n'ose porter de jugement outrageant à l'encontre de Satan, c'est bien qu'il n'en a pas le droit, car Satan, au sein de la cour de justice de Dieu, se trouve sur un plan d'égalité par rapport à lui. Satan est un personnage puissant et écouté, qu'on ne saurait écarter d'un revers de manche.

Mais c'est essentiellement dans le *Livre de Job* que Satan l'accusateur prend toute sa mesure. Dans ce texte, en effet, l'ange rebelle ne se contente pas d'être dénoncé et réduit au silence par un ange de la défense. Au contraire, il s'exprime haut et clair en face de Yahvé lui-même. Rappelons le début de ce récit :

« Or, les fils de Dieu (les anges) vinrent un jour se présenter devant l'Eternel, et Satan vint aussi au milieu d'eux. Et l'Eternel dit à Satan : "D'où viens-tu ?" Satan répondit à l'Eternel : "Je viens de parcourir la terre et de m'y promener". L'Eternel dit à Satan : "As-tu remarqué mon serviteur Job ? Il n'y a pas d'homme comme lui sur la terre. Il est intègre et droit ; il craint Dieu et il se tient éloigné du mal". Satan répondit à l'Eternel : "Est-ce donc pour rien que Job craint Dieu ? N'as-tu pas élevé comme une clôture tout autour de lui, autour de sa maison et de tout ce qui lui appartient ? Tu as béni l'œuvre de ses mains, et ses troupeaux couvrent le pays. Mais étends ta main, touche à tout ce qui lui appartient ; on verra s'il ne te maudit pas en face !..." L'Eternel dit à Satan : "Eh bien, tout ce qui lui appartient est en ton pouvoir ; seulement, ne porte pas la main sur sa personne." Alors Satan se retira loin de la personne de l'Eternel. » (*Job,* 1, 6-12).

Avec l'aval de l'Eternel, Job se voit donc dépossédé de l'ensemble de ses biens. Mais le serviteur de Dieu accepte son sort avec philosophie et ne se révolte pas contre son Créateur. Visiblement, Dieu et diable sont à tu et à toi dans cette affaire ; seul Job paie les pots cassés. Mais la question qui se pose avant tout est la suivante : par qui le malheur fond-il sur Job ? Dieu ou Satan ? La formulation est en effet ambiguë : « Etends ta main, touche à tout ce qui lui appartient ; on verra s'il ne te maudit pas en face !... », lance Satan à l'Eternel qui répond : « Eh bien, tout ce qui lui appartient est en ton pouvoir ; seulement, ne porte pas la main sur sa personne. » Le défi de Satan tend à transformer Dieu en bourreau de Job. Mais Dieu, à qui Job n'a jamais porté atteinte, répugne à juste titre à torturer un si fidèle « serviteur ». Il se contente de laisser carte blanche à Satan, sous réserve du respect de l'intégrité physique de Job. Il semble qu'une étrange complicité s'instaure entre ces deux entités — Dieu et diable — que tout semblerait opposer.

Mais poursuivons le récit de la Bible ; comme dans les contes de fées, Satan revient à la charge une deuxième fois, et échange avec l'Eternel un dialogue qui reprend presque mot pour mot leur première entrevue :

« Un jour que les fils de Dieu étaient venus se présenter devant l'Eternel, Satan parut aussi au milieu d'eux pour se présenter devant l'Eternel. Alors l'Eternel dit à Satan : “D'où viens-tu ?” Satan répondit à l'Eternel : “Je viens de parcourir la terre et de m'y promener.” Et l'Eternel dit à Satan : “As-tu remarqué mon serviteur Job ? Il n'y a pas d'homme comme lui sur la terre. Il est intègre et droit. Il craint Dieu, et il se détourne du mal. Il persévère dans son intégrité, bien que tu m'aies excité à le ruiner sans motif.” Satan répondit à l'Eternel : “Peau pour peau. Tout ce que l'homme possède, il le donne pour sa propre vie. Mais étends ta main ; touche à ses os et à sa chair ; et on verra s'il ne te maudit pas la face !...” L'Eternel dit à Satan : “Eh bien, il est en ton pouvoir, seulement respecte sa vie.” » (*Job,* 2, 1-6).

Une phrase de l'Eternel nous fait dresser l'oreille. A propos de Job, sur lequel les malheurs ont commencé de fondre, il déclare : « Il persévère dans son intégrité, *bien que tu m'aies excité à le ruiner sans motif.* » Or, nous avons vu que dans le *pacte* initial entre Dieu et Satan (c'est à dessein que j'use du terme de pacte), Dieu se contentait d'autoriser Satan à tourmenter Job. Voici tout à coup que l'Eternel avoue que c'est bien lui, et non l'ange rebelle, qui a « ruiné sans motif » son fidèle serviteur. Tout se passe comme si, au fil de l'histoire de Job, la complicité entre Dieu et Satan devenait telle que *le rôle de chacun pouvait s'intervertir.*

La suite du texte explique comment Satan frappe Job d'une lèpre maligne. Tandis que le malheureux se gratte avec un tesson, sa femme l'exhorte à maudire Dieu qui, en remerciement de l'obéissance de son serviteur, lui envoie mille douleurs. Or, il est précisé que l'auteur de la lèpre, en l'occurrence, n'est pas Dieu, mais Satan. Job devrait le savoir, lui qui n'honore que le Dieu de bonté, et on s'attendrait à entendre de sa bouche la réprimande suivante à l'égard de sa femme : « Tais-toi, femelle inculte, tu ne comprends rien à rien ! Nul mal ne peut venir de Dieu. C'est Satan qui, jaloux de mon amour pour Dieu, se venge à sa manière. Dieu, lui, me protège et m'aide à souffrir ces épreuves diaboliques. » C'est ainsi, en tout cas, que nombre de saints ultérieurs de la chrétienté se sont exprimés en face de la douleur. Mais Job, lui, ne dit rien de cela. Job ne fait aucune allusion à Satan. Job ne connaît que Dieu, et pour lui Dieu est bien l'auteur unique de tout ce qu'il lui arrive.

Riche comme Job

Voici la scène entre Job et sa femme : « Sa femme lui dit : "Quoi ! Tu persévères encore dans ton intégrité ?... Maudis Dieu, et meurs !" Il lui répondit : "Tu parles comme une femme insensée ! Eh quoi ! Nous recevons le bien de la part de Dieu, et nous n'en recevrions pas le mal ?" » (*Job,* 2, 9-10).

Suit une longue discussion entre Job et ses amis venus le visiter pour l'exhorter à prier Dieu :

> *Heureux l'homme que Dieu châtie !*
> *Ne méprise donc pas la correction du*
> *Tout-Puissant.*
> *Car c'est lui qui fait la plaie et qui la panse ;*
> *Il blesse, et ses mains guérissent.* (*Job,* 5, 17-18).

Dieu est à nouveau présenté comme celui qui dispense tour à tour le bien et le mal, la richesse et la ruine, et ceci *pour le bonheur de l'homme.* Job, s'adressant directement à son Créateur, et lui formulant tour à tour reproches, doléances et déclarations d'amour, exprime notamment cette phrase magnifique et énigmatique :

Qu'est-ce que l'homme, pour que tu en fasses un aussi grand cas,
Pour que tu daignes prendre garde à lui,
Pour que tu le visites tous les matins,
Pour que tu l'éprouves à chaque instant ? (Job, 7, 17-18).

Phrase magnifique, car du fond de son malheur et de son abjection, Job considère ses tourments inhumains, non comme un mépris et un abandon divins (ce serait le cas si Dieu avait délaissé Job pour l'exposer aux tourments de Satan), mais au contraire comme une marque d'élévation et d'initiation. Car c'est bien Dieu qui éprouve Job, et non Satan qui le tourmente. Le rôle de Satan, étrangement absent dans la suite du récit, n'a consisté qu'à attirer l'attention de l'Eternel sur l'immense force intérieure de Job, et sa capacité infinie à être mis à l'épreuve, alors que Dieu ne voyait en Job qu'un « serviteur intègre et droit », craignant Dieu et se tenant éloigné du mal.

Car le « doute » de Satan, relatif à l'obéissance de Job, n'a eu d'autre effet que de contraindre Dieu à pousser sa créature humaine jusque dans ses derniers retranchements. Or, à force de rabaisser Job, Dieu n'a rien fait d'autre que de l'élever jusqu'à lui. L'épreuve de la souffrance, soufflée par Satan, n'est jamais qu'une épreuve initiatique conduisant Job jusqu'au cœur de ses ténèbres intérieures, de son « Ombre », de son enfer personnel :

L'homme dissipe les ténèbres ;
Il explore jusqu'aux lieux les plus reculés de l'abîme,
Jusqu'à la pierre cachée dans l'obscurité
et dans l'ombre de la mort. (Job, 28, 3).

Ce verset nous rappelle la fameuse devise secrète des alchimistes : V.I.T.R.I.O.L. : *Visita Interiora Terrae Rectificando Invenies Occultum Lapidem,* c'est-à-dire : « Descends dans tes enfers intérieurs et tu trouveras la pierre cachée. »

Ce n'est qu'au prix de cette « mort symbolique », de cet abandon du « vieil homme en soi », de « l'homme à la tunique de peau », que Job, dépouillé de ses richesses temporelles inutiles, se trouve hissé à un degré de conscience tel qu'il peut dialoguer directement avec l'Eternel qui, après l'avoir exposé à d'autres visions symboliques, le rétablit dans son état premier en lui rendant le double de ses biens et en bénissant ses jours.

Et Satan, dans tout ça ? Qu'est devenu l'« accusateur », le « sceptique », le « tentateur » venu jeter le doute dans le cœur de l'Eternel quant à la fidélité de son « serviteur » Job ? Il a disparu comme il était venu, sorte de génie surgi de la lampe. Sans doute est-il retourné parcourir la terre et s'y promener. Son mauvais coup avorté, il est parti à la recherche d'autres âmes moins nobles à circonvenir. C'est ainsi, en tout cas, que l'on commente généralement le rôle de Satan, du Malin, dans l'histoire de Job.

C'est faire peu de cas de l'étonnante complicité qui semble unir Dieu et Satan dans leurs dialogues initiaux. C'est oublier la confusion des rôles qui paraît être la leur lorsqu'il s'agit de tourmenter Job (tantôt c'est Satan qui « porte la main » sur Job, tantôt c'est l'Eternel). C'est, surtout, occulter totalement la fonction d'initiation et d'éveil qu'instaure Satan dans la destinée de Job qui, sans la série d'épreuves qui lui ont été imposées, serait demeuré un bon bourgeois enrichi grâce au travail des autres. En un mot, un *méchant,* même s'il se garde de commettre le mal. Car c'est en souffrant en lui-même de tous les maux possibles, en les *intégrant* à lui, qu'il parvient à épurer son corps et son âme comme dans un athanor alchimique, et atteindre à la quintessence d'or de la vraie foi.

> *L'argent a ses mines d'où on l'extrait,*
> *Et l'or a des endroits où on l'affine.* (*Job,* 28, 1).
> *S'il me mettait à l'épreuve, j'en sortirais pur*
> *comme l'or.* (*Job*, 23, 10).

C'est donc *pour son bien,* pour hâter son évolution et garantir le salut de son âme que Satan a poussé l'Eternel à éprouver Job. L'ange rebelle est moins que jamais l'ange du mal et de la discorde, mais celui de l'épreuve nécessaire, de l'œuvre au noir alchimique, de la purification intérieure.

Satan, face cachée de Dieu

Satan n'est, au fond, ni l'adversaire de Dieu, ni même l'adversaire de Job. Mais qui est-il, au juste ? Je propose ici une interprétation personnelle : *Satan n'est jamais qu'un aspect de la nature de Dieu, et le dialogue entre Satan et l'Eternel est un dialogue intérieur entre Dieu et lui-même.* Satan n'est pas un dieu ; il n'est pas non plus un anti-dieu : *il est un aspect de Dieu,* rien d'autre. Un aspect sombre, c'est-à-dire inconscient ; ce que C.-G. Jung a appelé l'*Ombre.* Satan est l'Ombre de Dieu.

J'en dirais autant du dialogue entre l'Eternel et Job qui clôt le récit. Dieu ne proclame-t-il pas : « Je t'interrogerai, et tu m'instuiras » ? (*Job,* 38, 3). Quant à Job, ne confesse-t-il pas : « Aujourd'hui encore, ma plainte est un acte de révolte » ? (*Job,* 23, 2). Il semble que le dialogue intérieur entre Dieu et Satan (qui ne sont qu'une seule et même entité) se poursuit dans le dialogue intérieur entre Dieu et Job (qui sont devenus, depuis l'« initiation » de Job, une seule et même personne). Tout comme Satan est un aspect de Dieu, on peut avancer que Job, à son tour, devient un aspect de Dieu. On peut même aller plus loin, considérant Dieu et diable comme des archétypes indissolublement liés au devenir de l'homme : *Dieu et Satan sont des aspects de Job.* Le *Livre de Job* pourrait ainsi se lire comme le récit d'une initiation à la première personne, dans lequel un homme, Job, qui n'est jamais que chacun d'entre nous, réfléchit sur sa condition mortelle et évolue, par épreuves et intégrations successives, de l'obéissance du serviteur à la révolte de Satan, puis de la mort symbolique du vieil homme à la transmutation de soi-même en homme-Dieu, puis en Dieu. Job, c'est tout à la fois la condition humaine et sa destinée : un animal appelé à devenir Dieu.

Posons l'équation suivante :

Dieu + Satan + Job = Dieu.

Ou bien encore :

Job + Satan + Dieu = Job = Dieu.

Quels que soient les termes mis en présence, le résultat est toujours le même : Dieu. Voici, à mon sens, ce que doit être la foi véritable, la foi de Job, celle qui croit en Dieu *malgré* Dieu, qui croit en sa bonté *malgré* ses injustices, la foi de l'amour inconditionnel :

> *Je l'atteste par le Dieu vivant, qui refuse de me rendre justice,*
> *Par le Tout-Puissant, qui remplit mon âme d'amertume :*
> *Tant qu'un souffle me restera,*
> *Tant que l'esprit de Dieu sera dans mes narines,*
> *Mes lèvres ne prononceront aucune parole injuste,*
> *Ma langue ne proférera aucun mensonge. (...)*
> *Jusqu'à mon dernier soupir, je maintiendrai mon innocence.*
> *J'ai entrepris de me justifier ; je ne faiblirai pas.*
> *Mon cœur n'accuse aucun de mes jours.* (*Job*, 27, 2-6).

Miracle de la dualité enfin intégrée dans l'unité divine : Satan s'est fondu en Dieu ; Job aussi. Mais Dieu à son tour s'est fondu en Job. Les douleurs et les tourments n'ont été que feux purificateurs de l'athanor, et la cendre des chairs consumées s'est métamorphosée en poudre d'or. Dieu est plus grand que tout. Dieu est même plus grand que Dieu. Tout est Lumière. Tout est Amour.

La tentation au désert, ou l'initiation de Jésus par Satan

Dans le *Livre de Job* et d'autres textes de l'Ancien Testament, Satan est un ange comme un autre, reçu avec respect dans la Cour divine. Dans les Evangiles, il est présenté comme le Malin, le démon, le Tentateur parfaitement mauvais qui pousse l'arrogance jusqu'à essayer de circonvenir Jésus-Christ lui-même, lors de l'épisode de la tentation dans le désert, rapportée par les *Evangiles* de *Matthieu, Marc* et *Luc.* Son rôle se serait-il progressivement « diabolisé » entre l'Ancien Testament et le Nouveau ? Par trois fois, profitant de la faiblesse de Jésus qui vient de jeûner durant quarante jours, Satan met le fils de Dieu à l'épreuve. Rappelons le récit de cette triple tentation tel qu'il est rapporté par Matthieu :

« Alors Jésus fut conduit au désert par l'Esprit, pour être tenté par le diable. Il jeûna quarante jours et quarante nuits, après quoi il eut faim. Et le tentateur, l'abordant, lui dit : "Si tu es Fils de Dieu, ordonne que ces pierres se changent en pains." Mais il réplique : "Il est écrit : 'L'homme ne vit pas seulement de pain, mais de toute parole qui sort de la bouche de Dieu.'" Alors le diable l'emmène à la Ville Sainte, le place sur le faîte du Temple et lui dit : "Si tu es Fils de Dieu, jette-toi en bas ; car il est écrit : 'Il donnera pour toi des ordres à ses anges, et ils te porteront dans leurs mains, de peur que tu ne heurtes du pied quelque pierre.'" Jésus lui dit : "Il est encore écrit : 'Tu ne tenteras pas le Seigneur, ton Dieu.'" Le diable l'emmène encore sur une très haute montagne, lui montre tous les royaumes du monde avec leur gloire et lui dit : "Tout cela, je te le donnerai, si tu tombes à mes pieds et m'adores." Alors Jésus lui dit : "Retire-toi, Satan ! Car il est écrit : 'C'est le Seigneur ton Dieu que tu adoreras, c'est à Lui seul que tu rendras un culte.'" Alors le diable le quitte. Et voici que des anges s'approchèrent, et ils le servaient. » (*Mt,* 4, 1-11).

Cet épisode est le seul des Evangiles qui met en scène directement le diable. Satan est cité ailleurs, mais toujours par voie de possession démoniaque : le possédé de Capharnaüm, le possédé aveugle et muet hanté par Béelzéboul, voire l'apôtre Judas. Satan est présenté comme le fauteur de troubles, l'être fourbe et méchant qui vient hanter le repos des humains, les pousser à faire le mal (comme Judas) ou les induire en tentation. Il est le mal.

A moins, comme j'ai tenté de le faire dans le récit de Job, de ne voir en Satan qu'un aspect de la conscience divine. Comme par hasard, tout s'éclaire alors. En effet, il est bien précisé que « Jésus fut conduit au désert par l'Esprit, pour être tenté par le diable. » Cette « tentation » est donc clairement orchestrée et voulue par l'Esprit divin, et Jésus le sait parfaitement. La rencontre a lieu à la suite du baptême de Jésus, ce qui confirme sa nature initiatique, et elle se produit au désert, là où se trouvent Azazel et le bouc émissaire. Les quarante jours de jeûne renvoient aux rituels d'initiation qui existent dans toutes les cultures traditionnelles (c'est de là que vient également l'expression « mise en quarantaine »). Le jeûne correspond à une purification du corps, à une « mort symbolique », mais il a aussi pour effet de placer l'être en manque de nourriture dans un état second, hallucinatoire, qui permet « l'éveil ».

On le voit, cette confrontation avec Satan, présentée comme nécessaire (passage obligé du rituel d'initiation), implique une longue préparation, un lent conditionnement. Satan n'est pas un vulgaire démon tentateur, mais un personnage de la plus haute importance, que Jésus doit « mériter ». Pourquoi, dans ces conditions, s'évertuer à présenter Satan comme le démon du mal, alors que c'est par lui que Jésus parvient à se relier aux anges serviteurs ? « Alors le diable le quitte. Et voici que des anges s'approchèrent, et ils le servaient. » La confrontation avec le diable correspond, comme avec le serpent de la Genèse, à une initiation, à un éveil et un élargissement de la conscience, à une communion intime avec Dieu.

Oui, c'est par Satan et la tentation dans le désert que Jésus « s'élève » vers sa propre divinité, comme le fit Job avant lui. Mais qui est ce « Satan » tentateur, sinon Dieu lui-même, ou tout au moins un aspect de Dieu ?

En effet, quelles sont les « tentations » auxquelles Satan soumet Jésus ? Le pousse-t-il à faire le mal ? A commettre des crimes ? A attenter à ses jours ? Pas du tout. Il se contente de lui demander d'accomplir des miracles : « Si tu es Fils de Dieu, ordonne que ces pierres se changent en pains. » Or, Jésus fut plus tard coutumier de ce type de miracles, notamment lors de la multiplication des pains pour nourrir la foule venue l'écouter et à l'occasion des noces de Cana, lorsqu'il transforma l'eau en vin. Pourquoi ne pas donner satisfaction à Satan ? Est-ce parce qu'il s'agit, justement, de Satan, du Malin, du Tentateur ? Mais Jésus sait que Satan n'est pas le mal, mais une autre face du visage de Dieu. Pourquoi, dans ces conditions, résister à une demande aussi facile à contenter, lorsqu'on est le Fils de Dieu, lorsqu'on est Dieu ?

Parce que, justement, Jésus doit apprendre à résister, non pas aux tentations du Malin, de Satan, mais *aux tentations que lui suggèrent sa propre divinité,* à savoir la tentation du pouvoir. En effet, les trois tentations n'évoquent rien d'autre que la volonté de puissance qui, un jour ou l'autre, saisit tout être pensant, humain ou divin : accomplir des miracles pour tester ses pouvoirs, et non pour aider son prochain ; se mettre délibérément en danger de mort pour prouver son invincibilité ; rechercher la gloire des royaumes du monde. Ces tentations ne viennent pas d'un démon extérieur, elles surgissent de la conscience même de Jésus : *Satan représente la voix intérieure de Jésus,* un aspect de sa personnalité non encore intégré, son Ombre, tout comme il était l'Ombre de Dieu dans le récit de Job. Pour être vraiment le Fils de Dieu, Jésus doit apprendre à résister à ses propres pouvoirs divins. Il doit résister à son propre désir de Dieu pour mieux s'y relier. Il doit devenir Dieu malgré Dieu. Et il y parvient : sitôt son Ombre intégrée, Jésus se voit entouré d'anges descendus du ciel pour le servir.

L'éveil de Judas, l'élu du Christ

La trahison de Jésus par Judas offre un autre exemple du rôle tenu par Satan dans l'accomplissement du plan divin. L'*Evangile selon saint Luc* présente cet acte comme une pure possession de Judas par Satan :

« Or, Satan entra dans Judas, surnommé Iscariote, qui était du nombre des Douze. » (*Lc,* 22, 3).

Mais L'*Evangile selon saint Jean* détaille cette « possession » de la manière suivante :

« Sur ces paroles, Jésus fut troublé en son esprit et déclara :

"En vérité, en vérité je vous le dis, l'un de vous me livrera."

Les disciples se regardaient les uns les autres, ne sachant de qui il parlait. Un de ses disciples, celui que Jésus aimait, se trouvait à table tout contre Jésus ; Simon-Pierre lui fait signe et lui dit : "Demande de qui il parle." Celui-ci, se penchant alors vers la poitrine de Jésus, lui dit : "Seigneur, qui est-ce ?" — "C'est celui à qui je donnerai la bouchée que je vais tremper", répond Jésus. Et trempant la bouchée, il la prend et la donne à Judas, fils de Simon l'Iscariote. A ce moment-là, après la bouchée, Satan entra en lui. Jésus lui dit alors : "Ce que tu as à faire, fais-le vite." Mais cette parole, aucun des convives ne comprit pourquoi il la lui disait. » (*Jn,* 13, 21-28).

L'évangéliste précise bien que c'est *après* avoir avalé la bouchée tendue par Jésus que Judas se voit possédé par Satan. Il est clair que c'est Jésus lui-même qui désigne Judas et l'investit de sa funèbre mission. Pourquoi ? Jésus agit-il sous l'impulsion d'une sorte de masochisme ? Il savait en effet depuis le début que Judas le livrerait : « Jésus reprit : "Ne vous ais-je pas choisis, vous, les Douze ? Pourtant l'un de vous est un démon." Il parlait de Judas, fils de Simon Iscariote ; c'est lui en effet qui devait le livrer, lui, l'un des Douze. » (*Jn,* 6, 70-71). Judas n'est donc pas un « traître » à Jésus, puisque Jésus l'a précisément choisi *à cause* de sa traîtrise. Pourquoi le Fils de Dieu a-t-il introduit un loup dans la bergerie, un démon parmi les apôtres ? N'est-ce pas parce que ce démon, à savoir Satan, a justement un rôle de premier plan à jouer dans la glorification de Jésus par Dieu le Père ?

Tout devient clair lorsqu'on garde en mémoire le rôle initiateur de Satan. La bouchée de pain que Jésus tend à Judas a pour but *d'initier* Judas à une conscience supérieure, une conscience en éveil, qui lui permettra d'accomplir la terrible mission qui lui a été réservée. Dès cet instant, en effet, Judas entretient une relation privilégiée avec Jésus, qui lui parle à un niveau que les autres disciples sont incapables de ressentir : « Mais cette parole, aucun des convives ne comprit pourquoi il la lui disait. » Judas ne s'exclut pas, par son acte de trahison, du cercle des disciples, ainsi qu'on le prétend généralement : au contraire, il se voit *élu* par Jésus pour accomplir une mission divine si subtile, si délicate que depuis deux mille ans on s'est contenté de voir en Judas un simple renégat. Or, l'*Evangile* de Jean poursuit :

> *Aussitôt la bouchée prise, Judas sortit. Il faisait nuit.*
> *Quand il fut sorti, Jésus dit :*
> *« Maintenant le Fils de l'homme a été glorifié*
> *et Dieu a été glorifié en lui.*
> *Si Dieu a été glorifié en lui,*
> *Dieu aussi le glorifiera en lui-même*
> *et il le glorifiera bientôt. » (Jn,* 13, 30-32).

Jésus sait ce qui l'attend : la gloire de Dieu. Mais cette gloire ne peut venir qu'au bout du chemin de croix. Pour ressusciter, il doit d'abord mourir. Et pour mourir, il doit être livré par Judas à ses ennemis. Pour les disciples aux yeux fermés, Judas est un traître. Pour Jésus aux yeux ouverts, il est l'initié qui l'aide à accomplir son destin de souffrance et de gloire. Et, lorsque les gardes, menés par Judas, viennent se saisir de lui, il interdit à Simon-Pierre de le défendre :

« Jésus dit à Pierre : “Remets ton glaive dans le fourreau. La coupe que m’a donnée le Père, ne la boirai-je pas ?” » (*Jn,* 18, 11).

Jésus marche vers la mort et la résurrection, vers la souffrance et la vie éternelle, vers l’Ombre et vers la Lumière, et son destin transcende les notions de bien et de mal, puisque c’est au prix de la trahison de l’un de ses fidèles disciples que doit advenir son heure de gloire :

La voici venue l’heure
où le Fils de l’homme doit être glorifié.
En vérité, en vérité je vous le dis,
si le grain de blé ne tombe en terre et ne meurt,
il reste seul ;
s’il meurt,
il porte beaucoup de fruit.
Qui aime sa vie la perd ;
et qui hait sa vie en ce monde
la conservera en vie éternelle.
Si quelqu’un me sert, qu’il me suive,
et où je suis, là aussi sera mon serviteur.
Si quelqu’un me sert, mon Père l’honorera.
Maintenant mon âme est troublée.
Et que dire ?
Père, sauve-moi de cette heure ?
Mais c’est pour cela que je suis arrivé à cette heure.
Père, glorifie ton nom !
Une voix vint alors du ciel :
« Je l’ai glorifié et je le glorifierai à nouveau. »
La foule, qui se tenait là et qui avait entendu, disait
que c’était un coup de tonnerre ; et d’autres
disaient : « C’est un ange qui lui a parlé. » Jésus
reprit : Ce n’est pas pour moi que cette voix s’est
fait entendre, mais pour vous.
C’est maintenant le Jugement de ce monde ;
maintenant le prince de ce monde va être jeté bas ;

et moi, élevé de terre,
j'attirerai tous les hommes à moi.
Il signifiait par là de quelle mort il allait mourir. La foule lui répliqua : « La Loi nous a appris que le Christ demeurera toujours. Comment peux-tu dire : "Il faut que le Fils de l'homme soit élevé" ? Qui est ce Fils de l'homme ? » Jésus leur dit alors :
La lumière n'est plus avec vous que pour peu de temps.
Marchez tant que vous avez la lumière,
de peur que les ténèbres ne vous atteignent :
celui qui marche dans les ténèbres ne sait pas où il va.
Tant que vous avez la Lumière,
croyez en la Lumière
et vous deviendrez fils de Lumière. (Jn, 12, 23-36).

Que ceux qui ont des oreilles entendent : le Jugement de *ce* monde a eu lieu ; le prince de *ce* monde a été jeté bas ; par le sacrifice du Christ et la trahison de Judas, Satan a été intégré par Dieu, le pôle obscur a trouvé son équilibre par rapport au pôle lumineux, les ténèbres ont sculpté la lumière, au lieu de l'obscurcir.

Ce n'est pas à Jésus que l'ange de Dieu s'adresse, mais à nous tous. A travers le Fils de Dieu, c'est l'homme qui est glorifié. L'Homme divin que nous sommes déjà, mais que nous ne voulons pas reconnaître. Pourtant, Jésus a dit :

En vérité, en vérité je vous le dis,
celui qui croit en moi
fera, lui aussi, les œuvres que je fais.
Il en fera même de plus grandes. (Jn, 14, 12).

Il a dit aussi :

N'est-il pas écrit dans votre Loi : « J'ai dit : vous êtes des dieux ? » La loi appelle donc des dieux ceux à qui s'adressait la parole de Dieu — et on ne peut abolir l'Ecriture.(Jn, 10, 34-35).

Que ceux qui ont des oreilles entendent : il ne tient qu'à nous de devenir pareils à des dieux.

Tant que vous avez la Lumière,
croyez en la Lumière et vous deviendrez fils de Lumière.

Nous sommes tous des fils de Lumière.

Septième ange rebelle :

Le serpent de l'initiation et la pomme de l'arbre de vie

« Et le septième Ange sonna... Alors, au ciel, des voix clamèrent : "La royauté du monde est acquise à notre Seigneur ainsi qu'à son Christ ; il régnera dans les siècles des siècles." Et les vingt-quatre Vieillards qui sont assis devant Dieu, sur leurs sièges, se prosternèrent pour adorer Dieu en disant : "Nous te rendons grâce, Seigneur, Dieu Maître-de-tout, 'Il est et Il était', parce que tu as pris en main ton immense puissance pour établir ton règne. Les nations s'étaient mises en fureur ; mais voici ta fureur à toi, et le temps pour les morts d'être jugés ; le temps de récompenser tes serviteurs les prophètes, les saints, et ceux qui craignent ton nom, petits et grands, et de perdre ceux qui perdent la terre. "

Alors s'ouvrit le temple de Dieu, dans le ciel, et son arche d'alliance apparut, dans le temple ; puis ce furent des éclairs, des voix et des tonnerres, avec un tremblement de terre, et la grêle tombait dru... »

(*Apocalypse,* 11, 15-19).

1

La nuit noire de l'âme

La descente aux enfers

Le ciel et l'enfer, la lumière et les ténèbres, l'accompli et l'inaccompli, Dieu et diable, ange gardien et ange rebelle : à présent que nous sommes familiarisés avec ces images contrastées de notre propre dualité, et de celle du monde, il s'agit d'accomplir un pas supplémentaire en prenant conscience du fait que ces concepts ne sont pas uniquement cosmiques ou surnaturels, mais qu'ils sont aussi, et peut-être avant tout, psychiques et intérieurs.

« Le ciel et l'enfer ne sont pas des lieux extérieurs, ce sont des états intérieurs », affirme la philosophe Marie-Madeleine Davy. [1] Nous portons en nous notre propre ciel ou notre propre enfer, notre claire Lumière et notre Ombre, et nous passons de l'un à l'autre et de l'une à l'autre en fonction de notre phase d'évolution.

Nous croyons trop souvent que notre bonheur et notre malheur dépendent de nos conditions de vie, de notre environnement, des événements extérieurs qui régissent nos faits et gestes, de l'intensité et de la qualité de nos sentiments. Nous sommes trop souvent fatalistes et passifs devant l'état de bonheur et l'état de malheur, comme si cela ne dépendait pas de nous, comme si cela nous tombait dessus par hasard, par chance ou par malchance. Nous ne

1. Marie-Madeleine Davy, « Les Notions de ciel et d'enfer, condition *post mortem* ou *ante mortem ?* », conférence donnée dans le cadre de l'association Atlantis en 1986.

voulons pas admettre que les états de grâce ou les états d'angoisse n'ont rien à voir, ou de façon très secondaire, avec l'extérieur. Ils sont avant tout des états intérieurs, des inclinations de l'âme. C'est à nous, et à nous seuls, de décider si nous voulons vivre dans notre ciel ou dans notre enfer intérieur.

Est-ce à dire qu'il suffit de nier l'enfer, de nier le mal pour se retrouver immédiatement au paradis ? Pas du tout. C'est même tout le contraire. L'accès à notre ciel intérieur passe obligatoirement par une descente dans nos enfers intérieurs. Il faut, en pleine lucidité, et avec un certain courage, plonger au cœur de nos ténèbres intimes et y affronter notre dragon personnel, notre ange rebelle. « Tiens ton esprit en enfer et ne désespère pas », conseille le starets Silouane, un moine du mont Athos. [1] Mais cette rencontre est terrible, car si nous ne savons pas dominer notre propre démon, ce dernier nous dévore et nous entraîne avec lui vers les rivages de la maladie, de la folie et de la mort. Si, en revanche, nous parvenons, non pas à le tuer, mais à le maîtriser et à l'intégrer à soi — à transformer l'inaccompli en accompli — alors toute peur, toute amertume et toute culpabilité disparaissent.

Comme l'écrit Maryse Choisy : « Malheur à qui recule devant ce monstre. Il devient fou. Car toutes les larves du sous-conscient attaquent son intelligence. C'est une psychanalyse ratée. Elle finit dans l'obsession. Mais le héros courageux, chaste, pur, indomptable, acharné, qui triomphera dans ce duel à mort, sera récompensé par d'innombrables richesses et la lumière intérieure. » [2]

Les enfers sont faits pour être traversés. Ils ne sont qu'un passage, noir et effrayant, certes, mais momentané. Nul n'est condamné à y demeurer indéfiniment, à moins de s'y attarder volontairement, ou par peur de ne pas savoir trouver la sortie. Les âmes damnées sont celles qui ont oublié leur véritable patrie, la Lumière.

Dans l'un de ses ouvrages, consacré à *L'Homme intérieur et ses métamorphoses*, Marie-Madeleine Davy écrit à ce sujet : « Le voyage dans son labyrinthe infernal fait apparaître la vision de ses ombres et par là même engendre une souffrance qui à certains

1. *Starets Silouane, moine du mont Athos*, Paris, 1974.
2. Maryse Choisy, « L'archétype des trois S : Satan-Serpent-Scorpion », dans *Satan*, Desclée de Brouwer, 1948.

instants a pour fonction de broyer comme une meule. C'est un lieu de passage, néammoins certains êtres y stationnent longtemps. La souffrance accordée à une extrême sensibilité ne laisse guère de repos. Néammoins, il faut en émerger ; on ne reste pas durablement et avec profit dans des eaux boueuses, en sortir est la condition même de la métamorphose. »[1]

Dans son traité consacré à *La Kabbale pratique,* Robert Ambelain évoque le *Aïn Soph,* le cône d'Ombre opposé à la claire Lumière, séjour des ténèbres vides et sans bornes où transitent certaines âmes. Il explique : « En principe, le cône d'ombre n'est qu'un séjour d'épreuve passager, un purgatoire. Pour ceux-là seuls qui s'y éternisent volontairement, ou qui se sont liés, au-delà des limites de la chair, par quelque convention intellectuelle avec les êtres maléfiques qui y vivent également, ou avec l'égrégore même du cône, il devient alors l'abîme sans fond dont parle l'Ecriture, l'enfer. »[2]

Marie-Madeleine Davy ajoute : « Dans son intériorité obscure l'homme affronte un monde larvaire, grouillant, hurleur, chargé d'images, provoquant des phantasmes, des énergies conduisant parfois à la destruction, au masochisme, au désespoir. Les contenus de l'inconscient inondent, telle une marée noire, entraînant une pollution impossible à circonscrire. Quand l'homme est embarqué dans la descente vers ses enfers, il doit pousuivre sa démarche en attendant de déboucher sur la pleine lumière. »[3]

On comprend bien que le séjour en enfer n'est éternel qu'à la seule condition que l'âme qui y est jetée décide d'y stagner pour l'éternité. Car la loi d'évolution exige que, tôt ou tard, l'on sorte de ce tunnel. C'est au bout de ce dernier, en effet, que nous attend la claire Lumière de Dieu : « Vers le sommet du cône, plus éloigné de la terre, les ténèbres matérielles sont moins denses. Conséquemment, les ténèbres spirituelles aussi. C'est au sommet même, au point infinitésimal où se joignent ténèbres et rayons solaires, que se situent les "Portes" symboliques dont parle l'ésotérisme traditionnel, ces "Portes" qu'il faut franchir pour se libérer du monde terrestre. C'est pourquoi les basses régions du cône d'ombre sont

1. Marie-Madeleine Davy, *L'Homme intérieur et ses métamorphoses,* Epi, 1983.
2. Robert Ambelain, *La Kabbale pratique,* Editions Bussière, 1990.
3. Marie-Madeleine Davy, *L'Homme intérieur et ses métamorphoses,* op. cit.

plus denses en maléficité que le sommet du cône, où les âmes, imparfaitement purifiées, voient malgré tout se préciser, dans quelque vague crépuscule, la Lumière cachée, au-delà des "Portes" entrouvertes... »[1]

Ce cône d'Ombre, cet enfer que les kabbalistes situent dans l'orbite noire de la terre, exerce sur les êtres humains une influence psychique négative, émanant de l'égrégore noir de la déité inaccomplie que l'on appelle le diable : c'est, à la lettre, la face cachée de Dieu, non pas mauvaise en soi — car le mal est contraire à Dieu — mais sombre, basse, inachevée, inconsciente, abyssale. Cette influence se traduit par l'angoisse, la peur, le dégoût, le doute, le désespoir. Au cœur de la nuit, tout comme au sein de l'enfer, peut surgir un désespoir diabolique que rien ne saurait guérir, sinon le retour de la Lumière du matin. C'est l'heure sombre des insomnies, l'heure fragile où s'exhale le dernier souffle des agonisants, l'heure noire qui précède l'aube et où se commettent les suicides et les crimes de sang. Cette heure de « mi-nuit » — mais que l'horloge situe entre 3 et 6 heures du matin, selon la saison — culmine en un instant particulier qu'il faut avoir vécu pour savoir, concrètement, à quoi ressemble l'enfer et la plongée au fond de l'abîme : c'est le moment où la nuit est la plus noire et la plus silencieuse ; aucun murmure, aucun bruit, rien. C'est l'instant le plus froid, aussi, celui où l'on se sent glacé et où l'on remonte les couvertures. C'est une période où généralement l'on dort, mais si l'on est éveillé, on est saisi d'une profonde angoisse intérieure contre laquelle on ne peut rien. On doute même de la venue du jour. Et si le Soleil ne se levait pas ? Cet instant culminant des ténèbres dure une minute, pas plus, mais cette minute représente une éternité de néant. C'est alors que retentit le premier chant d'oiseau, et qu'une pâle clarté bleuit le noir de la nuit. Un subtil réchauffement emplit l'atmosphère et l'on peut sentir la respiration de la vie reprendre son rythme. C'est la sortie du tunnel de l'enfer, et l'entrée dans la claire Lumière du matin.

Chaque nuit, nous replongeons dans nos ténèbres intérieures, et chaque matin nous renaissons à la vie éternelle.

1. Marie-Madeleine Davy, *L'Homme intérieur et ses métamorphoses,* op. cit.

*
* *

Cette allégorie des enfers intérieurs, qu'il s'agit d'explorer puis de dépasser, existe également dans les grands mythes de l'Antiquité, avec notamment le récit d'Orphée descendant aux enfers pour y rechercher son épouse Eurydice. En termes archétypaux, Eurydice représente la psyché d'Orphée, sa part féminine, son *anima,* l'autre aspect inconnu de son androgyne originel. Orphée aux enfers est en fait en quête de son inconscient, de son âme enfouie dans les profondeurs de son être.

Le onzième travail d'Hercule-Héraklès le conduit également aux enfers, où il doit se mesurer au chien Cerbère, pourvu de trois têtes comme le Lucifer de Dante.

Héraklès sait fort bien que la seule force physique ne saurait venir à bout des périls qui le guettent au séjour des morts. Aussi prend-il la précaution de se faire initier aux mystères d'Eleusis avant de pénétrer le monde souterrain par la Porte d'enfer qui s'ouvre au cap Ténare, guidé par Hermès, le dieu de la ruse et de l'intelligence. C'est parce qu'il est à la fois initié et guidé qu'Héraklès parvient à maîtriser Cerbère, son démon intérieur, son ange rebelle, et à le ramener des enfers de l'inconscient et de l'inaccompli au grand jour de la conscience et de l'accompli.

Ces récits mythologiques nous rappellent bien entendu les explorations de l'inconscient auxquelles nous invitent la psychothérapie et la psychanalyse. Pourtant, Freud n'a rien inventé. Toutes les religions et toutes les traditions se sont, depuis toujours, référées à cette dimension chthonienne de l'âme humaine. La magie et le chamanisme, à travers leurs évocations de démons, ne sont rien d'autre que des formes de thérapies archaïques mais efficaces.

Les thérapies modernes de l'âme, issues depuis deux ou trois décennies de l'éclosion du mouvement « transpersonnel », ont d'ailleurs compris l'importance des rituels ou des décharges physiques et émotionnelles dans le processus de guérison. Des techniques telles que la bioénergie, la programmation neurolinguistique ou l'analyse transactionnelle peuvent être considérées, d'un certain point de vue, comme des thérapies « magiques », dont certains aspects évoquent les rituels chamaniques, voire les séances de désenvoûtement ou d'exorcismes. Sorcier moderne, le thérapeute transpersonnel aide l'être humain à explorer ses enfers intérieurs, à se confronter à son Ombre, son ange rebelle, et à retrouver la guérison du corps et du cœur et la paix de l'âme.

Le porteur d'Ombre

C'est le psychologue Carl Gustav Jung, ancien disciple de Freud, qui le premier mit un nom sur le « diable » que nous portons tous au fond de notre inconscient : l'Ombre.

L'Ombre, selon Jung, représente tout à la fois notre inconscient et le versant sombre de notre ego, notre « petit moi ». L'Ombre est une sorte de voile noir qui nous empêche de nous relier à notre part lumineuse et divine, que Jung appelle le Soi. Dans la pratique, on peut dire que l'Ombre représente tous les aspects non vécus de la personnalité, car ils sont demeurés enfouis au cœur de la psyché. L'Ombre, c'est notre moi obscur, que nous ne voulons pas voir, que nous ignorons, que nous refoulons, et qui se venge en nous poussant à des actes irraisonnés, étranges, « diaboliques ». Le but de la psychothérapie jungienne consiste justement à explorer cette Ombre et la tirer progressivement au grand jour. En effet, l'Ombre n'est pas le mal ; elle n'est que notre face cachée qui, non contrôlée, peut nous jouer de mauvais tours. En réintégrant certains aspects de notre Ombre dans notre conscient, et en nous permettant de les vivre, nous les maîtrisons et les assimilons, nous enrichissant de leur force tout en nous purifiant.

Jung a montré comment cette Ombre pouvait se manifester dans nos rêves, sous l'apparence d'un personnage du même sexe que nous, mais le plus souvent vêtu de noir ou à la peau sombre. Ce double noir, personnification de notre Ombre, accomplit tout ce que nous-mêmes nous nous refusons à faire. Mais, comme il échappe à la censure de notre champ de conscience, ce double noir agit sans retenue. Il peut tuer, violer, écraser les autres, se transformer en démon ou en diable. Nous nous réveillons alors en sueur et prétendons avoir été victime d'un cauchemar. Nous n'avons pourtant rien fait d'autre que de contempler l'autre face de nous-mêmes.

Une caractéristique typique du « porteur d'Ombre » consiste également, toujours selon Jung, à se décharger de son Ombre sur le compte d'un « ennemi », qu'il investit de tous les défauts que lui-même a en lui, mais sans le savoir. Cette personne devient progressivement sa « bête noire », l'équivalent de l'homme noir des cauchemars. Sans le recours à une psychothérapie, il est dans ce cas très difficile au « porteur d'Ombre » de comprendre que tout ce qu'il reproche à son ennemi n'est qu'une projection de sa propre Ombre.

Plus un être cherche à se débarrasser de son Ombre, au lieu de l'explorer et de la métamorphoser en Lumière consciente, et plus il est sous l'emprise de son inconscient négatif, auquel on peut attribuer le nom de « diable ».

Cette vérité nous est rappelée par le célèbre récit d'Adalbert von Chamisso, *Histoire merveilleuse de Peter Schlemihl, ou l'homme qui a vendu son ombre,* publié en 1814, dans lequel le héros cède, non pas son âme, mais son Ombre au diable, en échange d'une bourse magique toujours remplie d'argent. Qu'est-ce que l'Ombre, en effet, à côté de la fortune ? Peter Schlemihl pense avoir fait une bonne affaire en lâchant « l'ombre pour la proie », mais il se rend bientôt compte que les autres hommes, qui ont conservé leur Ombre, l'évitent et le méprisent depuis que lui-même n'en a plus. Il doit même renoncer à celle qu'il aime, Mina. Privé de son Ombre, Peter Schlemihl n'est plus vraiment humain ; il effraie ; il est indigne d'être aimé. Car son Ombre n'a pas été abolie ; elle est à présent la proie du diable, dont Schlemihl est, sans le vouloir, devenu l'esclave.

Nous sommes tous des porteurs d'Ombre et des porteurs de Lumière, et nous devons reconnaître l'une et l'autre pour devenir des êtres humains accomplis.

*

*   *

Le problème se complique lorsque Jung nous explique qu'il existe une Ombre individuelle et une Ombre collective. Celle-ci peut se définir comme un égrégore formé par l'ensemble des Ombres individuelles d'un groupe de gens, d'un clan ou d'une nation. Ainsi, il y a une Ombre de l'Européen, une Ombre de l'Oriental, une Ombre du Français, une Ombre du bourgeois, une Ombre du religieux, etc. D'un clan à l'autre, d'une nation à l'autre, l'Ombre n'est pas la même, ce qui implique que chacun peut voir l'Ombre de l'autre, à défaut de la sienne. C'est pourquoi les voyages et la connaissance des cultures étrangères ont toujours une vertu thérapeutique...

Une disciple de Jung, Marie-Louise von Franz, explique à ce sujet : « Si l'on vivait tout à fait seul, il serait pratiquement impossible de voir sa propre Ombre, car il n'y aurait personne pour nous dire à quoi nous ressemblons, vus de l'extérieur ; un vis-à-vis est nécessaire. De même, si nous prenons en considération les réactions d'un observateur étranger, il nous devient possible d'avoir un aperçu des Ombres de notre civilisation. Ainsi, la plupart des Orientaux pensent que notre attitude collective ignore absolument certains faits métaphysiques, et que nous sommes, par conséquent, naïvement captifs d'illusions. C'est ainsi que nous leur apparaissons, mais nous-mêmes ne nous en rendons pas compte. Nous avons une Ombre que nous n'avons pas encore découverte, dont nous commençons seulement à prendre conscience. L'Ombre collective est particulièrement pernicieuse du fait que l'on s'encourage l'un l'autre dans le même aveuglement. Cette Ombre se révèle pourtant, et avec quelle violence, dans les guerres, l'avidité, la haine à l'égard d'autres nations, la course à la consommation, la destruction irrémédiable des richesses naturelles, etc... » [1]

L'Ombre collective d'un groupe ou d'une nation forme donc un égrégore noir et inconscient qui, en certaines circonstances, devient maléfique, voire diabolique. Les cultures traditionnelles savaient parfaitement cela, c'est pourquoi elles ont toujours toléré la présence de « bouffons » ou de rituels sauvages destinés à compenser le poids de l'Ombre collective, en lui permettant de relâcher un peu de sa pression au moyen de ces soupapes de sécurité. De nos jours, ce rôle est tenu par les comiques, les amuseurs publics ou les provocateurs. Coluche, Pierre Desproges et Serge Gainsbourg furent, à ce titre, d'excellents révélateurs — en s'en moquant — de notre Ombre collective de Français franchouillards, ronchonneurs, chauvins et racistes. Dans le même temps, certains partis

1. Marie-Louise von Franz, *L'Ombre et le mal dans les contes de fées,* Editions Jacqueline Renard-La Fontaine de Pierre, 1990.

politiques prennent au contraire cette Ombre très au sérieux — « La France aux Français, et les vaches seront bien gardées » — avant tout pour des raisons démagogiques. C'est pourquoi la meilleure arme contre l'Ombre reste et restera toujours l'humour.

Au Moyen Age, l'instauration de la « Fête des Fous », où, durant une journée par an, les gens du peuple pouvaient railler ouvertement l'Eglise, le notable et le seigneur, avait justement pour fonction de révéler au grand jour, sous une forme caricaturale, grotesque et symbolique, l'Ombre de l'Eglise et du seigneur. Le sabbat et la messe noire revêtaient la même fonction thérapeutique. La messe noire, nous l'avons vu, n'est jamais qu'une messe catholique à l'envers. Elle est l'Ombre de la messe chrétienne, et en dévoile donc les manques et les hypocrisies : la négation de la sexualité et de la sensualité, la prétention à être la seule religion à détenir la vérité, la bigoterie. Considéré ainsi, le sabbat et la messe noire n'ont plus rien de diabolique ; il s'agit tout au contraire de contre-rituels de libération sans lesquels la religion et le pouvoir sombreraient dans la dictature et le totalitarisme.

L'Histoire contemporaine a retenu un dramatique exemple d'Ombre collective diabolique : il s'agit du nazisme. Marie-Louise von Franz explique : « Si quelqu'un ne se laisse séduire par l'ambition qu'en groupe, on peut conclure à l'action sur lui d'une Ombre collective. Il arrive que l'on se sente en paix avec soi-même et qu'arrivé dans une société où le diable est lâché, on en soit considérablement troublé. C'est ce qui se produisait pour un certain nombre d'Allemands, avant la guerre, ainsi que je le constatai chez mes patients germaniques. Ayant assisté à des "meetings" nazis, revenus chez eux, ils réfléchissaient et se retrouvaient antinazis ; mais pendant la manifestation même ils étaient, comme me le dit l'un d'eux, "possédés par le diable". Ce qui les possédait était une Ombre plus collective que personnelle. » [1]

Bien évidemment, on ne peut être « possédé » par une Ombre collective que si certains de ses aspects sont reconnus par notre Ombre individuelle. C'est pourquoi, il ne peut pas y avoir de nazis innocents. Mais en revanche, cette idée de l'Ombre collective nous permet de concevoir qu'il a pu exister des nazis *inconscients.* Les comptes rendus des procès de Nuremberg ont indiqué qu'en effet

1. Marie-Louise von Franz, op. cit.

de nombreux membres du parti nazi ont pu accomplir des atrocités, ou s'en trouver complices, sans en avoir clairement conscience. Il est toujours beaucoup plus facile de juger autrui que de se juger soi-même. L'Ombre, c'est toujours l'autre...

Les thérapies noires

La notion d'Ombre, ou de diable intérieur, qu'il s'agit de reconnaître, de nommer, d'exorciser et d'assimiler — suivant en cela les étapes de l'exorcisme classique de l'Eglise — fait aujourd'hui partie intégrante du processus thérapeutique, quel que soit le type de thérapie choisie.

L'archétype du diable — ou ce qui lui ressemble — permet de donner une forme à ce qui, dans l'inconscient du patient, refuse de se manifester. La psychanalyste Françoise Dolto relève ainsi que les enfants « pensent à parler du diable quand ils éprouvent un état intérieur indescriptiblement pénible ou lorsqu'ils veulent faire éprouver un état tel à leur interlocuteur. » [1] Elle ajoute : « L'enfant projette l'idée du diable dans les monstres animaux tant que ses instincts dangereux sont ressentis par lui comme des instincts possessifs de puissance matérielle et de domination, et tant que ces instincts restent assimilés à des avidités sensuelles, sensorielles et motrices (stade oral et anal des psychanalystes). Quand l'enfant donne à ce visage les traits d'un homme cornu, il s'agit alors des instincts des stades prégénital et génital. »

Le monstre, le démon, le diable stigmatisent donc bien les étapes d'évolution de l'enfant, en matérialisant sous la forme d'une image effrayante ses instincts non encore intégrés. Cette présence du diable dans le monde de l'enfance est relayée notamment par les contes de fées, dans lesquels le héros est fréquemment en butte à des sorcières ou des monstres qui le soumettent à des épreuves difficiles. Mais lorsque le héros est victorieux, alors monstres et sorcières se mettent aussitôt à son service, en l'aidant à trouver la

1. Françoise Dolto, « Le Diable chez l'enfant », dans *Satan,* Desclée de Brouwer, 1948.

piste d'un trésor, à conquérir un royaume ou à épouser une princesse. Les contes de fées indiquent à l'enfant la voie qui le conduira à la domination et la maîtrise pacifique de ses instincts.

*

* *

Ce qui est vrai pour les enfants l'est tout autant pour les « grandes personnes ». Un enfant qui demeure dans sa « peur du diable », à savoir la peur de ses propres instincts, ne peut ni dominer, ni intégrer ces aspects essentiels de lui-même, et développe des phases d'autisme ou de boulimie, sans parler de névroses ou psychoses plus graves. De même, un adulte qui se refuse, consciemment ou inconsciemment, à vivre et laisser s'épanouir en lui ses dons et inclinations naturelles, a toutes les chances d'être un jour ou l'autre dévoré par sa part d'Ombre. Marie-Louise von Franz explique que Jung disait « que l'une des forces négatives les plus nocives, sur le plan psychologique, était une puissance créatrice inutilisée. Si quelqu'un a un don créateur et, par paresse ou sous tout autre prétexte, n'en fait rien, cette énergie psychique positive se transforme en pur poison. C'est pourquoi nous envisageons souvent les névroses et les symptômes psychotiques comme étant la perversion de possibilités plus hautes non vécues. » [1]

Jung avait noté également que, lorsque au sein d'un groupe ou d'une famille, un individu parvenait à évoluer et à « sortir de son Ombre » — par une psychothérapie réussie, le plus souvent — il se trouvait toujours des personnes dans son entourage qui ne supportaient pas cette guérison et qui, par une sorte de jalousie ou de désir de revanche, tentaient tout pour faire régresser ou rechuter cet individu. Jung expliquait cela en avançant que l'être qui se refuse à effectuer un travail sur lui-même, alors qu'il le pourrait, entend bien empêcher autrui d'y parvenir mieux que lui en accomplissant son processus d'individuation — consistant à aller de l'inconscience à la conscience de soi, et sortir de son Ombre pour se diriger vers sa Lumière. La personne qui a eu l'occasion de terrasser son dragon ou son ange rebelle et qui ne l'a pas fait devient alors « possédée » par son Ombre, et se transforme en

1. Marie-Louise von Franz, op. cit.

quelqu'un de mauvais et de négatif, imperméable en outre à tout traitement.

Marie-Louise von Franz raconte une anecdote fort surprenante à ce sujet. Elle avait des difficultés avec l'une de ses patientes qui se montrait agressive et méchante. Elle demanda à Jung de recevoir cette femme, afin qu'il lui transmette un peu de son amour et de son énergie. Mais au sortir de la séance, la patiente fut encore plus odieuse qu'auparavant. Jung conseilla alors à Marie-Louise von Franz d'arrêter purement et simplement la poursuite du traitement : « Jung me dit de prendre la chose très au sérieux, car, lorsque l'on donnait de l'énergie psychique à quelqu'un, il fallait toujours observer ce que cette personne en faisait. S'il se produisait un progrès, même léger ou momentané, et même s'il y avait ensuite une rechute, on pouvait continuer à lui donner de l'amour, de l'attention et de l'énergie. Mais si cela produisait l'effet contraire, il fallait comprendre que l'on nourrissait le démon de cette personne et que celle-ci ne recevait rien de ce qu'on lui donnait. Il ne s'agissait pas de condamner l'individu en cause, mais de comprendre qu'une attitude de don ne lui servirait à rien. Dans ce cas, c'était comme si l'*animus* démoniaque de cette personne était installé devant sa bouche et avalait tout ce qu'on lui offrait de bon : en effet, si son démon grossissait, elle, elle maigrissait bel et bien. » [1]

Jung conseilla donc à la thérapeute de renvoyer sa patiente en lui expliquant qu'un démon la possédait ! En effet, laissée à elle-même, la patiente commença à aller de mieux en mieux, et après huit années de non-traitement elle fut guérie et écrivit à son ancienne thérapeute pour la remercier !

Cette attitude de non-intervention se trouve en désaccord manifeste avec notre morale judéo-chrétienne, qui veut que l'on apporte toujours de l'aide à son prochain, et avec le serment d'Hippocrate, qui oblige chaque médecin à porter assistance à quiconque a besoin de lui. Mais Jung estimait qu'il fallait bien différencier les multiples aspects de la psyché, et qu'il ne servait à rien d'aider certaines personnes négatives, car on ne parvenait qu'à les rendre plus méchantes encore. Il valait mieux « faire jeûner le démon » en ne lui donnant que ce que lui-même offrait : une main de squelette,

1. Marie-Louise von Franz, op. cit.

sans chaleur, sans vie et sans amour. Au bout d'un certain temps de ce régime, le démon se retire, et l'être humain est libéré.

Nous connaissons tous de ces « possédés » pour lesquels la meilleure aide possible consiste à ne pas s'occuper d'eux et à les fréquenter le moins possible. Il s'agit généralement d'êtres négatifs qui se plaignent tout le temps, qui n'envisagent que le côté sombre des choses, qui critiquent tout et tout le monde. Ce sont des trouble-fête dont la présence seule suffit à jeter un froid et créer un malaise dans la plus joyeuse des sociétés. Ce sont des envieux et des jaloux qui ont toujours une remarque acerbe à la bouche ou un mot blessant à formuler. Les écoute-t-on ? Leur accorde-t-on énergie et amour ? Ils en profitent pour déverser leur poison dans nos cœurs et tenter de nous rendre aussi haineux et malheureux qu'eux. Et ils y parviennent souvent ! Car les êtres dominés par leur Ombre sont, d'un point de vue psychique, des vampires. A défaut de sucer le sang de leurs victimes, ils en pompent l'énergie et en usent la patience.

L'exorcisme comme thérapie de choc

J'ai évoqué plus haut les techniques thérapeutiques modernes, d'inspiration transpersonnelle, qui n'hésitent pas à utiliser les états modifiés de conscience, tels que la relaxation, la visualisation, la décharge physique ou la transe, pour faciliter et accélérer la guérison des patients. Ces méthodes très puissantes, pratiquées en groupe, sous la surveillance d'un thérapeute, reposent souvent sur les mêmes bases que les rituels sorciers et chamaniques ; elles en ont la même force et la même efficacité. Contrairement à la psychanalyse freudienne, qui n'a jamais été une thérapie mais une méthode d'investigation et de meilleure connaissance de soi, ces thérapies ont pour objectif la guérison rapide du sujet. Souvent, il suffit de quelques séances à peine pour libérer certains patients de leurs obsessions, qu'il s'agisse d'une peur de la mort, d'une phobie du noir ou des insectes, de vertige ou d'éjaculation précoce. Ces guérisons rapides, parfois instantanées, sont encore aujourd'hui considérées comme « magiques », et ne sont pas toujours reconnues par la psychiatrie officielle, qui redoute de voir son monopole voler en éclats. Pourtant, des milliers de personnes peuvent témoigner de leur guérison grâce à la gestalt-thérapie, l'analyse transactionnelle, la bioénergie, la programmation neurolinguistique, le channeling, le healing et tant d'autres formes de thérapies humanistes, transpersonnelles et holistiques, et ceci sans l'absorption du moindre médicament ni du moindre tranquillisant ! On conçoit aisément qu'il y ait de quoi faire frémir les grands laboratoires pharmaceutiques...

*

* *

Voici près de trente ans, sur la côte Ouest des Etats-Unis, l'Américain Bob Hoffman a mis au point, en collaboration avec le docteur Siegfried Fischer, disciple de Sigmund Freud, un processus thérapeutique accéléré utilisant ces différentes techniques, et aboutissant, en à peine une semaine de thérapie intensive de groupe, à une métamorphose psychologique et spirituelle de l'individu et une reconstruction positive de sa personnalité. Cette thérapie révolutionnaire, qui a recueilli un grand succès aux Etats-Unis, se pratique aujourd'hui un peu partout dans le monde, et notamment en Europe, où des instituts Hoffman se sont créés en Allemagne, en Autriche, en Suisse, en Italie, en Espagne et en France. [1]

Or, depuis deux ou trois ans, Bob Hoffman a décidé d'ajouter une nouvelle phase inédite à son processus, qu'il a intitulé « The Dark Side », ou l'« Ombre ».

Je peux témoigner de ce dont il s'agit, puisque j'ai personnellement suivi le processus Hoffman voici quelques mois. Je dois avouer que la phase de confrontation à l'Ombre a été pour moi l'un des moments clés de cette aventure psychique très intense, et que j'en ai retiré des bienfaits immenses, ainsi que la prise de conscience d'une force intérieure que j'ignorais auparavant. Cette séance très spéciale, qui mêlait visualisation, transe et bioénergie, s'est pour ma part transformée en une authentique séance d'exorcisme, au cours de laquelle j'ai *vu* avec une netteté effrayante mon

1. Institut Hoffman France, 82-84, rue du Dessous-des-Berges, 75013 Paris, tél. (1) 45 85 43 61.

propre ange rebelle, c'est-à-dire l'archétype de mon Ombre personnelle. Une lutte s'est alors engagée entre moi et lui — ou plus exactement entre mon moi accompli et mon moi obscur — une lutte psychique autant que physique, au cours de laquelle j'ai *senti* mon Ombre monter des profondeurs de mon être, prendre possession de mon corps, se plaquer sur mon visage et me forcer à des grimaces, des cris, des grognements et des éructations qui eussent été bien propres à effrayer mes voisins, si eux-mêmes n'avaient été plongés dans le même état. Longtemps je me suis mesuré à ce démon intérieur qui n'avait pas figure humaine. Enfin, au bord de l'épuisement, je suis parvenu à le dompter et à le ligoter bien soigneusement avant de l'envoyer valser au fin fond de la galaxie. C'est alors qu'un grand calme et une tranquille assurance ont envahi mon être. Je m'étais mesuré à mon dragon et j'avais été le plus fort.

*

* *

La thérapie par le « Dark Side » de Bob Hoffman rappelle les rituels d'initiation qui existent encore dans quelques tribus traditionnelles, ainsi que dans certains ordres ésotériques ou francmaçonniques. Pour se montrer digne de l'initiation, il faut oser regarder le diable en face et ne pas en avoir peur. Il faut pouvoir goûter au venin du serpent sans être aussitôt foudroyé. Comme le dit Svâmi Yatisvarânanda, il faut savoir, comme Shiva, « boire le poison que le serpent crachera forcément à un moment donné, et sans être affectés, suivre calmement la voie spirituelle pour obtenir enfin le nectar qui seul peut nous rendre immortels et bienheureux ». [1]

*

* *

Ce serpent n'est-il pas le même que le serpent de la Genèse, celui en qui on a voulu voir l'œuvre de Satan, le diable, le Tenta-

1. Svâmi Yatisvarânanda, *La Symbolique hindoue.*

teur, et la cause directe du péché originel et de la chute de l'homme ?

Mais que faisait le diable, au jardin d'Eden, déguisé en serpent, et qui l'y avait mis ?

A présent que cette enquête touche à sa fin, je me dois de conclure avec ce fameux et très mystérieux récit de la Genèse, par lequel généralement on commence. Mais puisque le serpent se mord la queue, il m'est parfaitement égal de commencer par la fin (l'Apocalypse) et de terminer par le début (la Genèse). L'essentiel est que la boucle soit bouclée...

2

Le serpent de la Genèse

Au commencement était la pomme. Et le serpent. Dès les premières pages de la Genèse, l'alliance scellée entre le Créateur et ses créatures — le couple humain originel — est brisée par la faute d'un fruit et d'un reptile. Il suffit que la femme — qui aura pour nom Eve, la « Vivante » — croque la pomme interdite sur les conseils du Malin, et en fasse croquer à Adam, pour que soit consommé le fameux péché originel vouant l'humanité au malheur, au labeur et à la mort. « Tu gagneras ton pain à la sueur de ton front. » ; « Tu es poussière, et tu retourneras à la poussière. » (*Gen.* 3, 19). Tel fut le châtiment divin subi par nos aïeux rebelles pour prix de leur désobéissance aux interdits divins.

Coupables, Adam et Eve ? N'ont-ils pas comme excuse d'avoir été induits en tentation par le serpent ? N'ont-ils pas été trompés par son discours flatteur et mensonger ? Le serpent, « le plus rusé de tous les animaux des champs » (*Gen.* 3, 1), autrement dit Satan, le Tentateur, le diable, n'est-il pas le vrai coupable, le seul coupable ? Et voici comment, aux yeux de la chrétienté, naquit l'idée d'un diable mauvais, n'ayant d'autre souci que d'entraîner l'homme et la femme dans sa chute. Le diable est notre ennemi, et le serpent qui le matérialise ne doit nous inspirer que du dégoût. Est-ce là qu'il faut chercher la source de la crainte instinctive qu'inspirent les serpents dans nos cultures occidentales, plus particulièrement chez les femmes ? Souvenons-nous des paroles de Yahvé Dieu au serpent : « Je mettrai une hostilité entre toi et la femme, entre ton lignage et le sien. Il t'écrasera la tête et tu l'atteindras au talon. » (*Gen.* 3, 15). Comment, dans ces conditions, ne pas nourrir de tenaces phobies à l'égard de ces bêtes rampantes et sifflantes ? Comment ne pas considérer le serpent comme un animal maudit ?

La montée de la Kundalinî, ou l'éveil du serpent intérieur

Dans d'autres cultures, pourtant, et notamment les cultures orientales, le serpent, loin d'être un objet de haine et de répulsion, est considéré comme un animal sacré et un symbole de sagesse et d'évolution. Tour à tour bénéfique et maléfique, il est le signe de l'union et du dépassement des contraires. Symbole paradoxal, ou plus exactement dialectique, il incarne la dualité du monde — là se trouve la véritable raison pour laquelle il fut assimilé au diable dans la culture judéo-chrétienne.

*
*   *

Dans certaines sociétés africaines, l'arc-en-ciel est appelé « serpent céleste ». Il est souvent bénéfique, et protège notamment les femmes enceintes. Mais parfois, il annonce la maladie et la mort.

Chez les Anciens, l'*ouroboros* était représenté sous la forme d'un serpent se mordant la queue, signe de régénération et d'immortalité, mais aussi symbole de l'incapacité de l'Homme à échapper à la Roue de l'Existence.

De même, le caducée d'Hermès est constitué de deux serpents entrelacés autour d'une baguette. Aujourd'hui encore, ce symbole sert d'emblème aux professions médicales et paramédicales. Le serpent, dont le venin peut foudroyer, serait-il également un agent de guérison ?

Selon la légende, Hermès trouva deux serpents en train de se battre — signe du chaos primordial. Il les sépara et les enroula autour de la baguette symbolisant l'axe du monde. Ces deux serpents représentent le double aspect, bénéfique et maléfique, de l'énergie créatrice. Entrelacés autour d'un axe, ils peuvent enfin équilibrer leurs forces contraires. Le chaos originel se transforme alors en harmonie, paix et évolution grâce à l'intégration des contraires.

Au IIe siècle après Jésus-Christ, l'apologiste chrétien Athénagore donna une version différente de l'origine du caducée, celle de la tradition orphique, qui ne fait que renforcer le double aspect initiatique et effrayant du symbole. Les deux serpents enroulés l'un contre l'autre abriteraient en fait Zeus en train de s'accoupler de force à sa mère Rhéa. De cette union serait née une fille, Perséphone, décrite comme ayant « deux yeux à la place naturelle, deux autres sur le front et un visage sur la partie postérieure du cou, de plus des cornes, ce pourquoi Rhéa, effrayée de la monstruosité de sa fille, s'enfuit en lui refusant le sein, d'où l'appellation mystique "Privée du sein" commune à Perséphone et à Coré... » Toujours dans cette tradition orphique, après avoir violé sa mère, Zeus-serpent viole sa fille, reine du monde infernal, donnant ainsi naissance à Dionysos. Les confréries bachiques et dionysiaques du monde égéen voyaient dans ces filiations monstrueuses des raisons suffisantes pour vivre en bonne intelligence avec les reptiles. Certains « Bacchants » jonglaient en public avec des couleuvres ; d'autres passaient par le rite d'initiation du « dieu dans le giron », consistant à entrer en contact avec un serpent, afin de renouveler l'union mystique entre Zeus et Perséphone. [1]

*

* *

Pour les bouddhistes tantriques et les yogis, l'énergie divine repose à la base de l'épine dorsale humaine, au niveau du chakra inférieur, à la façon d'un serpent endormi, lové sur lui-même. Cette énergie est appelée *Kundalinî,* c'est-à-dire « l'enroulée ». L'évolution spirituelle de l'individu, notamment par la pratique du yoga et de la méditation, permet « l'éveil de la Kundalinî » qui se dresse et s'enroule le long de la colonne vertébrale pour ouvrir et éclairer les autres chakras. Parvenue au chakra de la fontanelle, la Kundalinî fusionne avec l'énergie céleste en ouvrant la fleur de lotus lumineuse aux mille pétales, représentant l'étape ultime de l'illu-

1. Rapporté par Henri Jeanmaire, *Dionysos, histoire du culte de Bacchus,* Payot, 1970.

mination. Mais un éveil trop précoce ou rapide de la Kundalinî, chez un individu insuffisamment évolué au plan spirituel, se paie par de graves déséquilibres physiques et psychiques, qui peuvent aller jusqu'à la folie et la mort. Le venin foudroie avant de guérir.

*
* *

On pourrait multiplier les exemples. Qu'il nous suffise de relever les points communs entre ces différentes traditions : le serpent abrite une force et un savoir supérieurs, auxquels l'homme ne peut avoir accès que s'il s'est montré capable de concilier, intégrer et dépasser ses pulsions contraires, positives et négatives. L'homme dominé par ses peurs, ses doutes et ses passions ne saurait survivre à la morsure du serpent. Seul l'être évolué — l'initié, le saint, le héros, le sage — peut goûter au venin — au sang du dragon — sans périr aussitôt. L'homme de chair — « l'homme à la tunique de peau », le « vieil homme » — est foudroyé sur place par l'énergie supérieure du serpent ; il est aveuglé, brûlé, anéanti. L'homme d'esprit — éveillé, « pneumatique », en relation avec le divin en lui — est illuminé par cette énergie qui le fait accéder à un stade de connaissance et d'évolution supérieurs.

Péché et pommier originels

Revenons à présent au récit biblique de la Genèse, pour tenter de le décrypter à la lumière de ces nouvelles données :

« Le serpent était le plus rusé de tous les animaux des champs que Yahvé Dieu avait faits. Il dit à la femme : "Alors, Dieu a dit : 'Vous ne mangerez pas de tous les arbres du jardin' ?" La femme répondit au serpent : "Nous pouvons manger du fruit des arbres du jardin. Mais du fruit de l'arbre qui est au milieu du jardin, Dieu a dit : 'Vous n'en mangerez pas, vous n'y toucherez pas, sous peine de mort.'" Le serpent répliqua à la femme : "Pas du tout ! Vous ne mourrez pas ! Mais Dieu sait que, le jour où vous en mangerez, vos yeux s'ouvriront et vous serez comme des dieux, qui connaissent le bien et le mal." La femme vit que l'arbre était bon à manger et séduisant à voir, et qu'il était, cet arbre, désirable pour acquérir l'entendement. Elle prit de son fruit et mangea. Elle en donna aussi à son mari, qui était avec elle, et il mangea. » (*Gen.* 3, 1-6).

Furieux d'avoir été désobéi par ses créatures, Dieu intervient alors pour punir le couple coupable :

« Yahvé Dieu fit à l'homme et à sa femme des tuniques de peau et les en vêtit. Puis Yahvé Dieu dit : "Voilà que l'homme est devenu comme l'un de nous, pour connaître le bien et le mal ! Qu'il n'étende pas maintenant la main, ne cueille aussi l'arbre de vie, n'en mange et ne vive pour toujours !" Et Yahvé Dieu le renvoya du jardin d'Eden pour cultiver le sol d'où il avait été tiré. Il bannit l'homme et il posta devant le jardin d'Eden les chérubins et la flamme du glaive fulgurant pour garder le chemin de l'arbre de vie. » (*Gen.* 3, 21-24).

Quel commentaire peut-on faire de ce récit universellement connu ? Relevons tout d'abord que le serpent, après tout, n'a dit que la vérité : à savoir que goûter au fruit de l'arbre de la connaissance du bien et du mal rendrait l'homme et la femme « comme des dieux », à savoir des êtres accomplis, parfaits, des « anges ». Ceci est confirmé plus tard par Yahvé lui-même : « Voilà que l'homme est devenu *comme l'un de nous,* pour connaître le bien et le mal ! » *Comme l'un de nous :* nous, les dieux. Cet aveu, rarement évoqué dans les exégèses, signifie pourtant deux choses essentielles :

1) L'homme et la femme, en goûtant au fruit de l'arbre de la connaissance du bien et du mal, sont effectivement devenus comme des dieux.

2) Le Dieu de la Genèse, « Yahvé Dieu », n'est pas le Dieu unique et tout-puissant que s'est forgé plus tard la religion chrétienne. « Comme l'un de nous » signifie bien qu'il se reconnaît comme « l'un des dieux », et non comme le seul Dieu. Sa violente réaction envers Adam et Eve, qu'il chasse du jardin d'Eden, s'interprète alors comme une réaction de défense en face de la rivalité potentielle qu'incarne désormais l'être humain.

Certaines traductions de la *Genèse* [1] désignent d'ailleurs Yahvé Dieu sous le nom hébreu d'Elohim. Or, Elohim est le pluriel

1. *L'Ancien Testament,* Edition d'Edouard Dhorme, La Pléiade, Gallimard.

d'Eloha ; Elohim devrait donc se traduire par « les dieux » plutôt que par « Dieu », ce qui indique clairement que le récit biblique a puisé son inspiration dans des sources polythéistes.

*

* *

Autre sujet épineux : celui de la mort. Rappelons le commandement de Dieu à l'homme : « Tu peux manger de tous les arbres du jardin. Mais de l'arbre de la connaissance du bien et du mal tu ne mangeras pas, car, le jour où tu en mangeras, tu mourras certainement. » (*Gen.,* 2, 16-17). Le serpent dément avec fougue : « Pas du tout ! Vous ne mourrez pas ! Mais Dieu sait que, le jour où vous en mangerez, vos yeux s'ouvriront et vous serez comme des dieux, qui connaissent le bien et le mal. » (*Gen.,* 3, 4-5). Dieu alors prend peur : « Voilà que l'homme est devenu comme l'un de nous, pour connaître le bien et le mal ! Qu'il n'étende pas maintenant la main, ne cueille aussi l'arbre de vie, n'en mange et ne vive pour toujours ! » (*Gen.,* 3, 22).

Là encore, le serpent a raison : le fait de goûter aux fruits de l'arbre de la connaissance du bien et du mal ne fait pas mourir. C'est Dieu qui, inquiet de la puissance nouvelle acquise par l'homme, l'empêche de goûter aux fruits de l'arbre de vie qui confère l'immortalité.

Ce passage a une certaine importance, car il prouve bien que ce n'est pas le serpent, le diable, l'ange rebelle qui a apporté la mort dans ce monde. C'est Dieu. Ou plus exactement Elohim, « les dieux ». Les dieux qui, en privant l'homme de l'arbre de vie auquel il avait naturellement droit — car aucun interdit ne pesait sur lui — l'empêchent de devenir *tout à fait* pareil à eux.

Ajoutons qu'Elohim devait bien se douter qu'en interdisant à l'homme l'accès à un arbre planté au beau milieu du jardin d'Eden, il ne faisait qu'attirer un peu plus son attention dessus. Même sans l'intervention du serpent, l'homme et la femme auraient-ils longtemps résisté à cette « tentation » ? Et devaient-ils y résister ? A quoi bon vivre dans un jardin magnifique si l'on ne peut toucher à certains de ses fruits ? A qui était réservé le fruit de l'arbre de la connaissance du bien et du mal, sinon à l'homme ?

Le serpent blanc et la langue des oiseaux

Un conte de Grimm, intitulé *Le Serpent blanc,* commence ainsi : « Il y a longtemps vivait un roi dont la sagesse était célèbre dans tout le pays. Rien ne lui demeurait inconnu et l'on eût pu croire que la nouvelle des choses cachées lui parvenait à travers les airs. Mais il avait une habitude surprenante. Chaque jour à midi, lorsque la table avait été desservie et que tout le monde fut parti, un serviteur fidèle lui apportait encore une terrine couverte. Le serviteur lui-même ignorait tout de son contenu, comme tout autre être humain, et le roi attendait qu'il fût sorti pour soulever le couvercle et manger un peu. Cela durait déjà depuis longtemps. Un beau jour, le serviteur qui desservait la terrine, cédant enfin à une curiosité insatiable, emporta la terrine dans sa chambrette. Après avoir refermé soigneusement sa porte, il ôta le couvercle et vit qu'un serpent blanc se trouvait dessous. Il ne put maîtriser son envie d'y goûter, en coupa un petit morceau et le porta à sa bouche. A peine sa langue l'avait-elle touché qu'il entendit à la fenêtre un curieux murmure de douces voix. Il s'approcha et comprit qu'elles émanaient de petits moineaux qui bavardaient et se contaient mille choses qui s'étaient passées dans les champs ou la forêt. La consommation du morceau de serpent lui avait donné la faculté de comprendre le langage des animaux. » [1]

Comment, à la lecture de ce conte, ne pas songer au récit de la Genèse ? Ce « roi dont la sagesse était célèbre dans tout le pays » et à qui « rien ne demeurait inconnu » pourrait être une représentation de Yahvé Dieu. Le « serviteur fidèle » serait alors Adam qui, « cédant enfin à une curiosité insatiable », découvre le serpent blanc caché dans la terrine et en mange un morceau, ce qui lui donne instantanément « la faculté de comprendre le langage des animaux ». Autrement dit, il goûte au fruit de la connaissance du bien et du mal, symbolisé par le serpent blanc, ce qui lui donne aussitôt l'entendement et le discernement.

1. Jacob et Wilhelm Grimm, *Le Serpent blanc,* dans *Contes et légendes,* Editions de la Fontaine au Roy, 1994.

Le serviteur est-il pour autant devenu « comme les dieux », c'est-à-dire l'égal du roi sage ? Non ; il doit tout d'abord payer, non pas son crime, mais sa transgression de la Loi par une injustice royale : « Il arriva le même jour que le plus bel anneau de la reine disparut. Les soupçons tombèrent sur le serviteur de confiance qui avait ses entrées partout. Le roi le fit mander et le menaça des pires punitions s'il ne pouvait désigner le coupable jusqu'au lendemain : il serait alors reconnu comme tel et jugé. Le serviteur eut beau affirmer son innocence, rien n'y fit. »

En apparence, le serviteur est coupable d'une sorte de « péché originel » — celui d'avoir goûté au serpent blanc — ce qui le rend automatiquement responsable de toutes les exactions que subit le royaume. Ses connaissances nouvelles, acquises par effraction, l'exposent aux pires représailles. A moins que le roi, supposé être si sage et renseigné sur tout — et donc au courant du forfait perpétré par son serviteur fidèle — ne se contente de mettre le nouvel initié à l'épreuve ?

C'est ce qu'il semble, en effet, car le jeune homme, grâce à son entendement du langage des animaux, surprend un canard en train de raconter à ses congénères comment il a, par mégarde, avalé l'anneau d'or tombé de la fenêtre de la princesse. Le serviteur capture le canard et le rapporte au château, afin que le cuisinier en extirpe l'anneau coincé dans le gésier. Rassuré sur les pouvoirs et la sagesse de son serviteur, le roi lui accorde alors « la grâce qu'il demanderait, si élevée que fût à la Cour la position qu'il souhaiterait. »

*

* *

Dans toutes les traditions initiatiques, le novice doit passer par toute une série d'épreuves douloureuses, et jusqu'à sa mort symbolique, afin de se montrer digne de son nouvel état. C'est ce qui nous est proposé, sous la forme d'un conte, dans l'allégorie de Grimm. Mais le récit biblique de la Genèse ne recèle-t-il pas un enseignement identique ? Lorsque Yahvé Dieu dit à l'homme : « Maudit soit le sol à cause de toi ! A force de peines tu en tireras subsistance tous les jours de ta vie. Il produira pour toi épines et chardons et tu mangeras l'herbe des champs. A la sueur de ton visage tu mangeras ton pain, jusqu'à ce que tu retournes au sol, puisque tu en fus tiré. Car tu es glaise et tu retourneras à la glaise. », (*Gen.* 3, 17-19) cela sonne évidemment comme un châtiment. Mais ne peut-on pas imaginer qu'il s'agit en réalité d'une épreuve, destinée à « tester » les nouvelles facultés de l'homme ?

Et lorsque Yahvé Dieu bannit l'homme et la femme du paradis terrestre, est-ce à tout jamais, ou bien juste le temps nécessaire pour les nouveaux « initiés » d'affronter les épreuves qui leur sont destinées ? Au terme de ces épreuves nécessaires, n'est-il pas prévu, *voulu* par Dieu, que l'humanité réintègre le jardin d'Eden gardé par « les chérubins et la flamme du glaive fulgurant » pour goûter enfin à « l'arbre de vie » qui rend immortel et en tout point « pareil à des dieux » ? Est-ce l'orgueil « diabolique » ou « luciférien » qui fait dire à l'homme qu'il n'est sur terre que pour rejoindre le ciel ; que son destin est d'accéder, au terme de ses tourments terrestres, à la divinité ? Pourtant, l'un des Pères de l'Eglise, saint Basile de Césarée, n'a-t-il pas dit : « L'homme est un animal appelé à devenir Dieu » ?

Et l'ange des *Dialogues* affirme :

> « L'Arbre de la Vie Éternelle, nous le gardons.
> Nous le gardons bien, le glaive à la main.
> Mais pourquoi l'Arbre, s'il n'y a pas de fruit ?
> Et pourquoi le fruit s'il n'y a personne pour le manger ?
> Ce n'est pas le fruit qui n'est pas mûr,
> mais celui qui le mange.
> C'est pour cela que nous devons encore le garder.(...)
> NOUS INTERDISONS. NOUS GARDONS. MAIS VOUS N'AVEZ QU'A VENIR. TRIOMPHEZ DE NOUS ! »

La pomme d'or de l'arbre de vie

Dans la conclusion du conte de Grimm le serviteur décline la proposition du roi, et préfère aller tenter sa chance à l'aventure — car si élevée que pût être sa position dans le royaume, elle n'aurait été que seconde par rapport à celle du roi ; or, ayant goûté au fruit de la connaissance, le jeune homme ne peut plus se contenter de « servir » le roi. Il doit partir en quête de sa propre royauté — de sa propre divinité.

Ayant atteint un autre royaume dont la princesse est promise à celui qui saura s'en montrer digne, le jeune homme se voit infliger trois épreuves, dont la dernière nous ramène au mystère de la Genèse. En effet, pour mériter la princesse et devenir le prince de ce nouveau royaume, le jeune homme ne doit pas faire moins... qu'aller chercher une pomme de l'arbre de vie ! A défaut d'y parvenir, non seulement il n'aura ni royaume ni princesse, mais en plus il sera condamné à mort... On conçoit le désespoir du jeune homme, voué ainsi à une errance et à une quête sans fin — tout comme l'humanité depuis la « chute » d'Adam et Eve. Mais, comprenant leur langage, il est devenu l'allié des animaux, et notamment des oiseaux. Ayant jadis sacrifié son cheval pour nourrir trois corbeaux affamés, voici qu'il en est récompensé au centuple :

« Après avoir traversé trois royaumes, il arriva un soir dans une forêt et s'assit sous un arbre où il voulait dormir. Il perçut un bruissement et une pomme d'or tomba dans sa main. Au même instant, trois corbeaux descendirent des cieux et se posèrent sur ses genoux en disant : “Nous sommes ceux que tu as sauvés de la mort. Devenus grands, nous avons appris que tu cherchais la pomme d'or, avons franchi la mer jusqu'au bout du monde où se trouve l'arbre de vie, et t'apportons la pomme.” Tout joyeux, le jeune homme revint sur ses pas et remit le fruit d'or à la fille du roi qui ne trouva plus d'excuse. Ils partagèrent la pomme de la vie et la mangèrent ; le cœur de la fille du roi se remplit d'amour pour le jeune homme et ils vécurent longtemps ensemble dans un bonheur que rien ne vint jamais ternir. »

Par la grâce de trois oiseaux noirs dont l'initié a su se concilier les faveurs — n'incarnent-ils pas quelque divinité de l'Ombre, quelque ange rebelle dont il s'agit d'apaiser le courroux en lui offrant un sacrifice, en l'occurrence celui d'un cheval, « la plus belle conquête de l'homme » ? — voici que la pomme du péché devient pomme d'or de la vie éternelle. La quête s'achève par cet « Age d'or » de bonheur éternel qu'annoncent depuis toujours les traditions sacrées, y compris la Bible. Rappelons la conclusion de l'*Apo-*

calypse de Jean : « Heureux ceux qui lavent leurs robes ; ils pourront disposer de l'arbre de vie, et pénétrer dans la Cité, par les portes. (...) L'Esprit et l'Epouse disent : "Viens !" Que celui qui écoute dise : "Viens !" Et que l'homme assoiffé s'approche, que l'homme de désir reçoive l'eau de la vie, gratuitement. » (*Gen.* 22, 14 et 17).

Le serpent de l'initiation

Si ces rapprochements, pour osés qu'ils puissent être, ont tout de même un sens, le serpent de la Genèse nous apparaît soudain davantage comme un *initiateur* que comme un tentateur. Au IVe siècle de l'ère chrétienne, des moines du désert de Palestine adoraient ce serpent de l'initiation qu'ils appelaient *El Hayyat.* Un récit de voyage du XVIIIe siècle décrit ce culte luciférien, bien entendu assimilé à un culte diabolique par le non-initié : « Le serpent El Hayyat est prophète lui aussi, le prophète du mal, le père du bouc diabolique qui préside aux mystères de la magie noire. On célèbre son culte dans bien des régions, chez les Yesidiz, sur les versants du djebel Makloub... Mais le lieu sacré, La Mecque du diable, est situé en un endroit ignoré des voyageurs : dans la plaine d'El Ghor, là où fut Galgata. » [1]

Dans la langue arabe, *El Hayyat,* « le serpent », s'écrit presque comme *El Ayyat,* « la vie ». Le culte du reptile est donc bien associé à un culte de vie. Jean-Paul Bourre écrit à ce sujet : « Le rite est là pour faire de l'homme un "serpent vrai" par une terrible identification qui doit montrer l'éternelle puissance de la vie "El Hayyat". Dans les cellules monastiques ouvertes sur le désert, l'adepte rejoue la chute et l'ascension de Lucifer, conscient de détruire en lui le "vieil homme" et de mettre au monde l'homme-serpent porteur du savoir ancien. Les pratiques rituelles des adeptes d'Iblis devaient donc réveiller le "serpent" qui dort dans la poitrine du disciple, ce "serpent" qui est aussi la part de divinité

1. A. Boissier, *Recueil de lettres au sujet des maléfices et des sortilèges,* Paris, 1731.

cachée en chacun. »[1] De même, pour les Toltèques, Quetzalcoatl, le serpent vert, s'incarnait et se sacrifiait pour le salut du genre humain.

Le serpent apporte à l'être humain la *connaissance* réservée jusque-là aux seuls dieux. Son rôle rappelle le mythe de Prométhée, qui déroba le feu aux dieux pour le transmettre aux hommes. L'ange rebelle, tout comme son équivalent grec, est un agent de *transgression* des commandements divins. Il est celui qui, par son intelligence et sa rébellion — sa « ruse », dit la *Genèse* — dérange l'ordre établi et en contrevient à ses règles injustes. Son rôle n'est pas de détruire la Loi, mais d'en repousser les limites. Il est un moteur d'évolution, sans lequel la création divine stagnerait. Sans lui, l'homme ne serait rien de plus qu'une sorte de jardinier-planton, un gardien de square potiche. En remerciement de ce don magnifique — l'accès à la connaissance du bien et du mal qui nous rend pareils à des dieux — les religions judéo-chrétiennes ont claquemuré l'ange rebelle au fond d'un cachot obscur qui a pour nom enfer — comme ce fut le cas pour Prométhée, enchaîné pour l'éternité à sa colonne du Caucase tandis qu'un vautour vient lui dévorer le foie. Les anges rebelles, pour prix de leurs sacrifices, s'exposent toujours à la vengeance des dieux et à l'ingratitude des hommes.

*
* *

N'est-il pas temps de les comprendre, de les aimer, de les sortir de l'Ombre pour les accueillir enfin dans la claire Lumière de notre ciel intérieur ?

Car nos anges ne sont rebelles que parce qu'ils sont mal-aimés. Aimons-les, et leur splendeur nous illuminera.

Car le temps de l'alliance est venu entre le pôle obscur et le pôle lumineux.

Satan s'est fondu dans la conscience de Dieu, et Lucifer l'Anti-Christ — l'ennemi du Christ — est redevenu l'Antéchrist — celui qui vient *avant* le Christ, et qui, tel Jean le Baptiste, en annonce le royaume. Lucifer se tient désormais aux côtés du Père, confondu avec son frère de gloire, Jésus.

1. Jean-Paul Bourre, *Les Sectes lucifériennes aujourd'hui,* op. cit.

Lilith, la femme-serpent, l'initiatrice, la sorcière, n'est plus cette démone stérile prête à fondre sur le monde ; elle est redevenue Gaïa, la déesse mère des profondeurs, celle des morts et des renaissances ; Lilith a redécouvert l'amour, et est devenue féconde d'une nouvelle humanité inspirée.

Pan lui-même annonce la grande fête de ces noces cosmiques et telluriques. Il joue de la flûte tandis que Dionysos met un tonneau de vin en perce. Car les anciens dieux du panthéon grec, romain et celte, diabolisés par la chrétienté du Moyen Age, sont eux aussi invités à ces noces.

Ces noces intérieures d'Ombre et de Lumière que chacun d'entre nous doit accomplir en soi-même, pour être à jamais relié à l'amour universel et libéré de la peur.

Car tout est Noces.

Tout est Lumière.

Tout est Amour.

ANNEXES

ANNEXE N° 1 : Invocations et évocations.

En magie opérative, les *invocations* sont adressées aux anges gardiens, dont on supplie l'intercession, tandis que les *évocations* sont réservées aux anges rebelles, aux démons, que l'on contraint à agir selon son bon vouloir. Les invocations sont assimilées à la magie blanche, ou *théurgie,* et les évocations à la magie noire, ou *goétie.* Cela ne signifie pas pour autant que la première soit conçue uniquement pour faire le bien, et la seconde pour faire le mal. La seule différence, outre les entités contactées, réside dans l'attitude du mage : face aux anges gardiens, il demande ; face aux anges rebelles, il exige. Il se trouve en état d'humilité dans un cas, et de domination dans l'autre. Cette attitude ne reflète-t-elle pas notre propre prise de conscience vis-à-vis de nos archétypes intérieurs ? Nous devons maîtriser et dominer notre Ombre avant de nous relier humblement à notre Soi.

Les invocations :

Il existe des prières d'invocations pour chaque ange gardien, ainsi que pour chaque jour de la semaine. Mais il faut impérativement les dire entre midi et minuit, qui sont les heures allouées aux anges.

Voici par exemple l'invocation des anges du samedi, qui m'a été transmise par le mage Patrick Guérin :

> *Je vous invoque, Caphriel ou Caffiel, Machatori et Seraquiel, anges puissants et forts au nom Adonay, Adonay, Adonay, Eye, Eye, Eye, Acim, Acim, Acim, Cados, Cados, Ina vel Ima, Saday, Ia, Sar, Seigneur qui a formé les siècles, qui au septième jour se reposa, qui voulut que son peuple d'Israël le gardât inviolablement et le sanctifiât, afin de mériter par là, au siècle à venir, la récompense qu'il lui promit par les noms des anges qui servent dans la septième Légion, en la présence de Booel, ange grand et puissant ; par l'astre de Saturne ; par son saint sceau et par les noms ci-dessus, je vous invoque, Caphriel, vous qui présidez en ce jour.*

Ici, faites votre demande à l'ange gardien.
Puis, procédez au renvoi des anges :

Au nom du Père, du Fils et du Saint-Esprit, allez en paix en vos retraites, et que la paix règne entre nous et vous. Soyez toujours prêts à venir dès que je vous appellerai.

Ô ! Bons anges, allez en paix dans vos retraites, emmenant avec vous toute notre gratitude pour vos bienfaits.

Les évocations :

Les évocations d'anges rebelles se font de minuit à midi. Voici celle qui correspond à Bélial, l'ange rebelle qui préside au samedi :

Moi qui détiens le pouvoir des pouvoirs et la force suprême, je t'ordonne à l'instant de te plier à ma volonté et d'agir selon mon bon vouloir. A toi, Bélial, je t'évoque et te commande de venir en ces lieux afin que je te donne mes ordres. Si tu n'apparais pas immédiatement, de toute ma puissance je te menace de nuire à ton repos, jusqu'à ce que tu aies accompli ma volonté. J'ajoute à ma puissance la force inviolable du pentagramme à laquelle tu ne peux que te soumettre.

Répétez trois fois l'évocation. Puis formulez votre cas avec précision et ordonnez à Bélial d'agir sur un événement ou une personne. Effectuez une visualisation très précise et point par point de la réussite de votre demande.

Effectuez ensuite le renvoi de l'ange rebelle, en répétant la formule suivante, jusqu'à ce que vous sentiez que l'entité est bien partie :

Moi qui détiens le pouvoir des pouvoirs et la force suprême, je t'ordonne à l'instant de quitter ces lieux afin d'accomplir ma volonté et mes ordres tels que je te les ai dictés.

*
* *

ANNEXE N° 2 : hiérarchies des archanges d'Ombre et de Lumière en correspondance avec les quarantaines de l'année.

Ce tableau kabbalistique permet de diviser le calendrier en neuf « quarantaines », ou périodes de quarante jours, débutant à l'équinoxe de printemps, plus une dixième quarantaine « permanente », qui s'applique tout au long de l'année.

A chaque quarantaine correspond l'un des dix *Sephiroth* de l'arbre de vie, avec son archange et sa hiérarchie de Lumière, et l'un des dix *Quliphoth* de l'arbre de mort, avec son archange rebelle et sa hiérarchie de l'Ombre. L'une et l'autre de ces hiérarchies gouvernent tous les natifs d'une même quarantaine.

Les *images magiques,* provenant d'ouvrages d'hermétistes de jadis, permettent de visualiser les archanges de Lumière et les archanges rebelles. Je conseille au lecteur de visualiser *les deux images magiques contraires en même temps,* côte à côte ou l'une au-dessus de l'autre, (celle de l'archange de Lumière et celle de l'archange rebelle) et de tenir le plus longtemps possible cette tension des contraires jusqu'à ce qu'il *ressente* intérieurement que la puissance de l'archange de Lumière est incomparablement plus forte que celle de l'archange rebelle. Par ce moyen, il parviendra progressivement à dominer, maîtriser et vaincre ses pulsions ténébreuses tout en se reliant de plus en plus fermement à ses aspirations divines. Mais il devra prendre garde à ne pas se laisser *fasciner* par l'image de l'Ombre...

Exemple : Je suis né un 25 mars. Je me situe donc dans la 1re quarantaine, qui court du 21 mars au 30 avril.

Je suis protégé par l'archange Métatron et par le chœur des séraphins.

Je suis éprouvé par Belzébuth et les faux dieux.

Ma destinée est donc de me relier au principe de vie universelle et de manifester en toutes choses la gloire de Dieu, mais ma tentation est grande de rendre un culte aux faux dieux ou de verser dans le fanatisme.

Pour sortir de cette impasse, je visualise Belzébuth, ma « part d'Ombre », symbolisée par un dragon roux à sept têtes et dix cornes en face de ma « part de Lumière », Métatron, archange de feu, aussi éclatant que le soleil, le front orné de deux cornes. Une lutte s'engage entre ces deux images, au terme de laquelle l'archange de Lumière foule aux pieds le dragon roux. Ma part d'Ombre, maîtrisée, me confère désormais son énergie, sans aucune négativité, tandis que ma part de Lumière, exaltée, me relie au divin.

A vous, à présent, de vous livrer à cet exercice très puissant de judo spirituel...

1re quarantaine : **Natifs du 21 mars au 30 avril**
Anges gardiens et rebelles n° 1 à 8

Arbre de Vie : Kether, la Couronne de Dieu
Hiérarchie de Lumière : Séraphins
Archange : Métatron, Prince des Faces

Arbre de Mort : La Vallée de la Mort
Hiérarchie de l'Ombre : Les Faux Dieux
Archange Rebelle : Belzébuth, le Vieux Dieu

Les *Séraphins* nous relient au principe de vie universelle, nous aident à glorifier Dieu et à connaître l'amour divin et l'illumination.

Les *Faux Dieux* se font passer pour Dieu et nous obligent à leur rendre un culte idolâtre, afin de nous détourner de la vraie sagesse. Ils nous poussent au fanatisme religieux et aux persécutions, ainsi qu'à la destruction des œuvres de l'esprit.

Images magiques :
Métatron, Prince des Faces : Figure d'un homme au visage éclatant comme le Soleil, portant deux cornes au-dessus du front, semblable à l'airain en fusion des pieds à la taille, et au feu le plus éclatant de la taille à la tête. Il tient dans sa main droite une canne à mesurer, et dans sa main gauche un cordeau de lin blanc.
Belzébuth, le Vieux Dieu : Dragon roux ayant sept têtes et dix cornes.

2e quarantaine : **Natifs du 1er mai au 10 juin**
Anges gardiens et rebelles n° 9 à 16

Arbre de Vie : Hochmah, la Sagesse de Dieu
Hiérarchie de Lumière : Chérubins
Archange : Jophiël, Courrier de Dieu

Arbre de Mort : La Vallée de l'Oubli
Hiérarchie de l'Ombre : Les Esprits de Mensonge
Archange Rebelle : Python, le Serpent

Les *Chérubins* nous apportent les lumières de la pensée, la force de la sagesse et la prescience du monde divin.

Les *Esprits de Mensonge* nous inspirent de fausses prophéties, des visions illusoires, des mensonges et des conclusions hâtives et fausses. Ils égarent les responsables politiques et les chefs religieux.

Images magiques :
Jophiël, Courrier de Dieu : Homme semblable à la lumière la plus éclatante, vêtu d'une longue robe blanche, ceint d'une ceinture d'or, aux cheveux plus blancs que la neige ensoleillée, aux yeux de flammes ardentes, aux pieds rayonnants comme l'airain d'une fournaise, tenant dans sa main droite sept étoiles à six branches, tandis qu'un glaive à deux tranchants jaillit de ses lèvres.
Python, le Serpent : Léopard ayant sept têtes et dix cornes, aux pieds d'ours et aux gueules de lion.

3e quarantaine : **Natifs du 11 juin au 22 juillet**
Anges gardiens et rebelles n° 17 à 24

Arbre de Vie : Binah, l'Intelligence de Dieu
Hiérarchie de Lumière : Trônes
Archange : Zaphkiel, Vision de Dieu

Arbre de Mort : La Vallée du Sommeil
Hiérarchie de l'Ombre : Les Vases de Colère
Archange Rebelle : Bélial, le Rebelle

Les *Trônes* nous apportent le goût de l'union et de l'œuvre entreprise en commun. Ils nous aident à nous comprendre les uns les autres ainsi qu'à nous recueillir en nous-même ; enfin ils nous assurent la mémoire de nos racines divines.

Les *Vases de Colère* nous inspirent la haine de notre prochain et le désir de lui nuire. Ils sont les maîtres de nos ambitions excessives et de nos jalousies, et fomentent les guerres, les séparations, les ruptures, les brouilles amoureuses ou amicales.

Images magiques :
Zaphkiel, Vision de Dieu : Homme semblable à de l'airain brillant, vêtu d'une robe de lin blanc, tenant une écritoire à la main.
Bélial, le Rebelle : Homme à la tête de cerf, assis sur la pierre d'aimant, elle-même posée sur un dragon, ayant les pieds d'un chameau, tenant une faux dans sa main droite et une flèche dans la gauche.

4e quarantaine : **Natifs du 23 juillet au 2 septembre**
Anges gardiens et rebelles n° 25 à 32

Arbre de Vie : Choesed, la Miséricorde de Dieu
Hiérarchie de Lumière : Dominations
Archange : Zadkiel, Justice de Dieu

Arbre de Mort : Les Portes de la Mort
Hiérarchie de l'Ombre : Les Vengeurs de Crimes
Archange Rebelle : Asmodée, l'Exécutant

Les *Dominations* nous apportent la force et le courage nécessaires pour affronter notre ange rebelle, traverser nos enfers intérieurs et parvenir à notre réalisation et notre épanouissement sur terre.

Les *Vengeurs de Crimes* sont l'incarnation de la fatalité qui nous poursuit. Ils sont la cause de nos échecs et de nos régressions ; ils s'opposent à notre évolution, aussi bien matérielle que spirituelle, et déclenchent les accidents et les catastrophes.

Images magiques :
Zadkiel, Justice de Dieu : Ange à quatre ailes blanches, vêtu d'une longue robe pourpre, tenant une couronne dans une main et un sceptre dans l'autre.
Asmodée, l'Exécutant : Homme à tête de bélier, aux pieds d'aigle, vêtu de jaune.

5e quarantaine : **Natifs du 3 septembre au 13 octobre**
Anges gardiens et rebelles n° 33 à 40

Arbre de Vie : Geburah, la Justice de Dieu
Hiérarchie de Lumière : Puissances
Archange : Camaël, Rigueur de Dieu

Arbre de Mort : L'Ombre de la Mort
Hiérarchie de l'Ombre : Les Prestigiateurs
Archange Rebelle : Satan, l'Adversaire

Les *Puissances* nous protègent de l'adversité, des obstacles et des êtres qui nous veulent du mal

Les *Prestigiateurs* nous font croire aux faux miracles, aux apparitions diaboliques, aux fantômes. Ils sont les monstres et les dragons destinés à nous effrayer et à nous faire reculer lors de notre chemin d'évolution et d'initiation. Ils cherchent à nous écarter de la voie du Salut.

Images magiques :
Camaël, Rigueur de Dieu : Ange à quatre ailes blanches, vêtu d'une longue

robe orange, portant une épée à plat sur ses deux mains devant une flamme jaillissante.
Satan, l'Adversaire : Homme armé, monté sur un lion, brandissant une épée nue dans sa main droite et la tête d'un homme décapité dans la gauche.

6e quarantaine : **Natifs du 14 octobre au 22 novembre**
Anges gardiens et rebelles nº 41 à 48

Arbre de Vie : Tiphereth, la Beauté de Dieu
Hiérarchie de Lumière : Vertus
Archange : Raphaël, Remède de Dieu

Arbre de Mort : Le Puits de l'Abîme
Hiérarchie de l'Ombre : Les Puissances de l'Air
Archange Rebelle : Meririm, le Démon de Midi

Les *Vertus* nous aident à nous garder du mensonge et de l'illusion, et nous accordent les récompenses que nous avons méritées dans cette vie.

Les *Puissances de l'Air* sont la cause de tous les fléaux naturels tels que la foudre, la grêle, le vent destructeur, les tempêtes, les explosions, les incendies et les inondations.

Images magiques :
Raphaël, Remède de Dieu : Ange à quatre ailes blanches, vêtu d'une longue robe blanc doré, foulant le Dragon de ses pieds, tenant une palme et un étendard blanc frappé d'une croix rouge.
Meririm, le Démon de Midi : Roi couronné, assis sur un trône, arborant un corbeau sur la poitrine, un globe sous ses pieds, vêtu de jaune.

7e quarantaine : **Natifs du 23 novembre au 31 décembre**
Anges gardiens et rebelles nº 49 à 56.

Arbre de Vie : Netzah, la Gloire de Dieu
Hiérarchie de Lumière : Principautés
Archange : Haniël, Grâce de Dieu

Arbre de Mort : L'Ordure, ou la Boue
Hiérarchie de l'Ombre : Les Furies Semeuses de Maux
Archange Rebelle : Abbadon, l'Exterminateur

Les *Principautés* nous procurent la connaissance et la maîtrise du monde et de la science.

Les *Furies Semeuses de Maux* nous poussent à la violence, au pillage, au crime, à la discorde et à la guerre.

Images magiques :
Haniël, Grâce de Dieu : Ange à deux ailes blanches, vêtu d'une longue robe rose, portant des roses blanches dans un pli de celle-ci.
Abbadon, l'Exterminateur : Femme à tête d'oiseau et aux pieds d'aigle, tenant une flèche dans sa main gauche.

8e quarantaine : **Natifs du 1er janvier au 9 février**
Anges gardiens et rebelles n° 57 à 64

Arbre de Vie : Hod, la Victoire de Dieu
Hiérarchie de Lumière : Archanges
Archange : Mikaël, Reflet de Dieu

Arbre de Mort : La Perdition
Hiérarchie de l'Ombre : Les Accusateurs et les Exécuteurs
Archange Rebelle : Astaroth, l'Espion

Les *Archanges* nous accordent d'être les maîtres de tous les animaux de la création.

Les *Accusateurs et les Exécuteurs* nous inspirent mauvais jugements, calomnies et médisances. Ils sont les guides des espions et des devins reliés au bas-astral.

Images magiques :
Mikaël, Reflet de Dieu : Ange à deux ailes blanches, vêtu d'une longue robe vert gris, portant un coffret d'une main et de l'autre tenant un jeune enfant portant un gros poisson.
Astaroth, l'Espion : Homme à cheval sur un paon, ayant des pieds d'aigle, une crête sur la tête, tenant du feu dans sa main gauche.

9e quarantaine : **Natifs du 10 février au 20 mars**
Anges gardiens et rebelles n° 65 à 72

Arbre de Vie : Yesod, les Fondements de Dieu
Hiérarchie de Lumière : Anges
Archange : Gabriel, Œuvre de Dieu

Arbre de Mort : La Fosse, le Schéol
Hiérarchie de l'Ombre : Les Tentateurs et les Guetteurs
Archange Rebelle : Mammon, la Cupidité

Les *Anges* se relient à nous à l'instant de notre conception, et nous accompagnent à l'instant de notre mort afin de nous conduire à la vie éternelle.

Les *Tentateurs et les Guetteurs* nous retardent dans la voie de notre salut spirituel en nous soumettant à de multiples tentations. Ils alimentent nos bas instincts, et sont les guides des pornographes, des politiciens intolérants et des philosophes amoraux.

Images magiques :
Gabriel, Œuvre de Dieu : Ange à deux ailes blanches, vêtu d'une longue robe blanc bleuté, portant de ses deux mains une lampe rouge rubis allumée.
Mammon, la Cupidité : Femme cornue, montée sur un taureau, vêtue de blanc et de vert, tenant une flèche de la main droite et de la gauche un miroir. Deux serpents s'enroulent à ses cornes, et un à chacun de ses pieds et de ses mains.

10e quarantaine : **permanente** (Voir p.365).
Tous les anges gardiens et rebelles

Arbre de Vie : Malkuth, le Règne de Dieu
Hiérarchie de Lumière : Ames glorifiées
Archange : Emmanuel, l'Envoyé de Dieu ; le Messie, le Sauveur. La Fiancée, La Vierge, L'Epouse divine

Arbre de Mort : Le Monde
Hiérarchie de l'Ombre : Les Ames Damnées
Archange Rebelle : Béhemoth, la Bête, les Antéchrists. La Grande Prostituée, la Femme Ecarlate

Les *Ames Glorifiées,* c'est-à-dire les saints et les guides de Lumière, nous protègent et nous conseillent spirituellement.

Les *Ames Damnées* gouvernent les possédés, les pervers, les libidineux ; elles cherchent à nous détourner de la voie normale.

Images magiques :
La Vierge, La Fiancée, L'Epouse divine : Femme enceinte entourée par le Soleil, la Lune sous ses pieds, la tête couronnée de douze étoiles.
Béhemoth, la Bête, la Grande Prostituée, La Femme Ecarlate : Femme vêtue de pourpre et d'écarlate, parée d'or, de pierreries et de perles, tenant une coupe et assise sur une hydre écarlate à sept têtes et dix cornes.

*
*   *

ANNEXE N° 3 : Les 72 anges gardiens et les 72 anges rebelles, leurs noms, dignités, descriptions et attributs, en correspondance avec les dates de naissance de leurs protégés.

Ce tableau inédit a été établi d'après un certain nombe d'ouvrages kabbalistiques du passé, dont certains, rarissimes, n'ont jamais été réédités. Ces ouvrages sont notamment :

— Ioannis Wieri : *De Praestigis daemonum & incantationibus ac ueneficiis Libri fex. Accesit : Liber Apologeticus et Pseudo monarchia daemonim,* Basileae, ex officina, 1577. Archives de la Bibliothèque nationale (microfilm côte R. 8775).

— *Le Grand Grimoire avec la grande clavicule de Salomon et la magie noire, où les Forces infernales du grand Agrippa, pour découvrir les trésors cachés, et se faire obéir de tous les esprits ; suivi de tous les arts magiques,* 1702. Archives de la Bibliothèque de l'Arsenal.

— *Table des 72 anges tirée cabalistiquement des 72 noms ineffables de Dieu, avec leurs noms, puissances, et les jours auxquels ils président dans les douze lunes, avec le verset du psaume qui convient à chacun, avec leurs caractères magiques,* Bibliothèque de M. de Palmy, XVIIIe siècle. Archives de la Bibliothèque de l'Arsenal.

— Eteilla, *Philosophie des Hautes Sciences,* Amsterdam, 1785.

— *Le Livre de la goétie du Roi Salomon,* 1858.

— Lenain, *La Science cabalistique, ou l'art de connaître les bons génies,* 1823, réédition Editions Traditionnelles, 1978.

*
*   *

*

* *

En fonction de son jour de naissance, chaque natif peut, grâce à ce tableau, connaître les noms, descriptions et qualités principales de son ange gardien et de son ange rebelle, de sa part de « Lumière » et de son « Ombre ». A lui, ensuite, de faire en sorte de maîtriser et juguler celle-ci afin de mieux exalter celle-là.

VOTRE ANGE GARDIEN	VOTRE ANGE REBELLE
I — Séraphins *Archange :* Métatron, Prince des Faces	I — Faux Dieux *Archange :* Belzébuth, le Vieux Dieu
Natifs du 21 au 25 mars : 1 — Véhuiah « Dieu élevé et exalté au-dessus de toute chose ». Donne l'esprit subtil, la passion des sciences et des arts, la faculté d'entreprendre les choses les plus difficiles. Aide à la prière et la méditation et conduit à l'illumination.	 1 — Baël, 1er roi de l'Orient Sceau en or. Il apparaît parfois comme un chat, un crapaud ou un homme. Il parle d'une voix rauque. Il a le pouvoir de rendre invisible et commande 66 légions d'esprits infernaux. Il rend violent, agité, turbulent, colérique.
Natifs du 26 au 30 mars : 2 — Jéliel « Dieu secourable » Donne un esprit enjoué, un caractère agréable, galant et amoureux. Favorise la fidélité conjugale, apaise les conflits et aide à désarmer les attaques injustes.	 2 — Agares, premier duc de l'Orient Sceau en cuivre. Apparaît sous la forme d'un noble vieillard chevauchant un crocodile, portant un autour à son poing, d'apparence douce. Il enseigne les langues instantanément. Il produit les tremblements de terre. Donne l'esprit bougon, favorise le célibat et les mauvaises mœurs.

Natifs du 31 mars au 4 avril : 3 — Sitael « Dieu, l'espérance de toutes les créatures. » Protège contre l'adversité, les armes et les bêtes féroces. Rend serviable et de parole, fait aimer la vérité.	3 — Vassago, grand prince Sceau en étain. Esprit de bonne nature, qui aide à dévoiler les choses passées et futures, et à découvrir les choses cachées et perdues. Il gouverne 26 légions d'esprits, et rend hypocrite, ingrat et parjure.
Natifs du 5 au 9 avril : 4 — Elémiah « Dieu caché ». Rend dynamique, travailleur et favorise la chance dans les entreprises et les voyages. Aide à faire des découvertes utiles.	4 — Samigina, ou Gamigin, grand marquis Sceau en argent. Il apparaît sous la forme d'un petit cheval ou d'un âne, puis sous une forme humaine dont il change à la demande du maître. Il parle avec une voix enrouée et commande 30 légions d'esprits inférieurs. Il enseigne toutes les sciences libérales et recense les âmes mortes dans le péché. Favorise les découvertes dangereuses pour la société. Apporte des difficultés en affaires.
Natifs du 10 au 14 avril : 5 — Mahasiah « Dieu sauveur ». Apporte la concorde, la spiritualité, la connaissance des sciences occultes ou le mysticisme. Donne un caractère agréable, un esprit libéral et une excellente moralité. Aide à apprendre facilement.	5 — Marbas, grand président Sceau en mercure. Apparaît sous la forme d'un grand lion avant de prendre forme humaine, et gouverne 36 légions d'esprits. Il répond sans mentir au sujet des choses cachées ou secrètes. Il provoque les maladies et les guérit. Il apporte la connaissance des arts mécaniques et donne un esprit libertin.

Natifs du 15 au 20 avril : 6 — Lélahel « Dieu louable ». Apporte l'amour et la célébrité due aux talents et aux actions. Favorise les sciences, les arts et la fortune personnelle, et guérit les maladies.	6 — Valéfor, puissant duc Sceau en cuivre. Il apparaît sous la forme d'un lion avec une tête d'âne mugissante et gouverne 10 légions d'esprits. Donne l'esprit hautain et orgueilleux, favorise les ambitieux cherchant à s'élever au-dessus des autres et à acquérir la fortune par des moyens illicites.
Natifs du 21 au 25 avril : 7 — Achaiah « Dieu bon et patient ». Favorise la recherche technique et scientifique, aide à faire des découvertes. Donne un esprit patient, réfléchi, studieux et persévérant.	7 — Aamon, marquis puissant et sévère Sceau en argent. Il apparaît sous la forme d'un loup avec une queue de serpent, vomissant des flammes par la bouche, puis il prend la forme d'un homme avec des dents de chien entouré d'une tête de corbeau, et gouverne 40 légions d'esprits. Il dévoile toutes les choses passées et à venir, déclenche les querelles et réconcilie les amis sujets aux controverses. Donne un esprit négligeant et paresseux, insouciant dans les études.
Natifs du 26 au 30 avril : 8 — Cahéthel « Dieu adorable ». Donne un esprit travailleur et le goût de la terre, de la campagne, de l'élevage et de la chasse. Il inspire la spiritualité et la prière, et sert à chasser les mauvais esprits.	8 — Barbatos, grand duc Sceau en cuivre. Il apparaît avec quatre nobles rois en compagnie de leurs grandes troupes et commande 30 légions d'esprits. Il apporte la compréhension du chant des oiseaux et de l'aboiement des chiens. Il donne accès aux trésors cachés qui furent scellés par les enchantements des mages. Il connaît toutes les choses passées et à venir, et réconcilie les amis. Il porte à blasphémer contre Dieu, au braconnage industriel, et à la destruction des Chérubins.

II — Chérubins *Archange :* Jophiël, Courrier de Dieu	II — Esprits de Mensonge *Archange :* Python, le Serpent
Natifs du 1er au 5 mai : 9 — Haziel « Dieu de miséricorde ». Confère la bonne foi et aide à la réconciliation. Donne une grande sincérité et de la mansuétude, et favorise l'amitié et les faveurs des gens importants.	9 — Paimon, grand roi obéissant à Lucifer. Sceau en or. Apparaît sous la forme d'un homme assis sur un dromadaire, avec une couronne sur la tête. Il a une grosse voix, rugit et a sous ses ordres 200 légions d'esprits. Il est assisté par deux rois appelés Labal et Abalim. Il enseigne tous les arts et les sciences, et d'autres choses secrètes. Il apporte la dignité et assujettit n'importe quel homme au mage. Il peut donner un esprit haineux, hypocrite et menteur.
Natifs du 6 au 10 mai : 10 — Aladiah « Dieu propice ». Donne une bonne santé, permet la réussite dans les entreprises et l'estime dans les relations. Permet aussi aux auteurs de crimes cachés de ne pas être découverts.	10 — Buer, grand président. Sceau en mercure. Il prend la forme d'un sagittaire, gouverne 50 légions d'esprits, enseigne la philosophie et la logique, ainsi que les vertus des herbes et des plantes. Il guérit toutes les maladies chez l'homme, ou bien lui donne une santé fragile, et le pousse à négliger ses affaires.

Natifs du 11 au 15 mai : 11 — Lauviah « Dieu loué et exalté ». Apporte la renommée et une bonne réputation ; influe sur les esprits scientifiques, qui deviendront célèbres par leurs talents.	11 — Gusion, grand et puissant duc Sceau en cuivre. Il apparaît comme un Xénophile et dirige 40 légions d'esprits. Il dévoile toutes les choses passées, présentes et à venir, résoud toutes les questions, concilie et réconcilie les amitiés, donne honneur et dignité. Donne un caractère orgueilleux, ambitieux et jaloux.
Natifs du 16 au 20 mai : 12 — Hahaiah « Dieu refuge ». Apporte la douceur de caractère, la sagesse, la modestie et les manières agréables. Il domine les songes et révèle les choses cachées aux mortels.	12 — Sitri, grand prince Sceau en étain. Il apparaît avec une tête de léopard et des ailes de griffon, puis prend une très belle forme humaine. Il gouverne 60 légions d'esprits. Il enflamme les hommes avec l'amour des femmes, et les femmes avec l'amour des hommes, et leur occasionne de se montrer nus si cela est désiré. Il gouverne les esprits trompeurs, perfides et indiscrets.
Natifs du 21 au 25 mai : 13 — Iézalel « Dieu glorifié sur toutes choses ». Il donne une excellente mémoire et de grandes dispositions pour les études. Il favorise l'amitié, la réconciliation et la fidélité conjugale.	13 — Beleth, puissant et terrible roi Sceau en or. Il chevauche un cheval blanc accompagné de trompettes et d'instruments de musique qui jouent devant lui. Il paraît d'abord très furieux, exige d'être reçu courtoisement et gouverne 85 légions d'esprits. Il provoque l'amour des hommes et des femmes, et préside aux esprits ignorants et bornés qui ne veulent rien apprendre ni rien faire.

Natifs du 26 au 31 mai : 14 — Mébahel « Dieu conservateur ». Il protège les innocents et les opprimés, donne le goût de la vérité et du droit, inspire les avocats.	 14 — Lerajé, ou Leraikha, puissant marquis Sceau en argent. Il apparaît comme un archer vêtu de vert, portant un arc et un carquois, et gouverne 30 légions d'esprits. Il provoque les grandes batailles et fait se putréfier les blessures causées par les flèches des archers. Il inspire les calomnies, les faux témoignages, et influence les personnes procédurières.
Natifs du 1er au 5 juin : 15 — Hariel « Dieu créateur ». Il apporte la pureté des mœurs et insuffle des sentiments religieux élevés. Il inspire aux scientifiques et aux artistes des découvertes utiles et de nouvelles méthodes.	 15 — Eligos, grand duc, dit Allumette d'Impureté Sceau en cuivre. Il apparaît sous la forme d'un beau chevalier portant une lance, une enseigne et un serpent. Il gouverne 60 légions d'esprits, découvre les choses cachées et connaît les guerres à venir. Il provoque l'amour chez les seigneurs et les grandes personnalités. Il influence les guerres de religion, les persécutions et domine les membres de sectes dangereuses.
Natifs du 6 au 10 juin : 16 — Hakamiah « Dieu qui érige l'univers ». Apporte la loyauté, la franchise, le courage et la fidélité aux serments. Il donne aussi un tempérament amoureux mais fidèle.	 16 — Zepar, grand duc Sceau en cuivre. Il apparaît en vêtements et armure rouge, comme un soldat, et gouverne 26 légions d'esprits inférieurs. Il pousse les femmes à aimer les hommes et à s'aimer entre elles. Il les rend également stériles. Il domine les esprits perfides et les traîtres.

III — Trônes	III — Vases d'Iniquité
Archange : Zaphkiel, Vision de Dieu	*Archange :* Bélial, le rebelle
Natifs du 11 au 15 juin :	
17 — Lauviah	17 — Botis, grand président et comte
« Dieu admirable ». Il donne l'amour de la musique, de la philosophie, de la littérature et de la poésie. Il aide aussi à combattre la tristesse et à trouver le sommeil. Il inspire des révélations en songes.	Sceau en mercure. Il apparaît sous la forme d'une affreuse vipère, puis d'un homme avec de grandes dents et deux cornes, portant dans ses mains une épée brillante et tranchante. Il commande 60 légions d'esprits, dit toutes choses passées et à venir, et réconcilie amis et ennemis. Il domine les esprits provocateurs et les athées.
Natifs du 16 au 21 juin :	
18 — Caliel	18 — Bathin, fort et puissant duc
« Dieu prompt à exaucer ». Il donne le sentiment de la justice, de la vérité et de l'intégrité, et influence les magistrats. Il permet de confondre les coupables ou les faux témoins et de faire triompher l'innocence et la vérité.	Sceau en cuivre. Il apparaît comme un homme fort avec une queue de serpent, assis sur un cheval de couleur pâle. Il commande 30 légions d'esprits et connaît les vertus des herbes et des pierres précieuses. Il peut transporter les hommes d'un pays à un autre, et favoriser les personnes portées aux procès scandaleux, cherchant à embrouiller les affaires et à s'enrichir aux dépens de leurs clients.

Natifs du 22 au 26 juin : 19 — Leuviah « Dieu qui exauce les pécheurs ». Permet de supporter l'adversité et les échecs avec résignation et patience. Il donne un caractère gai, simple, enjoué et sympathique.	19 — Sallos, grand et puissant duc Sceau en cuivre. Il apparaît sous la forme d'un vaillant soldat chevauchant un crocodile, avec une couronne ducale sur la tête, et gouverne 30 légions d'esprits. Il provoque l'amour entre les hommes et les femmes, et influences les caractères débauchés ou désespérés.
Natifs du 27 juin au 1er juillet : 20 — Pahaliah « Dieu rédempteur ». Il gouverne ceux qui sont peu portés sur les choses du sexe. Il inspire la piété et la chasteté, et prédispose aux vocations ecclésiastiques.	20 — Purson, grand roi Sceau en or. Il apparaît comme un homme ayant une tête de lion, tenant une cruelle vipère dans sa main et chevauchant un ours. Devant lui vont des trompettes résonnantes, et il commande à 22 légions d'esprits. Il connaît toutes les choses cachées et tous les trésors, et renseigne au sujet de toutes choses terrestres ainsi qu'au sujet de la création du monde. Il domine les apostats, renégats et libertins.
Natifs du 2 au 6 juillet : 21 — Nelchael « Dieu seul et unique ». Donne la passion des études et le don des mathématiques, de l'astronomie et de la géographie. Donne le goût de la littérature et de la poésie et lutte contre les calomniateurs, les sorts et les puissances mauvaises.	21 — Marax, grand comte et président Sceau en cuivre ou en argent. Il apparaît comme un grand taureau avec un visage d'homme, et gouverne 30 légions d'esprits. Il rend les hommes savants en astronomie et dans toutes les autres sciences libérales. Il domine les gens superstitieux, illettrés et pleins de préjugés.

Natifs du 7 au 11 juillet : 22 — Iéiaiel « La droite de Dieu ». Donne le sens du commerce et de la diplomatie, des idées libérales et philanthropiques. Il favorise les voyages, les découvertes et les expéditions maritimes.	22 — Ipos, comte et puissant prince Sceau en étain. Il apparaît sous la forme d'un ange avec une tête de lion, un pied d'oie et une queue de lièvre, et gouverne 36 légions d'esprits. Il connaît toutes les choses passées, présentes et à venir et rend les hommes spirituels et hardis. Il domine les pirates et les corsaires.
Natifs du 12 au 16 juillet : 23 — Mélahel « Dieu qui délivrez des maux ». Donne un naturel courageux et la capacité d'entreprendre des actions difficiles et périlleuses. Il permet de voyager en sûreté et gouverne les plantes médicinales.	23 — Aim, fort et grand duc Sceau en cuivre. Il apparaît sous la forme d'un homme au corps très beau, mais avec trois têtes ; la première d'un serpent, la seconde d'un homme avec deux étoiles sur le front, la troisième d'un veau. Il chevauche une vipère, tenant un tison dans sa main, avec lequel il met le feu aux villes. Il gouverne 26 légions d'esprits infernaux, rend spirituel et donne les réponses au sujet des problèmes privés. Il nuit à la végétation, propage les maladies et les épidémies.
Natifs du 17 au 22 juillet : 24 — Hahiuiah « Dieu bon par lui-même ». Donne le goût de la vérité et des sciences exactes et protège les exilés ou les condamnés par contumace. Il préserve des voleurs, des assassins et des animaux nuisibles.	24 — Naberius, très vaillant marquis Sceau en argent. Il prend la forme d'une grue noire battant des ailes, parle d'une voix rauque et gouverne 19 légions d'esprits. Il rend les hommes habiles dans tous les arts et les sciences, notamment la rhétorique. Il restaure les dignités et les honneurs perdus, et domine les personnes cherchant à vivre par des moyens illicites et tentées de commettre des crimes.

IV — Dominations *Archange :* Zadkiel, Justice de Dieu	IV — Vengeurs de Crimes *Archange :* Asmodée, l'Exécutant
Natifs du 23 au 27 juillet : 25 — Nith-Haiah « Dieu qui donne la sagesse ». Il favorise le domaine des sciences occultes, accorde la sagesse et le pouvoir de découvrir les choses cachées. Il donne le goût de la paix et de la solitude.	25 — Glasya-Labolas, puissant président et comte Sceau en mercure. Il prend la forme d'un chien avec des ailes de griffon, et commande 36 légions d'esprits. Il enseigne tous les arts et les sciences en un instant, renseigne sur les choses passées et à venir, provoque l'amour des amis et des ennemis et peut rendre un homme invisible. Il est l'auteur d'effusions de sang et d'homicides, et domine les personnes attirées par la magie noire et les pactes avec le démon.
Natifs du 28 juillet au 1er août : 26 — Haaiah « Dieu caché ». Donne le goût de la méditation, de la contemplation et de la justice. Il favorise les hommes politiques, les diplomates, les traités de paix et de commerce, les conventions, courriers et expéditions secrètes. Il aide à gagner les procès et à rendre les juges favorables.	26 — Buné, ou Bimé, fort, grand et puissant duc Sceau en cuivre. Il apparaît sous la forme d'un dragon à trois têtes, une de chien, une de griffon et une d'homme. Il parle avec une voix aiguë et charmante et gouverne 30 légions d'esprits. Il change les morts d'emplacement, apporte les richesses à l'homme, le rend sage et éloquent, et domine ceux qui ont une ambition démesurée.
Natifs du 2 au 6 août : 27 — Iérathel « Dieu qui punit les méchants ». Donne le sens de la paix, de la justice et des arts, et favorise l'inspiration littéraire. Il sert à être délivré de ses ennemis, des méchants et des calomniateurs.	27 — Ronové, comte Sceau en cuivre ou en argent. Il apparaît sous la forme d'un monstre, et commande 19 légions d'esprits. Il enseigne l'art de la rhétorique, donne la connaissance des langues et les faveurs d'amis ou d'ennemis. Il domine les personnes ignorantes, intolérantes et esclaves de leurs sens.

Natifs du 7 au 12 août : 28 — Séhéiah « Dieu qui guérit les malades ». Accorde la prudence, la circonspection et un jugement sûr. Il donne une bonne santé et une longue vie. Il préserve des incendies et des maladies.	28 — Berith, puissant, grand et terrible duc Sceau en cuivre. Il apparaît sous la forme d'un soldat avec des vêtements rouges, chevauchant un cheval rouge et portant une couronne sur la tête. Il gouverne 26 légions d'esprits, et donne les véritables réponses passées, présentes et à venir. Il peut transformer tous les métaux en or, donner des dignités, mais c'est un grand menteur, qui parle d'une voix claire et subtile. Il domine les personnes sujettes aux accidents et aux apoplexies, qui ne réfléchissent jamais avant d'agir.
Natifs du 13 au 17 août : 29 — Reiiel « Dieu prompt à secourir ». Aide à la propagation des vérités religieuses et de l'exercice de la foi, notamment par les écrits. Il aide à lutter contre les impies et tous ses ennemis, tant visibles qu'invisibles.	29 — Astaroth, puissant et fort duc Sceau en cuivre. Il apparaît sous la forme d'un ange mauvais chevauchant une bête infernale semblable à un dragon, et tenant dans sa main droite une vipère. Il gouverne 40 légions d'esprits, peut découvrir tous les secrets, rend les hommes miraculeusement savants dans toutes les sciences libérales, et explique comment et pourquoi l'Esprit fut déchu. Il domine les fanatiques et hypocrites qui propagent les idées fausses et malsaines de certaines sectes religieuses ou politiques.

Natifs du 18 au 22 août : 30 — Omaël « Dieu patient ». Permet de se distinguer dans la médecine, la chirurgie et l'anatomie. Il aide à lutter contre le chagrin et le désespoir. Il gouverne la multiplication des espèces animales.	30 — Forneus, puissant et grand marquis Sceau en argent. Il apparaît sous la forme d'un grand monstre marin et gouverne 29 légions d'esprits. Il enseigne la rhétorique, pousse les hommes à avoir un bon nom et donne la connaissance des langues. Il suscite l'amour des amis et des ennemis, domine les esprits tournés vers l'horreur et les productions monstrueuses, et les personnes hostiles à la fécondité et à la propagation de la vie et des êtres.
Natifs du 23 au 28 août : 31 — Lecabel « Dieu qui inspire ». Donne l'intelligence des mathématiques et de l'astronomie, et permet de résoudre des problèmes complexes dans ces sciences. Accorde la fortune à ceux qui les pratiquent. Il gouverne aussi la végétation et l'agriculture.	31 — Foras, puissant président Sceau en mercure. Il apparaît sous la forme d'un homme puissant et commande 29 légions d'esprits. Il enseigne les vertus des plantes et des pierres précieuses, ainsi que les arts de la logique et de l'éthique. Il rend les hommes invisibles, leur donne longue vie, les rend éloquents. Il peut découvrir les trésors et les choses perdues. Il domine les avares et les usuriers.
Natifs du 29 août au 2 septembre : 32 — Vasiariah « Dieu juste ». Accorde une excellente mémoire et une grande facilité d'élocution. Il rend aimable, spirituel, modeste, et gouverne la justice, la noblesse, les magistrats et les avocats.	32 — Asmoday, grand roi, fort et puissant Sceau en or. Il apparaît avec trois têtes, celle d'un taureau, d'un homme et d'un bélier ; il a une queue de serpent ; de sa bouche sortent des flammes. Ses pieds sont palmés comme ceux d'une oie. Il est assis sur un dragon infernal, et porte à la main une lance avec

	une bannière, et gouverne 72 légions d'esprits inférieurs. Il enseigne l'arithmétique, l'astronomie, la géométrie et tous les métiers. Il rend invincible et indique les endroits où se trouvent les trésors qu'il garde. Il domine les vices, les perversions et les déformations du corps et de l'esprit.
V — Puissances *Archange :* Camaël, Rigueur de Dieu	V — Prestigiateurs *Archange :* Satan, l'Adversaire
Natifs du 3 au 7 septembre : 33 — Iéhuiah « Dieu qui connaît toutes choses ». Donne l'amour de son travail et la faculté d'être méticuleux. Il permet de découvrir les traîtres afin de ruiner leurs projets et leurs machinations.	33 — Gaap, grand président et puissant prince Sceau en mercure. Il apparaît comme un guide conduisant quatre et puissants rois le long de leur voie et commande 66 légions d'esprits. Il rend les hommes insensibles et ignorants, mais savants en philosophie. Il provoque l'amour ou la haine, et déplace très rapidement les hommes d'un pays à l'autre. Il domine les caractères insubordonnés et révoltés.
Natifs du 8 au 12 septembre : 34 — Léhahiah « Dieu clément ». Accorde la célébrité à ceux qui savent exercer leurs talents, et mériter les faveurs des personnages éminents par la fidélité à leurs engagements. Il gouverne la paix entre les princes et les Etats.	34 — Furfur, grand et puissant comte Sceau en cuivre ou en argent. Il apparaît sous la forme d'un cerf avec une queue enflammée, et commande 26 légions d'esprits. Il ne dit jamais la vérité, à moins qu'il n'y soit forcé. Il se transforme alors en ange et parle d'une voix rauque. Il peut déclencher les éclairs, le tonnerre, le vent, les tempêtes et l'amour entre un homme et une femme.

Natifs du 13 au 17 septembre : 35 — Chavaquiah « Dieu qui donne la joie ». Il influence ceux qui aiment à vivre en paix avec tout le monde, même au détriment de leurs intérêts. Il favorise les testaments, les successions et les partages à l'amiable.	35 — Marchosias, grand et puissant marquis Sceau en argent. Il apparaît sous la forme d'un loup ayant des ailes de griffon et une queue de serpent, vomissant du feu hors de sa bouche. Il gouverne 30 légions d'esprits. Il provoque des disputes violentes dans les familles et déclenche des procès injustes et ruineux.
Natifs du 18 au 23 septembre : 36 — Ménadel « Dieu adorable ». Il aide les exilés à rentrer dans leur patrie, et à recevoir des nouvelles des personnes vivant au loin. Il permet de retrouver des biens égarés, et aide à maintenir son emploi et ses conditions d'existence.	36 — Stolas, ou Stolos, grand et puissant prince Sceau en étain. Il apparaît sous la forme d'un puissant corbeau puis d'un homme, et gouverne 26 légions d'esprits. Il enseigne l'astronomie et les vertus des herbes et des pierres précieuses. Il aide ceux qui sont pourchassés par la justice à s'enfuir à l'étranger.
Natifs du 24 au 28 septembre : 37 — Aniel « Dieu des vertus ». Accorde la célébrité aux savants, inspire les sages philosophes dans leurs méditations et révèle les secrets de la nature. Il aide aussi à obtenir une victoire militaire ou à faire lever le siège d'une ville.	37 — Phoenix, grand marquis Sceau en argent. Il apparaît comme le Phoenix, avec une voix d'enfant, chante doucement et gouverne 20 légions d'esprits. C'est un excellent poète qui parle merveilleusement des sciences miraculeuses. Il domine les esprits pervers et les charlatans.

Natifs du 29 septembre au 3 octobre : 38 — Haamiah « Dieu, espérance de tous les enfants de la terre ». Il protège les cultes religieux et ceux qui recherchent la vérité. On l'invoque pour découvrir les trésors, se prémunir contre la foudre, les armes, les bêtes féroces et les esprits infernaux.	38 — Halphas, ou Makthus, grand comte Sceau en cuivre ou en argent. Il apparaît sous la forme d'un pigeon ramier, parle d'une voix rauque et gouverne 26 légions d'esprits. Il construit des tours, des munitions, des armes, des navires de guerre et domine les personnes sans religion, vivant dans l'erreur et le mensonge.
Natifs du 4 au 8 octobre : 39 — Réhael « Dieu qui reçoit les pécheurs ». Il influence l'amour de la famille, l'obéissance et le respect des enfants envers leurs parents. Il aide à la guérison des maladies et permet d'obtenir la miséricorde divine.	39 — Malphas, puissant président, dit Terre Morte ou Terre Damnée Sceau en mercure. Il apparaît comme une corneille, puis un homme, parle d'une voix rauque et gouverne 40 légions d'esprits. Il peut édifier des maisons et de grandes tours, et faire savoir les désirs et les pensées de nos ennemis. Il domine les êtres cruels et les parricides.
Natifs du 9 au 13 octobre : 40 — Iéiazel « Dieu qui réjouit ». Donne le goût de la lecture, du dessin et de toutes les activités littéraires ou liées à l'imprimerie. Il aide à délivrer les prisonniers, à obtenir des consolations et à être délivré de ses ennemis.	40 — Raum, grand comte Sceau en cuivre ou en argent. Il apparaît comme une corneille, puis un homme, et gouverne 30 légions d'esprits. Il vole les trésors dans les demeures des rois et les emmène où on le lui demande. Il détruit les cités, et provoque l'amour entre les amis et les ennemis. Il influence les esprits sombres qui fuient la société.

VI — Vertus *Archange :* Raphaël, Remède de Dieu	VI — Puissances de l'Air *Archange :* Meririm, Démon de Midi
Natifs du 14 au 18 octobre : 41 — Hahahel « Dieu en trois personnes ». Il accorde la grandeur d'âme et l'énergie nécessaires pour se consacrer entièrement au service du Christ. Il influence les âmes pieuses et les ecclésiastiques, et combat les impies, les calomniateurs et les ennemis de la religion.	41 — Focalor, puissant et fort duc Sceau en cuivre. Il apparaît sous la forme d'un homme ayant des ailes de griffon, et gouverne 30 légions d'esprits. Il tue les hommes et les noie ; il renverse les vaisseaux de guerre et a tout pouvoir sur les vents et les mers. Il domine les apostats, renégats et prêtres déshonorant leur sacerdoce par une conduite scandaleuse.
Natifs du 19 au 23 octobre : 42 — Mikaël « Qui est comme Dieu ». Il permet d'exceller dans la politique et la diplomatie. Il aide à connaître les secrets des cabinets et les affaires d'Etat. Il influence les hauts personnages et maintient les sujets dans l'obéissance.	42 — Vepar, grand et fort duc Sceau en cuivre. Il apparaît comme une sirène, et gouverne 29 légions d'esprits. Il guide les vaisseaux chargés d'armes et de munitions et fait naître les tempêtes en mer. Il fait mourir les hommes en trois jours en putréfiant les blessures et les plaies et en faisant se développer les vers en elles. Il inspire les propagateurs de fausses nouvelles.
Natifs du 24 au 28 octobre : 43 — Veualiah « Roi dominateur ». Il favorise la carrière militaire et les honneurs qui y sont attachés. Accorde la gloire et la confiance des gouvernants. Il préside à la paix, influence la prospérité des Etats, détruit les ennemis et libère de l'esclavage.	43 — Sabnock, marquis puissant, grand et fort Sceau en argent. Il apparaît sous la forme d'un soldat armé avec une tête de lion, chevauchant un cheval de couleur pâle, et commande 50 légions d'esprits. Il édifie de hautes tours, des châteaux et des cités. Il affecte les hommes pendant plusieurs jours avec des blessures et des plaies pourries et pleines de vers. Il influence ceux qui ont l'esprit de parti ou un caractère révolutionnaire.

Natifs du 29 octobre au 2 novembre : 44 — Iélahiah « Dieu éternel ». Favorise les voyages et la carrière militaire. Accorde la bravoure permettant de se distinguer et d'accéder à la gloire dans ce domaine. Il aide à gagner les procès, à obtenir la protection des magistrats et à atteindre la victoire.	44 — Shax, grand marquis Sceau en argent. Il apparaît sous la forme d'un pigeon ramier parlant d'une voix rauque mais néanmoins subtile, et gouverne 30 légions d'esprits. Il enlève la vue, l'ouïe et l'entendement à n'importe quel homme ou femme, et vole de l'argent dans les demeures des rois. Il peut découvrir les choses cachées et non gardées par les esprits mauvais, et influence les caractères violents et tortueux.
Natifs du 3 au 7 novembre : 45 — Séhaliah « Moteur de toute choses ». Donne une grande facilité pour acquérir des connaissances nouvelles. Il sert à confondre les orgueilleux et les méchants, et relève les humiliés et les déchus. Il apporte vie et santé dans tout ce qui concerne la nature.	45 — Viné, grand roi et comte Sceau en or. Il apparaît sous la forme d'un lion chevauchant un cheval noir et tenant une vipère dans sa main. Il gouverne 36 légions d'esprits. Il découvre les choses cachées, les sorciers et les sorcières, édifie des tours, renverse de grands murs de pierres et déclenche les tempêtes. Il domine ceux qui composent des philtres de sorcellerie, et qui créent autour d'eux des ambiances tendues et hostiles.
Natifs du 8 au 12 novembre : 46 — Airiel « Dieu révélateur ». Il accorde une grande subtilité d'esprit, une puissante imagination et un naturel prudent. Il permet d'obtenir des révélations, dévoile les secrets de la nature et fait voir en songe les objets que l'on désire.	46 — Bifrons, comte Sceau en cuivre ou en argent. Il apparaît sous la forme d'un monstre, puis d'un homme. Il commande 62 légions d'esprits. Il enseigne l'astrologie, la géométrie, connaît les vertus des pierres précieuses et des bois, déplace les morts pour les mettre dans un autre endroit et allume des chandelles au-dessus des tombes. Il domine les êtres inconséquents ou qui se trouvent dans la confusion mentale.

Natifs du 13 au 17 novembre : 47 — Asaliah « Dieu juste, qui indique la vérité ». Donne la passion de l'ésotérisme et de la découverte des secrets. Il gouverne les hommes probes qui élèvent leur esprit vers la contemplation des vérités divines. Il domine la justice et fait connaître la vérité dans les procédures.	47 — Uvall, Vual ou Voval, duc grand, puissant et fort Sceau en cuivre. Il apparaît sous la forme d'un puissant dromadaire, puis d'un homme parlant parfaitement égyptien, et gouverne 37 légions d'esprits. Il procure l'amour des femmes, l'amitié entre les amis et les ennemis, et inspire les esprits chimériques et les personnes immorales et scandaleuses.
Natifs du 18 au 22 novembre : 48 — Mihaël « Dieu, père secourable ». Il donne le goût du plaisir et de l'amour. Il permet de conserver la paix et l'union entre les époux, influence l'amitié et la fidélité conjugale, et donne des pressentiments et des intuitions sur l'avenir.	48 — Haagenti, président Sceau en mercure. Il apparaît sous la forme d'un puissant taureau avec des ailes de griffon, puis d'un homme gouvernant 33 légions d'esprits. Il rend les hommes sages, les instruit en divers domaines, transmute tous les métaux en or, change le vin en eau et l'eau en vin. Il inspire les êtres jaloux, inquiets et stériles, se complaisant dans le luxe.
VII — Principautés *Archange :* Haniël, Grâce de Dieu	VII — Furies Semeuses de Maux *Archange :* Abbadon, l'Exterminateur
Natifs du 23 au 27 novembre : 49 — Véhuel « Dieu grand et élevé ». Il accorde une très grande sensibilité, de la générosité, et permet de se distinguer dans la littérature, la jurisprudence ou la diplomatie.	49 — Crocell, duc grand et fort Sceau en cuivre. Il apparaît sous la forme d'un ange, parlant avec mysticisme des choses cachées, et gouverne 48 légions d'esprits. Il enseigne la géométrie et les sciences libérales, chauffe les eaux et les bains. Il domine les êtres égoïstes et hypocrites.

Natifs du 28 novembre au 2 décembre :	
50 — Daniel	50 — Furcas, chevalier
« L'ange des miséricordes ». Il donne de l'éloquence, le goût de la littérature, et rend industrieux et actif dans ses entreprises. Il permet d'obtenir des consolations et la miséricorde de Dieu ; favorise les avocats et les magistrats, et donne l'inspiration à ceux qui ont du mal à se décider entre plusieurs choix.	Sceau en plomb. Il apparaît sous la forme d'un vieillard cruel avec une barbe longue et une tête blanche, chevauchant un cheval de couleur pâle, avec une arme tranchante dans sa main. Il gouverne 20 légions d'esprits. Il enseigne l'astrologie, la philosophie, la rhétorique, la logique, la chiromancie et la pyromancie. Il domine les chevaliers d'industrie cherchant à vivre par des moyens illicites.
Natifs du 3 au 7 décembre :	
51 — Hahasiah	51 — Balaam, terrible, grand et puissant roi
« Dieu caché ». Il fait aimer les sciences abstraites, la chimie, les sciences naturelles, la zoologie, la botanique, favorise l'étude des plantes médicinales et des cures, et aide à devenir un chercheur renommé dans ces domaines.	Sceau en or. Il apparaît avec trois têtes, celle d'un homme, celle d'un taureau et celle d'un bélier. Il a une queue de serpent et des yeux enflammés. Il chevauche un ours furieux, porte un autour à son poing, parle d'une voix rauque et gouverne 40 légions d'esprits. Il donne de vraies réponses sur les choses passées, présentes et à venir, rend les hommes invisibles et spirituels, et inspire les charlatans abusant de la crédulité d'autrui en promettant des choses extraordinaires.

Natifs du 8 au 12 décembre : 52 — Imamiah « Dieu élevé au-dessus de toutes choses ». Donne un tempérament énergique et courageux, une forte constitution et rend habile de ses mains. Il protège les prisonniers et les aide à recouvrer la liberté. Il favorise les voyages, sert à détruire la puissance de ses ennemis et favorise les chercheurs de vérité.	52 — Alloces, duc grand, puissant et fort Sceau en cuivre. Il apparaît sous la forme d'un soldat chevauchant un grand coursier ; son visage est celui d'un lion très rouge avec des yeux enflammés. Il parle d'une grosse voix rauque et gouverne 36 légions d'esprits. Il enseigne l'astronomie et toutes les sciences libérales. Il domine les caractères orgueilleux, grossiers et querelleurs.
Natifs du 13 au 16 décembre : 53 — Nanael « Dieu qui abaisse les orgueilleux ». Il donne une humeur mélancolique, le goût de la vie privée, du repos et de la méditation. Il influence les ecclésiastiques, les magistrats, les professeurs et favorise les sciences abstraites : métaphysique, théologie, philosophie et logique.	53 — Camio ou Caïm, grand président Sceau en mercure. Il apparaît sous la forme d'une grive, puis d'un homme tenant dans sa main une épée tranchante. C'est un bon parleur, qui répond dans des cendres ardentes ou du charbon en feu, et commande 30 légions d'esprits infernaux. Il donne la compréhension des oiseaux, du beuglement des bœufs, de l'aboiement des chiens et de la voix des eaux. Il donne les véritables réponses au sujet de choses à venir, et domine les êtres ignorants, cultivant les mauvaises qualités du corps et de l'âme.
Natifs du 17 au 21 décembre : 54 — Nithael « Roi des cieux ». Donne de l'éloquence et des dispositions littéraires. Il accorde miséricorde et longue vie. Il veille à la stabilité des Etats et au maintien de l'emploi.	54 — Murmur, ou Murmus, grand duc et comte Sceau en cuivre. Il apparaît sous la forme d'un guerrier chevauchant un griffon, avec une couronne ducale sur sa tête, et commande 30 légions d'esprits. Il enseigne la philosophie, et contraint les âmes décé-

	dées à venir afin de répondre à toutes les questions. Il domine les arrivistes cherchant à tout prix à s'emparer de l'autorité et des premiers emplois.
Natifs du 22 au 26 décembre : 55 — Mébahiah « Dieu éternel ». Accorde un sens aigu de la charité, un esprit religieux et pieux. Il aide à avoir des enfants ou à obtenir des consolations. Il gouverne la morale et la religion.	55 — Orobas, grand et puissant prince Sceau en étain. Il apparaît sous la forme d'un cheval, puis d'un homme gouvernant 20 légions d'esprits. Il découvre les choses passées, présentes et à venir, donne des dignités et des prélatures et les faveurs d'amis et d'ennemis. Il procure les véritables réponses au sujet de la Divinité et de la création du monde. Il inspire les ennemis de la vérité et de la religion.
Natifs du 27 au 31 décembre : 56 — Poïel « Dieu qui soutient l'univers ». Il donne un caractère agréable, modéré et modeste. Il aide à obtenir ce que l'on demande et gouverne la renommée, la fortune et la philosophie.	56 — Gremory, ou Gamori, duc fort et puissant Sceau en cuivre. Il apparaît sous la forme d'une belle femme avec une couronne de duchesse nouée à sa ceinture, chevauchant un grand chameau et gouvernant 26 légions d'esprits. Il indique les choses passées, présentes et à venir, la cachette des trésors, et procure l'amour des femmes jeunes ou vieilles. Il domine les êtres orgueilleux et d'une ambition maladive.

VIII — Archanges *Archange :* Mikaël, Reflet de Dieu	VIII — Accusateurs et Exécuteurs *Archange :* Astaroth, l'Espion
Natifs du 1er au 5 janvier : 57 — Némamiah « Dieu louable ». Il favorise l'état militaire, la gendarmerie et la police. Il permet de supporter les fatigues avec courage et donne de la bravoure et de la grandeur d'âme. Il aide à prospérer en toutes choses et à délivrer les prisonniers.	 57 — Osé, ou Voso, grand président Sceau en mercure. Il apparaît sous la forme d'un léopard, puis d'un homme gouvernant 31 légions d'esprits. Il rend habile dans les sciences libérales, donne les véritables réponses au sujet des choses divines et secrètes. Il domine les êtres pusillanimes et lâches qui attaquent ceux qui sont sans défense.
Natifs du 6 au 10 janvier : 58 — Iéialel « Dieu qui exauce les générations ». Il donne le goût de la sexualité, accorde de la franchise et du courage. Il aide à combattre les chagrins et les maladies, notamments les maux des yeux. Il gouverne les armuriers, serruriers, couteliers et métallurgistes, et confond les méchants et les faux témoins.	 58 — Amy, ou Avnas, grand président Sceau en mercure. Il apparaît sous la forme d'un feu flamboyant, puis d'un homme. Il gouverne 36 légions d'esprits. Il rend savant en astrologie et dans les sciences libérales, et peut prendre possession d'un trésor gardé par les esprits. Il domine les êtres méchants et colériques.

Natifs du 11 au 15 janvier :	
59 — Harahel	59 — Oriax, ou Orias, grand marquis
« Dieu qui connaît toutes choses ». Il donne le goût des affaires et des spéculations honnêtes en Bourse. Il combat la stérilité des femmes et rend les enfants soumis et respectueux de leurs parents. Il gouverne l'imprimerie, la librairie, les archives, les bibliothèques, les fonds publics, les agents de change et les trésors.	Sceau en argent. Il apparaît sous la forme d'un lion chevauchant un cheval puissant et fort, avec une queue de serpent, tenant dans sa main droite deux grands serpents sifflants, et gouverne 30 légions d'esprits. Il enseigne les vertus des étoiles et fait connaître les demeures des planètes. Il transforme les hommes, donne des dignités, des prélatures, ainsi que des faveurs avec des amis et des ennemis. Il domine les faillites frauduleuses et ceux qui dilapident leurs biens.
Natifs du 16 au 20 janvier :	
60 — Mitzrael	60 — Vapula, ou Naphula, grand duc puissant et fort, dit Chien-hargneux
« Dieu qui soulage les opprimés ». Il accorde de belles qualités de corps et d'âme et permet de vivre longtemps. Il donne de la vertu, de l'esprit, une humeur agréable, aide à guérir les maladies de l'esprit et à être délivré de ceux qui nous persécutent. Il gouverne les personnes illustres se distinguant par leurs vertus et leurs talents.	Sceau en cuivre. Il apparaît sous la forme d'un lion avec des ailes de griffon, et gouverne 36 légions d'esprits. Il rend savant dans tous les métiers et toutes les professions, ainsi qu'en philosophie, et domine les caractères obstinés et insubordonnés.

Natifs du 21 au 25 janvier : 61 — Umabel « Dieu au-dessus de toutes choses ». Il donne le goût des voyages et une grande sensibilité, mais prédispose aux déceptions amoureuses. Il aide à obtenir l'amitié de quelqu'un et gouverne les spécialistes de l'astronomie et de la physique.	61 — Zagan, grand roi et président, dit Chiant-Lit Sceau en or. Il apparaît sous la forme d'un taureau avec des ailes de griffon, puis d'un homme. Il gouverne 33 légions d'esprits. Il rend les hommes spirituels, transforme le vin en eau, le sang en vin et l'eau en vin. Il peut même rendre les imbéciles sages, et inspire les libertins se livrant à des passions contre nature.
Natifs du 26 au 30 janvier : 62 — Iahhel « Etre suprême ». Il fait aimer la solitude et la méditation, et donne un caractère modeste. Il aide à acquérir la sagesse et gouverne les philosophes, les illuminés et ceux qui souhaitent se retirer du monde.	62 — Volac, ou Valak, ou Valu, ou Ualac, grand et puissant président, dit Queue-de-chien Sceau en mercure. Il apparaît comme un enfant avec des ailes d'ange, chevauchant un dragon bicéphale, et gouverne 38 légions d'esprits. Il indique où se trouvent les trésors cachés et dit où l'on peut voir des serpents. Il domine les êtres aimant le luxe, portés au scandale, à l'inconstance et au divorce.
Natifs du 31 janvier au 4 février : 63 — Anauel « Dieu infiniment bon ». Il donne un esprit subtil et très ingénieux, rend débordant de vitalité et doué pour de multiples activités. Il préserve des accidents, conserve la santé, guérit les maladies et gouverne le commerce, les banquiers et agents d'affaire.	63 — Andras, grand marquis Sceau en argent. Il apparaît sous la forme d'un ange avec une tête de corbeau noir nocturne chevauchant un loup noir avec une épée tranchante et brillante brandie en hauteur. Il gouverne 30 légions d'esprits. Il sème les discordes, et domine les êtres prodigues qui se ruinent par leur mauvaise conduite.

Natifs du 5 au 9 février : 64 — Méhiel « Dieu qui vivifie toutes choses ». Il permet de se distinguer dans la littérature et l'édition. Il influence l'imprimerie et la librairie, gouverne les écrivains, les orateurs, les professeurs, les savants et exauce les prières et les vœux de ceux qui croient en la miséricorde de Dieu.	64 — Haures, ou Hauras, ou Havres, ou Flauros, grand duc Sceau en cuivre. Il apparaît comme un léopard puissant, terrible et fort, puis un homme avec des yeux flamboyants et ardents. Il gouverne 36 légions d'esprits. Il donne les véritables réponses au sujet des choses présentes, passées et à venir, parle de la création du monde, de la divinité et de la façon dont lui et d'autres esprits chutèrent. Il inspire les faux savants, les disputes littéraires et la critique.
IX — Anges *Archange :* Gabriel, Œuvre de Dieu	IX — Tentateurs et Guetteurs *Archange :* Mammon, la Cupidité
Natifs du 10 au 14 février : 65 — Damabiah « Dieu fontaine de sagesse ». Donne la vocation maritime, le goût des expéditions et des découvertes. Permet d'amasser une fortune considérable. Il gouverne les marins, les pilotes, la pêche, les expéditions maritimes, sert contre les sortilèges et aide à obtenir la sagesse et la réussite.	65 — Andrealphus, puissant marquis Sceau en argent. Il apparaît sous la forme d'un paon, avec grand fracas, puis d'un homme. Il gouverne 30 légions d'esprits. Il enseigne la géométrie, rend subtil dans les sciences de l'astronomie et de la mensuration. Il peut transformer un homme en oiseau, cause les tempêtes et les naufrages et influe sur les expéditions malheureuses.

Natifs du 15 au 19 février : 66 — Manakel « Dieu qui seconde et entretient toutes choses ». Il accorde une grande beauté physique, une grande douceur de caractère et beaucoup d'amabilité. Il aide à se concilier la bienveillance des gens de bien, et influence le sommeil et les songes.	66 — Cimejes, ou Cimeies, ou Kimaris, marquis puissant, grand, fort, doté de pouvoirs, dit Charbon d'Impureté Sceau en argent. Il apparaît comme un guerrier vaillant chevauchant un beau cheval noir, dirige tous les esprits de l'Afrique, et gouverne 20 légions d'esprits infernaux. Il enseigne la grammaire, la logique, la rhétorique, découvre les choses perdues ou cachées et les trésors, et domine les esprits durs et bornés.
Natifs du 20 au 24 février : 67 — Eiael « Dieu, délice des enfants des hommes ». Il accorde une vocation mystique, le goût de la méditation, de la solitude, et des études de philosophie, de théologie et de physique. Il rend illuminé de l'esprit de Dieu, accorde la sagesse, une longue vie, influence les sciences occultes, les changements et la conservation des bâtiments.	67 — Amdusias, ou Amdukias, duc grand et fort Sceau en cuivre. Il apparaît comme une licorne, puis un homme faisant sonner des trompettes et entendre toutes sortes d'instruments de musique. Il gouverne 29 légions d'esprits. Il fait courber et s'incliner les arbres, et domine les esprits portés à l'erreur et aux préjugés, et propageant des théories et des systèmes erronés.
Natifs du 25 au 28/29 février : 68 — Habuhiah « Dieu qui donne avec libéralité ». Il fait aimer la campagne, la chasse, le jardinage et tout ce qui se rapporte à l'agriculture. Il permet de conserver la santé, de guérir les maladies et d'obtenir la fécondité.	68 — Bélial, roi puissant et aux grands pouvoirs Sceau en or. Il apparaît sous la forme de deux beaux anges assis sur un chariot de feu, parle d'une voix avenante, déclare qu'il fut déchu parmi la pire espèce, qui était avant Mikaël et les anges divins, et gouverne 80 légions d'esprits. Il distribue les places des sénateurs, provoque les faveurs d'amis

	et d'ennemis, et domine la stérilité, la famine, les épidémies et les insectes nocifs.
Natifs du 1er au 5 mars : 69 — Rochel « Dieu qui voit tout ». Il influence les carrières du droit et permet de devenir un excellent avocat. Il aide à retrouver les objets perdus ou volés, influence la renommée, la fortune, les successions et les notaires.	69 — Decarabia, grand marquis Sceau en argent. Il apparaît sous la forme d'une étoile dans un pentacle, puis d'un homme gouvernant 30 légions d'esprits. Il découvre les vertus des oiseaux et des pierres précieuses. Il domine les héritages malheureux et ceux qui causent la ruine des familles par des procès sans fin.
Natifs du 6 au 10 mars : 70 — Jabamiah « Verbe qui produit toutes choses ». Accorde le génie et permet de devenir un grand philosophe ou écrivain, connu et admiré de tous. Il aide à la purification et à restaurer en soi l'harmonie qui a précédé la chute d'Adam.	70 — Seere, Sear ou Seir, prince puissant aux grands pouvoirs, soumis à Amaymon, roi de l'Est Sceau en étain. Il apparaît sous la forme d'un bel homme chevauchant un cheval ailé et gouvernant 26 légions d'esprits. Il peut faire le tour de la terre en un clin d'œil, et donne une véritable relation des larcins et des trésors cachés. Il domine les athées et influence les critiques et les disputes littéraires.
Natifs du 11 au 15 mars : 71 — Haiaiel « Dieu maître de l'univers ». Il favorise la carrière militaire, donne beaucoup d'énergie et de bravoure. Il protège les opprimés, accorde la victoire et la paix.	71 — Dantalion, grand et puissant duc Sceau en cuivre. Il apparaît sous la forme d'un homme ayant beaucoup de contenance, tenant un livre dans sa main droite et gouvernant 36 légions d'esprits. Il connaît les pensées de tous les hommes et de toutes les femmes, et peut les

	changer selon sa volonté. Il peut provoquer l'amour, et domine les traîtres semant la discorde.
Natifs du 16 au 20 mars : 72 — Mumiah « La fin de toutes choses ». Favorise la carrière médicale, et donne un grand sens du dévouement et la faculté de découvrir des cures merveilleuses. Il influence la santé et la longévité de la vie, protège les opérations mystérieuses et conduit toute expérience à sa fin.	72 — Andromalius, comte grand et puissant Sceau en cuivre ou en argent. Il apparaît sous la forme d'un homme tenant un grand serpent dans sa main, et gouvernant 36 légions d'esprits. Il peut ramener les voleurs et les marchandises volées ; il dévoile les affaires secrètes, punit les voleurs et les méchants, découvre les trésors cachés, et domine le désespoir et le suicide.

TABLE DES MATIÈRES

CHEZ LE MÊME ÉDITEUR

ROMANS

Paul Guth.
Quarante contre un.
119 F.

Yves Jacob.
Soleils gris.
109 F.

Philippe de Baleine.
Seigneur pourquoi m'as-tu abandonné ?
109 F.

Denise François.
L'Auberge du Grand Balcon.
119 F.
Les Révoltés de Montfaucon.
129 F.
Les Dames de la Courtille.
129F.

Pierre Lance.
Le Premier Président.
140 F.

HUMOUR-HISTOIRES DRÔLES

Richard Balducci.
Le Café des veuves.
119 F.

Laurence Boccolini.
Scènes de mariages.
89 F.

Thierry Crosson en collaboration avec Jean-Christophe Florentin.
Le Guide de l'emmerdeur au travail.
99 F.
Le Guide de l'emmerdeur en vacances.
99 F.

Jean-Christophe Florentin.
Guide con et inutile pour briller en société.
99 F.

Jean-Marc Richard.
Dictionnaire des expressions paillardes et libertines de la littérature française.
129 F.

Laurent Delaloye.
Quelle planète !
99 F.

Jacques Édouard, illustrations de Jean-Louis Le Hir.
Petit bréviaire présidentiel.
109 F.

Cyril Laffitau.
Gros et beau à la fois.
89F.

Georges Fillioud.
Homo Politicus : Ont-ils de l'humour ?
119F.

AVENTURES-RÉCITS VÉCUS-TÉMOIGNAGES-DOCUMENTS

Philippe de Baleine.
Nouveau voyage sur le petit train de la brousse.
95 F.
Voyage espiègle et romanesque sur le petit train du Congo.
109 F.
Le Petit Train des cacahuètes.
119 F.

Michel Bagnaud.
Profession : inventeur de trésors.
99 F.

Joe Galland.
Torpeurs.
99 F.

Patrice Franceschi.
Chasseur d'horizons.
275 F. (Album relié).

Francis Cucchi.
La Route du pavot.
119 F.

Jean-Pierre Imbrohoris.
Démences meurtrières.
99 F.

Jean-Louis Degaudenzi.
Les Enfants de la haine.
99 F.

Guy Doly-Linaudière.
L'Imposture algérienne.
99 F.

Anne Montel-Girod.
Itinéraire d'un amour.
85 F.

Gérard de Villiers.
Mes carnets de grand reporter.
99 F.

Jean-Noël Liaut.
Modèles et mannequins (1945-1965).
129 F.

Jean Bruno.
Lettre aux assassins du football.
90 F.

Muriel Canoby.
Sous l'emprise du démon.
109 F.

Docteur Pierrick Hordé.
Nouvelles Histoires incroyables de la médecine.
109 F.

Docteur Pierrick Hordé et Jean-Louis Saulnier.
Nouvelles Histoires incroyables de la médecine, tome III.
109 F.

Noëlle Riley Fitch.
Érotique Anaïs Nin.
169 F.

Enrico Micheli.
Le Statut du ciel.
149 F.

Louise E. Levathes.
Les Navigateurs de l'Empire céleste.
129 F.

Odile et Philippe Verdier.
Les Grandes Arnaques aux assurances.
99 F.

Pierre Barberoux.
Les Disparus de l'Atlantique ou 58 jours à la dérive.
99 F.

Françoise Ducout.
Les Grandes Passions amoureuses.
109 F.

Jean Cau.
L'Orgueil des mots.
109 F.

Marcel Haedrich.
Citizen Prouvost.
119F.

Jacques Perotti.
Un prêtre parle : « Je ne peux plus cacher la vérité. »
119F.

ÉSOTÉRISME

Julia Pancrazi. Mme De Soria.
La Voyance en héritage.
109 F.

Richard Balducci.
La Vie fabuleuse de Nostradamus.
119 F.

Vlaicu Ionescu, Marie-Thérèse de Brosses.
Les Dernières Victoires de Nostradamus.
119 F.

Élisabeth et Jean-Claude Zana.
Les Stars racontent l'étrange.
109 F.

Rosita Arvigo.
Sastun.
119 F.

Marc Galieu.
Les Mystères de la voyance.
109 F.

RELIGIONS-SPIRITUALITÉ

Nicolas Pigasse.
Croient-ils tous au même dieu ?
110 F.

Lino Sardos Albertini.
L'Au-delà existe.
119 F.
Au-delà de la foi.
119 F.
Indices et preuves de l'existence de l'Au-delà.
119 F.

Pierre Jovanovic.
Enquête sur l'existence des anges gardiens.
129 F.

Jackie Landreaux-Valabrègue.
Les Scientifiques à la recherche de Dieu.
119 F.

Dante Vacchi, Anne Vuylsteke.
Les Jésuites en liberté.
320 F. (Album relié).

John J. McNeill.
Les Exclus de l'Église.
119 F.

Jean-Claude Duluc.
Anthologie des miracles et des mystifications à travers 50 siècles de spiritualité.
119 F.

Betty J. Eadie.
Dans les bras de la lumière.
99 F.

Gildas Bourdais.
Enquête sur l'existence d'êtres célestes et cosmiques.
129 F.

Joan Wester Anderson.
Par la grâce des anges gardiens.
99 F.
Quand les miracles arrivent.
109 F.

Giordano Bruno Guerri.
Enquête sur les mystères du confessionnal.
129 F.

Deborah Laake.
Cérémonies secrètes.
119 F.

Geddes MacGregor.
Enquête sur l'existence de la réincarnation.
129 F.

Edouard Brasey.
Enquête sur l'existence des anges rebelles.
129F.

GUIDES PRATIQUES-SANTÉ

Docteur Marc B. Ganem.
La Sexualité du couple pendant la grossesse.
99 F.

Docteur David Elia, docteur Jacques Waynberg.
Guide pratique de la vie du couple.
189 F. (Album relié).

Jean-Claude Duluc.
Docteur est-ce une erreur ?
99 F.

Jean-Louis Degaudenzi.
Le Secret de votre groupe sanguin.
99 F.

Janet L. Wolfe.
Monsieur a sa migraine.
109 F.

Docteur Claude Chauchard, Véronique Blocquaux, Jacques Chenu.
Retraité ? Moi, jamais !
109 F.

Jacques de Schryver.
La Revanche du cancre.
119 F.

Betty de Brouhan, Yvan Katz.
Guide Smoby à l'usage des familles.
99 F.

Xavier Maniguet.
Naufragés. Comment survivre en mer.
99 F.

BEAUX LIVRES (DIVERS)

Roger Thérond, Jean-Charles Tacchella.
Les Années éblouissantes. Le cinéma qu'on aime : 1945-1952.
295 F.

Stars, les Incontournables.
275 F.

Miguel Alcala.
Le Flamenco et les gitans.
175 F.

Johnny Hallyday.
Le Dernier Rebelle.
175 F.

Gilles Lhote.
Le Cuir des héros.
199 F.
Cow-boys des nuages.
220 F.
La Légende Harley-Davidson.
240 F.

MUSIQUE (DIVERS)
Opéras, les Incontournables.
249 F. (Album relié).

Rock'n'roll, les Incontournables.
249 F. (Album relié).

Jazz, les Incontournables.
249 F. (Album relié).

Blues, les Incontournables.
249 F. (Album relié).

Country, les Incontournables.
249F. (Album relié).

Les Années Jazz Magazine : 40 ans de passion.
420 F. (Album relié).

Geoffrey Smith.
Stéphane Grappelli.
115 F.

Luigi Viva.
Pat Metheny.
149 F.

Jim Haskins.
Ella Fitzgerald.
119 F.

Albert Murray.
Good Morning Blues, Count Basie.
149 F.

Herman Leonard.
L'Œil du jazz.
270 F. (Album relié).

Fabrice Zammarchi.
Sidney Bechet.
249 F. (Album relié).

Hank O'Neal,
Esther Bubley.
Charlie Parker :
Norman Granz Jam Sessions.
275F. (Album relié).

Christian Rose.
Jazz Instantanés.
275F. (Album relié).

ART
Édouard Jaguer.
Richard Oelze.
199 F.
Jean Toulet.
Georges Leroux.
199 F.

José Pierre.
Guy Johnson.
195 F.
L'Aventure surréaliste autour d'André Breton.
230 F.

Jacques Baron.
Anthologie plastique du surréalisme.
380 F.
Didier Semin.
Victor Brauner.
950 F.

Alain Sayag.
Hans Bellmer, photographe.
178 F.

Paul Brach.
John Kacere.
279 F.

Photo de couverture :

Carlos Schwabe :
Spleen et idéal, huile sur toile, 1907, Bruxelles, collection particulière.

Ouvrage de référence : *Carlos Schwabe, Symboliste et visionnaire* de Jean-David Jumeau-Lafond, ACR Edition.

Cet ouvrage
a été composé
par l'Imprimerie BUSSIÈRE
et imprimé
sur presse CAMERON
dans les ateliers de B.C.I.
à Saint-Amand-Montrond (Cher)
en août 1995

N° d'éditeur : 1332. N° d'impression : 1578-1/1450.
Dépôt légal : août 1995.

Imprimé en France

ISBN : 2 85018 398 9